7일의 왕비

단경왕후

溫 陵 志

7일의 왕비 단경왕후

신후담 저
강병수 역주

溫陵志

Hakjaone 학자원

온릉(단경왕후) 전경

단경왕후 능

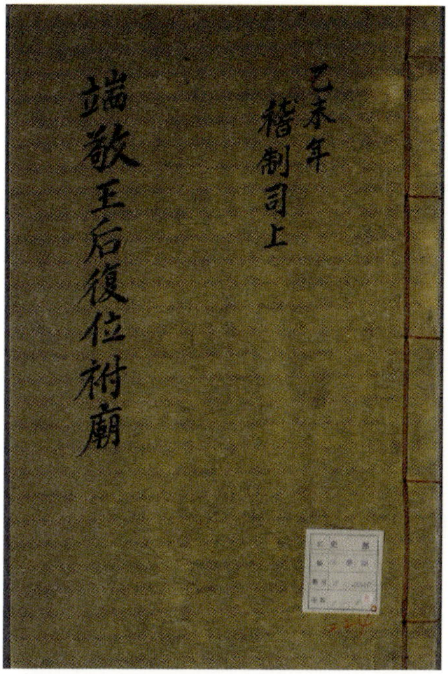

단경왕후복위부묘의궤
(端敬王后復位祔廟儀軌)
작성주체 : 부묘도감(祔廟都監) 편(編)
작성시기: 1739 / 영조 15년
형태사항:
크기: 42.7×26.4cm
판본: 필사본(筆寫本)
장정: 선장(線裝)
수량: 1책(册)
인장정보: 藏書閣印

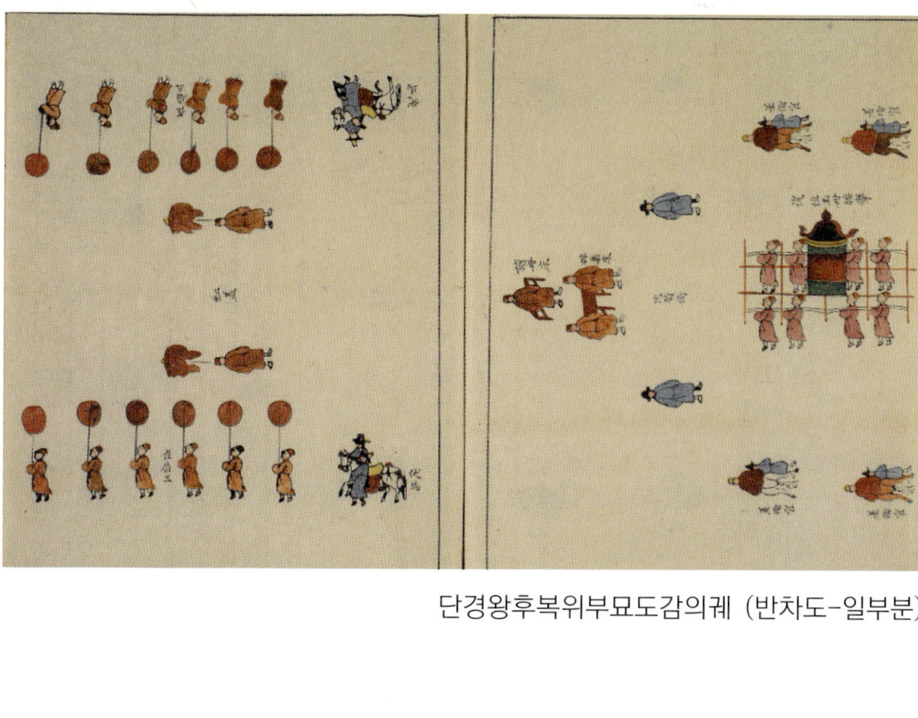

단경왕후복위부묘도감의궤 (반차도-일부분)

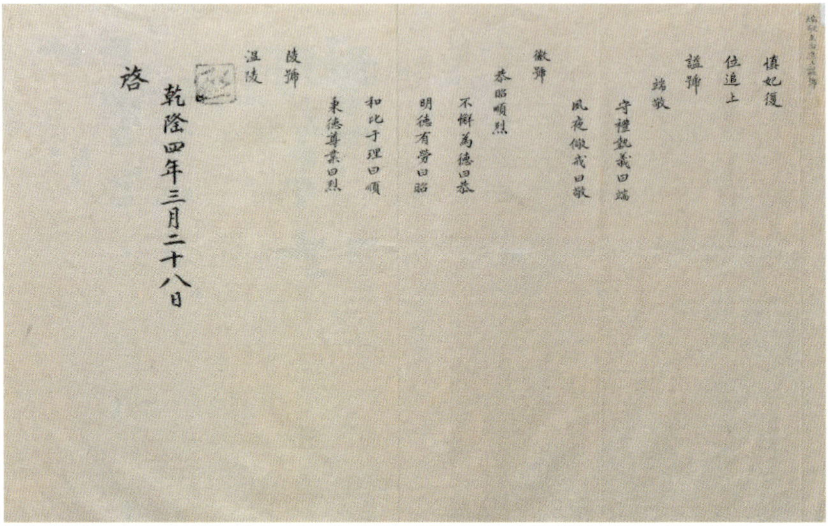

端敬王后追上謚號

愼妃復

位追上

謚號

端敬

守禮執義曰端

夙夜儆戒曰敬

徽號

恭昭順烈

不懈爲德曰恭

明德有勞曰昭

和比于理曰順

秉德尊業曰烈

陵號

溫陵

啓

乾隆四年三月二十八日

啓

* 추상追上: 왕이나 왕비의 사후에 올리는 존호尊號를 추상追上이라고 한다. 이 문서는 단경왕후를 추상하는 시호謚號 · 휘호徽號 · 능호陵號의 내용을 담고 있습니다.

내용 설명:

시호(諡號): "端敬(단경)"으로 지정되었습니다. 여기서 "端(단)"은 예를 지키고 의리를 행함을 뜻하며, "敬(경)"은 항상 경계하고 삼가는 태도를 의미합니다.

휘호(徽號): "恭昭順烈(공소순열)"로 구성되었으며, 각각
"恭(공)"은 덕행을 베푸는 데 게으르지 않음을,
"昭(소)"는 덕을 밝히는 데 부지런히 함을,
"順(순)"은 이치에 화순하게 따르는 것을,
"烈(열)"은 덕을 잡고 업을 따름을 뜻합니다.

능호(陵號): "溫陵(온릉)"으로 지정되었습니다.

문서의 최종 기록은 건륭 4년(1739년) 3월 28일에 완료되었습니다.

조선왕조 500여 년 동안 정상적으로 왕권이 교체되는 양위讓位와는 달리 반정反正이라는 특수한 상황전개로 비정상적 왕권이 교체된 사건은 두 번 뿐이다. 중종반정은 처음으로 일어난 사건으로 전제왕조체제에서는 엄청난 충격적 사건이었다. 그런데, 중종반정을 일으킨 주도세력의 입장을 대변하는 자료, 즉 조선왕조실록을 비롯한 관찬기록은 물론 후대 전문연구자들의 연구논저는 쏟아져 나와 있는 형편이다.

그러나 중종반정에 의해 피해를 입은 피해당사자 가운데, 특히 아무런 죄도 없이 피해를 입은 입장을 대변할 수 있는 관찬기록은 매우 적거나 야사를 제외하면 거의 없는 것이나 다름없다. 역사는 대부분 승자의 기록이라고들 하더라도 그 피해 당사자들에 관한 기록이 있다면 그것을 참조하여 반대 입장을 함께 고찰하여 평가한다면 보다 역사적 실체에 가까이 다가갈 수 있다고 이해한다.

『온릉지溫陵志』는 중종반정 당시 반정주도세력에 의해 쫓겨난 신비愼妃 생애를 기록한 책이다. 그녀는 중종반정 당시 반정주도세력에 의해 궁궐에서 쫓겨나 폐비가 된 지 233년 만인 1739년(영조 15)에 중종의 원비元妃로 복위되는데, 본 책은 이 사건의 전체과정을 자세히 기록하고 있다. 조선후기 실학자 하빈 신후담(愼後聃: 1702~1761)이 조선왕조실록과 개인문집, 거창신씨의 가승家乘, 여러 야사의 기록 등을 수집하여 엄격한 검증을 통해 편찬한 책이다.

본 책은 편찬자가 중종반정 당시 주도세력에 의해 아무런 죄도 없이 피해를 입은 대표적 인물, 즉 단경왕후에 관한 사실을 사료에 나타난 기록을 근거로 객관적으로 편찬하고자 하였다. 그러므로 중종반정 당시 주도세력 입장의 반대편에 서있는 입장으로서 중종반정을 보다 새롭게 이해하고 폭넓게 연구하는데 필수적인 자료이다. 또한 전문연구 분야에서 더 나아가 조선왕조 비운의 왕비로 등장하는 사극 등에서 다룬 내용은 객관적 사실에 근접한 것인지는 여전히 의문이다.

그런데도 불구하고 단경왕후를 객관적으로 이해할 수 있는 『온릉지』는 한문으로 되어 있어서 극히 일부 전문가들이 필요한 부분만 인용할 뿐 널리 읽혀지지는 못하고 있는 실정이다. 이러한 시점에 『온릉지』 역주작업은 적지 않은 의의가 있다고 하겠다. 나아가 조선왕실과 외척의 역사 문화라는 전통의 현대적 계승과 우리 역사 문화의 정신적 기반을 넓히기 위해서도 본 역주작업 성과는 상당한 기여를 하리라 생각된다.

이에 거창신씨대종회와 하빈학연구소에서는 거창신씨의 뿌리에 대한 관심을 넘어 조선왕실문화에 관한 연구에도 조금이나마 보탬이 된다는 자부심으로 『온릉지』 역주작업을 시작하여 완성을 보게 되었다. 오랜 동안 본 역주작업에 심혈을 기울여 주신 연구자 여러분에게 깊이 감사드리며, 또한 본 책이 나오기까지 많은 시간과 노력을 아끼지 않은 관계자 여러분의 노고에도 아울러 감사를 드린다.

2025년 9월 12일
하빈학연구소
이사장 신용수

일러두기

1. 본 번역은 1741년 하빈 신후담이 저술한 뒤 1936년 신종석이 간행하여 2025년 현재 장서각에 현전하는 것을 저본으로 하였다. 그러므로 역주에서 주註)의 내용을 설명할 경우 1945년 이전까지를 하한으로 하는 것을 원칙으로 한다. 다만, 특별한 사항을 해석할 경우에는 예외로 한다.
2. 인물, 제도, 사건, 단체, 문헌, 작품, 개념용어, 고유명사 등은 한자를 병기하는 것을 원칙으로 한다.
   예) 조광조趙光祖, 대관臺官, 장돈章惇의 참소讒訴, 주남周南, 기묘록己卯錄 등
3. 원문을 강조해야할 경우 원문인 한자를 표기하되, 한글 병기가 불가피할 경우에는 한자 다음에 한글을 표기한다.
   예) 이를 『溫陵志온릉지』라고 이름을 지었다고 한다.
4. 자주 사용되고 있는 단어는 페이지 마다 간혹 문장이 바뀔 때도 반복하여 주註)를 다는 것을 원칙으로 한다.
   예) 욕의縟儀, 손처遜處, 계술繼述 등
5. 역사적 고유용어는 대체로 현대적 언어로 번역하는 것을 원칙으로 한다. 다만, 한글세대가 이해할 수 있다고 판단되는 고유용어는 그대로 사용한다.
   예) ① 전하殿下・주상主上 → 임금 또는 왕, 본문인용에서는 전하・주상은 원문대로 표기한다. ② 상소, 왕비, 종묘宗廟, 국모國母 등
6. 독자들이 자세히 알고 싶은 정보는 보다 상세히 주註)를 달아 객관적이고 사실적 사료를 근거로 설명하는 것을 원칙으로 한다.
   예) 곽황후郭皇后: 황후 곽씨郭氏는 송나라 인종仁宗 첫 번째 황후로서 송나라 왕조에서 처음으로 폐위된 황후인데, 비빈妃嬪들 사이 질투 때문에 폐위된 황후이다.
7. 고유용어를 의역할 경우에도 독자가 쉽게 이해할 수 있도록 원문에 충실히 하면서 주註)로 보완해 주는 것을 원칙으로 한다.
   예) 백세百世의 건곤乾坤[1]이 어느 때 밝아질 것인가

註1) 변함없는 하늘과 땅과 같은 부부의 도리

8. 원문을 의역할 때 본문내용에 벗어날 수 있을 수도 있는 긴 문장의 경우에는 주註)를 다는 것을 원칙으로 한다.
예) '능'이라는 왕후 위치에 걸 맞는 능호陵號[1)]

註1) 왕릉에 붙는 이름으로, 왕과 왕비에게만 사용되었고, 그 이하 신분은 원園이나 묘墓라고 하였다.

9 서기西紀와 왕조년王朝年을 함께 쓸 때는 원문을 살리기 위해 왕조년을 먼저 쓰고 ( )에 서기년을 병기하는 것을 원칙으로 한다.
예) "…차라리 임자(壬子年: 1672) 사이에 대신에게…"

10. 원문내용에서 사료에서 직접 인용하는 경우 어려운 용어라도 원문을 충실히 반영하는 것을 원칙으로 한다. 이러한 경우에도 모두 반드시 주註)를 달아 처리하는 것을 원칙으로 한다.
예) 추우騶虞[1)]와 인지麟趾[2)]

註1) 성인의 덕화에 감격하여 나타난다는 신령스런 동물

註2) 기린의 발. 즉 전하여 황후의 덕을 기리는 말이다

11. 역주는 원문 외의 내용이나 의미를 추가하거나 첨언하지 않는 것을 원칙으로 한다. 다만, 앞뒤 내용을 생략한 원문그대로 번역한다면 독자에게 생략된 것으로 인해 사실전달이 어렵다고 생각될 경우에는 ( )에 전후사정을 간략히 서술하는 형식을 취할 수도 있다.
예) 원문: 단경왕후 영혼인들 여기에 큰 불만은 없으시겠지요.
→ 단경왕후 영혼인들 여기에 (자신이 폐비로 쫓겨난 뒤 왕후, 즉 원비元妃 자리로 자신을 회복시켜준 사실에) 큰 불만은 없으시겠지요.

12. 고유인물은 그 인물과 당대 역사적 상황을 함께 이해하는 데 도움이 되도록 생몰년을 ( )에 병기하는 것을 원칙으로 한다.
예) 권민수(權敏手 : 1466~1517), 김흥경(金興慶 : 1677~1750), 박치문(朴致文: 생몰년 미상) 등

13. [ ] 부호는 ① 번역문과 원문을 병기할 필요가 있는 경우, ② 번역 용어를 독자를 위해 해당 문장에서 구체적 고유명사 등을 병기하는 경우에 사용한다.

예) ① 우리 임금[영조]께서는 ② 가난할 때 사귄 친구는 잊지 말아야 하고, 고난을 함께한 아내는 집에서 내보내지 않는다[貧賤之交不可忘 糟糠之妻不下堂]

14. 한글단어가 여러 가지 의미로 해석되어 혼동하기 쉬운 경우에는 반드시 한자를 병기한다.

예) 신비愼妃, 신臣이, 조정朝廷, 대신大臣

15. 간단한 설명이 가능한 고유명사는 본문 내에서 한자(漢字: 간단한 설명)로 처리하였다.

예) 독개(櫝蓋 : 위패位牌함 덮개), 봉입(奉入 : 받들어 모셔 들임), 사시(巳時 : 오전 9시~11시)

16. 번역문과 문장 및 각주에서 인용문과 자료는 다음과 같은 부호로 표기하는 것을 원칙으로 한다.

① 인용문에서 직접인용의 경우는 “ ”[쌍 따옴표]로, 간접인용의 경우는 ‘ ’[홑 따옴표]로 표기한다.

② 자료는 일정한 분량이 넘는 저술 등 문헌의 경우는 『 』으로, 제문祭文이나 서찰 및 시와 같은 단편적 작품의 경우는 「 」으로 표기한다.

③ 특히 강조해야할 문장이나 단어의 경우에는 ‘ ’[홑 따옴표]를 사용한다.

저자 소개

하빈 신후담

하빈 신후담은 1702년(숙종 28) 한성부 동부 낙선방樂善坊 외가에서 용강현령 신구중(愼龜重: 1682~1744)과 우계羽溪 이씨李氏 정관正觀의 딸 사이에서 3남 3녀 중 장남으로 태어나 60세를 일기로 1761년(영조 37)에 생애를 마친다. 그의 호는 하빈河濱·돈와遯窩·금화자金華子·성암省庵·복재復齋 등이고, 자는 이로耳老·연로淵老이다. '하빈'이나 '금화'라는 호는 그와 그의 선대가 경기 파주 교하交河 금척리金尺里에 세거하였기 때문에 자신이 직접 지은 것으로 알려져 있다.

그의 시조는 신수愼修로 중국 개봉인開封人이었으나 그 뒤 그의 후대가 경상도 거창현居昌縣에 자리를 잡게 되면서 그곳이 관향貫鄕이 된다. 신수는 고려에 사신으로 왔다가 귀화한 뒤, 고려 문종 때 수사도좌복야(守司徒左僕射, 정2품)를 역임한 바 있다. 이후 13세 판이주현사判利州縣事 신이충愼以衷의 세 아들이 신기愼幾·신언愼言·신전愼詮이고, 셋째 신전이 황해도관찰사까지 역임하는데, 이 신전의 세 아들이 신승명愼承命·신승복愼承福·신승선(愼承善: 1436~1502)이다.

그런데, 신전의 셋째 아들이 장성공章成公 신승선인데, 그가 바로 연산군 때 영의정에 오르고, 연산군의 국구國舅가 된 인물이다. 1457년 그의 딸이 빈嬪으로 간택되고, 그는 1469년(예종 1) 남이南怡와 강순康純 옥을 다스린 공으로 익대공신翊戴功臣으로 책훈策勳되며, 이어 연산군 때는 그의 딸이 마침내 왕비가 된다. 그는 1495년(연산군 1)에는 영의정에 오르며, 이어 거창부원군居昌府原君까지 이르게 된다.

그리고, 장성공의 아들 신도공信度公 신수근愼守勤도 그의 딸이 중종비가 됨으로써 2대에 걸쳐 국구가 되는 외척권력 반열에 오른다. 신수근은 누이가 왕비가 되고, 좌의정 때는 부친 신승선에 이어 국구까지 되었다. 그러나 중종반정 때 반정주동자 성희안成希顔·유순정柳順汀·박원종朴元宗 등의 반정참여 회유를 그는 단호히 거절하여 희생당하고, 그의 동생 신수겸愼守謙·신수영愼守英 등도 함께 희생되면서 권세가문은 크게 몰락의 길을 걷는다.

중종반정 당시 신수근의 아들 신홍보愼弘輔·신홍필愼弘弼 등도 원방에 부처되고, 신수근의 딸은 왕비[영조 대에 단경왕후로 복위]가 되었지만 반정주동세력들이 뒷날 화근을 없애기 위해 왕비가 된 지 7일 만에 폐비로 궁궐에서 쫓겨난다. 또한 박원종 등 반정주동자들은 신수근의 동성同姓 오촌까지, 이성異姓은 사촌까지 원방에 부처시켰다.

그러나 폐비가 된 지 얼마 되지 않은 시기부터 폐비신씨를 복위시키려는 복위운동은 뜻있는 신하들에 의해 은밀히 추진되고 있었고, 그것이 공론화되기는 1515년 중종계비 장경왕후가 승하하자 담양부사 박상朴祥과 순창군수 김정金淨 등이 중종의 응지상소에 봉사소封事疏를 올리면서 시작되었다. 두 인물의 상소가 있은 지 거의 200여 년 만인 1698년에 전 현감 신규申奎가 김정과 박상의 상소 내용의 정당성을 내세우면서 폐비신씨의 복위문제를 다시 상소하였으며, 1739년(영조 15) 세 번째로 유학幼學 김태남金台南이 폐비신씨 복위문제를 상소하자, 영조는 기다렸다는 듯이 이를 기쁘게 받아들였다.

이 시기를 전후하여 신후담은 부친 신구중의 뜻에 따라 폐비복위와 신원伸冤 절차에 필요한 시장諡狀을 모두 준비하여 봉상시奉常寺에 제출하기도 하였다. 한편, 이 보다 먼저 중종반정 때 희생된 폐비신씨 부친 신수근이 인종 때 이미 복관되었다. 그리고 폐비신씨의 복위움직임도 차츰 일어나 거창신씨 사가私家에서 관리해오던 폐비신씨 사당을 국가에서 간접적으로 관리하게 된다.

더 나아가 조선조정에서 직접 사당을 새로이 세워 폐비신씨 신주를 옮겨 모시는 일로 전개되었다. 그리고 숙종 대부터는 본격적으로 신비복위를 위한 추진계획과 의지를 가지고 시행하려 하였으나 당시 단종과 단종 비 및 단종 친모 등의 복위에 전념하느라 이 일은 뒤로 미뤄졌지만 부왕의 뜻을 계술繼述한 영조가 결국 신비복위를 폐비된 지 233년 만에 완성하게 된 것이다.

한편, 영조는 신비복위과정에서 신후담이 시장을 작성하는데 크게 노력한 시장을 직접 보았고, 신비복위과정에서 전례 없었던 예제를 원용하는 등의 복잡한 준비절차와 수많은 신료와 재외 유학자들의 견해를 총합, 수렴하여 드디어 완성을 보게 된 감회를 피력하면서 영조는 단경왕후의 아버지 신수근에게 영의정 익창부원군益昌府院君을, 두 어머니 권씨權氏와 한씨韓氏에게는 각각 영가부부인永嘉府夫人과 청원부부인淸原府夫人을 추증하라고 명하게 된다.

또한, 신수근에게는 '신도信度'라는 시호가 내려지고, 영조는 직접 '고금동충古今同忠'이라는 4자를 써주면서 '신수근은 포은(圃隱, 정몽주)과 함께 충의忠義가 같다 하고, 사우祠宇를 만들어 주고 그 곁에 각閣을 세워 이 글씨를 새겨 길게 하라고까지 명하였다. 그 뒤 신후담은 이때의 감회를 회고하면서 신수근의 절의를 백이와 숙제의 고사와 비견하기도 하였다.

신구중과 신후담 부자는 시장을 마련하는 등 거창신씨 사가私家에서 준비하여야 할 일들과 그 절차 등을 모두 실행하는 역할을 맡아서 폐비신씨와 신수근 등이 복위되는데 결정적인 역할을 하였고, 신후담은 폐비신씨의 복위명분과 그 과정을 담은 『온릉지溫陵志』를 편찬하게 된 것이다. 그 내용에 의하면 단경왕후의 '가례 시기'와 '복위된 시기'와의 시간적 거리가 240년이나 되는데, 우연히도 '가례 연도'와 '복위된 연도'가 똑 같이 '기미년己未年'이라는 부합된 사실에 놀라움을 드러내기도 한다. 그리고 『온릉지』를 근거로 단경왕후 가례와 추복내용을 왕실족보인 『선원보략璿源系譜寶略』에 보궐補闕하기에 이른다.

신후담은 9대조 장성공章成公 신승선愼承善의 딸이 연산군 비妃이고, 그의 아들 8대조 신도공 딸이 중종 비妃였던 두 왕비를 배출한 외척가문을 이어간 조선 후기의 뛰어난 학자이다. 그는 외척가문 후손으로서 진사시를 거쳐, 대과를 포기하고 오직 학문을 통해 가문의 명예를 되찾고, 자신의 뛰어난 사상도 펼치려 하였다. 또한 그는 외척가문 명예를 되찾으려는 노력으로 부친 신구중愼龜重과 함께 가학家學을 계승하고, 조선 전국에 흩어져있는 가승家乘을 모아 『거창신씨세보』를 편찬하는 일도 직접 해내었다.

신후담의 학문과 사상은 어릴 때부터 그의 남다른 기질로 많은 저술을 내기 시작하였고, 장년기의 『서학변』은 동아시아서 최초로 유학적 입장에서 서양문화를 논리적으로 비판한 저술이며, 『주역상사신편』은 역경易經의 정통성을 계승하는 뛰어난 저술로 스스로 복희伏羲→문왕文王→주공周公→공자孔子의 정통성을 계승한다고 자부하였다. 또한 신후담의 청소년기 저술들 대부분은 유학과 다른 학문이라 폐기시켰지만, 그것은 오히려 조선적 독자성을 추구하려는 창의적 사유의 저술로 그를 뛰어난 사상가로 평하기도 한다.

또한 신후담은 18세기 실학을 형성하는데 선구적 학문을 달성한 성호 이익의 대표적 문인이다. 그는 소남召南 윤동규尹東奎,

정산貞山 이병휴李秉休, 순암順菴 안정복安鼎福 등과 함께 성호학파를 형성한 18세기를 대표하는 지성이다. 이러한 실학사상을 담은 그의 저술은 100여 권으로 알려져 있지만, 현전하는 저술은 이미 30% 이상이 전해지지 않고 있어서 안타까움을 자아낸다.

해제

『온릉지』는 중종 원비元妃 단경왕후端敬王后와 그의 능인 온릉溫陵에 대한 기록을 모은 책이다. 단경왕후 7대손 신후담(愼後聃: 1702~1761)이 부친 신구중愼龜重이 전하는 뜻을 받들고, 조부 신휘오愼徽五가 가승家乘으로 보관해온 것을 기초로 하였으며, 신후담이 정사正史인 조선왕조실록, 개인 문집, 야사, 단경왕후에 관한 구로舊老들의 구전口傳까지 수렴하여 기술하였다.

1741년 신후담이 2권 1책으로 처음 편찬했다. 그 뒤 온릉참봉 조수홍(趙守弘: 1684~?)도 『온릉지』 편찬을 시작했으나 완결하지는 못하였다. 그를 이어 조수홍 후임 김광태(金光泰: 1702~?)가 단경왕후 복위 때의 사실을 보완하고, 신씨가문 『온릉지』를 참고한 뒤 1744년에 완성하였다. 신후담이 편찬한 『온릉지』는 1936년 신종석愼宗錫이 2권 1책으로 간행하였다.

현전하는 『온릉지』는 장서각본과 국립중앙도서관본이 같은 판본이고, 또 다른 판본으로 규장각본이 있다. 전자는 신후담이 편찬한 상·하 2권 1책 필사본이고, 후자는 김광태가 편찬한 1책(54장張) 필사본이다. 신후담이 편찬한 것은 사찬의 형식이고, 온릉참봉 조수홍의 초본과 그의 편찬 본을 참조하여 김광태가 완성한 것은 관찬이 된다.

그런데, 이번 『역주 온릉지』는 신후담이 편찬한 장서각본을 저본으로 하였다. 그것은 여러 가지 이유가 있지만, 신씨 가문 후손으로서 모든 열정으로 심혈을 기울인 신구중·신후담 부자의 노력인지 몰라도 장서각본이 규장각본 보다 양적 부분에서는 상대적으로 많은 편이다. 물론 내용적 측면은 반드시 추후에 비교 검토를 통해 고찰해내어야 할 과제라고 생각된다.

단경왕후는 1506년 중종반정으로 왕비에 책봉되었다. 그러나 중종즉위 때 왕비로서 정위正位의 하례를 받았지만 책봉식은 제대로 치르지 못한 채 7일(또는 8일) 만에 폐출되는데, 그것은 그의 부친 신수근愼守勤이 반정참여에 반대하면서 훈신들에 의해 사사되었기 때문이다.

궁궐에서 나와 일반 사가에서 지내다가 세상을 떠날 때까지 복위를 하지 못하였다. 그 뒤 폐출된 지 무려 233년 만인 1739년(영조 15)에 왕비자리를 회복하는데, 신비복위 때 왕비책봉 의례절차를 「단경왕후복위부묘도감의궤端敬王后復位祔廟都監儀軌」 하下에서 생생히 보여주고 있다. 상편과 하편 2권으로 구성되었는데, 상편에 대한 주제와 내용은 모두 7편이다.

「상편上篇」

1. 서문序文

조선 후기 문신이자 전의全義 이씨李氏 이덕수가 신후담의 요청을 받아서 서술하였다. 그는 의리로 보아도 당연히 왕비라는 지위에 맞게 '능'으로 불려져야한다고 하였다, 그런데도 불구하고 일반백성들 무덤처럼 묘墓로 불리어온 지난 세월을 한탄하면서 지금에 이르러 왕비의 능, 즉 온릉이라는 능호로 추복된 것은 감격적인 기쁨이라 하였다.

그리고 그는 영조가 신비추복 결단을 내린 사실을 성학聖學의 높고 밝음이라 극찬하고, 신비 부친 신수근의 추시追諡와 충절을 기려 회복시켜준 사실에 대해 단경왕후가 만족하시리라는 기대 등을 첨언하고 있다. 이덕수가 일찍이 신수근의 시장을 써준 사실 등의 연유로 신후담이 자신을 찾아와 서문을 써 줄 것을 요청한 사실도 밝히고 있다.

2. 「병인손위丙寅遜位」

중종반정은 1506년으로 병인년이 된다. 손위遜位는 '왕이나 왕비의 자리를 내어 넘겨준다.'는 뜻이다. 즉 중종반정 때 신비愼妃의 처지가 폐비는 되었지만, 손처라는 뜻은 '자신을 낮춰 왕후자리를 양보한 것'이나 다름없다는 의미를 담고 있는데, 신비가 겸양으로 왕비자리에서 물러났다는 정치적 표현이라고 볼 수가 있다.

중종반정을 일으킬 때 박원종·류순정·성희안 등이 연산군의 매형 신수근의 반정에의 동참 회유, 거사 당일 반정세력들 군사동향에 대처하는 신비의 지혜, 거사 이후 왕비로 정위正位와 배례식拜禮式 개최여부, 궁궐에 신비가 머문 기간, 김정과 박상 등의 상소기록에서 신비폐출 당시 중종의 뜻 등을 기술하고 있다.

3. 「을해청복乙亥請復」

1515년(乙亥年) 장경왕후가 세상을 떠나자 왕후자리가 비게 되어 담양부사潭陽府使 박상朴祥과 순창군수淳昌郡守 김정金淨이 신비愼妃의 왕후지위를 회복시켜주기를 청원하는 상소를 중종에게 몰래 올린 이후 전개된 사실을 서술하고 있다. 상소 처리과정에 대한 중종의 태도를 대간과 대신들은 비판하였지만, 응대상소應對上疏에 응한 것에 대해 죄를 준다는 것은 지나치다는 반론도 있었다.

이후 의금부義禁府에서 신문하는 과정에서도 중종은 형벌까지는 가지 않도록 하는데, 결국 박상은 전라도 남원으로, 김정金淨은 충청도 보은으로 귀양을 보내도록 명한다. 한편, 장경왕후가 세상을 떠난 이후 신씨 복위를 청하는 김정金淨의 상소문을 『충암집冲庵集』에 실린 내용을 중심으로 자세히 소개하고 있다.

4. 「정사승하丁巳昇遐」

폐비신씨가 궁궐에서 나와 사가私家에서 지내다 세상을 떠난 해가 1557년(명종 12) 정사년丁巳年이다. 정사년丁巳年 12월 7일 병술(丙戌, 7일) 일에 폐비신씨가 세상을 뜨자 명종이 장생전長生殿의 재궁梓宮을 하사하여 일등의 예로 예장禮葬하게 하고, 삼시三時의 공상供上과 시녀侍女의 늠료廩料를 3년 동안 그대로 지급하라 명하였다.

사신史臣은 '폐비 신씨는 중종 원비元妃셨는데, 중종은 아무 죄도 없는 그를 폐비시켰다.'고 한탄하였다. 중종은 그녀를 매우 사랑하여 잊지를 못하고 지내셨는데, 폐비신씨가 졸하자 예관禮官들이 '궁궐에서 제도적으로 정해놓은 의식대로도 장례를 치르지 못하였다.'고 혹평하였다. 그리고 신후담은 신비복위 이전에는 12월 5일을 기일忌日로 모셔왔는데, 복위과정에서 실록의 기록을 확인함에 따라 12월 7일로 바로잡는다고 하였다.

5. 「임자이사壬子移祀」

1672년(현종 13) 임자년壬子年 이조참의 이단하(李端夏: 1625~1689)의 상소로 폐비신씨 사당을 그의 친가로 옮기게 되었다. 폐비신씨가 세상을 떠나자 신비愼妃의 뜻에 따라 그의 친정 조카 신사원愼思遠이 장례를 치른 뒤 제사를 모셔오다가 그의 외손과 외손의 외손으로 이어져왔다. 그러나 그마저도 집안이 곤궁하여 제사를 모실 수가 없는 형편에 이르렀다.

이때 이단하가 상소로 그동안 신비 신주를 모셔온 사정을 조정에 알리게 되었다. 그런데 그의 상소에는 이미 폐비가 되어 오래도록 서인庶人과 같이 신주神主를 모실 수 없다면 그 신주는 묘소 앞에 묻는 것이 옳지만, 만약 그것을 미안하게 여긴다면 그 사당과 묘소 제전祭典의 비용을 관청에서 지급하고 묘지기를 두어 수호守護의 터전으로 하는 것이 옳다고 주장하였다.

이와 같이 폐비신씨의 신주를 받드는 여러 논의와 해당 관청의 복계覆啓에 의해 신주는 본가로 돌아오고, 관청에서 제물祭物 비용을 지급해주는 것이 타당한 처사라 하였다. 그리고 묘호墓戶를 지정하여 관리하도록 하는 것이 옳다고 하였다. 결국 현종은 신수근의 5대손인 전 현령 신희愼熹의 집으로 제사를 옮기도록 명하고, 관청에서 묘호墓戶 3인을 두게 하였다.

신후담이 알게 된 바에 의하면 신비愼妃 제사를 명종 대에 비妃 자신의 뜻에 따라 왕명을 받들어 비妃의 조카 신사원에게 전하였다고 하였다. 신사원이 그의 외손 심씨沈氏에게 전하였고, 그 심씨도 그의 외손 이씨에게 전하게 되었으며, 이 일련의 과정에서 결국은 그의 증조 현령 신희愼熹의 집으로 옮겨 와서 모시게 되었다.

이때 국가에서 자손이 없는 신주를 조상의 사당에 모시라는 반부班祔의 명령이 있었지만, 신후담의 증조가 가묘家廟에 신비를 함께 받드는 것을 미안하게 여겨, 사당 하나를 특별히 지어 받들었다고 한다. 사실 신사원은 '신비愼妃의 조카'인데, 예조의 상계上啓에서는 '신비의 오라비'로 잘못 기술한 것을 바로잡는다고 하였다.

6. 「기묘입사己卯立祠」

1698년(숙종 24) 무인년戊寅年 9월 20일에 전 현감 신규(申奎: 1659~1708)가 상소하여 노산군魯山君과 신비愼妃의 위호位號를 다시 회복시킬 것을 주청하고 나섰다. 다음은 신규가 상소한 내용을 중심으로 기술하고 있다. 신비는 중종이 즉위하기 전에 빈嬪이 되어 그의 배필로서 왕비의 법도에 부족함 없이 잘 지켜오다가 왕후지위에 올라 신료들의 축하 예제로 국모가 되었다고 하였다.

그런데, 원훈元勳 박원종朴元宗 등이 자신들의 신변안전을 꾀하기 위해 의리를 저버리고 국가를 위한 계책이라 핑계대면서 조정논의 형식으로 중종을 겁박하여 결국 신비愼妃를 폐척하기에 이르렀다고 하였다. 중종이 정청廷請에서 '조강지처糟糠之妻를 그렇게 대접할 수가 있겠는가!'라고 하였는데, 그 말속에 중종이 신씨를 잊지 못하고 차마 내칠 수 없었던 뜻을 짐작할 수 있다는 것이다. 1515년 당시 김정金淨과 박상朴祥은 장경왕후章敬王后가 세상을 떠날 당시 상소로써 박원종朴元宗 등이 임금을 위협한 죄를 논하고 신비가 무고하게 폐척 당한 연유를 진술하여 신씨의 '왕비로서 올바른 위치'를 회복시켜주길 청한 뛰어난 선비였다고 하였다. 신비를 폐척한 것은 중종의 본뜻은 아니었으므로 왕비자리와 원비元妃 지위로 회복시키는 일을 마땅히 실행했어야 했다고 하였다.

그는 정릉貞陵을 폐척함이 200여 년이 지났는데도 현종 대에 이를 회복하였고, 소릉昭陵을 폐척함이 50여 년이 지났는데 중종 대에 회복했다는 사례를 들어 숙종이 만약 선대 왕조에서 겨를을 내지 못했던 전례를 미루어서는 안 된다고 하였다. 또한, 전대前代 조정에 관계된 사실이라는 이유로 당연히 고쳐야 할 것을 그대로 방치한다는 것은 듣지 못했다고 하였다.

숙종이 대신大臣과 육경六卿·판윤判尹·삼사三司에게 각자 의견을 진술하라고 하자 좌의정 윤지선(尹趾善: 1627~1704)은 중국 명나라 선종황제宣宗皇帝가 황후 호씨皇后 胡氏를 폐척하고 말년에 후회하였으나 결국 영종조英宗朝에 추복追復하는 의례를 행한 고사가 증거 할 만하다고 하였다. 그리고 위차位次 문제와 위호位號는 원비元妃 지위로서 장경왕후의 오른편이 되어야 한다는 의논이 있었다.

영의정 류상운(柳尚運: 1636~1707)과 우의정 이세백(李世白: 1635~1703) 등은 전례도 찾기 어렵다는 이유로 난색을 표하였고, 사호祠號와 축사는 장애와 난처한 점이 있다고 하였다. 이런 논란에도 불구하고 묘소 및 기신忌辰의 제사 때 수용 물품, 영분塋墳을 봉식封植하고, 수묘守墓의 인원 등을 정해 영원한 터전으로 삼는 것이 타당할 것 같다는 주장으로 발전하였다.

숙종은 그동안 신하들의 논의에서 별묘別廟를 세우자는 최석정의 한 조목이 마땅한 것 같다고 하였다. 그러자 영의정 류상운(柳尚運: 1636~1707)은 신비愼妃에 대한 의義를 세우는 일에 대한 사례는 일찍이 순회세자順懷世子와 소현세자昭顯世子의 사당에 내관內官이 안전하게 지키고 관리하도록 하고, 봉상시奉常寺에서 제용품을 보냈던 등의 사례가 증거할 수 있다고 하였다.

숙종은 왕가에서 사당을 세워 별도로 받든다면 '廢폐' 자를 그대로 두어서는 안 될 것 같다고 하였다. 그리고 순회세자와 소현세자의 '정자각'의 규모 등을 볼 때 정자각이라 부르는 것이 합당하지 않다고 하였으며, '廢妃폐비'의 신주 제목을 어떻게 처리할 것인가는 신가愼家에 문의한 뒤 대신에게 정탈定奪을 의논하는 것이 옳다고 하였다.

숙종의 신비추복을 위한 의지를 신후담은 '기묘년에 사당을 세운 것은 참으로 숙종께서 민측愍惻하게 여기신 지극한 뜻에서 나왔었기에 엎드려 읽어 보았다'고 기술하였다. 숙종이 '가슴이 아프다. 어찌 추복할 뜻이 없겠는가?'던 그 시 한 구절이 정말로 추복할 뜻이 있었다고 하였다. 그러나 연교筵教에서 '추복이 정말 어렵다.'고 한 것은 급하게 추복할 수 없다는 뜻이지, '언제까지 추복할 수가 없다'는 뜻은 아니었다고 보았다.

7. 「기미복위己未復位」

1739년(영조 15) 기미년己未年 3월 11일에 유생儒生 김태남金台南이 신비복위를 위한 상소를 올린 것을 시작으로 신비복위 시행에 이르기까지 전 과정을 일록으로 기술하고 있다. 1515년(중종 10) 김정과 박상 등의 대책상소를 필두로 1698년(숙종 24) 무인년戊寅年 현감 신규申奎가 숙종에게 상소한 내용 등을 인용하여 김태남의 상소는 펼쳐진다.

숙종 대 판중추부사 최석정(崔錫鼎: 1646~1715)과 영돈녕부사 윤지완(尹趾完: 1635~1718)이 신비복위를 상소하였고, 좌의정 윤지선(尹趾善: 1627~1704)은 신비복위를 위해서는 중국 선종황제宣宗皇帝와 황후 호씨胡氏 폐비사건을 전례로 들었고, '신비추복은 200년 동안 폐비신씨의 한을 풀어주는 것이므로 숙종의 결단이 필요하다는 우참찬 윤증(尹拯: 1729~1714)의 소청을 김태남은 인용한다.

또한 신비복위 후 종묘에 부묘祔廟하는 위차位次 문제, 즉 신비愼妃 지위와 장경왕후 지위에 대한 순서 등은 대체大體와 관련되지만 그 절목節目 사이의 작은 문제로 시행 자체가 중단돼서는 안 된다는 논의도 수렴하였다. 신규는 숙종이 신비를 위해 제사를 받든 것이 이미 존봉尊奉하는 도리를 다하는 것이므로 그 다음은 오직 신비복위를 하는 절차만 남는다고 하였다.

한편, 영조는 희정당熙政堂에서 김태남金台南의 상소를 접하면서 『승정원일기』에서 신규申奎의 상소 내용, 즉 그 당시 백관 헌의獻議를 승지를 통해 알면서 부왕, 즉 숙종의 뜻이 그 사체事體가 중대하여 과감히 거행하지 못하였고, 지금 김태남金台南이 상소에서 주장한 내용은 이전 조정에서는 관심을 가지지 않았던 것이어서 신중히 대처하고 있었다.

다음은 신후담이 신비 추복의 과정을 일록日錄형식으로 1739년 3월 13일부터 1739년 8월 19일까지 30일 간 설행된 날짜대로 소개하였다. 1) 1739년 3월 13일에는 영조가 부왕, 즉 숙종이 단종복위만 설행하고 신비복위 추진을 중지하지 않을 수 없었던 깊은 뜻을 신규申奎가 상소한 주장과 같이 하고자 하였다는 기록이다.

2) 1739년 3월 14일에는 별묘를 세우기로 결심한 영조가 구체적 실행을 위해 신비 친가의 신구중과 신후담 부자를 불러 신비에 관한 것을 질의하고 보고를 받는다. 일련의 이러한 별묘 설행 과정은 신비복위 문제로 연결되었다. 3) 1739년 3월 15일에는 신구중이 선정전宣政殿에 입시한 뒤 영조가 신비와 신수근 등에 관해 알고 싶었던 내용에 대해 신구중이 답한 것을 기록하고 있다.

4) 1739년 3월 17일에는 영조가 희정당熙政堂에서 우의정 송인명宋寅明과 신비추복을 위해서 전례典禮, 재야 유신儒臣들 견해, 사우祠宇에 전배展拜한 사실, 신수근 복관문제 등에 관해 문답한 내용이 중심이다.

5) 1739년 3월 22일에는 영조에게 청대한 별겸別兼 이성중(李成中: 1706~1760)이 강화도 사고에 가서 신비에 관한 실록 기록을 상고한 뒤 보고한 기록이다.

6) 1739년 3월 25일에는 영조가 신비복위를 마음속으로 결정하고, 그 제도적 절차를 추진하기 위해 재야 유신儒臣의 수의收議를 보고받고, 복위추진이 부왕, 즉 숙종이 시행하려한 것을 계술繼述한다는 명분을 내외에 알리고자 한 것을 기록하고 있다.

7) 1739년 3월 26일에는 영조가 신비사우愼妃祠宇를 봉심奉審하고, 신위神位 앞에서 친히 주판主板을 잡거나 신구중龜重에게 주

독主櫝을 열게 하며, 신주神主에 제목題目 해온 저간 사정을 알고자 했던 것을 기록하였다.

8) 1739년 3월 27일에는 희정당熙政堂에서 신비복위 뒤에 신주 맨 위 글자를 처리하는 문제로 영조와 신하들이 서로 논의를 주고받은 내용이다. 영조는 신주 맨 위 폐廢자를 없애고자 하였으나 몇몇 신하들 염려가 있었다. 결국 송인명이 '사가私家 사당에서 모셔온 고주故主는 없는 것과 같다'라는 견해에 힘입어 폐廢자를 개서改書하고 세거洗去하기로 결정하게 된 기록이다.

9) 1739년 3월 28일에는 도승지 조석명(趙錫命: 1674~1753)이 사우祠宇에서 고유제告由祭를 행하는 것을 시작으로 신련神輦을 모시는 절차를 수행하였다. 그리고 봉심奉審한 뒤에 봉안제奉安祭를 행하고, 여러 신하들과 경덕궁 빈청賓廳에서 시호를 의논한 결과 시호諡號·휘호徽號·능호陵號 등을 결정, 발표하였다. 10) 1739년 3월 29일에는 우의정 송인명宋寅明·판부사 김흥경金興慶·호조판서 유척기兪拓基 등이 청대請對로 옥책문에 관해 건의한 기록이다.

11) 1739년 3월 30일에는 예조에서 조주造主에 대해 건의하자 영조가 윤허하고, 전교傳敎에 따른 숭정전崇政殿에 조주청造主廳을 설정하고 봉상시 봉사 홍계옥洪啓沃이 조주造主를 감독하여 이튿날로 일을 시작한 기록이다.

12) 1739년 4월 1일에는 송인명宋寅明이 신비 능소陵所를 찾아 능소의 좌향坐向, 혈穴 머리, 혈처穴處, 혈의 앞 뒤 좌우, 석물石物·석인石人·상석床石·장명등長明燈·묘정墓庭에서 제청祭廳까지 거

리, 제청계단에서 내안內案까지 거리, 혈 앞에서 내안까지 폭, 정자각과 홍전문紅箭門을 세울 위치 등과 능소 주변 다른 일반 묘소 및 신가愼家의 무덤 등을 조사한 것을 영조에게 아뢴 내용이다.

13) 1739년 4월 2일에는 도감都監 별단別單을 영조에게 재가裁可를 받은 기록이고, 14) 1739년 4월 3일에 영조가 온릉참봉을 임명하면서 장릉莊陵과 사릉思陵의 참봉이 차출된 뒤에 연중筵中의 정탈定奪로 인하여 부묘하기 전에 즉시 나아가 수직守直한 전례대로 시행할 것을 윤허한 기록이다.

15) 1739년 4월 4일에는 영조가 신비신주를 모실 종묘 제6실第六室의 신장神欌 및 의자를 개조하는 일의 정탈定奪 여부와 제6실 신장神欌 등의 배열을 고치는 연유를 예고제預告祭에서 할 것이므로 축문祝文에서 이 점을 보태어 찬출撰出토록 한 내용이다.

16) 1739년 4월 14일에는 봉릉도감 제조 이하 모든 관원이 숙배(肅拜: 헤어지는 인사)하고 이틀 뒤에 능소에서 역사役事를 시작하기로 한 기록이다.

17) 1739년 4월 15일에는 예조에서 능역陵役하는 날 시호를 올린 뒤에 봉릉封陵하여야 하므로 일관日官이 5월 20일 묘시卯時가 길하다는 보고에 영조가 허락하였다는 기록이다.

18) 1739년 4월 17일에는 영조가 종묘에 부묘제를 시행하기 전에 제주전題主奠과 봉안전奉安奠, 그리고 고동가제告動駕祭를 차례대로 중종 대[辛卯, 1531]와 숙종 대[戊寅, 1698]의 전례에 따라 시행할 것이라고 예조에 분부한 내용이 중심이다.

19) 1739년 4월 18일에는 신비 사가에서 제목했던 신주[舊住]를 왕실신주 제목으로 고쳐 신비 능소에 구주를 매안하는 시간적 절차와 매안 장소를 정하는 내용을 중심으로 기록하고 있다.

20) 1739년 4월 22일에는 영조가 밀창군密昌君 직李樴, 낙창군洛昌君 당樘 등 종실과 신비에 관한 생몰년, 왕비책봉 문제, 궁궐에서 머문 기간 등등에 관해서 『선원계보璿源系譜』에 편수할 사실 여부를 담는 방법에 관한 견해를 서로 표명한 내용이다.

21) 1739년 4월 26일에는 신비의 옥책玉册·시책諡册·금보金寶를 궐내에 들여보내고, 새로 조성한 감실龕室·보장寶欌·책장册欌·제기祭器·상탁床卓 등을 종묘에 모신 기록이다.

22) 1739년 4월 28일에는 신주神主가 조성되자 도감 및 예조 당상이 봉상시 제조와 함께 봉심奉審하고, 숭정전崇政殿에 임시로 모신 기록이다.

23) 1739년 5월 1일에는 숭정전에 모신 신비의 신주, 신비 사가의 구주舊主는 이미 정해진 능소 앞에 매안하고, 신주를 자정전資政殿 위선당爲善堂으로 이안移安하여 모시는 과정을 중심으로 기록하고 있다.

24) 1739년 5월 3일에는 단경왕후의 부묘사祔廟事를 종묘에 미리 고한 내용이고, 25) 1739년 5월 4일에는 영조가 경덕궁에 거둥하시어 재숙齋宿한 기록이며, 26) 1739년 5월 5일 진시辰時에는 온릉 단경왕후 신위에 영조의 동가動駕 친제親祭를 시행한 기록이다.

27) 1739년 5월 6일에는 단경왕후 신주를 받들어 종묘에 올릴 때 영조가 친히 의식儀式대로 제사한 기록이다.

28) 1739년 5월 20일에는 도제조 송인명 등이 '능소陵所로부터 낭속郞屬 및 공장工匠·군인 등을 거느리고 새벽에 능상陵上에 도착하여 묘시卯時까지 기다린 뒤 흙을 쌓아 봉분을 고치고, 사초莎草하여 신시申時에 덮는 일을 마쳤다'고 장계狀啓를 올린 기록이다.

29) 1739년 5월 27일에는 능내陵內 각 곳에 역사役事를 마치고 봉릉제관封陵諸官이 복명復命한 내용이다.

30) 1739년 8월 19일에는 영조가 온릉에 참배하여 친히 제례의식을 마친 뒤 우의정 송인명에게 온릉을 들러 본 감회와 앞으로 보수할 일들을 명한 기록이다.

「하편下篇」

1. 「책축제문冊祝諸文」

1) 옥책문玉冊文

1739년 5월 1일 폐비신씨가 단경왕후로 추복되면서 그에게 존칭으로 올리는 문서에 담긴 내용이다. 옥책은 옥으로 만든 문서(또는 필경)를, 옥책문은 그 옥책에 담긴 글을 의미한다. 이 옥책문은 우의정 송인명이 지었는데, '유세차維歲次 기미(己未, 1739

년) 5월五月 병오丙午 초하루에 국왕國王 신臣 모某는 재배(再拜: 두 번의 절)하고 머리 숙여 말씀을 올립니다.'로 시작한다.

단경왕후는 명족名族으로 빈嬪이 되어 중종배필이 되었으나 불행히 왕궁을 떠나 손처(遜處: 왕비자리에서 물러남)하기에 이르렀고, 애석하게 중종이 슬퍼하고 안타까워하였으나 모든 공의公議가 침묵하여 지금에까지 수 백 년을 지내온 것에 대해 온 백성들이 불쌍히 여기고 슬퍼함이 그치지 않았다고 하였다.

'엄숙하고 화목한 종묘에 새로이 부묘祔廟하는 의식儀式의 글을 실어 빛내고, 선왕의 영령들이 기뻐하실 것이며, 선대에 추복하지 못한 뜻을 이어 지금에야 이루었다'고 우의정 송인명을 시켜 옥책을 받들어 '恭昭順烈공소순렬'이라는 휘호徽號를 올린다고 하였다. 단경왕후의 훌륭한 열행烈行을 높이 들어 거듭 번창한 복을 내리시길 삼가 말씀드린다고 끝을 맺는다.

2) 시책문諡冊文

시책문은 단경왕후의 생전의 덕행을 칭송하여 시호를 올리면서 지은 글이다. 단경왕후의 서거를 슬퍼하고 덕행을 기리는 내용으로, '유세차維歲次 기미(己未, 1739년) 5월 병오丙午 초하루에 국왕國王 신臣 모(某, 영조)는 삼가 재배再拜하고 머리 숙여 말씀을 올립니다.'로 시작한다. 옥책문과 같이 빈嬪으로서 정숙함과 중종 즉위 이후 왕후로서 정위正位에 임했지만, 훈신들 강압과 주위 백관들 침묵으로 억울하게 폐출되기에 이르렀고, 그 뒤 김정과 박상의 상소가 있었으나 일제히 일어난 대신과 대간에 의해 어찌할 수 없었다는 것이다.

그러나 선정先正의 박쟁駁爭이 미래 공안公案이 되어 선대 왕조의 뜻을 계술繼述하게 되었고, 이에 욕례縟禮를 거행하여 정성을 다한다고 하면서 종묘에 부묘하게 되면서 신비를 원비元妃 위치로 차례를 정하며, 정인精禋에 엄숙함을 갖춰 보책寶冊에 정성을 다한다고 하면서, '端단은 몸을 살피는 근본이니 예의禮義에 허물이 없음이요 敬경은 덕을 세우는 기틀이니 경계警戒에 게으르지 않음을 뜻한다.'는 시호를 올리게 됨에 감개가 더한다고 하였다.

3) 신주이봉시별묘고유제 축문神主移奉時別廟告由祭 祝文

1739년 3월 28일 단경왕후를 종묘로 부묘祔廟하기 전에 사가私家의 사당에 모셔왔던 신주를 별묘, 즉 종묘 영녕전에 옮길 때 그 사유를 고하는 제사축문이다. 1739년 3월 28일 행지제교 이중협(李重協: 1681~?)이 지었다.

4) 위선당봉안제 축문爲善堂奉安祭 祝文

위선당은 경희궁 경내에 선왕先王의 위패位牌·신주神主·어진御眞 등을 임시로 봉안奉安할 때 사용했던 전각이다. 봉안제는 단경왕후 신주를 받들어 모시는 제사를 일컫는 것으로 이때의 축문인데, 1739년 3월 28일 이중협이 지은 것이다.

5) 복위후종묘고유제 축문復位後宗廟告由祭 祝文

고유제는 단경왕후로 복위된 뒤 종묘에 그 연유를 알리는 제사축문이다. 1739년 3월 30일에 행지제교 이중경李重庚이 지은 제사축문인데, 지제교는 외교문서 표表·전箋과 왕이 내리는 교서를 짓는 일을 맡은 관원으로, 크고 작은 제문祭文도 지어 올렸다.

6) 영녕전고유제 축문永寧殿告由祭 祝文

폐비廢妃된 자리를 추복追復하여 아름다운 칭호를 비로소 올리는 축문이다.

7) 봉안소삭제 축문奉安所朔祭 祝文

봉안소는 왕과 황후 등의 신주·위패 등을 모셔두는 곳으로 초하룻날에 지내는 제사축문을 말한다. 1739년 4월 1일 이중경이 이 축문을 지었다.

8) 청시시종묘고유제 축문請諡時宗廟告由祭 祝文

시호는 왕에게 청하여 재가를 받는데, 특히 왕과 왕후 등 왕실에 내린 시호는 시책諡冊과 시보諡寶를 만든다. 고유제는 단경왕후 추복 뒤에 종묘에 시호를 얻게 되었다고 알리는 의식의 제례를 치르는데, 이때 축문을 말한다.

9) 영녕전고유제 축문永寧殿告由祭 祝文

종묘 별전 영녕전에 제사 의식 연유를 알리는 제사 축문이다. 1739년 3월 30일 행지제교 이중경이 지었다.

10) 신주개제후친제 축문神主改題後親祭 祝文

신주개제는 신씨가 폐비된 이후 사가私家에서 제목題目해 모셔온 신주神主, 즉 구주舊主를 단경왕후로 추복한 뒤 새로운 신주, 즉 신주新主로 제題한 뒤에 왕이 직접 제의를 지내는 제례축문이다. 1739년 3월 30일 행예문관제학 박사수(朴師洙: 1689~1739)가 지었다.

11) 자정전봉안후친제 축문資政殿奉安後親祭 祝文

경덕궁의 편전인 자정전에 신비愼妃의 신주를 임시로 봉안한 뒤 영조가 친히 제사를 지낸 축문이다. 1739년 3월 30일 행예문관제학 박사수가 지었다.

12) 구주매안시본릉고유제 축문舊主埋安時本陵告由祭 祝文

신비愼妃 사가私家에서 묘소와 사당祠堂에서 모셔왔던 신주神主, 즉 구주舊主를 땅에 묻을 때 본릉本陵, 즉 온릉에 알리는 제사축문이다.

13) 부태묘시종묘예고제 축문祔太廟時宗廟預告祭 祝文

종묘에 단경왕후의 새로운 신주를 모셔 부묘祔廟, 즉 합사할 때 종묘에 미리 알리는 제사축문이다.

14) 영녕전예고제 축문永寧殿預告祭 祝文

종묘에 있는 태조의 4대조와 정전正殿에서 이안移安한 왕과 왕비들 신주를 모신 사당에 미리 알리는 제사축문이다. 즉, 단경왕후 신주를 영녕전에 모시기 전에 알리는 제사축문이다.

15) 자정전예고제 축문資政殿預告祭 祝文

경덕궁의 편전便殿이자 빈전殯殿인 자정전에 미리 알리는 제사축문이다. 즉, 단경왕후 신주를 종묘에 부묘하기 위해 이안하기 전에 봉안하였던 자정전 빈전에 미리 알리는 제사축문이라 하겠다.

16) 자정전단오제 축문資政殿端午祭 祝文

경덕궁의 편전이자 빈전, 즉 자정전에서 단오 때 단경왕후 신주에 지내는 제사 축문이다.

17) 온릉단오제 축문溫陵端午祭 祝文

온릉에 5월 단오제 때 올리는 제사축문이다.

18) 자정전고동가 축문資政殿告動駕 祝文

부묘제祔廟祭에서 경덕궁 편전인 자정전 혼전에 모신 단경왕후 신주를 옮기는 가마에 옮겨 싣기 직전 그 사실을 신에게 친히 고하는 제사축문이다.

19) 부태묘 축문祔太廟 祝文

종묘로 옮겨 합사, 즉 부묘祔廟하는 제의를 치를 때 제사 올리는 축문이다.

20) 영녕전섭행제 축문永寧殿攝行祭 祝文

봄과 가을에 종묘 영녕전에서 국왕 대신 신료臣僚들에 의해 거행하는 제향 때 제사축문이다.

21) 칠사제온릉친제시 축문七祀祭溫陵親祭時 祝文

칠사제는 종묘 칠사당七祀堂에 모신 일곱 신神에게 지내는 제사축문이다. 일곱 신에 대한 명칭과 제사지내는 시기, 그리고 제사의 축식祝式에 따라 거행되었다. 종묘의 정전正殿 앞 월대月臺 좌우로 두 개의 건물이 있는데, 정전을 기준으로 오른쪽에 있는 건물이 칠사당이다.

칠사당에서는 일곱 신을 모셔놓고 종묘제를 지낼 때 함께 제사를 지냈다. 일곱 신 중에서 사명신과 사호신은 봄에, 사총신은 여름에, 중류신은 6월 토왕일土王日에, 국문신과 공려신은 가을에, 국행신은 겨울에 각각 제사 지내고, 12월에는 두루 제사를 지낸다고 하였다. 이러한 행사에 단경왕후 신주에 왕이 직접 지낼 때 제사축문이다.

22) 온릉친제시종묘고유제 축문溫陵親祭時宗廟告由祭 祝文

온릉에 왕이 직접 가서 제사를 드리기 전에 왕이 주관하여 종묘에 알리는 제사축문이다.

23) 온릉친제 축문溫陵親祭 祝文

왕이 온릉에 직접 가서 제사를 지낼 때 제사축문이다.

24) 반교문頒教文

반교문은 나라에서 어떤 특별한 일이 있을 때 그 사실을 백성에게 널리 반포하여 알리는 글이다. 1739년 5월 6일 예문관 제학 박사수가 단경왕후 추복사실을 백성에게 알리기 위해 영조의 명으로 지었다.

25) 온릉정자각 상량문溫陵丁字閣 上梁文

온릉의 제사를 모시는 건물, 즉 정자각을 지은 내력, 공역功役 일시 등을 적어둔 문서이다. 이 때는 상량上樑을 올리는데, 상량이란 목조건축물의 가구架構에서 최상부 부재部材인 종도리를 올려놓는 건축절차이다. 서까래를 걸기 이전에 마지막으로 올리는 것이어서 특별한 의미를 부여하게 된다. 건물골격이 완성되는 단계이기 때문에 가장 어려운 일을 마쳤다는 뜻에서 의식을 갖는 것이 상례였는데, 상량식이 그것이며 목수들이 가장 대접받는 날이기도 하다. 그리고 상량식을 올릴 때는 송가頌歌도 부른다.

2. 「차의제문箚議諸文」

1) 기미 3월14일 대신 이태좌차자己未 三月十四日 大臣李台佐箚子

1739년 3월 14일 대신 이태좌가 올린 차자문箚子文이다. 차자는 국왕에게 올리는 간단한 서식의 상소문이다. 당시 봉조하 이태좌의 차자는 그의 선친 이세필李世弼의 『구천유고龜川遺稿』에서 『예경禮經』에 실린 출모(出母: 내쫓긴 어머니)에 관한 내용을 적시하면서 폐비신씨가 빈嬪이 되어 중종의 모후와의 관계 및 중종과 부부의 정을 『예경』에 담긴 사실에 비유하고 있다. 이하 차자내용은 그 동안 다른 주장과 거의 같다고 할 수 있다.

2) 동일 대신수의同日 大臣收議

수의라는 것은 대신, 즉 국왕을 보필하던 최고위 관료들의 의견을 종합한 것을 말한다. 1739년 3월 14일에 있었던 정청庭請에서 대신들이 논의했던 수의를 기록한 것이다. 영중추부사 이의현李宜顯, 봉조하 이태좌李台佐 등은 신비추복을 빨리 거행하라고 하였고, 판부사 김재로金在魯는 시호를 올리고 별전을 세워 종묘에 올려 합사할 때 큰 문제는 없지만, 널리 의견을 들어 처분하기를 바란다고 하였다.

3) 3월25일 대신계사三月二十五日 大臣啓辭

1739년 3월 25일 대신들이 왕에게 보고한 문서이다. 의정부 삼정승과 좌우찬성, 중추부의 영사領事·판사判事가 대신들인데, 전·현직에 따라 원임대신原任大臣과 시임대신時任大臣이라고 불렀다. 그들은 중신이나 관각당상·구경九卿 등과 구별되어 국가의 최고 중대사를 논의, 결정하고 중요한 임무를 맡아 특별한 예우도 받았다. 특히, 우의정 송인명宋寅明의 장계狀啓를 소개하고 있다.

4) 동일종친문무백관 대정회의同日宗親文武百官 大庭會議

1739년 3월 25일 종친과 문무백관들이 함께 모인 조정에서 논의하는 것을 말한다. 즉, 종친은 모계친, 처계친과 구분하여 부계친만을 가리킨다. 여기서는 왕실을 기준으로 지칭한 것인데, 왕·상왕 및 왕세자 등을 제외한 왕실 남자들을 의미한다. 그리고 문무백관이란 모든 문관과 무관을 통칭한 말이지만 여기서는 이 행사에 필요한 많은 관료들을 일컫는다.

밀창군密昌君 이직李樴, 낙창군洛昌君 이당李樘, 능창군綾昌君 이숙李橚, 장계군長溪君 이병李棅, 낙풍군洛豐君 이무李楙, 함원군咸原府院君 어유구魚有龜 등은 모두 영조에게 신비복위에 대한 일은 조정의 중대한 행사이므로, 여러 방면에서 중의를 구하여 신중하게 시행하되 선대 왕조를 계술하는 일이므로 영조의 결단을 바란다고 하였다.

금평위錦平尉 박필성朴弼成과 월성위月城尉 김한신金漢藎도 금성위錦城尉 박명원朴明源도 이들과 같은 견해를 가지고 영조의 결단을, 호조판서 유척기俞拓基도 앞의 논의들과 같이 영조가 널리 상고하고 지극히 당연한 결과를 얻도록 힘써서 결단하길 바란다고 하였다. 이외에 중앙과 지방의 주요 관직자들도 영조의 신비복위 추진결정에 힘을 보태는 논의결과를 제시하였다.

5) 동일재외유신수의同日在外儒臣收議

1735년 3월 25일에 중요한 일을 결정하는데 재외在外에 있는 유신들에게 자문을 구해 그것을 종합한 견해이다. 신비추복에 대해 호군護軍 심육沈錥, 찬선贊善 어유봉魚有鳳 등이 영조에게 선처하기에 달려 있다는 견해를 제시하였다.

6) 3월25일 재외유신수의三月二十五日 在外儒臣收議

1735년 3월 25일 중요한 일을 결정하기 위해 재외관료와 선비, 즉 유신들에게 자문을 구해 얻은 종합적 견해이다. 여기서는 세자시강원 진선進善 윤동원尹東源, 전 승지 양득중梁得中, 전 사헌부 장령 윤봉구尹鳳九 등의 상소나 차자 등을 직접 인용하고 있다.

3. 「총서總敍」·「보유補遺」·「총례總例」

1) 「복위시말 총서復位始末 總敍」

1739년 폐비신씨를 왕후로 복위시키는 처음부터 끝까지 과정, 즉 그 전말顚末을 담은 종합적 서술기록이다. 영조가 1739년 즉, 기미년己未年에 폐비신씨를 추복하고, 휘호徽號는 공소순열恭昭順烈, 시호諡號를 단경端敬이라 하여 온릉溫陵에 봉하였다. 후后는 바로 좌의정 신수근의 딸로 그가 연산군 대에 정승 지위에 있었고, 그 누이는 연산군의 비였는데, 연산군은 음학무도淫虐無道하였지마는 중종이 잠저 시에 영문令聞이 있어 중심衆心이 이에 귀속歸屬하였다고로 시작한다.

훈신 박원종·성희안·류순정 등이 중종이 신비를 폐립廢立시키는 과정, 그리고 1515년(중종 10) 을해년乙亥年에 장경왕후 변세 후 순창군수淳昌郡守 김정金淨과 담양부사潭陽府使 박상朴祥이 함께 봉사封事를 올려 신비복위를 청한 사실을 자세히 기술하고 있다. 김정과 박상의 상소문을 처리하는 과정에서 중종과 당시 대신. 대간들과 갈등을 다루고 있다.

1557년 정사丁巳에 신비愼妃가 별세하자 장례식과 그 뒤 신주를 사가私家에서 누가 어떻게 모셔왔는가를 상고하여 그 제사를 익창군益昌君의 5대손 현령 신희愼熹의 집으로 옮기도록 명한 사실을 전하고 있다. 그리고 1698년(숙종 24) 무인년戊寅年에 전 현감 신규申奎가 신비추복 상소를 처음 올린 내용을 상세히 기술하고 있다.

영조 대에 이르러서는 유생儒生 김태남金台南이 상소하여 숙종 대 있었던 신규申奎의 소청疏請을 거듭한 내용도 기술하고 있다. 이후 영조는 신비복위를 추진하기 위한 대신들과 유신 등의 헌의獻議와 수의收議를 우군으로 하여 중종 대 김정과 박상의 상소, 숙종 대 신규의 상소, 그리고 당대 김태남의 상소를 근거로 신비추복 당위성을 찾아나간 사실들로 기술하고 있다.

결국 영조는 500인의 헌의獻議까지 수렴하고 재외在外 유신儒臣에 이르기까지 의논하라고 명하여 특별히 다른 견해가 없다는 보고를 받고 예조에 명하여 신비복위에 대한 절차와 의식을 거행하도록 명하였고, 1739년에는 영조는 몸소 신비의 묘廟에서 알례謁禮를 행하였으며, 3월 28일 갑술甲戌에는 경덕궁慶德宮 위선당為善堂에 신주神主를 옮겨 모시기에 이르렀다는 내용이다.

신후담은 이 글을 기미년(1739) 8월 신축일에 작성하였다.

2) 「보유補遺」

『온릉지』 내용을 보완補完하는 「보유편補遺編」이다. 먼저 신후담은 집안에서 신비손위愼妃遜位에 대한 전후 사실을 수집하여 기록한 뒤 보관하여 왔다고 한다. 기미년(己未年, 1739) 신비복위 시에 신후담의 부친 신구중이 영조의 부름을 받아 조부[愼徽五]가 기록한 내용에 의거하여 앙대仰對하였고, 후담 자신이 다시 그동안 집안에서 기록해 놓은 사실에 근거하여 『溫陵志온릉지』를 편찬하게 되었다고 술회한다. 온릉을 봉축한 뒤 때맞춰 비가 내려 사초莎草가 무성해지자 사람들이 모두 영조의 효성에 감동한 것이라고 하였으며, 당시 봉릉당상封陵堂上 조최수(趙最壽: 1678~1739)의 시에

> "(황후 복위의) 능陵을 봉축封築하니
> 비가 때를 맞추어 아름답게 내리고
> 위에 계신 (신비愼妃의) 영령英靈께서
> (기쁜 마음으로) 환하게도 임하셨도다."

라는 한 구절은 바로 그때 상황을 표현한 것이라고 소개하고 있다. 또한 온릉을 드나드는 길가에 전릉우展陵隅라는 바위의 전설, 신가愼家에 전해지는 문권文卷 2장二丈, 즉 그 하나가 신후담의 8대조비(八代祖妣: 8대조모) 청원부부인淸原府夫人 한씨韓氏가 자녀들에게 가사家舍를 분급分給한 문권文卷이라는 내용이다.

첫머리에 '正德 十五年 庚辰 五月 二十一日 子息 七男妹[정덕 15년(1520) 경진庚辰(중종 20) 5월 21일 자식 7남매]에게 각각 가사家舍를 준다.'고 하고, 그 아래에 일곱 자녀를 기술記述하고 있는데, 넷째가 (바로) 우리 단경왕후라고 하였다. 왕후의 자매 두 사람에게는 '여서(女婿: 사위)는 누구[某人]' 혹은 '딸[女子]은 누구[某人]의 처妻'라 칭하였는데, 왕후에게만은 단지 '딸[女子]'이라고만 칭하며 기술하고 있다.

그 외에 신비愼妃가 성 밖에 거처한 곳과 사가에서 신주를 모

셔온 신비 조카 신사원 가족의 내력 등을 다루고 있고, 신비가 가례를 올린 해를 신구중이 영조와의 대면에서 대답할 수 없었던 사실을 늦게 상고해낸 것도 밝히고 있다. 왕후는 7남매인데, 첫째는 안협현감安峽縣監 신공섭申公涉의 처이시고, 둘째는 장례원사평 홍보弘輔이시며, 셋째는 전생서봉사 홍필弘弼이시고, 넷째가 바로 왕후이시며, 다섯째는 충의위 조세충趙世忠의 처이시고, 여섯째는 양근군수 홍조弘祚이시며, (마지막) 일곱째는 어모장군 홍우弘祐임을 밝히고 있다.

특히, 기미년(己未年, 1739) 신비가 복위한 뒤에 영조가 왕후 부친 익창군 신수근의 충절을 추념追念하여 포상褒賞의 특전이 일반적 예제를 뛰어넘은 것이 많았으므로, 신후담 자신이 별도로 『소은록昭恩錄』을 짓는다고 하였다.

3)「『온릉지溫陵志』 총례總例」

온릉에 대해 총합적으로 다룬 예시例示의 글이다. 먼저 『온릉지』를 지은 것은 온릉복위를 기록하고, 영조의 효성을 밝히기 위해서라고 하였다. 신후담은 조부 신휘오愼徽五가 일찍이 신비의 제사를 모시다가 숙종 기묘년(己卯年: 1698)에 별사別祠에 옮겨 모시게 되었는데, 조부께서 왕후의 손위遜位부터 입사立祠에 이르기까지 사실을 수집하고 기록하여 집안에 보관해온 것을 부친 신구중이 자신에게 이 사실을 전해 주었다고 하였다.

그는 조부가 남겨놓은 기록에 의거하여 신비복위에 관한 사실을 더 추가하였고, 조부가 기록한 내용 중에서 혹시 미비한 부분들은 또 다시 수집하여 보충해서 한 권의 책을 완성하였는데, 10목十目 2편二篇으로 이를 『溫陵志온릉지』라고 이름을 지었다고 한다. 한편, 김정과 박상 양현兩賢의 복위상소로 만세의 귀감이 되었는데, 이에 '을해청복乙亥請復'을 찬술하게 되었다는 것이다.

그리고 신비가 왕비 자리에서 한 번 물러난 뒤 끝내 복위를 하지 못하고 여가閭家에서 별세하자 재궁梓宮을 하사한 명종이 폐비신씨의 왕후로서 원래 위치를 돌아보신 것이라고 하였는데, 이에 '정사승하丁巳昇遐'를 찬술하였다고 하였다. 그리고 제사를 지낼 곳이 없어서 외손에게 기탁寄託을 하다가 현종의 명으로 본가로 돌아오게 되었는데, 이에 '임자이사壬子移祀'를 찬술하게 되었다고 하였다.

신비복위에 대한 대의大議에서 중론衆論이 나뉘더니 성심(聖心: 숙종의 뜻)이 절충하여 별묘別廟에 모셨는데, 이에 '기묘입사己卯立祀'를 찬술하였다고 하였다. 하늘이 영조 마음을 인도하여 지난 일을 추모하게 하고, 신인神人이 돕고 상의하여 이에 대의大議를 결정하였는데, 욕의縟儀를 영화롭게 거행하고 휘호徽號와 시호諡號를 올리니 백세百世 뒤에 원한을 풀게 되었다고 하였다.

조강지처糟糠之妻의 성교聖敎와 애석하게 여기신 유지遺旨를 이에 계술繼述하게 되었으니, 모두 영조의 효성이라고 하여, 이에 '기미복위己未復位'를 찬술하였다고 하였다. 그리고 태묘(太廟: 종묘)에 올리는 예식禮式을 정중히 거행함에 축문祝文으로 고告함이 매우 성대盛大하였는데, 이에 '책축제문冊祝諸文'을 찬술하였으며, 순모詢謀에 어긋남이 없어 수많은 사람들이 서로 기뻐하였으므로, 이에 '차의제문箚議諸文'을 찬술한 것이라고 하였다.

처음[始]과 끝[終]을 두루 열람하여 중요한 사실에 관해 개략槪略을 정리하고자 하여 이에 총서總叙를 찬술하고, 유문遺聞을 찾아내서 사실대로 기록, 이에 보유편補遺編을 찬술한다고 하였다. 신후담은 이 책을 만드는데 조부가 남긴 기록에 근거한 것 외에 원사遠事는 실록에서, 근사近事는 일기日記에서 자세히 고찰하였으며, 선첩璿牒의 엄격한 사실과 옥서玉書의 비밀적 측면과 예조의 베껴 쓴 사례와 도감都監의 의궤儀軌와 선세先世의 유문遺聞과 집안에 보관된 고지古紙와 간혹 속언俗諺에 전해오거나 야사野史에 실린 내용 등을 모두 채집採輯하여 사실實事을 대략 갖추고 조목條目에 따라 살핌이 있으니 찬술한 의의를 대강 나타낸 것이고, 보유편에서 들은 그대로 따라 기록한 것은 선후의 차서次序로서 하지 않았으며, 위와 같이 총례總例를 찬술한다고 밝혔다.

신후담은 이 글을 신유년(1741) 2월 경술일에 작성하였다.

차례

하편下篇

* 독자들 이해를 돕기 위해 체계 분류하는 형식을 취해 원문에 없는 제목을 역자譯者가 부여하였다.

溫陵志 • 上篇

1. 온릉지서溫陵志序

『온릉지溫陵志』[1]는 온릉[2]의 일을 기록한 것이다. 능陵이 묘墓가 되어 능이라는 이름을 얻지 못하고 있으니[3], 비록 무지한 아녀자나 어린아이라도 원망하고 마음 상하기를 수백 년을 하루같이 하지 않은 사람이 없었다. 능호陵號[4]를 얻게 된 뒤에는 모두 기뻐하고 환호하면서 예전에 거행되지 못한 것을 한스러워하고 지금 즐겁게 보는 일을 축하하기를 이렇게 하는 것은 어째서인가? 하늘의 이치가 사람 마음에 있는 것은 예나 지금이나 차이가 없기 때문이다.

천하의 변고는 까닭이 많으나 따져보면 오직 의리[義]가 있을 뿐이다. 이른바 의리란 사람의 마음에 편안한 것에 나아가 그러할 뿐이니, 이것이 하늘의 이치가 되어 예나 지금이나 차이가 없는 것이다. 처음에 원망하고 마음 상하기를 수백 년을 하

註1) 중종비 단경왕후端敬王后 신씨愼氏와 그의 능인 온릉에 대한 기록을 모은 역사서.

註2) 신비愼妃가 단경왕후로 추복되면서 묘소 이전과 함께 붙여진 능 이름이다.

註3) 능陵・원園・묘墓는 고대부터 국왕과 왕후의 무덤을 일컫던 '능'과 조선 후기 세자 및 후궁들 무덤을 '원園', 일반인들의 무덤을 '묘'라고 하였다. 특히, '능원陵園'이라는 용어는 『삼국사기』에서 보이지만, 당시는 왕릉 및 왕실 묘역을 통칭하는 이름이었다. 국왕의 '능'과 세자 및 후궁의 '원'을 합쳐 '능원'이라고 부른 것은 조선 후기부터이다.

註4) 왕릉에 붙는 이름으로, 왕과 왕비에게만 사용되었고, 그 이하 신분은 원園이나 묘墓라고 하였다.

루같이 한 것이 의리요, 지금 기뻐하고 환호하면서 예전에 거행되지 못한 것을 한스러워하고 지금 즐겁게 보는 일을 축하하는 것도 역시 의리이다.

사람의 마음에 편안하므로 하늘의 이치는 예나 지금이나 차이가 없다. 법을 없애거나 법을 회복하는 것은 각각 그에 합당한 사람이 있고, 냄새가 나거나 향기가 나는 것도 사람의 마음에 동일한 것이지 억지로 시켜서 되는 것이 아니다. 상(上: 영조)께서 사람의 마음에 편안한 것에 나아가 의리를 따져 예부터 지금까지 해결하지 못한 의문을 정리한 것은 참으로 높고 밝은 성학聖學[5])이 아니라면 또 어찌 여기까지 이를 수 있었겠는가? 아! 위대하고 성대하도다.

온릉(溫陵: 단경왕후)의 부친은 좌의정 익창부원군 수근守勤으로, 중종반정 초기에 죽임을 당했으나 전하께서 그 충절忠節을 장려하시고 또한 아름다운 시호諡號[6])를 내리셨으니, 하늘에 계시는 온릉의 영혼도 이렇게 된 것에 대해서는 거의 유감이 없으실 것이다.

익창부원군의 8세손인 후담(後聃: 1702~1761)이 예부터 지금

註5) 성학聖學이란 성인聖人이 진술한 학문을 일컫는다. 특히 성인이 지은 문헌을 경經 또는 경서經書라고 한다. 그 중에서 육경六經, 즉 시경詩經·서경書經·예경禮經·역경易經·춘추春秋·악경樂經 등을 경經이라 칭한다. 이들에 대한 학문추구가 모두 유학儒學의 범주에 들어 성학을 곧 유학이라 한다.

註6) 시호는 왕과 왕비 및 높은 벼슬을 한 인물, 높은 학덕의 선비들이 죽은 뒤 그의 행적에 따라 왕으로부터 받는 이름을 일컫는다.

까지의 사적事績을 모두 모으고, 온릉의 일에 관한 것을 가지고 이 책을 만들었다. 또한 능이 회복될 때의 크고 작은 글을 뒤에 부록附錄하니, 그때의 일이 자세하게 되었다. 중간에 나에게 책머리의 글을 요청해 왔는데, 나는 익창부원군의 시장諡狀[7)]을 일찍이 지은 적이 있어 그때의 일을 처음부터 끝까지 잘 알고 있다. 그 때문에 나는 사양하지를 못하고 이 글을 지어서 하늘의 이치를 드러내고 사람의 마음에 동일한 것을 밝혀 세상의 미혹된 사람들에게 알려주려고 한다.

신미년(1741, 영조 17) 5월에 전의全義 이덕수李德壽가 삼가 서문을 쓴다.

註7) 조선시대 죽은 사람의 행적을 기록하여 시호를 내릴 때 참고하기 위해 작성한 문서이다.

2. 「병인손위丙寅遜位」[1]

『중종실록』에 "1506년(병인년) 9월 2일[2]에 중종께서 임금의 자리에 오르셨다. 9월 9일[3]에는 영의정 류순(柳洵: 1441~1517)·우의정 김수동(金壽童: 1457~1512) 등이 류자광(柳子光: 1439~1512)·박원종(朴元宗: 1467~1510)·류순정(柳順汀: 1459~1512)·성희안(成希顔: 1461~1513)·김감(金勘:1466~1509)·이손(李蓀: 1439~1520)·권균(權勻:1464~1526)·한사문(韓斯文: 1446~1507)·송일(宋軼: 1454~1520)·박건(朴楗: 1434~1509)·정미수(鄭眉壽: 1456~1512)·신준(申浚: 1444~1509) 및 육조의 참판 이상을 거느리고 계를 올렸다.

'반정(反正, 중종반정)을 의롭게 일으키면서 수근守勤을 민저 제거한 것은 큰일을 성공시키기 위한 것이었습니다. 지금 수근의 딸이 궁궐 안에 들어와 있는 것도 인심을 위태롭게 하여[4] 왕실

註1) 1506년 중종반정을 일으킨 해는 12간지로 추계하면 병인년이 된다. 그리고 손위는 '임금이나 왕후의 자리 및 관위官位를 자신을 낮춰 양보하여 넘겨준다.'는 뜻이다. 여기서는 중종반정 당시 신비愼妃가 반정 훈신들 강압으로 어쩔 수 없이 폐출되었지만, 그 복잡한 상황을 고려하여 '폐척'이 아닌 '손위'라는 미덕의 표현을 사용한 것으로 해석된다. 따라서 병인년(1506)에 손위하였다는 뜻으로 '병인손위'라 지칭한 것이다.

註2) 무인일戊寅日: 1506년 9월 2일

註3) 을유일乙酉日: 1506년 9월 9일

註4) 아버지 신수근이 사사된 왕비王妃가 대궐에 있게 됨으로써 왕비의 처지를 두둔하는 사람들과 배척하려는 사람들 사이에 큰 갈등이 일어날 수 있다는 위험

조정[4]이 커다란 부담을 안게 되는 일에 직접 관련이 있다는 사실입니다. 바라옵건대 (부부로서 지내온 인간적 정에 이끌리는) 그러한 은혜는 사사로운 정이므로 그 같은 사적 감정은 끊어버리시고, 대궐 밖으로 (신비愼妃를) 내 보내시길 바라옵니다.'라고 강력히 요청하며 나섰다.

그러자 중종 임금께서는 '매우 당연한 말씀들이기는 하지만, 조강지처糟糠之妻[5]를 내가 어찌 내칠 수가 있다는 말인가?'라고 하며 신하들의 주장에 반대하시었다. 이에 신하들은 다시 '저희들도 전하께서 신비愼妃에 대해 깊은 부부의 정을 가지고 계시기 때문에 내치지 못하시리라는 것을 이미 알고 있었습니다. 그러나 종묘와 사직이 매우 중대하므로 어찌하겠습니까?

바라옵건대, 신비를 내치는 결정을 빨리 내리시어 (중종반정이라는 의로운 거사의 정당성에 대한 전하의 뜻이 우리 신료들과 다르지 않다는 것을) 의심하지 않도록 해 주시기 바랍니다.'라고 강청強請하였다.

이에 중종반정을 추진했던 여러 신하들의 강압적 주장에 어쩔 수 없이 중종 임금께서는 '조정과 왕실이 지극히 중요하니 국가의 중대한 문제 앞에서 어찌 사사로운 정을 앞세울 수가 있겠는가. 당연히 여러 신료臣僚들의 중의衆議[6]를 따르겠소.'라

註4) 종사宗社: 종묘와 사직, 즉 국가와 왕실을 일컬음

註5) 일반적으로 부부 사이에 혼례를 치룬 이래로 온갖 고생을 함께해 온 아내를 일컫는 말로, 단경왕후를 일컫는다.

註6) 여러 사람들이 논의하여 결정된 사항

고 답하시고, 그날 저녁에 곧바로 신비愼妃를 하성위河城尉 정현조鄭顯祖[7)]의 집으로 내보내 그곳에서 생활하도록 하셨다.

또 한편 『중종실록』에는 "중종반정 초기에 신비愼妃가 왕비의 자리[8)]에 곧 바로 앉아 문무백관文武百官[9)]이 베푸는 축하하는 의식儀式을 갖춘 예를 받게 되자, (이러한 진행과정을 불안하고 위태롭게 지켜보던) 공신功臣 박원종朴元宗 등이 왕비를 궁궐 밖으로 빨리 내쫓기[廢出][10)]를 강력히 요청하였다."고 기록하고 있다. (이 실록기사는 1699년(숙종 25)[11)]에 사당을 세우고, 1739년[己未]에 신비가 단경왕후로 복위될 때에 사관史官이 강화도로 가서 조선왕조실록[12)]에서

註7) 하성위 정현조鄭顯祖(1330~1504)는 본관은 하동河東. 아버지가 영의정 정인지鄭麟趾이다. 1455년(세조 1) 세조의 딸 의숙공주懿淑公主와 혼인하여 하성위河城尉에 봉해지고, 1467년 하성군河城君으로 개봉되었다. 1471년(성종 2) 성종 즉위를 도운 공으로 좌리공신佐理功臣 1등에 책록, 하성부원군河城府院君에 진봉되었다.

註8) 중궁中宮: 왕비의 존칭, 즉 왕비의 지위

註9) 문무백관을 '만조백관滿朝百官'이라고도 한다. 조정에 있는 문신과 무신 전체를 가리키는 용어이지만, 여기서는 왕과 왕비가 즉위할 때 즉위식에 참석할 수 있는 모든 문무 관료들을 일컫는다.

註10) 왕비 지위를 빼앗아 궁궐 밖으로 내쫓는 것

註11) "기묘己卯에 사당을 세우다."의 기묘년은 1699년 숙종 대로, 숙종 대에 이르러 신비복위에 대한 논의가 시작되었는데, 기묘년은 이 시기로 추정된다.

註12) 사고史庫는 조선시대 국가의 역사기록과 중요한 서적, 문서들을 보관하던 건물이다. 조선왕조실록 등 대표적 국가기록물을 보관하던 건물인 여러 사고에 분산, 보관하여 왔다. 그러나 조선왕조실록은 임진왜란으로 사고가 불타거나 훼손되어 전주사고의 그것만 남게 되었다. 그 결과 임진왜란 이후에는 한성부 내에 내사고인 춘추관을, 지방에 외사고인 강화·묘향산·태백산·오대산 등 5대 사고가 마련되었다. 여기에서 강화는 실록 등을 보관하던 사고를

자세히 고찰하여 밝혀 낸 것이다.)

귤정橘亭 윤구尹衢[13]가 지은 눌재訥齋 박상朴祥의 행장行狀[14]에는 "1506년 가을에 지중추부사 박원종과 전 참판 성희안成希顔·이조판서 유순정柳順汀 등이 공모하여 연산군을 폐하고 중종을 맞아들여 임금의 자리에 앉혔다. 당시 중종의 부인 신씨愼氏는 곧 좌의정 신수근愼守勤의 따님이고, 또한 신수근의 누이가 연산군의 비였다.

이 같은 중종반정을 일으키기에 앞서 박원종 등이 신수근에게 반정反正할 의사를 은근히 떠보자, 이에 대해 신수근은 '매부(妹夫, 즉 연산군)를 임금의 자리에서 폐위시키고 사위를 그 자리에 세울 수는 없다.'는 뜻을 분명히 하였다. 그러자 박원종이 중종반정을 일으키는 날 신수근의 집으로 힘 있는 무사武士를 보내어 거짓으로 왕명이라 하고 신수근을 끌어내어 사사하였다.

중종이 임금의 자리에 오를 때 당연히 왕후王后로 책봉冊封된 부인 신씨愼氏는 법가法駕[15]로써 궁궐로 들어가 여러 신하의 축하 의례를 받게 되었다. 3일 후 박원종·성희안·류순정 등은

일컫는 것이다.

註13) 윤구(1495년~?), 본관은 해남. 자는 형중亨仲, 호는 귤정橘亭. 아버지는 생원 윤효정尹孝貞이다. 저서로는 『귤정유고橘亭遺稿』가 있다.

註14) 박상의 행장이다. 행장이란 사관들의 역사 편찬이나 고인의 명문·전기 등에 필요한 자료를 제공하기 위하여 고인의 세계世系·성명·자호·관향·관작·생졸연월, 자손록 및 평생의 언행 등을 서술하는 한문 문체이다.

註15) 임금이 타는 수레

무령군武靈君 유자광柳子光과 상의하기를 '이미 신수근을 사사하였으니, 그의 딸을 왕비로 (궁궐 내에) 앉혀두는 것은 마땅하지 않다.'[16]고 하면서 '신비를 민가民家로 내어 쫓았다.'[17]"고 기록하고 있다.

신(臣: 신후담)이 역사적 사실에서 조심스럽게 알아보았는데, '왕후를 폐위한 사실이 옛 적에도 간혹 없지는 않았지만 1506년에 일어난 임금을 협박하여 국모(國母, 왕비가 된 신비)를 폐하는 사건과 같은 것은 전례가 없었던 일로서, 이러한 이유가 옛적 현명한 신하 김정金淨으로 하여금 '동호董狐와 조대가曹大家'[18] 와 같은 배척을 실행하도록 하였다. 중종께서 반정 당시 자신을 둘러싼 사건 전개가 매우 급박하게 돌아가는 위험한 상황 속에서 어쩔 수 없이 중론衆論을 따르긴 하였으나 '조강지처'라는 임금

註16) 신비愼妃가 왕비책봉 후 3일 뒤에 폐비 논의하기 시작하였다는 사실이다.

註17) '논의를 시작한 날짜'와 '민가로 내어 쫓았다.'는 사실적 내용은 같은 날 전개된 내용으로 해석하는 오류가 있을 수 있다. 왕비 책봉 후 7일 만에 하성위 집으로 보내 그곳에 살도록 하였다는 실록 기록은 국가적 관찬사료이고, 3일 후 박원종 등이 유자광과 "이미 신수근을 죽였으니 그의 딸을 왕비로 앉혀둠은 마땅치 않다."고 상의하면서 "신비를 민가로 내어 쫓았다."는 내용은 개인문집에 실린 사찬자료이다. 그리고 '박원종 등이 상의한 내용'과 '신비를 궁궐 밖으로 내보낸 내용'은 시간적으로 동일한 것이 아닌 전후로 실행한 것으로 해석함이 합리적이라 판단된다.

註18) 동호는 진晉나라의 직필直筆하던 사관史官이고 조대가는 『후한서』를 완성한 반소班昭로 모두 위세를 두려워하지 않고 직필하였다.

의 말씀으로써 배필의 귀중함은 분명히 해 두면서 천하의 법도를 지켜내려 하셨다. 아! 참으로 지극한 임금의 말씀이시었다.'

신(臣: 신후담)이 겸허하게 살펴보니, 신비愼妃가 왕후로 책봉되고 임금의 즉위식에 나아가기 위해 왕비에 걸 맞는 수레를 준비하였다는 내용을 박상朴祥의 생애를 적은 행장行狀[19]에 기록되어 있다는 사실만으로도 그 당시 정황을 알 수 있다. 그런데도 조선왕조실록에는 전혀 기록되어 있지 않다는 부분은 확실히 의심은 해볼 만하다. 당시 사관史官이 소홀히 한 것은 이것뿐만이 아니고, 왕비가 궁궐에 들어간 사실조차도 실록기록에는 빠져있다.

다만 류순(柳洵: 1441~1517) 등이 중종반정 이후 임금에게 죄를 논하는 자리에서 왕비가 궁궐에 들어갔다는 사실을 자신들 스스로 은연중에 자백한 말들은 실록에 그대로 기록되어 있다. 그렇지만 왕위즉위식 때 왕비책봉 축하의례에 관한 사실을 기록한 대강大綱이 실록기록에는 전혀 없기 때문에 정식으로 책봉된 다음 단계 의례절차[小目]를 어디서부터 써 내려가야 한다는 말인가.

그러나 왕비의 지위로 여러 신하들의 하례를 받았다는 박상의 글이 진실로 장계狀啓[20]와 내용이 같으므로, 만약에 진실로 (신비가) 왕후위치에 (정식으로) 책봉되지 않았다면 정위正位[21]된

註19) 박상의 문집인『눌재집訥齋集』행장行狀에 있다.
註20) 왕에게 국가 일에 대해 올리는 글

것이란 무슨 자리이고, 하례를 받았다고 하는 그 하례는 '어떠한 하례를 의미하는 것이었던가?'

(그렇다면) 이제 어떤 인물이 '그 당시 왕비가 왕후의 지위에 오르기도 전에 폐해졌기 때문에 지금은 복위復位할 만한 명분적인 가치는 없다.'라고 비판하는 시각은 그 당시 역사적으로 생생하게 전개되었던 사실과는 다를 뿐만 아니라, (그때의 전후 사정을 냉정한 생각과 판단에 의한) 의리義理로써 헤아려 보아도 크게 어긋난다.

우리 영조 임금께서는 '중종께서 대통(大統: 임금의 자리)을 이어 받던 그 날에 신비愼妃가 이미 곤위(坤位: 왕후의 자리)에 있으셨다.'고 하시었다. 그러므로 영조 임금께서는 옳고 그름에 대해 '중종의 정부인正夫人이라면 중종이 왕위에 오르던 그 날 왕비는 곧 한 국가의 어머니이시기 때문에 반드시 여러 절차를 밟지 않아도 당연히 그 지위가 주어지는 자리라는 뜻'을 밝히신 것이므로, 지극하시다! 영조 임금님의 그 지극한 말씀이시여! 영조 임금님의 그 말씀은 의리가 밝게 드러난 실재이므로 참으로 평범한 사람들 생각으로는 따라갈 수 없는 경지이다.

신(臣: 신후담)이 또 조선왕조실록에 근거하여 살펴본 바에 의하면, 중종반정이 1506년 9월 2일에 일어났고, 왕비가 궁궐을 떠나신 날이 9월 9일이다. 그런데, 만약 중종반정 그날에 왕비를 맞아 들였다면, 궁궐을 나갈 때까지는 8일 동안인데도,[22)]

註21) 왕비라는 위치의 올바른 자리

박상의 행장에는 3일이라고 기록한 것은 어째서인가?[23] 어떤 이가 '중종반정 초기에 왕비는 선친(先親: 아버지 신수근)의 상례 때문에 임시로 아직껏 밖에 머물다가, 장례를 치룬 뒤에 비로소 왕비로 맞아들였기 때문에 그 사이의 날짜 수를 계상하면 그와 같다.'[24]고 하였는데, 그 옳고 그름이 분명하지가 않다.

註22) 9월 2일부터 9월 9일까지 거사당일인 2일과 9일을 하루라고 추정해 본다면 8일로의 계상은 맞다. 하지만 9월 2일은 거사일이고, 9월 9일은 궁궐을 떠났고 떠난 그 시간도 정확하지 않다. 그러므로 9월 2일과 9월 9일은 각각 온전한 하루를 채울 수 있었을까 하는 추측과 시간적 추정을 포함시켜 헤아려보면 3일부터 8일까지 6일 동안은 온전한 시간 동안 궁궐에 머물렀던 것을 사실이다. 그리고 9일은 떠났다고 했으니 9일 떠난 9일 그 시간, 2일 거사 당일 궁궐에 들어온 시간을 어떻게 해석하느냐에 따라 궁궐에 머문 기간은 7일 또는 8일이 될 수 있을 것이다.

註23) 註22)에서 이미 이러한 날짜의 차이를 자세히 살펴보았다.

註24) 객관적이고 엄밀한 의미에서 국가적으로 중대한 사건으로 사사된 인물 장례식의 전례를 고찰해본다면, 사위 종종이 장인 장례식에 어떠한 입장이었는가를 함께 고려할 필요가 있다고 해석된다.

3. 「을해청복乙亥請復」[1]

『중종실록』에는 "1515년 3월에 장경왕후章敬王后 윤씨尹氏가 세상을 떠나셨다. (이러한 상황이 되자) 같은 해 8월 담양부사潭陽府使 박상朴祥과 순창군수淳昌郡守 김정金淨이 함께 '사가私家로 쫓겨나서 그곳에서 생활하는 신비愼妃의 왕후 지위를 회복시켜주기를 청원하는 상소'를 남에게 누설되지 않도록 밀봉하여 임금에게 올렸다.

그런데, 중종께서 그 상소문을 승정원承政院[2]에 내려 보내면서, '폐비신씨를 다시 왕후자리에 복귀시키는 일은 국가적으로 중대한 일이므로 내가 신하들 몇 사람 견해만 듣고 실행할 수는 없는 일이다. 이 상소문을 해당관청에 내려 보내긴 하였지만, 지금은 그 일을 시행하기도 어려우므로 이 글을 승정원에 그냥 보관해두는 것이 좋겠다.'고 잠정적 결정만 내리셨다.

중종의 이러한 (미온적) 태도에 사헌부 대사헌大司憲 권민수(權敏手: 1466~1517)와 사간원 대사간大司諫 이행(李荇: 1478~1534)과 사헌부 집의執義 허지(許遲: 생몰년 미상)와 사간원 사간司諫 김내문(金乃文: 생몰년), 그리고 사헌부 장령掌令 김영(金瑛: 1475~1528)과 사헌부 지평持平 채침(蔡枕: 생몰년 미상)과 문관(文瓘: 1475~1519),

---

註1) 1515년, 즉 을해년乙亥年에 순창군수 김정金淨과 담양부사 박상朴祥이 폐비廢妃 신씨를 원래 자리인 왕비, 즉 원비元妃로 복귀시킬 것을 청하는 상소를 올린 것을 뜻한다.

註2) 왕의 명령을 전달하거나 전달받던 일을 관장하던 관청

사간원 헌납獻納 류돈(柳墩: 생몰년 미상)과 사간원 정언正言 표빙(表憑: ?~1524) 등이 나서서 중종에게 (다음과 같이) 아뢰었다.

'박상과 김정이 감히 간사하고 악랄한 논리로써 상소를 올려 자신들 주장을 펼치는 것은 놀랄 지경입니다. 신臣 등은 전하께 강력히 요청을 드립니다. 박상과 김정 등을 잡아들여서 저들 주장의 옳고 그름을 판단하여 어떤 죄를 줄 것인지를 살펴보시기 바랍니다. 그리고 저들 상소문은 이곳에 놓아두지 마시고, 빠른 시일 내에 조정朝廷의 중추적 신하들에게 이 상소문을 보여주어 아랫사람들에게 전하의 뜻이 명백히 전해지도록 조처하시기 바랍니다.'라고 하면서 언로言路를 책임지고 있는 사헌부와 사간원 대간臺諫 관리들이 이들 상소를 강력하게 탄핵하고 나섰다.

[細註: 사실史實을 엄정하게 기록하는 임무를 맡았던 사신史臣들은 '박원종·성희안·류순정 등 세 사람이 당시 세자이던 진성대군晉城大君을 중종 임금으로 추대한 공훈功勳이 비록 크기는 하나, 중종을 위협하여 중전(中殿: 왕비를 달리 부르던 명칭)을 폐비시킨 죄는 오랜 세월이 지나도 그 책임에서 벗어날 수가 없다.

만약 세 사람이 죽은 뒤에 저승에서 그들을 일으켜 세워 이 상소문을 보이면서 물어볼 수 있다면, 그들도 반드시 머리를 움츠리고 부끄러워 어찌할 줄을 모를 것이며, 사헌부·사간원 관원인 대간도 판단이 흐린 사람들이라서 권민수權敏手·이행李荇 등의 잘못된 말만을 그대로 믿고 그들 견해를 좇아갔으니 참으로 애 닳고 안타깝다!'라고 평가하였다.]

중종 임금께서 '과인도 상소문을 보고 국가의 큰일을 가볍게 의논한다고 여겨 그러한 이유를 캐어묻고자 하였다. 그러나 과인이 문제해결을 위한 신하들의 의견을 널리 듣고자 했던 제안에 의해서 신하들 자신의 견해를 밝힌 상소문이기 때문에, 이 상소문은 그대로 제쳐두고 조정에 반영하지 않으면 그만이다.

왜냐하면 과인이 여러 방면으로 신하들에게 자신들 의견을 듣고 참조하고자 하였던 제안에 따른 상소이기 때문에 그 어떠한 것도 그 내용을 가지고 추궁하여 죄로 다스릴 수는 없기 때문이다. 그러므로 과인이 저들 상소문을 언제든지 다시 살펴보고자 할 때를 대비해서 승정원에 그대로 보관해 두라'고 명하셨던 것이다.

그리고 중종은 얼마 뒤 대신臺臣들이 박상과 김정 등의 상소문을 읽어본 뒤에 (그들이) 올린 의견이 타당하다고 하시면서 대신들의 의견대로 시행하여 저 두 인물의 상소문 내용이 어떤 죄에 해당하는지를 추궁하라고 명하시고, 곧 바로 의정부 당상관堂上官[3)]을 불러 박상·김정 등이 올린 상소를 그들에게도 보여주었다.

이 상소문을 보게 된 영의정 유순(柳洵: 1441~1517)과 좌의정 정광필(鄭光弼: 1462~1538)과 우의정 김응기(金應箕: 1455~1519)와 좌참찬 장순손(張順孫: 1453~1534)과 우참찬 남곤(南袞: 1471~1527)

註3) 왕이 신하들 공식보고를 받는 자리인 툇마루[堂上]에 올라갈 수 있는 정3품 이상의 관원

등이 '반정이라는 국가 대사大事가 이미 진행된 지가 여러 해가 지났는데, (박상과 김정 등이) 이제 와서 허망한 의논을 펴는 것은 매우 잘못된 것이므로 그렇게 허망한 의논을 펴는 저들에게 벌을 내리는 것은 당연합니다.

그렇지만, 저들에게 벌을 주기 위해 잡아들이려 하는 부분도 다른 뜻이 있는 게 아니라 저들이 상소한 의중을 알아보려는 것뿐입니다. 대체로 전하께서 신하에게 의견을 묻자 신하들이 전하의 의견을 묻는 요청에 응하여 내놓은 주장이 인륜에 어긋나고 난폭할지라도 체포하여 죄로 다스리려함은 지나친듯합니다.'라고 하였다.

중종은 죄를 추궁하지 말아달라는 주위 관료들의 간청을 물리치고 기록으로만 남겨둘 것을 명하면서, 박상朴祥 등에게 '만약 그대들이 그처럼 정직하다면 일찍이 대간臺諫과 임금을 가까이 모시는 시종관侍從官으로 있을 당시는 왜 침묵했는가?'라고 하였다. (그리고) '이제 와서 왕비자리가 비게 되고, 박원종·성희안·류순정 등의 사망으로 반정공신 세력이 약해지자 그 틈을 타서 폐비신씨를 왕후자리로 복귀시키기 위해 과인의 마음을 살피고 주위 신하들과 백성들 마음을 흔들어대는 그대들은 도대체 무슨 짓을 하려는 것인가?'라고 추궁하였다.

(그러자) 의금부義禁府[4]에서는 박상·김정 등의 죄에 대해 중종에게 '박상·김정 등이 전하께서 과인에게 진실되게 할 말이

註4) 왕명으로 죄인에 대한 심문을 맡아보는 관청

있으면 모두 말하라는 명령을 받들게 된 저들은 비정상적인 마음상태에서 우리는 신하로서 거리낌 없이 할 말을 다했을 뿐이고, 별다른 뜻은 없다고 진술은 하였습니다만, 상소로써 죄를 지은 사정에 대해서는 진술하지 않으므로 기회를 보아 곤장으로 다스려 심문함이 어떻습니까?'라고 하였다.

중종께서는 '저들을 형벌로써 추궁하는 데까지 이르지는 말고, 다만 폐비신씨를 복위시키기 위해 비정상적인 마음상태에서 사악하고 자신들을 감춘 간사한 논리를 펴면서 죄를 심문하는 과정에서 시간을 끌게 만든 죄에 대해서는 판결에 회부하는 것이 옳다.'라고 하시고, (이어서) '박상은 전라도 남원으로, 김정金淨은 충청도 보은으로 귀양을 보내라.'고 명하셨다.

조강(朝講: 아침에 하는 경연)을 한 때에 중종과 경연관 신하들이 유학 경전을 강론하는 자리에 참석한 영중추부사領中樞府事 정광필(鄭光弼: 1462~1538), 특진관特進官 고형산(高荊山: 1453~1528)·성몽정(成夢井: 1471~1517)과 지중추부사知中樞府事 신용개(申用漑: 1463~1519), 경연관 설경經筵官說經 임권(任權: 1486~1557) 등이 박상과 김정을 죄줄 수 없다는 뜻을 강력히 주청하였으나, 중종은 경연관들의 요청을 거절하고, 홍문관 부제학副提學 노근사(盧勤思: 1427~1598) 등이 그들의 죄를 없었던 것으로 해달라고 네 번씩이나 요청하였지만 허락해 주지 않으셨다.

11월에 사간원 정언 조광조(趙光祖: 1482~1519)는 '최근에 전하께서 중전의 자리가 잠시 비워있는 현 궁궐 상황에 대해 여러 신하들 의견을 얻고자 할 때 김정·박상 등이 자신들 의견을 전하께 올렸습니다. 그들이 올린 글 중에는 전하께서 받아들이시기에 정도에 지나친 주장이 담겨 있을지라도, 그들 주장을 그대로 들어주지 않으시면 그만이시지 그걸로 인해 다시 죄를 줄 수는 없지 않겠습니까?

대간은 그러한 전후사정을 판단하지 못하고 다시 잘못을 저질러 그들에게 죄줄 것을 주청하여 박상·김정 등이 의금부에 체포되기에 이르렀던 것입니다. 이러한 결과에 대해서 살펴보면 대간이란 직무를 수행하는 자들은 언로言路를 제대로 개방하여 충분한 논의를 한 뒤에나 그 직무를 다하였다고 할 수 있는데도, 오히려 자신들이 언로를 훼손하여 그 직분을 먼저 잃었습니다.

그러므로 신[臣: 조광조]은 지금 언론기관인 사간원정언이 되어 어찌 감히 언로개방을 통해 논의를 거쳐야 하는 대간의 기본책무를 하지 않은 사람들과 함께 일을 할 수가 있겠습니까? 신[臣: 조광조]은 이제 언로를 방해한 그들과 서로 얼굴을 맞대면서 같은 기관에서 함께 일을 할 수가 없습니다. 전하께 요청을 드리오니 사헌부와 사간원 관원들을 파면하여 다시 언로를 제대로 열어주시기 바랍니다.'라고 하였다.

그러자 중종은 '언로의 통하고 막히는 것은 국가와 가장 관계되는 것은 당연하지만, 그러나 박상·김정 등이 아랫사람으로서는 말하지 말아야 할 것을 가지고서 경솔하게 갑작스럽게 의논하는 까닭에 대간들이 그들에게 죄줄 것을 청한 것이다. 그러므로 만약에 지금 대간 관료들을 모두 갈아치울 수는 없는 일이므로 그만한 일로 대관들이 서로 얼굴을 마주하지 못하겠다고 해서야 되겠는가!'"라고 하였다.

장경왕후가 세상을 떠나신 뒤에 폐비신씨의 복위를 청하는 상소문을 기록하고 있는 김정金淨의 『충암집冲庵集』에는

"전하께 엎드려 아뢰옵니다. 제왕帝王이 하늘의 명을 이어받아 업業을 세운 도리는 처음부터 바로잡는 것을 근본으로 삼는 것입니다. 그러한 까닭으로 어떤 일을 이루는데 있어서 그 시작이 처음부터 바르면 대강(大綱: 큰 강령)과 대원(大源: 큰 근원)이 일사분란하게 질서가 잡히고 밝게 빛나서 하늘에 계신 상제上帝를 크게 움직여 세상 모든 일들 하나하나에 미치면서 화化하게 되는 것이 마치 그림자가 형체를 따르고 그 울림이 소리에 응하는 것처럼 가는 곳마다 바르게 돌아가는 것과 같습니다.

그와 같이 되지 않고 조화롭게 이루어지길 바라신다면 그것은 마치 처음 솟아나오는 샘물부터 흐려놓고 그 다음 이어지는 물줄기가 맑기를 바라는 것과 무엇이 다르겠습니까. 『주역』에는 '천지가 있은 다음에 만물이 있고, 만물이 있는 다음에 남녀가 있으며, 남녀가 있는 다음에 부모와 자식이 있고, 부모와 자식 이 있는 다음에 임금과 신하가 있으며, 임금과 신하가 있는 다음에 위와 아래가 있고, 위와 아래가 있는 다음에 예의를 베

풀 수 있다.'고 하였습니다.

그리고 오경의 하나인 『시전詩傳』[5)]의 맨 앞 서문에 '「주남周南」과 「소남召南」[6)]은 시초(始初: 처음)를 바르게 하는 도道요, 왕화王化[7)]의 기초이다.'라고 하였습니다. 그러므로 대체로 『주역』에서 8괘八卦 중에 첫 번째로 하늘을 상징하는 건괘乾卦와 두 번 째가 땅을 상징하는 곤괘坤卦로 머리를 삼고, 『시전』이 「관저關雎」[8)]로 시작되는 것은 남녀가 서로의 짝을 맞이할 시기에 인간의 윤리가 시작된다는 것을 말하는 것입니다.

그리고 만물의 조화에서 식물은 뿌리로부터 시작되고, 물은 샘에서 솟아나는 것으로부터 시작되는 것과 같은 이치가 기강紀綱의 머리가 되어 왕도王道의 근원이 되는 것입니다. 그렇기 때문에 노나라 왕 애공哀公이 공자에게 '면류관을 쓰고 몸소 신부를 맞이함이 너무 지나치지 않습니까?'라고 하자, 공자께서는 발끈 낯빛을 붉히면서 '성씨姓氏가 다른 두 사람이 서로 좋은 짝

註5) 고대 중국 시가를 모아 엮은 것으로, 『시경』의 다른 이름이다. 본래는 3,000여 편이었다고 하나 공자에 의해 305편으로 간추려졌다. 『사기』에는 공자가 311편을 가려냈다 하나 이 중 여섯 편은 제목만 전한다.

註6) 『시경』 305편은 풍風·아雅·송頌 세 부분으로 나누어진다. 풍은 국풍國風이라고도 하며, 여러 제후국에서 채집된 민요·민가이다. 「주남」과 「소남」은 국풍으로, 공자는 아들 백어伯魚에게는 "『시경』의 「주남」과 「소남」을 공부하지 않으면 마치 담벼락을 마주하고 서 있는 것과 같다."라고 하면서 시詩 공부를 권하였다고 한다.

註7) 도덕적 기반으로 왕도정치가 펼쳐지는 것을 일컬음

註8) 『시경』의 첫 작품

을 만나 선성先聖의[9] 뒤를 이어 천지와 종묘宗廟와 사직社稷의[10] 주인主人이 되는 것인데, 어찌 임금님께선 너무 지나치다고 하십니까?'라고 반문하였습니다.

그리고 춘추전국시대 패자霸者였던[11] 제齊나라 환공桓公은 채구蔡丘라는 지역에서 모임을 갖고 주나라 황실을 높이자는 맹세를 하면서 '첩妾으로 아내를 삼지 말라'고 처음으로 명을 내리자, 이에 성인聖人이 발끈 낯빛을 붉히면서 '애공哀公이 어떻게 천지와 종묘와 사직의 주인을 소홀히 여겨 그 예법禮法을 무시하였기에 환공이 아주 그것에 대해 그토록 한심寒心스럽다.'고 생각했음에서 나온 명령이 아니었겠습니까?

환공은 비록 패자霸者이기는 하지만 서로 배우자로서의 귀중함을 잘 알아 그 분수分數에 맞게 처신하려 하였습니다. 그러므

註9) 선성先聖이란 주대周代에는 요堯·순舜·우禹·탕湯·문왕文王·무왕武王·주공周公을 일컫는 것이 중국 고대의 관례이고, 한漢나라 이후 유교를 국교로 하게 되자 공자를 점차 선성, 선사先師의 자리로 올려 문묘의 주향主享으로 모시는 동시에 석전釋奠으로 받드는 관례가 정착되었다.

註10) '종묘사직'이란 왕실의 제사를 받드는 '종묘'와 국토[즉 땅]를 지켜주는 신神인 사社와 곡식穀食의 신神인 '직稷을' 함께 지칭하는 말이다. 왕실에서는 선조를 받드는 종묘와 함께 사직에서 복을 비는 제사를 지낼 만큼 사직을 중요시 했다. 그래서 종묘사직은 곧 왕실과 국가를 가리키는 말이 되는 것이다.

註11) 주나라가 황실이 쇠약해지면서 춘추전국시대가 되자 제후국이 힘으로 쟁투하게 되었다. 먼저 춘추시대는 오패五霸로 진晉·제齊·초楚·오吳·월越 다섯 제후국이 떨쳤고, 전국시대에 들어서자 전국戰國 7웅으로 진秦·조趙·위衛·한韓·조楚·제齊·연燕이 있었는데, 이 중에서 진과 제가 다른 제후국을 제압하여 패자가 되었다.

로 이러한 일련의 사실들은 모두가 참으로 근본적 원천을 이루고자 한 결정으로 어떠한 중요한 일을 시작할 때 첫 출발을 정하는 도리로써 왕도정치王道政治[12)]를 펼치려는 자들은 마땅히 삼가야 할 점인 것입니다.

옛날 주나라 창업 초기 태왕太王과 왕계王季[13)], 그리고 문왕이 모두 성덕聖德을 갖추어 집안을 다스리는 도리를 높여 예법을 벗어나지 않게 할 수 있었고, 자손대대로 어진 왕비를 인간윤리의 근본을 바로잡고 왕도정치를 펼치는 근원을 맑게 한 까닭에 '주나라에 고공단보古公亶父께서 어느 아침 말을 달려 서쪽 물가를 따라 기산岐山 아래에 이르셨는데, 이때 강녀羌女와 함께 새 살림을 차렸도다.'라는 시詩가 있습니다.

이는 태왕太王이 오랑캐의 침입을 받아 황급한 처지인데도 은정恩情을 돈독히 하여 왕업王業의 기초를 닦음을 말해주고 있는

註12) 유교사상에서 어진 덕을 근본으로 천하를 다스려야 한다는 유교적 정치사상이다. 왕도정치에서 '왕도'라는 말은 『서경』의 "치우침이 없이 공정하면 왕도가 광대하고, 공정하고 치우침이 없으면 왕도가 평이平易하며, 뒤집힘이 없고 기욺이 없으면 왕도가 정직하다."라는 말에서 나왔다.

註13) 태왕은 은나라 제후국인 주周의 제후이다. 성은 희姬이고, 이름은 단보亶父이다. 공숙조류 아들이고, 계력의 아버지이며, 뒤에 서주西周의 무왕이 태왕太王으로 추숭했다. 추숭되기 이전은 '고공古公'으로 불렸고, 『사기』에는 추숭되기 이전의 '고공'과 이름인 '단보'를 합쳐 '고공단보'라 하였다. 태왕에게는 장남인 태백太伯과 차남인 중옹仲雍이 있었다. 그의 아내 태강太姜이 낳은 막내아들 계력季歷은 태임太任을 아내로 맞이했는데, 태강과 태임은 모두 어진 부인이었다.

것입니다. 또한 『시경』에 '단정하신 태임太任이 문왕의 어머니로서 시어머니를 본받아 경실(京室: 황실)의 황후가 되었도다.'라고 한 것은 왕계가 어진 부인을 두어 며느리 된 도리를 주강(周羌, 羌女)에게 극진히 하여 자손에게 경사慶事의 원천源泉을 길러 주고도 남을 만큼 주나라 황실의 며느리로서 도리를 잃지 않았음을 말한 것입니다.

그리고 『시경』에 '문왕께서 상서로운 날을 가리어 몸소 위수渭水가에 나와 맞이할 때, 찬란한 예식으로 작은 배를 엮어 다리를 만드니 그 빛이 눈부셨도다.'라고 하였고, 또한 '조상의 뜻을 받들어 모시자 사람과 귀신이 모두 원망하지 않았다.'고 하였으며, '아내에게 모범을 보여 형제에게까지 이르게 하여 이런 법도로 온 나라를 다스리셨네.'라고 하였습니다.

이는 문왕이 혼례를 융중隆重[14)]하게 하여 단정하고 얌전한 황후를 얻으시어 종묘와 하늘의 신령과 땅의 신령의 주인으로 하여 위로는 성스러운 태임太任의 아름다움을 계승하고 아래로는 규문閨門[15)]에 의법儀法[16)]을 세워서 온 나라에 광명이 넘치게 함을 말한 것입니다.

생각하건대, 주나라가 처음 시작을 단정히 한 것이 결백潔白하여 허물이 없고 농후濃厚하여 경박(輕薄: 가볍거나 얕음)함이 없

註14) 높이고 귀중히 여김
註15) 부녀자가 거처하는 곳, 즉 부녀자 전체 또는 부녀자가 속한 가문
註16) 모범적 법도法度

음이 이와 같은 까닭에, 그 왕도정치를 펼쳐서 그것이 세상에 미침이 상자床第[17]의 사이에서 비롯하여 당당히 조정에 흐르고, 성대하게 사방에 퍼짐이 마치 천지조화가 음양에서 근본하여 천체의 움직임과 계절이 바뀜을 풀무질하고, 산천과 새와 짐승, 초목을 한데 어우러지게 하는 것과 같습니다.

모든 질서가 이처럼 이르게 되면 부부와 부자, 그리고 군신 사이에 각각 자기 도리를 다하여 털끝만큼의 결점도 그 사이에 끼이지 않아 천지가 안정되고 만물이 길러지고 성장하는 기운이 퍼져 추우騶虞[18]와 인지麟趾[19]의 상서로움이 빠짐없이 감응하여 면면히 팔백 년을 지내오니 어느 것인들 아내와 남편의 교화가 아닌 것이 있겠습니까.

그러나 거꾸로 그 쇠퇴함이 극치에 이르게 되는 그러한 세태에서는 내교內敎[20]가 무너지고 해이해져 이에 무고無故하게 올바른 왕비도 폐척廢斥하는 자가 나타나 마침내 오랑캐의 재앙을 부르고 첩을 그 자리에 올려 부인으로 삼아 예의를 차리고 분수를 지키는 법도를 문란케 함으로써 드디어 서로 다투는 난리를 재촉하는 것입니다.

그밖에 당나라 고종 같은 이는 황후皇后를 폐하고서[21] 마침

註17) 평상과 대자리, 즉 전하여 부녀자가 거처하는 방 또는 부녀자를 뜻함
註18) 성인의 덕화에 감격하여 나타난다는 신령스런 동물
註19) 기린의 발. 즉 전하여 황후의 덕을 기리는 말
註20) 부부의 법도에 대한 가르침
註21) 당 고종이 황후 왕씨王氏를 폐비하고, 측천무후를 황후로 책봉한 것을 말함

내 종사宗社가 무너지고 자손이 끊어지는 것을 보았고, 송나라 철종이 맹왕후孟皇后[22]를 폐하고서 본래 그 자리에 있어야 할 근본적 위치가 거꾸러지고, 음흉하고 사특한 자들이 서자庶子[23]를 길러 정강靖康의 변고變故[24]를 불러 들였거늘, 하물며 첩으로 부인을 삼아 그 정상적인 예제를 더럽히고 짓밟는 자가 있다면 그 재앙이 어찌 작겠습니까.

위魏나라 문제가 곽귀빈郭貴嬪[25]을 후비后妃로 삼으려 하자 중랑교中郎校 잠潛[26]이 이를 말렸고, 당나라 명황明皇이 무혜비武惠妃[27]

註22) 북송 제7대 황제 철종의 첫 번째 황후이다. 일반적으로 원우황후元祐皇后 맹씨 孟氏 또는 맹황후라고도 많이 불려졌다. 한 사람으로서도 한 나라의 국모로서도 한 번 겪기 힘든 황후폐위를 두 번이나 겪었고, 두 번 다시 복귀한 독특한 이력을 가진 인물이다. 또한 당시 북송의 수도 개봉 황실인물 중 '정강의 변' 당시 금나라로 압송되지 않았던 유일한 인물로도 유명하다. 그리고 국가 최고위난 속에서도 송나라의 구심점이 되었던 인물이기도 하다.

註23) 본처의 자식이 아닌 첩의 자식

註24) 정강의 변靖康之變은 1126년 북송이 금나라의 대대적 침략으로 정치적 중심지 중원과 화북을 상실하고 강남으로 천도한 사건이다. 정강靖康은 당시 북송의 연호인데, 금나라 태종에 의해 황제 휘종과 흠종, 황후와 모친들 그리고 후궁들은 모두 포로가 되어 압송되어 굴욕을 당했다.

註25) 문덕곽황후(文德郭皇后, 184~235) 중국 삼국시대 위魏나라 문제文帝의 황후이다. 태수太守 곽영郭永의 딸이다.

註26) 중랑교 잔잠棧潛이 간쟁한 사실. 위나라 문제文帝가 견후甄后를 폐하고 곽씨郭氏를 황후로 삼으려고 하자 중랑中郞 잔잠棧潛이 상소를 올려 "옛날 제왕이 세상을 잘 다스린 것은 재상과 같이 정사를 공식적으로 보좌한 사람이 있었을 뿐만 아니라 '안에서 아내의 도움[內助之功]'이 있었기 때문입니다."라 주장했다. 그는 이어 곽씨를 황후로 세우는 것에 대하여, 『역경易經』에서는 "가정의 도가 바로잡혀야 천하가 정해진다."고 주장하면서 '아랫사람이 윗사람을

를 후비后妃로 삼으려 하자 어사御史 반호례潘好禮가 이를 반대하는 바른 말을 하였습니다[28]. 대체로 옛 부터 국가가 잘 되고 잘못되는 것과 흥하고 망하는 때는 이같이 역사적 자취에서 밝게 증험하고 있는데, 진실로 제왕의 짝을 귀중히 여기고 풍속과 교화敎化의 근본을 바르게 하고자 한다면 그 어찌 구차하게 해서 되겠습니까?

신(臣: 김정) 등이 삼가 살펴보았는데, 돌아가신 신비愼妃가 폐비로 배척당하여 궁궐 밖에 머무른 지가 거의 10여 년입니다. 신(臣: 김정) 등이 처음부터 사건의 전말을 자세히 알지 못해서 당시에는 무슨 큰 잘못이 있었는지를 알지를 못했습니다. 다만 어떠한 커다란 명분을 가지고 그와 같은 매우 놀랄만한 엄청난 사건을 일으켰던가요?

누르는 것이어서 질서를 어지럽히게 되어 나라가 어려워지는 원인이 될 것'이라고 간했지만 문제는 듣지 않았다.

註27) 당나라 현종의 후궁이자 추존황후이다. 보통 무혜비武惠妃로 불려졌다. 현종에게는 황후 왕씨王氏가 있었으나 그녀와의 사이에서 자식이 없었고, 애정도 식었다. 이후 황후 왕씨는 주술을 행했다는 이유로 폐위되었다. 이 상황에서 총애를 받은 것이 무혜비로 그녀는 무측천의 일족이었지만, 당시 혜비라는 최고 칭호를 받으며 우대받았고, 황후 왕씨가 폐위된 뒤에는 황후에 준하는 예우를 받았다. 현종은 그녀를 총애하여 황후로 삼으려 했으나 어사 반호례는 "무씨는 예로부터 부모의 불구대천의 원수이므로 무씨를 황후로 삼아서는 천하를 대할 낯이 없습니다."라는 근신들의 간언으로 중단했다. 그러나 그녀 사후에 현종은 그녀를 황후로 추존했다.

註28) 註26) 참조, 잔잠이 문제에게 간언한 것과 같은 입장과 견해로 간언하였다고 한다.

대체로 왕은 대통大統을 이어받아 국가적 대업을 물려받는 자리라면 무엇 보다 부부 사이의 도리를 하늘과 땅의 질서와 같이 먼저 바르게 하여야 합니다. 그리하여 안으로는 아내 직분에 맞는 가르침에 따라 다스려지고, 밖으로는 만물을 성장 발육시키는 양陽의 덕德으로써 다스려서 종묘와 하늘과 땅에 걸맞는 주인이 되는 것입니다.

부부 사이의 그 중대함이 이와 같기 때문에 참으로 부모의 뜻을 따르지 않고 불효를 하였다거나 선조先朝 유업인 종묘와 국가를 상징하는 사직에 죄를 지은 것이 아니라면 비록 작은 허물이 있을지라도 결코 오랜 동안 인연으로 쌓인 부부의 정을 끊을 수는 없습니다. 그런데도 명분과 까닭도 없이 폐비를 시켜 배척했으니, 어떻게 선대왕 유업을 계승하고 천심天心이 곧 민심이라는 그 백성들 마음을 받들어 섬기겠습니까?

중국 고대 한나라의 광무제는 곽후郭后[29)]가 원망을 한다고 황후를 폐하고, 송나라 인종은 곽황후郭皇后[30)]가 질투가 심하다고 하여 폐하였으며, 이 두 사실을 두고 당시 임금이 신하들 비판을 받아들이지 않았다고 하여 후대에는 오히려 현명한 군주

註29) 중국 후한後漢 광무제의 황후이다. 후한시대 막강한 부를 지닌 명문가에서 태어나서 광무제의 황후가 되었다. 그러나 광무제가 자신보다 본처인 음려화를 더 총애하는 것을 질투하다가 폐위되었다.

註30) 황후 곽씨郭氏는 송나라 인종仁宗 첫 번째 황후로서 송 왕조에서 처음으로 폐위된 황후인데, 비빈들 사이의 질투 때문에 폐위된 황후이다.

로서 큰 허물로 여겼습니다. 이제 신씨愼氏를 폐비시켜 배척할 이유가 알려지지 않았는데도 전하께서 신씨를 폐하심은 과연 무슨 명분입니까?

처음 반정을 일으킬 때 박원종·류순정·성희안 등이 이미 신수근을 제거하였습니다. 그런데도 그들은 그의 딸인 신비愼妃가 조정에 왕후로 남아 있게 되면 후일 우환이 두려워 옳지 않은 일인데도 사사로운 자기들 안위安危를 염려한 나머지 과감하게 궁궐 밖으로 폐출시킬 꾀를 낸 것은 참으로 이유도 명분도 없는 일입니다.

신씨愼氏는 전하께서 아직 임금의 자리에 오르시기 전부터 아름답고 정숙하여 좋은 배필로서 의식儀式을 갖추고 이미 전하의 어머님을 모셔왔습니다. 시어머니와 며느리의 의리가 이미 이뤄져왔고, 전하께서 임금 자리에 오르심에 중전이라는 정위치正位置에 임하셔서 조정의 문무백관들과 백성들의 축하예식을 받으셨으며, 국가와 조정의 주인으로 응대를 하였습니다.

그러므로 전하에게는 (신비가 배필은 물론 왕후로서) 꿩의 깃으로 장식한 왕비의 옷인 요적褕翟[31]의 존귀함이 이미 바로 서신 것이었고, (전하의) 선대 왕조의 천지신명天地神明에게는 제례祭禮의 폐물을 올려야하는 (지당한) 바람이 있었던 것이며, 온 나라의 백성들에게는 국모國母가 되신 그 신분이 이미 분명한 것이었습니다.

註31) 꿩의 깃털을 수놓은 왕후의 옷, 즉 왕후

(신비는) 궁궐 내에 제일 윗자리 어르신인 시어머니 마음에 거슬려 허물이나 잘못으로 꾸지람이나 나무람을 받은 적은 조금도 없으셨고, 집안에서 버림받을만한 허물도 없으셨으며, 신인神人에게 원망을 살 잘못을 저지른 적도 없었는데도 전하께서는 주위의 강압적 신하들 압박에 못 이기셔서 그 배우자의 귀중함을 보호하여 지켜줄 수 없으셨으니 어찌 마음이 아프지 않겠습니까?

옛말에 '가난하게 함께 지낼 때 그 친구를 잊어서는 안 되고, 어려운 살림살이에서 힘겨운 삶을 같이 한 아내는 내쫓지 않는다[貧賤之交不可忘 糟糠之妻不下堂].'고 하였습니다. 폐비신씨가 중종이 임금이 되기 전인 세자로 지낼 때 그 집에서 살림살이를 갖추고 집안법도를 받들어 지켜낸 세월이 무릇 몇 년이었고, 서로 신의로써 생사고락을 함께 하였으며, 아침저녁 비바람을 함께 겪으셨습니다.

그렇게 오래 함께한 세월인데도 전하께서 하루아침에 군주라는 존귀한 지위에 올라 한 국가의 힘과 부富를 가지게 되었다고 하여 신비를 헌신짝처럼 버리게 되신다면, 왕이라는 존귀한 위치에서 그 지위는 하늘로 올라가지만 그러한 지위를 함께 누려야 할 신비愼妃는 깊은 땅속 지옥으로 들어가는 것과 같은 형국으로 전락하는 것입니다. 이게 부부가 서로 달리하는 존귀함과 비천함이 아니겠습니까.

지극히 존귀한 배우자로서, 부부 사이의 더할 나위 없는 정으로, 왕비의 자리에서 쫓겨나 일반백성들과 똑 같은 신세로 내쳐져진 삶에서 살아가시는 그 모습이 너무나 쓸쓸하여 듣는 사람마다 눈시울을 붉히고, 지나는 백성들은 모두 탄식하니 주나라 태왕이 적들의 공격을 받아 급박한 상황에서도 부부로서 친해진 정을 저버리지 않은 것과는 너무나 차이가 있는 것입니다.

『예경禮經』에 '아들이 자신의 아내를 괜찮은 배우자라 생각하고 있을 지라도 부모가 기뻐하지 않으면 아내를 버려야 하고, 아들이 자신의 아내를 못마땅하다고 생각하고 있을지라도 부모가 나를 잘 섬긴다고 하시면, 아들은 부부의 예를 행하여 평생 동안 부모의 뜻을 지켜내는데 마음을 바꾸지 않는다.'고 하였습니다.

이로 미루어본다면 아내를 내쫓는 도리는 한 번이라도 부모님의 뜻을 알아보는 것이 분명한데, 지금까지 신비의 시어머니가 되시는 대왕대비의 명령이 내려지지 않으셨는데도 불구하고 경솔하게 왕실의 부인婦人을 내쫓고 다른 왕비로 대체하였습니다. 이는 문왕의 아버지이자 태임太妊의 남편인 왕계王季[32]와는 달랐던 점입니다.

『주역』에는 '부부의 도리는 오래도록 유지하지 않을 수가 없다.'고 하고, 『전傳』에 '부부는 평생 동안 변하지 않는 것이다.'라고 하였습니다. 그 오랜 동안 변하지 않는다는 것은 신랑과

註32) 주나라 선대왕 고공단보의 아들이자, 여성상의 상징으로 일컬어졌던 태임의 남편이다. 문왕의 아버지이고, 무왕의 할아버지이다.

신부는 혼례 시에 서로 잔을 바꾸어 마시면서 혼인을 약속하고, 평생 동안 생사고락을 함께 할 것을 다짐하는 예를 지키며, 만세萬世의 시작을 귀중히 여겨 감히 옮기고 바꾸지 않는다는 뜻입니다.

그런데, 이제 처음에 길상吉祥[33]을 보아 택정擇定[34]한 배필을 생각하지 않고 종묘와 천지에 제향祭享을 돕던 주인을 돌아보지 않고 버리기를 흙덩이같이 하여 내법內法[35]을 떨어뜨리시니 문왕과 비교하여 다른 점입니다. '나라를 다스린 뒤에 천하를 화평히 한다.'는 경전에 나와 있는 도리는 집안을 바르게 하면 천하가 정해지는 것입니다.

옛날부터 난亂으로써 망하는 것의 시작은 가정을 다스리는 법이 올바르지 못함에 그 근원이 있으니, 우리 왕실의 가법家法이 한 결 같이 바름에서 나왔다고 말할 수는 없는 것입니다. 태조는 왕업王業을 창건하고 모범을 보이신 성군聖君으로 총애를 받는 사람[36]에 미혹迷惑되어 적자嫡子와 서자庶子의 분별을 문란케 하시었습니다.

그리고 성종 대에 이르러서는 그 흐려진 문란함으로 인하여 중국 송나라 인종仁宗의 어그러진 궤도의 전철을 되밟는 것처럼

註33) 미래 짝으로서 좋은 조짐
註34) 여러 사람 가운데 선택하여 정함
註35) 부인婦人에 대한 법도
註36) 방번·방석의 어머니이자, 태조 이성계의 계비 신덕왕후 강씨神德王后康氏를 일컫는다.

어머니 폐비 윤씨와 같은 행적을 낳았습니다. 이처럼 근본을 세움이 한 번 어긋나게 되면 그 영향이 미치어 연산군에 이르러서는 마침내 방탕하여 근본적인 기강이 흐트러져 종묘와 사직이 거의 폐허에 가깝도록 그 화는 참혹하였습니다.

전하께서는 '대횡大橫의 길吉'[37]을 얻으시고, 수많은 백성들이 바라는 바대로 이끌어 위태로움에서 헤쳐 나와 평탄함으로 돌아오게 하며, 거칠고 어두움을 깎아 맑고 빛남에 오르게 하시는 이것이 바로 삼령三靈[38]이 눈을 씻고 엄숙히 바라보는 바로 그것입니다.

바라는 바는 다시 시작하는 날에 마땅히 한 가정의 근본을 바르게 하여 천지와 백성의 왕도를 펼치는 임금이 되어 크게 오래도록 큰 기틀을 세워 그 광명이 마치 해와 달이 하늘 중앙에 걸리는 것과 같게 하는 것이 바로 이 기회를 맞이하였는데도, 숨이 막힐 정도로 답답하여 스스로 떨치지 못하고 인간의 윤리와 왕도정치를 펼치는 근원이 위에서 먼저 막히었습니다.

이러한 지경에 이르렀는데도 정치와 교화의 완성을 바라고자 한다면 많은 미혹은 (마치 전혀 이치와 사실에 맞지 않는 방법으로 어리석게 일을 추진하는 것과 같이) 나무에 올라 고기를 구하는 것[緣木求魚]과 무엇이 다르겠습니까. 아! 이러한 지경에 이르도록

註37) 갑자기 위대하게 가로지른 상스러운 기운의 운명, 즉 국가 최상의 지위인 임금 자리에 오르심

註38) 천天 · 지地 · 인人의 신령神靈

일을 바르지 못하게 만든 것은 어찌 전하만의 과실이겠습니까?

그렇다고 당초에 권세를 끼고 일을 실행한 신하의 죄를 들추어 모두 죽일 수야 있겠습니까? 저 박원종 등도 어찌 명분의 큼이 천지를 갈라 끊음과 같아 범하지 못할 것임을 몰랐었겠습니까마는 오직 자신들의 안전을 도모하는 교활한 꾀를 앞세운 까닭에 방자하고 거리낌 없이 사정에 어둡고 위태로운 틈을 타서 '전하께서는 오직 자기들이 하는 일에 어김이 없으리라' 생각하고 임금을 협박하기를 마치 다리와 손바닥 사이에서 희롱하는듯하고, 당시 왕비였던 국모를 내쫓기를 병아리를 버리는 것과 같이하였으니, 이것을 가히 차마 한다면 무엇인들 못하겠습니까?

그 마음을 미루어 본다면 비록 동호董狐[39]나 조대가曹大家[40]

註39) 춘추시대 진晉나라의 곧은 마음으로 역사를 기록한 사관史官이다. 『춘추좌씨전春秋左氏傳』의 기록에 의하면 다음과 같다. 진나라 영공靈公은 사치하고 잔인하며 방탕한 폭군이었다. 당시 정경正卿이던 조순趙盾이 이를 간하자, 귀찮게 여긴 영공은 자객을 보내 그를 죽이려 했다. 그러나 자객은 그의 인품에 반해 나무에 머리를 찧어 스스로 목숨을 끊었다. 그러자 다시 술자리로 유인해 그를 죽이려 했지만, 병사들이 그 사실을 미리 알고 조순을 이끌고 달아났다. 조순은 국경을 넘으려는 순간, 영공이 조천趙穿에게 도원桃園에서 살해당했다는 말을 듣고는 도읍으로 돌아왔다.
그런데 역사를 기록하는 태사太史로 있던 동호董狐가 국가 공식기록에 이렇게 적었다. "조순이 군주를 살해하다." 조순이 이 기록을 보고 항의하자, 동호는 이렇게 말했다. "물론 대감께서 직접 영공을 살해하지는 않았습니다. 그러나 그때 대감은 정경으로서 국내에 있었고, 또 조정에 돌아와서는 범인을 처벌하려 하지도 않았습니다. 그러니 살해한 사람이 대감이 아니라면 누구이겠습니까?

가 온다고 할지라도 역시 무엇을 꺼려했겠습니까? 섬기는 신하들이 논란을 벌여본 적도 없이 반드시 베어버렸으니, 공자가 『춘추春秋』라는 역사문헌을 저술할 때 '명분을 바로잡고 공훈과 잘못된 점은 분명히 기록한다.'는 원칙에 입각한 대의大義가 바로 이런 무리들 때문에 쓰시게 된 필법인 것입니다.

만약 폐비신씨가 (신수근이라는) 죄인의 소생으로 임금의 배필이 되어 종묘를 주관할 수 없다고 하여 이를 핑계로 삼는다면 대체로 신수근의 죄는 본 종사宗社에 관련된 것도 아닌데, 어찌하여 신비愼妃에게까지 연루시킬 수가 있습니까. 설령 수근이 종사에 죄를 지어 사사되었을지라도 신비는 부친에게 들은 바가 없어 잘못이 없었으므로 그 허물이 신비에게까지 미칠 수는 없는 것입니다.

옛적 한나라 소제昭帝 때에 상관씨上官氏가 역모를 꾀하다 삼족三族이 죽임을 당했으나 상관후上官后[41]는 미리 그에 관한 사

註40) 후한後漢 반표班彪의 딸이자 반고班固와 반초班超의 여동생으로, 14세에 조세숙에게 시집을 갔던 관계로 조대가曹大家로 불려졌다. 남편이 죽은 뒤 궁정에서 왕족들을 가르쳤고, 반고가 죽자 유지를 이어 『한서』를 완성하였다. 『후한서』 「열녀전列女傳」의 반소관련 부분에서 "오라버니 반고가 한서를 집필했는데, 그 8표와 천문지는 미처 끝내지 못하고 죽었기에, 화제和帝가 반소를 불러 동관東觀의 장서각藏書閣에서 그것을 이어 완성하게 하였다"라는 언급을 볼 수 있다.

註41) 상관씨의 일생을 살펴보면 6살에 황후에 오르고, 15살에 황태후가 되고, 40살에 태황태후에 오른다. 반평생 할아버지 상관걸上官桀과 외할아버지 대장군 겸 대사마 곽광霍光의 권력다툼에 끼어 있었고, 15살에 남편이 죽은 후부터 과부로 지내며, 자식도 없었다. 그러

실을 알지 못한 까닭에 폐척되지 않았고, 우리나라에 심온沈溫이 태종에게 죄를 받았으나 소헌왕후昭憲皇后에게는 자신에게 허물이 없었으니, 그와 같은 역사적 사실에서 그 법도가 훤하여 징험할 수가 있사옵니다.

그런데, 하물며 수근이 나라에 관련된 죄를 지은 것도 아니므로, 주례周禮에 있어서 친족관계 사이에 일의 경중에 따라 서로 의논할 수 있는 것과 없는 것을 정해 놓은 전범典範에 비춰 볼 때 폐비신씨는 용서하여 온전히 그 자리를 유지시킬 수 있었을 텐데도, 이미 수근에게 죄를 주고 또다시 신비를 연루시켜 폐척한 것은 자신을 아끼고 임금을 업신여김에 불과한 까닭입니다.

특히 이 뿐만이 아니라 전하께서 왕실의 후예로서 임금이 되셨으니, 명분과 언론이 바르고 순順하여 하·은·주 국가가 차례로 국가를 이어나감에 비춰보아도 부끄러움이 없는데, 박원종 등이 국가의 일을 도모함에 있어서 선의로써 전개하지 않아 전하를 쇠락衰落하는 시대의 곤경에 세워놨으니 이게 무슨 법입니까?

연산군의 무도함이 극에 이른지라 삼강三綱[42)]이 흐트러짐에 사람의 도리를 회복하지 못하여 신명神明이 싫어하고, (전하의)

나 그녀는 이러한 권력다툼에서 멀어져 있었고, 관심도 없었으며, 알려고 하지 않으면서 그들의 다툼 속에서 영화를 누렸다고 한다.

註42) 사람이 지켜야할 세 강령으로 부자父子·군신君臣·부부夫婦 사이에 지켜야 할 올바른 도리

선대 조종祖宗이 거절하며, 친척들이 배반하고 백성들의 인심이 떠나갔습니다. 그리고 이미 하늘의 명령이 '(연산군의) 폐위廢位라는 지위에 앉은 백성의 버림을 받은 임금' 신세로 전락하였습니다.

이렇게 쇠락한 연산군의 처지는 이씨李氏라는 조선왕조가 무너지고 다른 성씨의 왕조가 들어설 수 있는 이성異姓의 침범을 받게 되는 데까지 갈 수가 있었습니다. 그러나 다행히도 선대 조종의 음덕에 힘을 입어 사방에서 삼보三寶[43]를 구가謳歌함을 진실로 전하에게 잘 되기를 바라고 기대하였던 까닭에 전하께서 참으로 이 지위에 서실 수 있었습니다.

대저 대통大統과 왕실을 계승한다는 것은 천지고금의 커다란 일이고, 마땅히 공명정대하여 털끝만큼도 숨김이 없어서 '마치 태양이 허공에 빛남을 만물이 태양을 밝게 보는 것'과 같아야 하는 것이므로 구차하게 해서야 되겠습니까? 당연히 대비大妃의 명령을 받들어 천지와 조종과 신민에게 버림받은 연산군의 죄상을 자세히 헤아려, 종묘와 사직에 폭로한 뒤에 위로 천자에게 고하여 (연산군을 폐하고 중종을 세우라는) 명을 청하여 공명하게 가장 높은 왕의 자리에 오르셔야 했습니다. 대저 이와 같이 했다면 왕위 즉위로 왕실을 계승한 도리가 명백하고 바르고 크고 숨김이 없어서 사방으로 오래도록 우러러 보기를 태양이 허공에 빛남과 같이 할 것이니 어찌 훌륭한 일이 아니겠습니까?

註43) 토지·백성·정치 등 세가지를 일컬음

어찌하여 전하께서 광명정대한 왕위를 물려 받았음에도 불구하고 박원종 등이 대의에 어두워 왕위가 바뀐 사실을 명나라 황제에게 왕위책봉 문자를 구차하게 꾸며서 천자를 속이었습니까? 애석한 일입니다. 전하께서 무도하게 강한 신하들 제압으로 가족도리의 가르침이 무너지게 되자, 인간윤리의 근본과 왕도정치 교화의 근원, 처음을 바르게 하는 도리를 밝게 하여 널리 퍼뜨리지 못하셨으니, 무엇으로 중화위육中和位育[44]의 공덕을 이루어 천심天心을 안정시킬 수 있겠습니까?

만물의 조화가 이에 따라 날마다 순탄하지 못하고 풍속과 교화가 자연히 쇠퇴하여 어그러진 기운이 가득하여 천지자연의 현상이 정상적으로 돌아가지 않고 있습니다. 음양의 자리가 서로 바뀌고, 서로 비춰 주어야 할 해와 달은 서로를 가리며, 차가워야 할 샘물은 뜨겁게 끓어오르고, 제철에 피고 열매 맺어야 할 꽃과 과실은 제철이 아닌 겨울에 피고 열립니다. 그리고 가을에 내려야 할 많은 서리가 여름에 내려, 이에 비·해돋이·바람·우박·혜성·무지개·곤충 등 요사妖邪한 자연현상이 간간히 계속되고 있습니다.

지난번에는 후정지반後庭之班[45]이 돌아가시어 슬픔을 겪은 지 얼마 되지 않아 장경왕후章敬王后가 문득 승하하시었습니다. 그

註44) 마음에 중용中庸을 이루면, 천지가 안정되고 만물이 양육됨

註45) 후정은 궁중宮中의 후비后妃가 거처하는 곳으로 후비 또는 후궁後宮의 지위에 있는 반열班列.

로 인하여 궁중의 장례식으로 슬프고도 적막하기에 이르렀습니다. 생각하건대 이러한 일들이 일어난 사실은 하늘이 전하를 경계警戒한 바가 깊습니다. 『전傳』에 '화사한 기운은 상서로움을 이루고, 어그러진 기운은 이상함을 이룬다.'고 하였습니다.

그리고 옛적에 '일반적인 여성, 즉 여자가 원한을 품으면 서리가 날려 제비집에 내린다.'고 하였습니다. 그런데 (폐비로 전락한 신세로) 저 한적한 시골에 있는 한 여자의 천함이 아주 보잘 것 없어 하늘에 미칠 힘은 없을듯하지만, 그 원한 맺힌 기운이 오히려 오뉴월에도 서리로 날라 다니며 변고變故를 부를 수도 있습니다.

대체로 국가에서 가장 높은 임금의 배필로서 천지·묘사廟社·신인神人을 주관하여 상제上帝가 그윽이 눈여겨보는데도, 무고하게 폐비로 배척을 당하여 쓸쓸하게 아녀자의 방에서만 오래토록 깊은 감금을 당하고 있으니, 이와 같이 천지의 화평한 기운을 상하게 하고 계속되는 여러 이변들을 불러들이는 것은 그리 괴이할 만한 일도 아닙니다.

전하의 생각이 이러한 부분에까지 미치고는 있으신지요?

아! 지나간 잘못은 그만 두더라도 어찌하여 끝내 신씨愼氏 지위인 왕비의 올바른 자리를 회복시켜 바르게 하지 않으십니까? 전하 마음을 한 번 돌이키시면 될 일이기에 전하의 마음에 달려있을 뿐입니다. 지금 장경왕후가 서거하여 궁궐 왕비의 주인이 비어있으므로 이런 기회에 확실히 결단을 내리시어 폐비신씨를 왕비의 지위에 당연히 회복시켜 주시는 것이 천지의 마음이 누리려는 뜻입니다.

(그러한 결단은) 조종祖宗의 신령이 옳게 여기는 바이고, 신하와 백성들의 바램에 부응하는 것이니 전하께서는 왕비의 자리를 누구에게 주시려고 하십니까? (폐비를 복위시키는 것은) 이미 떨어진 큰 명분을 제자리에 보존하고, 이미 외면한 부부의 옛 정이 완전히 자리하는 곳이며, 곧 대의와 올바른 도리에 합당하여 막힘이 없이 밝고 환하여 의심되고 미혹함이 없어질 것입니다.

가령 어떤 사람이 있어 핑계하기를 '이미 신비를 폐하였는데 망녕되게 다른 논리를 내세운다.'고 한다면, 이는 지난날 폐비시킬 것을 주장한 신하에 아부하여 기회적인 추세를 관망함에 지나지 않으므로, 다시 전하의 가정에서 당연히 지켜야 할 법을 어지럽히는 것입니다. 저 박원종 등이 왕실에 큰 공로가 있었다고는 하나, 하늘의 문명과 백성들 마음이 모두 전하에게 쏠리고 있었으므로 비록 이런 자들이 아니라도 신기神器[46]가 장차 누구에게 돌아갔겠습니까?

마침 천인지회天人之會[47]를 타고 그 힘을 내었을 뿐인데, 그 공을 뽐내며 방자하여 거리낌 없이 임금을 겁박하고 국모를 축출하여 천하고금의 큰 의리를 어겼으니 실로 만세의 죄인입니다. (그들이 일으킨 반정에 대한 진정한 평가를 내릴 수만 있다면 사실

註46) 왕위를 계승함에 표시로 하는 기물器物, 즉 옥새玉璽
註47) 하늘의 뜻과 인심이 모여 천자가 될 운이 왔음

그들이 저지른 크나 큰) 죄는 공훈으로써 가릴 수가 없습니다.

그들이 마음대로 날 뛸 당시의 상황에서 전하께서는 단호하게 왕후를 폐하자는 강청强請을 들어주지 않고 (전하를) 강박한 죄상을 (냉철히) 살피셔서 '법의 모범'을 밝히고 바르게 시행하는 것이 옳았는데, 그땐 그렇게 하지 않으시고 아무 일도 없었다는 듯 부귀와 영화를 누리도록 한 것은 (그들에게) 그 공功을 보상하여 준 꼴입니다.

이제 비록 죽었으나 마땅히 그 죄를 명백히 바로잡아 관작官爵을 추탈追奪[48]하고, 조정과 백성들에게 깨우쳐 알게 하여 우리 당대 및 만세에 대의명분은 끊어 없앨 수가 없는 것임을 밝게 알도록 하시기 바라옵니다. 엎드려 원하옵건대 전하께서는 이 몇 가지 일을 의리에 질문하고 궁구하여 밝게 하시고 처리하여 막히고 어려움이 없게 한다면 과거잘못을 깨끗이 씻을 수 있을 것입니다. 그렇게 하신다면 인륜의 근본과 왕도정치 교화의 근원과 시작을 바르게 하는 일의 도리가 맑고도 빛나서 천지가 어둡게 막혔다가 다시 활짝 열리어 툭 트이는 형세와 같을 것입니다.

전하께서 또 능히 정일精一하고 근독謹獨하여 성의誠意와 정심正心[49]으로 미루어 나아가, 이를 정치적 이념으로 확대하고 충족시킨다면 주나라의 인지麟趾 · 추우騶虞[50]와 같은 덕이 널리 퍼

註48) 생전의 관작을 사후에 빼앗음
註49) 모두 사서 가운데 하나인 『중용』에 나오는 내용임

지는 것은 이로부터 이루어져 왕업王業이 800년을 넘어 만세萬世에 이르도록 무궁할 것입니다. 신(臣: 김정) 등이 소원疎遠[51)]한 신하로서 직위를 넘어서 죄를 피하지 않고 감히 전하의 귀를 어지럽게 해드리는 입장에 있습니다. 그렇지만, 진실로 의리를 분명히 해 두어야 하는데 관련이 되는 몇 가지 지극히 중대한 일을 마음에 담아두고 있었던 사실을 한번쯤은 전하에게 알려드리지 않을 수가 없었던 것입니다.

신(臣: 김정) 등이 가슴에 울분을 지니고 지낸 지가 오래 지났는데도 지난날에 이를 신토申吐[52)]를 해내지 못한 것은 바로 장경왕후께서 왕비자리에 계셨기 때문입니다. 왜냐하면 장경왕후가 계비자리에 계시는데, 만약 폐비신씨를 복위시킬 것을 주창하고 나신다면 장경왕후 처지는 대단히 난처한 입장이라는 사실 때문이었습니다.

그렇지만, 지금은 마침 장경왕후가 승하하시어 왕비자리가 다시 비었으므로 바로 신비愼妃를 복위시킴은 (반정 당시에 명분과 의義에 맞지 않게 폐비로 배척한 사실을) 바르게 되돌릴 수가 있는

註50) 인지麟趾 · 추우騶虞: '인지'는 『시경(詩經』 주남周南의 편명篇名으로, 후비后妃 사씨姒氏가 낳은 왕자들의 인자하고 덕이 두터운 인품을 찬미한 내용을 담은 시이다. 그러므로 왕후王后의 덕과 왕비王妃가 임금의 자손을 번창하게 하는 것을 말한 것이다. '추우'는 소남召南의 편명이자 신령스러운 상상의 동물로 성인의 감응에 의해 나타난다고 한다.

註51) 왕을 보필하는 자리와는 멀어진 위치

註52) 자신들 견해를 펼쳐 주장함

기회입니다. 또한 전하께서도 널리 신하들의 좋은 의견을 듣고자 하셨던 기회를 주심에 그 기회에 신臣들이 즉시 자세하게 아뢰는 것입니다. 전하께서 잘못된 것을 나무라고 뉘우치게 하는 명령이 느슨하지 않는데도 정치와 교화는 순수하지 않고 만사가 정상적 도리에 어긋나고 있습니다.

신臣 등이 엎드려 원하옵니다. 전하께서는 오로지 공경에 힘을 쓰시어 하늘의 명령과 온 백성의 마음을 받드시기를 바라옵나이다. 신(臣: 김정) 등이 쓸데없이 길게 늘어놓고 있는 울념鬱念[53]이 오히려 많지만은 (전하께 밝히고 싶은 사실들을) 모두 다 말씀드리기는 어렵습니다. (간절하게) 엎드려 바라옵건대 전하께서는 통찰洞察[54]하여 주시기 바라옵니다."라고 하였다.

『기묘록己卯錄』[55]에 "을해년(乙亥年, 1515)에 '장경왕후가 돌아가시자 김정金淨과 박상朴祥이 서로 의논하여 '장경왕후가 승하하시고 원자元子[56]가 아직 어린데 박소의朴昭儀가 후궁으로 총애를 받고 있는데다가 아들까지 두었으므로 만약 성종 대에 폐비와 자순대비慈順大妃[57]가 모두 후궁으로서 왕비의 서열에 오른 예를

註53) 울적하고 답답한 생각

註54) 온갖 내용과 사실을 살핌

註55) 김육(金堉: 1580~1658)이 기묘사화 관련 인물들의 행적을 분류하여 전기형식으로 기록한 책이다. 도학 정치를 표방하였던 기묘사림己卯士林의 행적과 인적 관계망, 그들에 대한 후대의 정리와 인식을 살피는 데 도움을 준다.

註56) 임금의 적자嫡子

좇아서 정식 왕비로 책봉한다면 누가 원자元子가 되겠습니까?[58]

이와 같이 전개된다면 그것은 차라리 신씨를 다시 복위하여 죄도 없이 폐비로 배척을 당하신 원한을 풀어내고 (왕실에) 첩으로서 아내를 삼을 수가 없다는 의리를 천명함으로써 신씨에 대한 (부부로서의) 옛 은정을 온전히 되살려 보전해내서 다른 후궁들이 왕비자리를 엿봄을 막는 것 보다 못한 상황이 되는 것이옵니다.'라고 하고, 이에 함께 상소문을 올리니 바로 이 해 8월이었다.

대사간 이행(李荇: 1478~1534)이 제일 먼저 '장경왕후가 이미 원자를 낳고 승하하시니, 만약 신씨가 복위되어 혹 왕자라도 낳는 경사가 있게 되어 혼례 선후를 논한다면 신씨가 우선할 것이므로 원자를 어느 곳에 세우겠는가?'라고 말하면서 상소문을

註57) 조선 제9대 국왕 성종의 3번째 왕비이자 계비로서, 조선 제11대 국왕 중종의 모후이다. 조선 역대 왕비 중 후궁 출신으로 중전에 올라 왕대비가 된 단 두 사람 중 한 인물이다. 중종반정 시 중종을 왕으로 세우는 것을 허락하였고, 왕권이 약했던 초반 중종을 지탱하며, 생모를 잃은 세자 시절 인종의 가장 큰 뒤 배경이 됐다. 능은 선릉宣陵으로 성종과 동원이강 형태로 함께 묻혀있다.

註58) 중종의 제1계비 장경왕후가 원자元子를 낳고 사망하였다. 어린 원자였을 때 중종의 총애를 받던 박소의가 아들을 낳았다. 박소의가 왕비가 되면, 장경왕후가 낳은 왕자와 박소의가 낳은 아들 중에서 누가 원자가 될 지도 모를 형세였다. 즉, 성종 때 폐비윤씨의 아들(뒤에 연산군)과 정현왕후의 아들(뒤에 중종)이 서로 원자가 된 것처럼 연이어 왕위에 올랐던 사실을 상기시키면서 계비 자식들의 왕위 다툼이 예상되듯이, 이러한 형국을 만들기보다는 차라리 단경왕후를 복위시켜 왕자를 낳으면 원비의 자식으로 원자가 되면, 아무런 갈등이 일어나지 않을 것을 추정한 것이다.

사특한 의론이라 지적하자, 대사헌 권민수(權敏手: 1466~1517)가 이 말을 좇아 박상 등을 체포하여 사실을 규명하기를 함께 청하였다.

이에 육조의 당상과 의정부·홍문관 관원 전원의 의견을 모으자 모두가 (그들을) 죄를 줄 수가 없다고 하였지만, 사헌부와 사간원 관리들만은 (이들 견해와는 반대로) 왕에게 강력히 요청하여 임금의 명령이라 하면서 그들을 죄인으로 다스리기에 이르렀다. 앞으로 사태 변화를 예측하기가 어렵게 되자 좌의정 정광필(鄭光弼: 1462~1538)이 앞장서 그들 구원救援에 힘써 겨우 귀양을 보내는 것으로 끝났다.

이 달 26일에 이조판서 안당(安瑭: 1461~1521)이 전하에게 '박상·김정이 구언지교求言之教[59]를 받들어 정성을 다하여 간곡하게 (자신들의 견해를) 아뢰었습니다. 그런데, 지금 한 사람 두 사람의 말만 듣고 오히려 (그들에게) 엄격한 벌을 내리시는 것은 참으로 언로言路를 막고 사기를 꺾어 만세의 비난을 남기게 하는 것입니다.

대신大臣과 6경六卿과 시종侍從[60]하는 신하들이 모두 죄를 주지 말 것을 주청한 국시國是[61]가 바로 여기에 있었는데도 불구하고 대간들臺諫[62]만이 이를 그르다고 주장하고 있으니, (이러한

註59) 임금이 자신의 뜻을 결정하기 위해 신하들 의견을 널리 구하고자 영을 내림

註60) 임금 곁에서 왕을 보호하고 왕명을 전달함

註61) 국가의 중론衆論 또는 국정방침

상황들이) 어찌 공론이 전개되고 있다고 할 수가 있겠습니까?'라고 하였다.

이에 이행李荇·권민수權敏手 등이 안당의 주장을 누르고자 (안당이) 국정을 어지럽힌다고 지적하다가 신하들 중론衆論의 반대로 그만두었다. 9월 초 4일에 응교應敎 이언호(李彦浩: 1477~1519)가 야대夜對[63] 때 박상과 김정을 심하게 헐뜯으면서 '언제인지는 확실히 알 수는 없지만, 그 당시 전하께서 과거시험 문제를 제시하고 그 대책을 물었던 사실을 기억해 보면, 대간 박상·김정 등에게 그 당시 죄를 준 것을 비판한 문장으로 과거시험관이 그를 급제자로 뽑았으니 매우 옳지 않습니다.'라고 하였다.

한편, 승지承旨 신상(申鏛: 1480~1530)은 '문제를 제시하고 그 대책을 묻는 과거[科擧對策]에서 시험에 응한 자들은 제시된 시험문제에 대해 각자 자신의 뜻을 밝힌 것뿐인데, 만약에 응시자가 제시한 답안내용이 시험문제를 내신 전하의 의도에 맞지 않는다고 하여 이것을 비판, 배척하는 것은 물론 잘못된 것이고 더욱이 응시자에게 죄까지 준다는 것은 선비가 취할 도리는 아닌 것입니다.'라고 하였다.

12월 28일에 조광조가 처음 사간원 정언正言이 되어 전하에게 '폐비신씨의 지위를 회복시키자는 의론을 김정과 박상이 상소하게 된 것은 올바른 논의였는데, 그러한 올바른 논의를 들

註62) 언론의 간쟁을 맡은 대사헌과 대사간 관원을 총칭
註63) 야밤에 왕을 뵙고 일을 논의함

어서 당시 논쟁을 일삼는 자들이 큰 죄인처럼 몰아가고자 하였습니다. 이 사건은 소인들이 핑계로 삼은 것으로서 유학을 하던 선비들의 화火의 근원이 여기서부터 싹트기 시작하였습니다.'라고 아뢰었다.

그리고 그는 (화의 근원을 싹트게 한) 여러 대관諫官의 파면을 요청하는 주장도 거듭 되풀이 하고 나서자, 전하께서는 대신들과 의논을 거쳐 대간, 즉 사헌부와 사간원 관원들을 모두 갈아치우게 되었다. 그 결과 당시 조정의 의논과정에서 서로 자신이 옳고 남은 그르다는 논쟁으로 확대되어 마침내 기묘사화己卯士禍[64)]가 일어나는 계기가 되었다."

신(臣: 신후담)이 삼가 살펴 보건데, 1506년 신비愼妃를 폐비시킨 것은 반정의 공훈으로 권력을 잡게 된 신하들의 강압에 눌려 어쩔 수 없이 당한 것이지 중종임금의 본마음은 아니었다. 을해년乙亥年에 박상과 김정의 상소가 있게 되었는데, 당시 그들의 상소문을 승정원承政院[65)]에 내려 보내서 (문제 해결을 위한) 논의가 되도록 명하셨다.

그러나 이행 등의 사특邪慝[66)]한 의논에 차단되어 (그 당시 전하

註64) 1519년(중종 14) 조광조 · 김정 · 김식 등 신진사류가 남곤 · 심정 · 홍경주 등의 훈구 재상에 의해 화를 입은 사건이다. 중종반정으로 유교적 정치질서가 회복되면서 조광조 등의 신진사류가 점차 두각을 나타냈고, 이들은 왕도정치를 이상으로 하는 지치주의 실현에 주력하여 많은 성과를 거두었다.

註65) 조선시대 왕명王命의 출납出納을 관장하던 관청.

註66) 요사스럽고 간특하다는 뜻, 즉 사람의 마음과 생각 속에 있는 온

의 의도를 드러낼 수 있는 논의가 없게 됨으로써) 덮어두게 됨으로써 그 때에 폐비신씨 복위를 하지 못한 것도 중종의 본심은 아니었다. 신(臣: 신후담)이 삼가 국사國史에 의거하여 이 사건의 전후의 사실을 자세히 기록하여 백세의 뒤라도 중종의 본심이 이와 같았음을 알게 하고자 한다.

그리고 폐비신씨를 복위하자는 의논은 김정과 박상의 상소문에서 제일 먼저 주장하였으며, 또한 그들이 주창하는 의론이 올바르고 크며 문장도 매우 위대하여 없애지 말았어야 하는데도, (그 이유를 밝히지도 않은 채) 국가 역사기록에 자세히 실리지 않게 한 그 까닭이 (명백하지 않아) 신(臣: 신후담)이 정중히 김정의 본집本集[67]에 의거하여 그 전문全文을 모두 기록하였다.

이 상소문은 김정의 문집에만 보이고 박상의 문집[68]에는 보이지 않은 것으로 미루어 보면 아마도 김정이 지은 것이라고 판단된다. 신(臣: 신후담)이 정중히 선배의 말을 귀 기울여 보면 '우리나라 명현名賢[69]과 석유碩儒[70]가 기묘년己卯年(1519) 무렵보다 번성한 시기가 없었는데, 그 중에서 문장에 있어서는 김

갖 간사하고 못됐고 나쁘고 악함

註67) 조선 중기 문신 충암冲庵 김정金淨의 시문집이다. 본집 5권은 목판이고 연보 2권은 목활자본으로 모두 7책이다.

註68) 조선 전기의 문신·학자, 박상의 시가와 산문을 엮어 1694년에 간행한 시문집. 16권 6책. 목판본. 규장각 도서와 국립중앙도서관 등에 있다.

註69) 이름을 떨친 현명한 인물

註70) 학문적으로 깊은 경지에 이른 유학자

정을 최고로 손꼽는다.'고 전하고 있다.

『기묘록』[71]에 당시 논의된 전말顚末이 대체로 상세하게 실려 있어서 국사에 누락된 부분 중에 보충할만한 것이 있어서 가려 뽑아 기록하여 참고에 대비하였다.

註71) 김육(金堉: 1580~1658)이 기묘사화己卯士禍 관련 인물들의 행적을 분류하여 전기 형식으로 기록한 책이다. 중종 대 도학 정치를 표방하였던 기묘사림己卯士林의 행적과 인적 관계망, 그들에 대한 후대의 정리와 인식을 살피는 데 도움을 준다.

4. 「정사승하丁巳昇遐」[1]

『명종실록』에 "12년 정사(丁巳, 1557) 12월 7일 병술(丙戌, 7일) 일에 중종폐비 신씨愼氏가 세상을 뜨시니 전하(殿下: 명종)께서 장생전長生殿의 재궁梓宮[2]을 하사하여 일등의 예로 예장禮葬하고 '3시三時의 공상供上'[3]과 시녀侍女[4]의 늠료廩料[5]를 3년 동안 그대로 지급하라 명하셨다.

(이 일에 대해) 사신史臣은 '폐비신씨는 중종의 원비元妃셨는데, 중종은 아무런 죄도 없는 그를 폐비시켰다고 한탄하셨다. 중종은 그를 매우 사랑하여 잊지를 못하고 지내시다가 마침내 그가 졸하자 예관禮官들이 (그의 승하에 따른) 왕실에서 제도적으로 정해놓은 의식대로 조차도 장례식을 거행하지 못하였다고 평하였다.'"

신(臣: 신후담)이 마음을 가다듬고 정중히 조선왕조실록을 고찰해보니, 신비愼妃의 제삿날이 이와 같이 기록된 사실대로라면, 이 달 초하룻날이 경신庚辰이 되므로 병술丙戌은 당연히 7일이 된다. 처음에는 일반가정에서 제사를 받드는 의식처럼 5일을 제삿날로 알고 그날로 지내왔는데, 기미년(己未年, 1739)에

註1) 정사년, 즉 1557년에 단경왕후께서 세상을 뜨시다

註2) 가래나무로 만든 임금의 관

註3) 봄, 여름, 가을 세 계절 동안 생활필수품을 마련해서 올리는 일

註4) 사우를 관리하고 제례 행사 때 등에 시중을 드는 여성

註5) 관료들에게 급료로 나눠주던 금품을 통틀어 일컫는 말로 쌀·보리·명주·베·돈 등이 대부분이다.

원비元妃로서 올바른 위치를 찾게 됨에 따라 실록에 기록된 사실대로 7일을 기일忌日로 바로잡았다.

5. 「임자이사壬子移祀」[1]

현종 13년 임자(壬子, 1672년)에 이조참의 이단하(李端夏: 1625~1689)가 "중종의 폐비신씨는 살아계실 때 국모國母로서 아무런 죄도 없이 폐출을 당하셨고, 그가 돌아가시자 제사도 친정 오라비 외손의 외손에게 맡기어 계속 내려오게 되었습니다. 이 과정에서 제사를 주관하는 자가 너무 곤궁하여 집안 제사와 산소에서 모시는 제사를 모두 지내지 못함에 이르렀습니다.

(이는) 도리어 마의馬醫[2]와 하휴夏畦[3]의 귀신에게도 미치지 못합니다. 참으로 애통한 일이니 특별히 예관禮官에게 명하여 대신과 의논하도록 하고, 만약 이미 폐인이 되어 곧 서인庶人과 같으니 오래토록 모실 신주神主[4]가 될 수 없다고 말한다면 그 신주는 묘소 앞에 묻음이 옳을 것이요. 만약 그렇게 하는 것을 미안하게 여긴다면 그 사당과 묘소의 제전祭典[5]의 비용을 관청에서 지급하고 다시 묘를 돌보는 사람을 두어 수호守護[6]의 터전으로 하게 함이 옳을 것입니다."라고 상소하였다.

이에 조정에서 예조에 사안事案[7]을 내려 보내자, 예조에서 아

註1) 1672년(현종 13) 임자년壬子年에 신비愼妃의 제사를 모시는 곳을 다른 지역으로 옮기다.

註2) 말[馬의] 병을 진단하고 치료하는 수의원

註3) 매우 더운 날씨[炎天]에 밭을 가는 노농. 고생스럽고 천한 일

註4) 사망한 사람의 위패位牌

註5) 제사를 치르는 의식. 즉 일반인들이 치르는 의식은 제례라고 함

註6) 묘를 보호하고 관리 운영하는 일

되기를 "폐비 신씨가 돌아가시자 의식을 갖춰 장례를 치르고, 또한 그 친정 오라비 사원思遠[8]에게 상례를 치르는 일을 주관하게 하고 제사를 모시게 하는 것이 조정朝廷의 명령이라고 합니다. 마침 우연히도 사원이 아들이 없게 되자 제사를 이어져 오는 것이 지금에는 사원의 외손의 외손에 이르렀는데, 그들마저도 너무 곤궁해 제사를 모실 수 가 없는 형편에 이르렀으니, 이 사정을 듣게 되는 사람마다 모두 애통하게 여겼습니다.

지금 제사를 받들 수가 없다고 하여 갑자기 신주를 묘소 앞에 묻는 방법도 차마 할 수 없는 일이고, 또한 궁궐에서 제사도 이미 폐하여 일반인 집에서 치르도록 일임한 뒤에는 제사를 받들 형편이 안 되는 집에 신주를 모셔 놓고 헛되이 모시도록 하는 처사는 더욱 편안하지 않습니다. 이런 일을 논의하는 자 중에서 아직 생존한 신수근의 직계 후손이 있습니다.

그러므로 본가本家에 신주를 돌려보내 반부班祔[9]의 예에 따라 치르는 것이 옳겠지만, 몇 대까지 모실 수 있다는 그 대수代數가 정해져 있기 때문에 오래 도록 모실 수도 없습니다. 또한 묘 아래에 신주를 묻어두고 일 년에 한 차례 씩 제사지낼 비용을 관청에서 지급하여 조상의 묘에 피우는 향불이 끊어지지 않게 하

註7) 제례를 행하는 문제의 논의 안건

註8) 사실 신사원은 신비의 친정 오라비가 아닌 친정 조카인데, 예조에서는 잘못 알고 있는 것이다.
즉, 단경왕후의 남동생인 신수근의 삼남 신홍조愼弘祚의 아들이다.

註9) 자식이 없는 사람의 신주를 조상 사당에 함께 모시는 일

는 것이 하나의 방편이라고 합니다.

하지만, 인조 때 묘소를 관리하고 보호하는 일을 계속하여 둔 제도는 병자호란을 겪은 뒤에 본조(本曹: 예조)에서 자세히 살펴볼 문서는 하나도 없습니다. 지금 예전禮典[10]에 묘소를 관리 운영하고 제사를 받드는 모든 비용을 정한 제도에 따라 시행하면, 화재火災를 막고 도벌盜伐을 금지시키는 것도 쉽지 않을 듯합니다. 그러므로 모든 일을 대신大臣과 함께 의논하여 처리하시는 것이 어떻겠습니까."라고 하였다.

계사啓事[11]가 대신大臣에게 내려지자, 영의정 정태화(鄭太和: 1602~1673)와 우의정 김수항(金壽恒: 1629~1689)이 의논하기를 "폐비신씨가 죄도 없이 왕비자리에서 폐위되었다는 사실은 조정대신들 사이에 공공연한 현황이기는 합니다. 그렇지만, 왕비로 불려 져야할 그 지위가 이미 떨어진 뒤라 사당과 묘소에 제사하는 절차를 국가에서 법과 의식을 정하고 지휘하는 것은 자연스럽지 않은 것도 사실입니다.

처음 예장禮葬을 치른 뒤 그 오라비[조카인데 잘못 알려짐]로 하여금 제사를 받들게 한 것은 이미 조정의 명령이라고 해놓고, 지금 와서 그 제사를 받드는 여부 등 실천적 실행은 오직 일반 가정에 일임한 것도 민망憫惘하게 된 일입니다. 더욱이 신가愼家

註10) 예禮를 규정한 법전

註11) 임금에게 어떤 일을 아뢰던 일. 또는 그런 글. 서면으로 그 사실을 적어 올리기도 하고 직접 아뢰기도 하였다.

의 직계 후손이 아직도 생존한 자가 있는데도 불구하고 제사를 받들 수 있는 친족에 해당이 안 되는 집에서 그 신주를 그대로 받드는 것은 마땅치가 않습니다. 해당 관청의 복계覆啓[12]에 의하여 신주神主는 본가本家에 돌려보내고, 관청에서 제사에 쓰이는 제물祭物을 헤아려서 지급해주는 방법이 후덕한 처사로 사료됩니다.

묘 아래의 수호守護[13]에 있어서는 인조 대에 두었다는 여부 등과 같은 그런 사실을 계속 논하지 말고, 오래 전에 제왕들도 여러 세대에 걸쳐 이름이 높은 신하들의 묘에도 관리자를 두어 왔습니다. 그러므로 묘호墓戶[14]를 지정하여 관리하도록 하는 것이 옳지 않나 합니다."고 하였다. 전하께서 이러한 논의에 따라 신수근의 5대손 전 현령 신희愼熹의 집으로 제사를 옮기도록 명하시고, 관청에서 묘호墓戶 3인을 두게 하시었다.

신(臣: 신후담)이 정중히 들은 바에 의하면 신비愼妃의 제사를 명종 대에 비妃 자신의 뜻에 따라 왕명을 받들어 비妃의 조카 신사원에게 전하였고, 사원이 그의 외손 심씨沈氏에게 전하였으며, 그 심씨도 그의 외손 이씨에게 전하게 되었다. 이러한 과정의 결과 이씨의 집으로부터 신(臣: 신후담)의 증조인 현령 신臣희熹의 집으로 옮겨 와서 모시게 되었다.

註12) 하급기관에서 상급기관에 올리는 답서
註13) 관리하고 운영하는 모든 일
註14) 묘를 지키고 관리하며 제사를 받드는 일에 동원되던 가호家戶

그런데 이때에 이르러 국가에서 자손이 없는 사람의 신주를 조상의 사당에 모시라는 반부班祔[15]의 명령이 있기는 하였다. 그렇지만, 신(臣: 신후담)의 증조께서 (비록 폐비이시지만, 일반인들과는 다른 그 지위가 매우 높았던 분이라는 사실 때문에) 가묘家廟[16]에 신비를 함께 받드는 것을 미안하게 여겨, 사당 하나를 특별히 지어 받드셨다고 한다. 신사원은 신비의 조카이므로 예조의 상계上啓[17]에서 오라비로 기술한 것은 잘못이다.

註15) 제사를 받들 자식이 없는 사람의 신주를 할아버지 항렬의 다른 신주에 붙여서 종위從位로서 합사合祀하는 제례.

註16) 조선시대 사대부들이 집안에 조상위패를 모셔놓고 제사지내던 사당. 일반인의 사당으로서, 왕실 사당인 태묘太廟 또는 종묘와 대비, 차별화되었다.

註17) 관청에서 왕에게 형식에 맞춰 올리는 글의 하나

6. 「기묘입사己卯立祠」[1)]

1698년[戊寅] 9월 20일에 전 현감 신규(申奎: 1659~1708)가 상소하여 노산魯山[2)]과 신비愼妃의 위호位號[3)]를 다시 회복시킬 것을 주청하였다. 그런데 신비의 일을 논하여 말하기를 "중종 때에 폐비로 지낸 신씨愼氏 일에 대하여는 매우 마음 아픈 점이 있습니다. 연산군이 음란하고 포악하여 조정이 위태롭게 되자 중종께서 밖으로 여러 신하들의 추대를 피할 수 없게 되고, 안으로는 모후母后[4)]의 명을 받들어 왕으로 등극하기 전에 세자로 살던 집에서 용비龍飛[5)]하여 왕위 정통을 계승하였습니다.

부인 신씨는 예법을 갖추어 배필이 된지 여러 해를 보내면서 왕비로서 법도에 부족함 없이 잘 지켜 오시다가 그 지위에 오르셨습니다. 왕비로서 명분이 올바르고 의리에도 합당하였기 때문에 이미 요적褕狄[6)]의 존귀함에 응하고 신하와 백성들의 축하 예제를 받아 국가 주인主人이 됨으로서 백성들이 모두 우러러 보게 되었습니다.

註1) 기묘년인 1699년에 사당을 세우다.

註2) 세조의 왕위찬탈로 상왕에서 노산군으로 강봉降封된 시호이다. 그 뒤 복위되어 단종으로 묘호가 정해졌다.

註3) 신분과 직위의 등급 및 그 이름이다. -비妃, -왕후王后, 빈嬪 등은 위호이다.

註4) 정현왕후貞顯王后 윤씨尹氏로, 성종의 계비이자 중종의 생모이다. 연산군 즉위 후 왕대비가 되어 자순대비의 존호까지 받았다.

註5) 왕의 즉위를 '용이 날아오르는 형국'으로 비유함

註6) 꿩의 깃으로 장식한 오채 찬란한 황후의 옷으로 왕비를 비유, 지칭함

그러자 원훈元勳[7] 박원종朴元宗 등이 자신들만의 신변안전을 꾀하고자 크나큰 의리를 저버리고 국가계책이라 핑계를 대곤 먼저 조정의 논의라는 형식으로 임금을 겁박하고 마침내 신비愼妃를 폐척하기에 이르렀습니다. 왕비를 폐척하는 그와 같은 일로 말미암아 대성인大聖人[8]이 국가 일을 새롭게 시작하는 첫 단계에서부터 근본을 바르게 해야 하는 교화敎化를 다하지 못하게 된 일은 참으로 애석한 일이 아닐 수가 없습니다.

엎드려 살피건대 중종께서 정청廷請[9]에 답하여 말씀하시기를 '조강지처糟糠之妻[10]를 그렇게 대접할 수가 있겠는가!'라고 하셨는데, 그 말씀 속에서 중종께서 신씨를 잊지 못하고 차마 버릴 수가 없으셨던 그 뜻을 짐작할 수가 있습니다. 그렇지만 임금께서는 중종반정을 일으킨 훈신勳臣들의 강압적 요청을 이기지 못하고 은혜로운 부부의 정을 끊게 되고, 신씨를 폐척하게 된 원인으로 작용한 박원종朴元宗 등의 중종에 대한 거리낌 없이 방자한 강압 죄가 어찌 정의로운 선비로서 피해갈 수가 있겠습니까?

신(臣: 신규)이 또 정중히 살펴본 것은 그 당시 정청庭請에서 아뢰기를 '반정 때 먼저 신수근을 제거하는 계획은 큰 일을 이루고자 한 것이었습니다. 그런데, 공교롭게도 수근의 따님이

註7) 으뜸가는 공훈을 세운 사람을 일컫는 말

註8) 매우 성스러운 인물, 즉 중종을 가리킴

註9) 국가, 즉 조정에서 일을 처리하는 과정에서 관직이 높은 신하가 임금에게 형식을 갖춘 글을 올린 뒤 그 명령을 기다리던 제도

註10) 술을 거르고 남은 찌꺼기, 즉 지게미와 쌀겨로 끼니를 이어가며 함께 고생한 아내를 일컫는다.

궁궐 안에 들어와 왕비지위에 앉아 사람들의 마음이 위태로워지게 되는 그러한 형국이 되는 것은 국가안위와 관계되는 일입니다.'라고 핑계를 삼은 저들 논리는 참으로 왕을 협박하는 말이었습니다.

처음에 수근을 죽인 것은 그를 반드시 죽여야 한다는 정의로운 대의명분에서 나온 것도 아니었습니다. 그같이 정당한 대의명분도 없는 것을 가지고 억지로 신씨를 폐척할 구실로 삼았던 당시 상황을 신(臣: 신규)은 이해할 수가 없습니다, 다만, 신씨가 왕비 지위에 (잠시였지만) 앉게 된 사실은 어떠한 명분이었고, (왕비 자리에서) 폐척廢斥을 당하신 것은 또한 무슨 의리에서 행해진 처사인지요?

더욱이 알 수 없는 부분은 이른바 '사람들의 마음이 위태롭다.'는 주장을 폈던 저들 논리는 어떠한 단서를 가지고 지적하는 것이고, (그렇게 느끼지도 않은 신민臣民들을 끌어들여 마치) '사람들 마음이 위태롭다.'라는 말로써 꾸며 (그 꾸민 말로써) 안위와 관계가 있다.'고 관련시키는 것은 훗날 어떤 일이 일어날지도 모른다는 위기의식에서 나온 것입니까?

옛날 한漢나라 소제昭帝 때 상관안上官安이 반역을 꾀하다 삼족三族이 죽임을 당했지만 상관후上官后는 미리 듣지 않은 까닭에 폐척을 당하지 않았고[11], 우리나라에 심온沈溫이 태종 대왕에게 죄

註11) 상관후上官后는 6살에 한漢의 소제昭帝의 황후가 되었다. 그의 부친 상관안上官安과 조부 상관걸上官桀이 자신들 권력을 마음대로

를 지었으나[12] 소헌왕후昭憲王后는 국모로서의 예의범절이 한결 같았습니다. 이 같은 (역사적) 사실에 비춰보면 지난 날 왕실법도에서도 증거로 삼을 수 있습니다. 더욱이 수근은 국가에 관계된 (역모逆謀 등과 같은 중대한) 죄가 없었으므로 (그 딸이라는 이유만으로) 어떻게 신비愼妃에게 죄를 씌울 수가 있겠습니까?

중종반정 공신들이 이처럼 두렵고 위험한 주장을 펴게 된 것은 다른데 있는 것이 아닙니다. (그것은 결국) 이미 수근을 죽이

하기 위해 그의 외조外祖이고 상관안 장인이기도 한 곽광霍光과 곽광의 호위를 받고 있는 소제를 함께 몰아내고 상관걸을 황제로 세우려던 거사가 실패로 돌아가 부자가 죽임을 당하였다. 이때, 상관황후의 나이는 겨우 8살이었는데, 조부와 부친의 음모와 행동거지를 전혀 알지 못한데다가, 그는 곽광의 외손녀였기 때문에 그 일에는 연루되지 않아 황후자리는 그대로 지켜졌다.

註12) 1418년(태종 18) 세자 세종에게 양위한 태종이 병권은 놓지 않고 직접 관장하자 이를 강상인姜尙仁이 비판하다가 처단된 사건이 강상인의 옥이다. 태종의 총애를 받아왔던 강상인이 왕이 된 세종에게로 충성이 향하고 있었고, 세종의 장인으로 국구로서 영의정부사(領議政府事) 심온沈溫도 1418년 9월 명나라의 왕세자 교체 승인에 대한 사은사로 파견된 뒤 환송할 때 인파가 넘칠 정도로 인망이 두터워지자 외척의 득세를 경계하고 있던 태종에게 의구심을 불러일으켰다.
또한 평소 강상인 및 심온의 동생 도총제 심증(沈泟)에게 혐의를 가지고 있던 병조좌랑 안헌오(安憲五)가 태종에게 "강상인·심증·박습이 일전에 사적인 자리에서 '요사이 호령이 두 곳에서 나오는데, 한 곳에서 나오는 것만 같지 못하다.'고 말한 바가 있다."고 참소하여 태종의 외척에 대한 의구심을 가중시켰고, 이와 함께 강상인 등에 대한 격분을 유발시켰다. 그리하여 그 해 재추국(再推鞫)을 당하여 "태종과 세종을 이간시키려 했다."는 죄명으로 모반대역죄로 거열형車裂刑을 당하였다. 박습·심증도 참살당했음은 물론, 심온도 연좌되어 사사되었다.

고 난 뒤 그의 소생 신비가 궁궐에 머문다는 사실 그 자체, 즉 그가 조정에 머문다는 그 상황자체에 대해 깊은 두려운 생각이 들고 훗날 (어떠한 일이 벌어질지도 모를) 그러한 우환이 염려된 것입니다. 그러므로 명분도 의리도 없는 말을 함부로 만들어내서 임금을 협박하고 국모를 내쫓는 거리낄 것 없는 행패로 의리를 저버리면서 자신들 안위만을 도모하고 총애를 굳힐 꾀를 내었던 것입니다.

그들은 임금을 업신여기고 있다는 자체를 잊고 오랜 세월 동안 그러한 자신들의 죄를 깨닫지 못했습니다. (보편적으로) 부부 사이를 사람들이 말하기는 어려운 관계입니다. 예를 들어 일반 백성들 가정의 비천한 사람도 오히려 (부부 사이를) 억지로 갈라놓아 그 정분을 멀리할 수가 없습니다. 그런데, 하물며 임금을 위협하여 그 비妃를 폐출한 점은 자식으로서 그 아버지를 위협하여 그 어머니를 내쫓는 것과 같은 것이므로 어찌 그다지도 인륜을 거스를 수가 있겠습니까?

신(臣: 신규)이 생각하기로는 폐비신씨는 틀림없이 저승에서도 (제대로) 눈을 감지 못하시고, 그 혼령도 반드시 썩지 않을 것입니다. 김정金淨과 박상朴祥은 (모든 사람들에게도 존경받을만한) 군자君子입니다. 장경왕후章敬王后가 승하하실 당시 상소로써 박원종朴元宗 등이 임금을 위협한 죄를 논하고 신씨가 무고하게 폐척 당한 연유를 극진히 (상소로써) 진술하여 신씨의 왕비로서 올바른 위치를 회복시켜주길 청하였습니다. 그리고 그들이 주장하는 내용은 무서우리만큼 질서가 바르고 엄숙하고 똑바르며 적절하여 지금 읽어 보아도 태도가 의젓하고 당당해 오히려 힘찬 기운이 있습니다.

전하께서는 시험 삼아 그들 상소문의 (진정한) 뜻을 이해하여 상하를 두루 살피신다면 그 당시 사정을 상세히 살필 수가 있을 것입니다. 안타깝습니다! 이처럼 광명정대한 논의가 있었는데도 불구하고 당시 조정의론은 모순되고 소통되지 못해 실행되지 않았던 사실에 신(臣: 신규)은 참으로 가슴이 아픕니다. 공자께서 이르시길 '효자는 어버이의 뜻을 잘 받들어 잇는다.'고 하였습니다.

처음 신비를 폐척한 것은 중종의 본뜻은 아니었습니다. 그러므로 왕비자리와 그 이름을 사후에 높여서 회복하는 것이 어찌 중종의 뜻을 계승하는 것이 아니겠습니까? 처음부터 원비元妃셨던 그 지위를 회복시키는 일은 이미 마땅히 실행되었어야 했지만, 때로는 (전개되는 여러 가지 사건의 형편상) 혹 기다려야만 할 때도 있습니다.

이제 오래된 문제라 하여 (해결할 수 없다고) 어렵게 여기시는 것은 결단코 옳지 않습니다. 신(臣: 신규)의 견해로는 신씨를 추존追尊[13]하여 왕비자리로 회복시키는 것에 대한 일은 더 이상 늦추어서는 안 된다고 생각합니다. 지금부터 중종 대까지 백수십 여 년이 지났는데도, 신씨가 폐척을 당하신 일은 사람감

註13) 왕이나 왕족이 사망한 뒤에 그 호칭號稱을 올려주던 제도.

정 상 일찍이 울분과 탄식을 금치 못하고 어제 일처럼 느끼고 있습니다. 사람들의 보편적 마음이 이와 같음에 비춰볼 때 신령스러운 이치와 하늘의 뜻을 알 수가 있습니다.

전하(殿下: 숙종)께서 만약 선대 왕조에서 (이 문제를 해결하겠다는 관심과 뜻을 가질) 겨를을 내지 못했던 전례 때문에 천천히 미루시는 부분이 있으시다면 신(臣: 신규) 또한 말씀드릴게 있습니다. 정릉貞陵[14]을 폐척함이 200여 년이 지났는데도 현종 대에 이르러 이를 회복하였고, 소릉昭陵[15]을 폐척함이 50여 년이 지났는데 중종 대에 이르러 회복하였습니다.

그 외에 사류士類로서 원통하게도 뜻밖에 닥쳐온 불행을 당한 조광조趙光祖와 김정金淨 같은 인물로 어찌 한정을 하겠습니까마는 또한 모두가 뒷날에 결백함이 드러나지 못한 것이 없고, 여러 대가 지난 뒤에도 포증褒贈[16]되지 않은 사실이 없었습니다. 게다가 더욱 계술繼述[17]이 착하고 아름다워 앞서간 사람들의 열행烈行을 거듭 빛냄을 볼 수가 있습니다..

일이 전대前代의 조정에 관계된 사실이라는 이유로 마땅히 고

註14) 태조 계비 신덕왕후 능호이다. 제1차 왕자의 난을 일으켜 세자 방석, 방번 형제를 죽인 태종이 그를 미워하여 정동에 있던 능을 정릉으로 옮겨 이름도 묘로 고쳤는데, 여기서는 신덕왕후를 말한다.

註15) 단종의 생모인 현덕왕후의 능호이다. 단종복위운동에 외척인 현덕왕후 집안에서도 참여했다는 구실로 세조가 무덤을 훼손했으나 노산군에서 단종으로 추존되면서 능도 복원되었는데, 여기서는 현덕왕후를 말한다.

註16) 그 사람의 행적을 기려 벼슬을 내림

註17) 앞선 전대에 하던 일이나 사업을 이어감

쳐야 하는 것을 알고도 오히려 그대로 방치하여 둔다는 것은 듣지 못했으므로 이제 신(臣: 신규)이 논한 이 두 가지 일은 바로 전하의 가법家法이므로 전례典禮[18]로써 실행하지 않을 수가 없는 것이고, 명분과 의리로써 회복하지 않을 수가 없다는 점입니다."라고 하였다.

상하上下가 모두 '이 문제가 매우 심각하고 중대한 사안이므로 반드시 널리 알아보고 살펴 본 뒤에 처리해야 하는 것이 옳지 않겠는가?'라고 하였다. 그러자 이에 여러 신하들에게 문의할 것을 명하셨는데, 그 명에 의해 의논하는 자들이 대부분 '신규申奎의 말이 옳다.'고 하였다. 그런데, 다만 영중추부사 남구만(南九萬: 1629~1711)과 판중추부사 최석정(崔錫鼎: 1646~1715)이 (이 문제를 처리하는 과정을) 어렵게 받아들이고 조심스러워하는 뜻을 보였고, 재야의 유신儒臣 권상하(權尙夏: 1641~1721)도 그러한 입장을 취하였다.

남구만이 의논하여 말하기를 "맹자는 천자의 마음을 얻어야 제후가 되고, 제후의 마음을 얻어야 대부大夫가 된다고 하였습니다. 그러한 까닭에 『춘추春秋』[19]에 노나라의 군주로서 왕명이 없이 지위에 오른 자에 대하여 모두 즉위란 말을 기록하지 않았습니다. 그러므로 이러한 춘추필법春秋筆法은 '비천한 자는 반드시 존귀한 자의 명령을 얻은 뒤에야 그 지위를 정할 수 있다

註18) 국가의 상법常法으로 되어 있는 의례儀禮나 의식儀式
註19) 공자가 지은 노나라 역사서

는 것을 밝히고 있는 것입니다.
그러한 판단에 의거해보면 아내가 남편에 대해서도 그러한 것으로서, 처음에 신비를 폐척한 일은 비록 중종의 뜻은 아니라고는 하나, 결과적으로는 중종의 명으로 폐출한 모양새가 된 것입니다. 중종께서 조정에 들어와 정사를 보신 뒤 김정과 박정의 상소에 담긴 주장대로 왕비로 복위명령을 내리시는 것이 진실로 의리에 합당하다고 할지라도, 중종께서 이를 (생전에) 처분하지 않으시고 승하하신지 이미 백 여 년이 지났습니다.

이제 우리 주상(主上: 숙종)께서도 조종 배필配匹의 중대한 문제에 직면하여 위로부터 분부를 받음 없어 진퇴를 결정하지 못하셨습니다, 이에 신씨의 신주神主를 조종의 청묘淸廟[20]에 모시고 이후二后[21]의 오른편에 제향祭享을 함께 드리도록 하신다면, 이 어찌 『예경禮經』[22]에 실려 있는 '한 번 폐함이 있으면 다시 일으키지 않는다.'는 뜻에 합당하지 않겠습니까?

『춘추』에 '제후의 부인이 비록 큰 죄를 저질러 마땅히 버릴 자라도 감히 위호位號를 깎아 낮추지 않고 모두 소군小君이다.'라고 기록하고 있습니다. 이는 바로 신하와 자식은 그 임금과 그 어버이의 존귀함에 대해 감히 스스로 그 주고 빼앗음을 함부로 하지 못한다는 뜻입니다. 이와 같이 큰 죄가 있을지라도 감히

註20) 종묘사직을 대표하는 사당, 즉 맑고 밝은 덕을 기리기 위해 제사를 지내는 사당이라는 뜻이다. 즉, 종묘의 다른 이름

註21) 중종의 두 계비, 즉 장경왕후章敬王后와 문정왕후文定王后를 일컬음

註22) 육경 중에 하나인 『예기禮記』를 일컬음

함부로 빼앗지 못하는 점으로 유추해보면, 크게 억울함이 있다고 하더라도 감히 함부로 바로 잡아 펴지 못한다는 사실도 알게 되는 것입니다.[23)]

그러나 정릉貞陵[24)]과 소릉昭陵[25)]의 복위는 이와 다른 점이 있습니다. 대체로 두 분이 태조와 문종 때에 일찍이 폐출하라는 명이 없었고, 살아서는 존귀한 위치에 거하시고 돌아가서도 존

註23) 『숙종실록』 숙종 24년(1698) 10월 24일 을축 3번째 기사
영중추부사 남구만이 "그리고 신씨愼氏를 복위시키는 일도 미안한 측면이 있습니다. 당초 신씨를 폐척한 것은 비록 중종의 뜻은 아니라 하더라도 이미 중중의 명으로 폐출廢黜된 것입니다. 중종이 당저當宁하였을 때에 김정金淨·박상朴祥이 상소하여 복위를 계청한 것은 진실로 올바른 도리라고 할 수 있습니다. 그러나 중종께서 일찍이 처분을 내리지 않으시고, 승하하신 지 지금 이미 일백여 년이 지났습니다. 우리 후세의 임금에 있어서는 조종의 배필에 관계된 중대한 문제는 아뢰어서 승낙을 받을 곳은 어디에도 없습니다. 그런데도 의견에 따라 조정하여 엄숙한 사당에 등위와 품격을 같게 하도록 하고, 두 왕후의 윗자리에 나란히 제향하게 한다면 이것이 어찌 『예경禮經』에 소위 '폐출된 자는 거행하지 말라.' 고 한 도리이겠습니까?
『춘추』에서 '선공先公의 부인夫人에 대해서는 비록 마땅히 관계를 끊어야 할 큰 죄라 하더라도, 감히 위호位號를 깎아내릴 수가 없어서 모두 소군小君이라고 기록한다.'고 하였는데, 이는 곧 신하가 된 자는 임금과 임금의 친족의 존위尊位에 대해서는 감히 스스로 높여주거나 깎아내리는 것을 마음대로 할 수 없는 도리입니다. 큰 죄가 있는데도 감히 마음대로 깎아내리지 못하는 것으로 미루어보건대, 크게 억울함이 있어도 감히 마음대로 높여줄 수가 없음을 알 수가 있습니다."라고 하였다.

註24) 조선 태조의 계비 신덕왕후 신천 강씨의 능호이다. 즉 신덕왕후를 가리킴

註25) 단종의 생모 현덕왕후의 능호이다. 즉 현덕왕후를 일컫는다.

귀한 호칭이 있었습니다. 그러나 능묘陵廟[26]로 받들지 않은 것은 바로 왕비자리를 이은 순서가 뒤에 있는 까닭이므로 뒤에 복위된 것은 명분이 바르고 말이 이치에 합당하여 의심할 만한 점이 없으므로 어찌 오늘 논할 일과 비교하여 한가지로 볼 수가 있겠습니까?

하·은·주 삼대三代 이후에 제왕의 가법家法이 대부분 송나라 왕조를 본보기로 삼았습니다. 송나라 인종仁宗 때 곽후郭后[27]를 폐출함은 여이간呂夷簡과 염문응閻文應[28]이 부부로 서로 짜고 저지른 결과에 말미암았던 것으로서 이는 진실로 천고千古에 원통한 일이라. 그 당시에 공도보孔道輔[29]와 범중엄范仲淹[30] 등이 죽

註26) 왕이나 왕후의 영靈을 모신 곳이다. 일반적으로 영靈을 상징하는 신위神位를 모시는 사당인데, 종묘 또는 태묘太廟가 그것이다.

註27) 송나라 인종의 첫 번째 황후이다. 인종의 어머니 장헌명숙황후가 여자의 덕을 갖춘 곽황후를 비호하다가 사망하자 상미인과 양미인 등을 총해하면서 곽황후를 폐립시켰다. 그 뒤 인종이 자책하면서 곽황후를 그리워하였고, 그가 사망하자 복위시켰지만, 시호도 내리지 못했고, 종묘에 배향되지도 못하였다.

註28) 여이간은 중국 송나라 인종 때 문신이다. 오랜 기간 재상을 지내면서 국정을 좌우하였으나 범중엄范仲淹·왕증王曾 등과 대립하다가 인종의 개혁 의지로 파면되었다. 곽황후를 폐하여 요화궁瑤華宮으로 유폐시킨 사건은 여이간과 염문응이 주도하여 이뤄진 일이라고 한다.

註29) 중국 송나라 진종眞宗~인종仁宗 때의 문신이다. 공자의 45대손으로 좌정언左正言·권어사중승權御史中丞 등을 지냈으며, 맹자의 무덤을 방문하고 그 서남쪽에 맹자묘孟子廟를 세운 인물이다.

註30) 범중엄(范仲淹, 989~1052) : 북송 때 저명한 정치가·학자이자 문학가이다. 자는 희립希文으로, 강소성江蘇省 출신이다. 인종의 친정으로 간관諫官이 되었으나 곽황후郭皇后 폐립문제를 놓고 찬성파인

을 힘을 다하여 간언을 한 것은 진실로 신하의 충절로서 당연한 것이었습니다. 그러나 송나라 영종英宗과 신종神宗 이후로 뛰어난 신하와 위대한 유학자가 곽후를 복위하고자 논의하였다는 말을 듣지 못했습니다. 이것은 어찌 세대가 바뀐 후이면 윗사람의 명을 받을 곳이 없는 까닭이 아니겠습니까.

송나라 철종 때에 맹황후孟皇后[31]는 장돈章惇의 참소讒訴[32] 때문에 폐척을 당했는데 휘종조徽宗朝에 이르러 향태후向太后[33]가 철종이 평일에 후회하는 뜻이 있음을 짐작하여 맹황후를 복귀시키도록 하였습니다. 이 사실은 바로 시어머니가 며느리를 복

재상 여이간呂夷簡과 대립하였다. 그 뒤 구양수歐陽脩・한기韓琦 등과 함께 여이간 일파를 비판하였으며, 자기들 스스로 군자의 붕당朋黨이라고 자칭하였다. 그는 청렴하고, 민정을 돌보면서 강직하여 개혁가로 평가받는다. 시호는 문정文正이고, 시문詩文 등을 모은『범문정공집范文正公集』24권 등이 있다.

註31) 『숙종실록』 숙종 24년(1698) 10월 24일 을축 3번째 기사
북송의 제7대 황제인 송 철종의 첫 번째 황후로서 원우황후 맹씨元祐皇后 孟氏 또는 맹황후라고도 한다. 한 사람으로서도, 한 나라의 국모로서도 한 번 겪기 힘든 황후 폐위를 두 번이나 겪고 두 번 다시 복귀한 독특한 이력을 가진 황후이다. 그는 유일하게 당시 북송의 수도인 개봉에 있던 황실사람 중 정강의 변 때 금나라로 압송되지 않았던 것으로 유명하다. 그와 함께 국가최고의 위기 속에서 송나라의 구심점이 되었던 인물이기도 하다. 철종의 원비로서 100여 명 중에서 간택되었으나 첩녀 유씨 등의 참언讒言과 구법당과 신법당의 정쟁 등에 휘말려 두 번이나 폐비되었으나 원비로서 품격을 항상 잃지 않았던 관계로 두 번이나 복위된 황후이다.

註32) 송나라 인종, 영종, 신종, 철종, 휘종 대의 문인이자 철종대의 재상이다. 어린 철종의 등극으로 철종의 어머니인 선인태후가 수렴청정하면서 갈등을 일으킨 가운데 전개된 참언으로 해석된다.

註33) 송나라 철종의 생모

위시킨 것이지 시동생이 형수를 복위시킨 뜻이 담긴 것은 아니었습니다.

그 뒤 다시 맹황후를 폐하였다가 '정강靖康의 변'[34]을 당하여 금나라에 인질이나 포로로 잡혀가지 않았던 송나라 신하들이 궁중으로 그를 다시 맞아들인 것으로서 이 사실은 바로 전란 중에 벌어진 사건이기 때문에 그 예로 원용하기는 적절하지 못합니다. 이러한 관점에서 지금의 신씨 복위문제를 옛 사건에서 찾아내고자 한다면 앞으로 무엇을 근거삼아야 하겠습니까?"라고 하였다.

최석정이 의논하기를 "신비가 폐출을 당한 것은 중종반정을 일으킨 신하들의 강압적 요청에서 나온 것으로서 나라 사람들이 이러한 폐비의 처지를 가엾게 여겨 지금에 이르렀습니다. 그런데도 (폐비가 된 그의) 위호位號를 추존追尊[35]하여 복위하자는 논의가 오래도록 실행되지 못한 것은 『예경』에 '한 번 폐하면 감히 일으킬 수 없다.'는 의리가 지극히 엄하고 또 무겁게 있는 까닭이 아니겠습니까?

신(臣: 최석정)의 어리석은 견해로는 위호를 서거한 뒤에 회복시키는 일은 감히 경솔히 논하지는 못할지라도 지금 그 신주神主가 오래도록 (왕실에 모셔야 할 왕비의 위패가) 민가에 모셔져 있어

註34) 북송 때 금나라의 침입을 받아 북송 황실이 금나라에 포로가 되어 잡혀간 사건이다.

註35) 사망한 한 뒤에 생전의 지위 보다 높은 지위로 올려주는 제도

서 일반 백성들의 비천함과 똑같은 처지가 된 것은 결국 사실과는 다르므로 편안하지 않습니다. 만약 예관禮官으로 하여금 사당을 세우고 사시四時로 관리를 보내어 제사를 받들게 한다면 거의 신민臣民의 억울함을 위로할 수 있고, 또한 『예경』의 법도를 따르는 의리에도 어긋나지 않을 것입니다."라고 하였다.[36)]

권상하가 논하여 말하기를 "신비가 중종의 원비元妃로 죄도 없이 폐비가 되어 배척을 당한 사실에 대해서 당시 박상·김정 등이 그의 복위를 주장한 상소는 참으로 정당한 의논이 되었습니다. 그러나 이미 폐비로 배척하여 종결지은 것은 중종께서 신비愼妃를 폐척한 것이므로 당시에 이미 처리한 사실을 두고 옳고 그르다고 하거나 억울한 인심이 어떻다는 부분은 논하지 말아야 할 것이며, 그 자손과 신민의 도리에 있어서 선왕이 폐한 신비를 태묘(太廟: 종묘)에 추배追配[37)]하는 것은 혹시나 자사子思가 훈계한 상례常禮에 위배됨이 있을까 [38)]두렵습니다."라고 하였다.[39)]

註36) 『숙종실록』 숙종 24년(1698) 10월 24일 을축 3번째 기사

註37) 처음부터 함께 사당이나 묘에 신주를 모시지 않았던 인물을 뒷날에 배향配享한다는 뜻이다.

註38) 서거한 폐비를 중종의 배우자로 생전의 지위보다 높임

註39) 『숙종실록』 숙종 24년(1698) 10월 24일 을축 3번째 기사
호조참의 권상하는
"신비愼妃의 일에 대해서는 중종대왕의 원비元妃로서 죄가 없이 폐출되었습니다. 그러므로 그 당시로서는 김정金淨·박상朴祥의 상소가 참으로 정당한 의논이었습니다. 그러나 결국은 폐출된 그대로 두었고 봉전封典을 시행하지 아니하였으므로 이는 선왕先王의 폐비廢妃인 것입니다. 그 당시에 조처한 것이 합당한 것이었는지는 둘째치고라도, 그 자손과 백성의 도리에 있어서 선왕의 폐비를 태

전하(殿下: 숙종)께서 (이상과 같이 여러 신하들의) 조정 의논이 일치하지 않으므로 해서 능히 (폐비신씨를) 추복하지 못하고 이에 비망기備忘記[40]를 내려 말씀하시기를 "신비愼妃의 복위문제를 지금 의논하는 자들이 대부분 추복하는 것이 예禮에 합당하지 않다고 고사古事를 인용하여 비유하고 있으니 이는 진실로 그러하다.

정릉貞陵과 소릉昭陵을 추복한 곡절曲折이 이와 다름을 과인도 알고, 태묘(太廟: 종묘)에 올리면 지위가 장경왕후의 오른편에 거居할 것이므로 이것도 불편한 일단一端이다. 그리고 심온沈溫의 고사故事같은 경우는 중종께서 훤히 잘 알고 계시면서도 반정훈신 등이 거듭 계청啓請[41]함에 바로 윤허하시고, 선현(先賢: 박상·김정 등)의 상소가 바르게 신씨를 복위시킬 좋은 기회였다. 그런데도 그 당시 (그들 상소문을) 승정원에 내려 보내 보관토록 하라는 전교傳教[42]는 바로 그 상소를 받아들일 뜻을 갖고 있지 않은 것이므로 오히려 달리 복위시키지 못할 또 다른 까닭이 있었는지

묘太廟에 추배追配시킨다는 것은, 아마도 자사子思의 훈계訓戒인 상례常禮에 어긋남이 있을 듯합니다."
하였다.

註40) 왕명을 간략하게 하달할 때 사용된 문서 유형의 하나이다. 조선 중종 대부터 적극 활용되었으며, 대체로 승전색承傳色에서 맡아 작성하였는데 간혹 액정서掖庭署 소속 사알司謁이 작성하기도 했다. 작성된 비망기는 승정원을 거쳐 해당 관서에 전달되었다. 비망기로 내리는 왕명내용은 다양하며, 중요한 정치적 국면 때 비망기를 내려 국왕의 정치적 의도를 보여주기도 했다.

註41) 어떤 일에 의견을 수합하기 위한 과정에 대한 국왕의 뜻을 물음

註42) 왕이 명령을 내리는 명령서 또는 그 명령. 교지教旨라고도 한다.

모르겠다.

송나라 (인종은) 곽황후郭皇后[43]를 폐하여 정비靜妃[44]로 하였다가 다음 해를 넘기자 사자使者를 보내어 안부를 살피면서 자못 후회하는 마음을 비추어 보냈고, 또한 그 이듬해 황후의 호를 회복하여 예로써 염장歛葬[45]하였다. 그 폐척하고 복위하는 것은 모두 인종仁宗의 조정朝廷의 일에 관계된 것이고, 향태후向太后[46]는 철종哲宗이 평일에 한탄하며 후회하는 뜻이 있었기 때문에 특별히 폐후廢后 맹씨孟氏[47]의 지위를 회복시켰다. 그렇지만 지금 폐비신씨의 일은 그와는 아주 다른 점이 있다. 하늘의 뜻이 어디에 있는지를 감히 헤아리지 못하고 거의 200년이 지난 지금에 억지로 청묘(淸廟, 종묘)에 올린다면 과연 어디에서 근거를 삼겠는가?

註43) 북송 인종의 첫 번째 황후이다. 여이간 등이 황후폐립을 논의할 때 범중엄 등의 반대에도 불구하고 폐위되었다. 그 뒤 인종이 황후를 그리워하여 복위를 하고자 하였으나 이미 황후가 있었기에 복위하지 못하고 사망하였다. 인종은 사후에 복위시켰지만, 시호도 내리지 못하고 종묘에 배향시키지도 못하였다.

註44) 황후로서 정비正妃 지위가 아니지만 예우차원에서 부여한 칭호

註45) 시체를 염습하여 장사를 지냄

註46) 신종의 황후로서 그는 철종의 후계자로 휘종을 황제자리에 앉힌 인물이다.

註47) 북송 7대 황제 철종의 첫 번째 황후이다. 원우황후元祐皇后 맹씨孟氏 또는 맹 황후라고도 한다. 한 인물로서도, 한 나라의 국모로서도 한 번 겪기 힘든 황후폐위를 2번이나 겪고 2번이나 다시 복귀한 독특한 이력과 유일하게 당시 북송수도 개봉에 있던 황실 인물 가운데 '정강의 변' 시 금나라로 압송되지 않았던 인물로 유명하다. 또한 국가최고 위기에서 송나라 구심점이 되었던 인물이기도 하다.

조금 전 여러 신하들의 의논을 들어보니 혹 노산군魯山君의 일로 더욱 난처하다 하나, 하나로써 말한다면 그 난처함이 아마도 여기에 있고 저기 노산의 일에 있지 않다. 반복하여 생각함에, 마침내 중대하고 난처하니 어떻게 하면 능히 예법에 어긋나지 않고 존봉尊奉[48]하는 도리에 합당하여 조금이라도 억울한 인심을 위안하겠는가? 그대들 대신大臣과 육경六卿[49]·판윤判尹·삼사三司[50]에 묻노니 마땅히 각각 의견을 진술하라."고 하셨다.

이에 빈청賓廳[51]과 대신·육경·판윤·삼사가 같은 날에 의논을 드림에 좌의정 윤지선(尹趾善: 1627~1704)이 중국 황제의 옛 일들을 인용하여 추복하자는 의논으로 아뢰기를 "황조皇朝[52]에 선종황제宣宗皇帝[53]가 황후 호씨胡氏를 폐척하고[54] 말년에 후회하

註48) 존귀하게 여겨 높이 받듦

註49) 이조·호조·예조·병조·형조·공조 등 육조의 판서를 말하는 것으로, 『경국대전』에 보면 "예로부터 제작制作의 융성함이 주나라만한 것이 없는데, 주관周官에서는 육경을 나누어 천지天地·사시四時에 짝하였으니 육경의 직책은 하나만 없어도 안된다… 이른바 육전六典이란 바로 주나라의 육경이다."라고 하였다.

註50) 조선시대 언론을 담당한 사헌부·사간원·홍문관을 합하여 부른 말. 언론삼사言論三司라고도 하였다. 사헌부는 백관에 대한 감찰·탄핵 및 정치에 대한 언론을, 사간원은 국왕에 대한 간쟁諫諍과 정치 일반에 대한 언론을 담당하는 언관言官으로서, 일찍이 이 두 기관의 관원을 대간臺諫이라 불렀고, 양사兩司 또는 언론양사라고 하였다. 홍문관은 궁중의 서적과 문한文翰을 관장하였고, 경연관經筵官으로서 왕의 학문적·정치적 고문에 응하는 학술적인 직무를 담당하였다.

註51) 영의정과 좌·우의정의 집무실

註52) 명나라 조정

註53) 명나라 제5대 황제이다. 묘호가 선종宣宗이고, 연호가 선덕宣德이

는 말이 있었습니다. 그러나 결국 복위하지 못하다가 영종조英宗朝 대에 급히 추복追復하는 예의를 행하였는데, 이 고사가 혹여 증거 할 만합니다. 위차位次[55]의 불편함에 대해서는 과연 주상의 가르침과 같으나 만약 위호位號[56]를 추가한다면 이미 원비元妃의 지위에 있으니 마땅히 장경왕후의 오른편에 두어야 할 것입니다."라고 하였다.

그 나머지 사람은 대다수가 사당 세우는 일을 최석정(崔錫鼎: 1646~1715)의 처음 의논과 같이 하자고 하였고, 부응교 김진규(金鎭圭: 1658~1716) 등은 사당 세우는 것을 비판하기를 "신씨에게 지금 위호를 올리지 못하는 점은 중종께서 생전에 이루지 못하고 남기신 뜻을 밝히신 적이 없어서이지, 옛날 뛰어난 유학자들이 남긴 훌륭한 고사가 없어서가 아닙니다. 위호位號를

다. 영락제 장자 홍희제洪熙帝와 성효황후誠孝皇后의 장남이다. 부친 홍희제와는 달리 과감하고 강력한 정치를 펼쳤다. 황제 독재체제를 확립하고, 황족을 엄히 다스렸다. 증조부 홍무제가 환관정치 개입을 막고자 환관의 학문교육을 금지시켰지만, 그는 환관을 교육시키는 내서당內書堂을 설립하고 태감의 권한을 강화시켰다. 그러한 정책은 훗날 명나라 조정에서 환관의 정치개입을 야기시켜 환관이 정사를 농락하는 사태를 발생시켰다.

註54) 명나라 선종의 황후이다. 그러나 선종의 총애를 받는 손귀비孫貴妃가 아들을 낳자 딸만 낳은 호황후는 폐위되어 장안궁長安宮으로 물러나 거주하다가 사망하였다. 그의 장례는 황후의 예로 치러지지 못하고 비빈의 예로 치러졌다. 그러나 그 뒤 영종 대에 추복되어 '공양성순강목정자장황후恭讓誠順康穆靜慈章皇后'라는 시호가 내려지고, 그를 위해 능침도 만들어진다.

註55) 신분이나 직위 등 위계位階의 높고 낮음에 따라 정해진 자리의 차례

註56) 신분이나 직위 등에 걸 맞는 이름, 즉 칭호

이미 올릴 수 없기 때문에 위호도 없이 사당을 세운다는 것은 역대 고사를 살펴보아도 증거를 삼을만한 점이 없습니다.

그리고 이미 사당을 세운다면 사당의 명칭이 있어야 하고, 제사를 시행한다면 축사가 마땅히 있어야 할 것이므로 앞으로 무엇을 근거로 그 사당의 이름을 짓고 축사祝辭를 짓겠습니까? 그 복위함이 이미 예가 아닌데도 사당을 세워 제사를 지내는 것도 미안한 점이 있습니다."고 하였다.

영의정 류상운(柳尙運: 1636~1707)과 우의정 이세백(李世白: 1635~1703)이 아뢰기를 "신臣 등의 뜻으로는 신비愼妃의 위호를 추복하여 청묘淸廟에 승부陞祔[57]하기가 가능하지 않다는 것은 참으로 전하의 명과 같습니다. 그밖에 점점 높여 받들어 모시는 도리를 더하여 억울한 인심을 조금이라도 위로하고자 하는 것은 참으로 전하께서 가엾고 측은하게 여기신 뜻에서 나왔으므로 전하의 말씀의 취지도 온화하므로 그 누구도 공경하고 우러러보지 않겠습니까.

다만 염려되는 부분은 높여 받드는 도리가 오직 사묘祠廟[58]를 세우고 관원을 보내어 제사 모시는 데만 있고, 여전히 위호는 추복하여 올릴 수 없다면 사당을 세운 뒤에 무엇이라 이름하여 부르고, 제례를 행할 때에도 무엇으로 축사祝辭를 하겠는

註57) 신주를 사당에 올려 함께 모심

註58) 개인 신위를 모신 사祠와 조상 외의 신령을 모신 묘廟의 합칭으로, 왕실의 종묘와 같은 성격을 가지면서도 실제로는 일반 신위를 모시는 사당이다.

가 하는 점인데, 여러 신하들이 의논을 드린 가운데 이 말에 의견이 없지는 않습니다.

만약 신비愼妃에 대한 의리를 일으키고자 달리 명호名號를 세운다면 '비妃'라는 한 글자는 실로 존귀한 왕위王位에 핍박하는 결점이 있고, ('비'라는 명분적 호칭, 즉) 이것을 버린다면 고금의 사실에 찾아보아도 합당하게 부를 만한 명분적인 호칭이 없습니다. 사당을 세우고 제사를 모심이 비록 대단한 예제禮制[59]는 아니지만 사호祠號[60]와 축사는 진실로 장애와 난처한 점이 있습니다.

만약 그렇다면 차라리 선조(先朝, 현종 대) 임자년(壬子年, 1672) 사이에 대신에게 신비의 위호에 대한 정탈定奪[61]을 의논한 것에 나아가 다시 작정酌定하여 사절일四節日[62]의 묘소 및 기신忌辰의 제사[63] 때 필요한 물품을 넉넉히 마련하여 공급하고, 영분塋墳[64]을 달리 봉식封植[65]하고, 수묘守墓의 인원[66]을 더 정하여 영세토

註59) 왕실중심의 정치적 질서를 중시하는 유교적 전례를 말한다. 예제는 유학의 핵심 개념인 예禮를 바탕으로 만들어졌다.

註60) 사묘·사우·사당 등의 이름

註61) 임금이 신하들의 논의나 계책 중에서 어느 한 가지를 선택하는 것을 말한다.

註62) 묘소에서 받드는 제사인 묘제墓制를 매년 한식寒食, 단오端午, 추석, 중양重陽에 하였는데, 이 네가지를 사절일이라 한다.

註63) 돌아가신 분을 추모하는 제사를 지내는 날, 즉 돌아가신 그날을 뜻한다. 기신제忌辰祭라 하며, 기일제忌日祭나 기제忌祭라고도 한다.

註64) 묘와 그 봉우리

註65) 흙을 북돋우고 나무를 심음

註66) 사망한 자의 묘를 지키고 관리하며, 청소와 제사 준비도 맡아 했

록 바뀌지 않을 터전으로 삼는 것이 경중을 참작하는 뜻에서 합당할 것 같습니다. 다만 그 신주에 대해서는 신씨 가문의 사묘私廟[67]에 있다 하니 이는 진실로 미안한 점입니다.

이제 만약 그 집에 나아가 관으로부터 별사別祠[68]를 지어 주고 신주를 옮겨 받들어 신가愼家의 자손으로 하여금 그대로 이전처럼 제사를 모시게 한다면, 그것도 정문情文[69]에도 혹 어긋나지 않겠지만, 그 일은 새로운 예법을 세우는 것이므로 신臣 등이 억측으로 판단할 일은 아닙니다. 오로지 전하께서 알고 계신대로 잘 판단하여 처분하시기에 달려 있습니다."고 하였다. 주상께서 이르시길 "유신儒臣[70]과 예관禮官[71]으로 하여금 다시 경사經史 중에 의거할만한 사실을 널리 상고하여 아뢰도록 하라."고 하셨다.

12월 29일 인견引見[72] 때 교리 이희무(李喜茂: 1649~1708)가 아뢰기를 "홍문관의 관료 및 예관이 지금 옥당(玉堂: 弘文館)에 모두 모였으나 실재 증거로 삼을만한 사적事蹟을 찾지 못하였고, 신(臣: 이희무) 등이 어제 의견을 모은 가운데 위사후衛思后의 사

던 사람

註67) 일반 가문이나 개인의 사당

註68) 특별히 별도로 설행한 사당

註69) 진실한 마음으로 예를 갖춘 글

註70) 고려말기부터 등장하여 고려 때 불교를 비판하면서 유학을 학문적으로 닦은 신하들을 일컫는 말

註71) 국가의 의례와 제사를 담당하였는데, 춘관春官이라고도 함

註72) 왕이 신하를 불러 마주 대하던 일

적[73]을 말씀드린 바가 있지만, 위후衛后의 경우에는 이미 선제宣帝의 할머니이시고, 더욱이 시호諡號까지도 있으므로 이 일과 연관시키기는 어렵습니다.

전하로부터 경사經史[74]에서 상고하라는 명을 내리셨는데, 지금 만약에 추복追復을 해야 할 것인지 여부를 논의하려고 한다면, 혹여 옛 경서에서 찾아서 그것을 인용하여 의리에 맞는 근거를 삼을 만합니다. 그렇지만 점점 높이고 받드는 도리를 더해나고자 할 것인데, 그러한 사실을 경사에 찾아보아도 그대로 따라서 행할만한 점이 실제로는 없습니다."라고 하였다.

주상께서 이르시길 "두루 의견을 살펴보니 판중추부사 최석정의 의논가운데 별묘別廟를 세우자는 한 조목이 마땅한 것 같다."고 하셨다. 영의정 류상운(柳尚運: 1636~1707)이 아뢰기를 "신臣 등이 의견을 드릴 때에 일을 행하기 불편한 부분이 염려되어 다만 넉넉히 후하게 대접할만한 것을 진술하였습니다. 참으로 주상의 마음에서 감동되지 않은 것으로 알았었는데, (신臣 등의 생

註73) 그녀는 원래 한무제의 누나 평양공주의 가녀였다. 그녀가 몹시 마음에 든 한무제는 그녀를 궁정으로 데려와 자신의 후궁으로 삼았다. 이후 첫째 황후였던 진씨가 무고사건에 연루되어 폐위되자 위자부가 새 황후의 자리에 올라 38년 가량 긴 재임 기간을 보냈다. 또한 『한서』에는 "조심성이 있는 성격으로, 나이가 들어 무제의 총애를 잃고 무제가 다른 후궁들을 찾게 된 뒤에도 여전히 존중을 받았다."고 기록되어 있다. 그러나 훗날 무고의 화에 연루되어 폐위당하고 감금되었다가 자살하였다. 뒤에 증손자인 선제 대에 복권이 되어서 '사황후思皇后'라는 시호를 받았다.

註74) 유교 경전과 역사서를 통칭하는 말이다.

각과는 달라) 이제 신비愼妃에 대한 의義를 세우는 일을 가지고 말씀드리자면, 일찍 돌아가신 세자인 순회順懷[75]와 소현昭顯[76]의 사당에 내관內官[77]으로 하여금 안전하게 지키고 관리하도록 하고, 봉상시奉常寺[78]에서 제사를 치를 물품을 갖추어 보내는 등의 일이 혹 예가 될 만한 점이 아닌가 합니다."라고 하였다.

주상께서 이르시길 "이미 비망기備忘記[79] 가운데 말하였으나, 중종께서 당일에 뜻을 감히 헤아릴 수 없으니, 갑작스레 추복함이 참으로 매우 어렵다. 다만 옛 조정에서 이미 정한 일만 따라 행한다면 점차 높여 받들어 나가자는 뜻이 아닌 까닭에 경들로 하여금 다시 상고하여 알리도록 하였다. 그러니 이는 의리를 일으키는 일이므로 비록 흡사하진 않더라도 그 의절義節에 있어 모방할만한 사례를 가지고 행한다면 방해됨이 없을 것 같고, 내관內官이 안전하게 지키고 관리하는 일과 봉상시의 제물祭物을 갖추어 보냄은 순회세자와 소현세자묘昭顯世子廟의 예에 따르되, 제사를 모시는 사당의 이름을 짓기가 불편한 점이 있으므로 축문祝文과 고사告辭[80]는 없어도 괜찮을 것 같다."고 하셨다.

우의정 이세백李世白이 아뢰기를 "만약 따로 사당을 세워 축문 없이 제사를 모시더라도 영원토록 그치지 않는다면 비록 달

註75) 명종의 세자로서 13세에 죽음. 순회세자를 말한다.
註76) 인조의 맏아들 소현세자를 말한다.
註77) 왕실의 일을 총괄하는 관리
註78) 국가의 제사와 시호諡號 등에 대한 사무를 맡던 관청
註79) 왕명을 간략하게 하달할 때 사용된 문서 유형의 하나
註80) 제례 때 고하는 말

리 신비에 대한 호칭을 세움이 없으나 어찌 점차 높이고 받들어나감을 더하는 도리가 아니겠습니까? 다만 신주神主의 칭호가 일찍이 어떻게 쓰여 있는지 모르나 일반 백성들 사이에서는 모두 '신비愼妃'로 칭한다고 합니다. 이제 신주의 옛 제도가 만약 이와 같다면 마땅히 제목을 고쳐야 하는 일이 있으니, 이는 난처한 일입니다."라고 하였다.

승지 김우항(金宇杭: 1649~1723)이 아뢰기를 "신臣의 얕은 견해로는 신주를 옮겨 모시는 것은 예에 근거할 바가 없고, 더욱이 내관內官으로 하여금 안전하게 지키고 관리하게 하는 일이 (신비를) 높이고 받드는 도리에 빛을 내는 것도 아니므로 어떻게 하는 일이 옳을지 모르겠습니다."라고 하였다.

주상(主上: 숙종)께서 이르시길 "왕실로부터 사당을 세우고 제사를 행한다면 사체事體[81]가 일반가정에서 제사를 받드는 것과는 다르고, 더욱이 영원토록 그치지 않게 거행한다면 이는 점차 높이고 받드는 것을 더하는 뜻이 된다."고 하셨다. 이희무(李喜茂: 1649~1708)가 아뢰기를 "만약 이것을 행한다면 상고할만한 사실史實은 없습니다."라고 하였다.

주상께서 이르시길 "그 일을 무겁게 여겨 상고하여 드러내라는 명이 있었는데도 옛 역사적 사실에 진실로 근거할만한 사례가 없고 이는 의리를 일으키는 일이라 따로 사우(祠宇: 사당 또는 서원)를 세워 영세토록 바꾸지 않는 것밖에는 다른 방법이 없으

註81) 일의 형편 또는 대체

므로 이로써 거행하는 조건을 내세우는 것이 옳으리라."고 하셨다.

유상운(柳尙運: 1636~1707)이 아뢰기를 "신臣이 듣기로는 신가愼家에서 받드는 신주가 '폐비신씨'로 신주제목을 한 것 같습니다. 만약에 '廢폐'자를 제거하면, '妃비'자를 붙이는 것이 부당하고, '폐'자도 쓸 수 있는 것이 아니므로 이제 200년 가까이 지난 뒤에 신주 이름을 고치기도 어렵고 제목을 고치고자 할지라도 맞는 칭호조차 없습니다."고 하였다.

주상께서 이르시길 "왕가王家에서 사당을 세워 별도로 받든다면 '廢폐'자를 그대로 두어서는 안 될 것 같다."고 하시자, 류상운이 아뢰기를 "만약 '폐'자를 빼면 '비'자만 쓸 수도 없으므로 이 부분이 또한 난처한 것입니다. 비록 행사行事의 절목(節目: 세목 또는 조목條目)에 있어서도 순회세자의 묘와는 차이가 있으므로 묘소를 편안하게 지키고 관리하는 호수戶數를 마땅히 순회세자 묘보다 줄여야 할 것인데, 순회세자의 묘각墓閣은 '정자각丁字閣[82)]' 이라 칭하기는 하지만, 이것을 (일정한 건물 형식과 규모를 갖춘) 정자각이라 할 수는 없습니다. 그러므로 이와 같은 사례가 하나 둘이 아닌 것 같습니다."라고 하였다.

註82) 왕릉 앞에 지어진 '丁정'자형의 제사건물이다. 그 모양이 '丁'자와 같아 정자각이라고 불렀다. 정자각은 봉분 아래에 있으며, 정자각 앞으로는 박석薄石을 깐 향로와 어로가 있다. 향어로 맨 앞에는 홍살문이 놓인다. 정자각 좌우로는 수라간과 수복방이 대칭으로 놓여 제례에 필요한 간단한 준비를 할 수 있다.

주상께서 "순회세자와 소현세자의 묘각을 '정자각'이라 칭하고 있으나 이것을 (진정한) 정자각이라 부르는 것이 합당하지 않다면, '廢妃폐비'의 신주제목을 어떻게 처리할 것인가?"라고 하셨다. 류상운이 아뢰기를 "신주에 제목으로 정한 글자가 만약 일반 개인가정에서 스스로 쓴 선례가 아니고, 선왕 대에서 간혹 강정講定[83]한 일이 있다면 이제 와서 그대로 받드는 것이 혹여 의리를 들추어 일으킴에 방해하지 않음이 아닐까 합니다."라고 하였다.

주상께서 이르시길 "신가愼家에 문의한 뒤 대신에게 정탈定奪[84]을 의논하는 것이 옳으리라."고 하셨다. 예조에서 올린 글에 "신가에 문의해 본 결과 신주를 과연 '廢妃愼氏폐비신씨'로 신주제목을 하였다고 하면서, 당초에 조가(朝家: 왕실)에 품정稟定[85]한 일이 있는듯하나 특별히 증거 할 만 한 문서는 없으므로 신주의 전두(前頭: 앞부분)에 제목으로 할 명호名號 및 사묘祠墓[86]에 참작할 절차를 대신에게 의논할까 합니다."라고 하자, 주상께서 명하시길 "그대로 하라."고 명하셨다.

우의정 이세백(李世白: 1635~1703)이 논하기를 "신주의 옛 제도에 대하여 당초에 왕실가문에 아뢰어 정한 사실은 비록 알 수가 없습니다. 그렇지만 지금 200년이 지난 뒤에 달리 적당한

註83) 어떤 일을 시행하기 위한 제반 사항을 규정하는 것
註84) 어떠한 사안事案에 대해서 헤아려서 선택함
註85) 왕실가문에 어떤 사안에 대해 아뢴 뒤 그 결정을 받아서 시행하는 것
註86) 묘와 함께 있는 사당으로 통칭 사당을 일컬음

칭호가 없었기 때문에 괄마刮磨[87]하여 제목을 고치기에 끝내 편하기 어려운 바가 있습니다. 따라서 '廢폐'자는 비록 미안한듯하지만 지금에 이르러서 새로 추가한 글자가 아니고, 이미 '폐'자가 있어왔다면 '妃비'자도 거리낄 측면은 없을 것입니다.

그대로 옛 제도로써 새로운 사당에 받드는 것이 의로움을 일으키는 데에 가깝고, 결국 사리에도 합당한 것 같지 않습니까? 사묘祠墓에 참고하여 헤아리는 절차는 주상의 명에 이미 다른 사례를 모방하여 시행하라고 하셨으므로 한 결 같이 순회세자묘와 소현세자묘의 절목으로 사례를 삼을 수가 없음은 저절로 알만합니다. 이 부분은 해당 관청에서 재량으로 처리하고 거행하는 것을 아뢰는 것에 달려 있을 뿐이고, 달리 의논할 것은 없습니다."라고 하였다.

판중추부사 최석정이 논하기를 "신씨의 신주를 '廢妃폐비'라고 제목한 점에 대해서는 조정에 아뢴 뒤에 정했는지 사실여부는 알지 못하지만, 사리로 미루어 보면 그와 같이 중대한 일을 일반가정과 같은 처지로 함부로 감행하지는 못하였을 것입니다. 다만 신臣의 얕은 견해로는 이미 위호位號를 회복해 종묘에 들어가지는 못하였으므로 마땅히 잠저潛邸[88] 때 명호인 '某郡府夫人모군부부인'으로 써야 할 것이고, 그 제사를 받드는 곳은 '祠사'라고 이름 하여야 하며, '廟묘'라고 칭할 수는 없습니다.

註87) 줄이거나 다듬는 것
註88) 왕이 되기 이전의 왕세자나 왕자시절

따라서 그와 같이 한다면 존귀한 임금의 배필이 된다는 점에서는 꺼림직한 측면은 없고, 차츰 높이고 받들어 모심을 더해 가는 도리에도 부합할 것입니다. 제사 때 축문과 명호도 방해되거나 난처한 점이 없을 것이고, 사묘祠墓의 의문儀文[89]만은 순회세자와 소현세자에 비교하여 마땅히 강쇄降殺[90]하는 절차를 두어야 할 것 같습니다."라고 하였다.

영의정 류상운이 의논하기를 "오늘의 옳고 그름을 가리는 논의는 대의가 이미 끊어졌는데 무슨 정의를 세울 수 있겠는가라고 생각하겠지만 신臣의 뜻은 그렇지 않습니다. 큰 의리가 끊어지지 않았다면 무슨 의리를 감히 일으키겠습니까? 의리가 끊어진 가운데도 끊을 수 없는 의리가 있으므로 일을 처리하기 어려움을 만난 뒤에는 마땅히 의리를 일으켜 처분하셔야 할 것입니다.

'某郡府夫人모군부부인'은 폐출한 뒤의 봉호封號[91]가 아닙니다. 다만 성관姓貫[92]만을 기록함은 따로 사당을 세우는 뜻과 서로 맞지 않으므로 흡족히 합당하게 칭할만한 이름이 없으면서도 지금에 와서 제목을 고치기보다는 차라리 옛 제도를 그대로 따라 그 당시 사실에 근거하여 정직하게 쓰는 의리를 보존하는 것이 더욱 좋습니다.

註89) 특정 의식儀式이나 예식禮式의 의미와 절차를 기록한 문서나 문장
註90) 등급을 아래로 낮추는 일
註91) 제왕이나 군주가 가봉加封하여 내려준 칭호
註92) 성씨와 관향貫鄕 또는 본관

사묘祠墓의 의례 문장에 대해서는 순회세자와 소현세자 두 묘廟의 의식과 제도 가운데서 적용할 부분은 쓰고, 덜어낼 부분은 덜어서 풍부하게 할 부분과 축약할 부분에 대한 알 맞는 절차를 의례를 맡은 관원이 하나하나 품제稟裁[93]하도록 하여 중용으로 올바른 것을 얻기에 힘쓰는 것이 사리에 합당할 것 같습니다."라고 하였다.

주상께서 명을 내리시기를 "영의정과 우의정의 의견에 따라서 시행하라."고 하셨다. 주상께서 사당을 세우라는 명을 내린 뒤에 특별히 절구(絶句: 4행 시) 두 수를 지어 해창도위海昌都尉 오태주吳泰周[94]에게 보이셨다.

그 중 첫 시는

"옛날에 원비元妃로 지존至尊[95]의 짝이셨는데
건춘문建春門[96]밖으로 야밤에 내쫓음 당하시니
온 나라 백성들이 원통해 하였더라
가슴 아파 추복追復[97]할 뜻 어찌 없었겠냐마는

註93) 윗 기관이나 윗사람에게 아뢰어 행함

註94) 오태주(1668-1716)는 현종의 부마로, 본관은 해주海州이다. 판서 오두인吳斗寅의 아들로 12세인 1679년(숙종 5) 현종의 딸인 명안공주와 혼인하여 해창위海昌尉에 봉해졌다. 명안공주(1665-1687)는 현종과 명성왕후明聖王后의 셋째 딸로 태어나 1671년에 명안공주에 봉해졌다.

註95) 더없이 높은 자리, 즉 중종 임금

註96) 경복궁의 동쪽 문

註97) 폐출되어 그 인물이 사망한 뒤 빼앗겼던 위호位號를 회복하여 줌

성심聖心[98]이 있었는지 모르니 어찌 할 꺼나!"

그 중 두 번째 시는

"사당 새로 지어 신씨愼氏 모셔
천추千秋[99]토록 그치지 않고
태상太常[100]에서 제사를 받든다네.
의로움이 일어나는 건
본래 존봉尊奉[101]에서 나오니
곁의 사람이 어찌 경사經史에서
꼭 증명할 필요 있을까."

라고 읊으셨다.

예조판서 최규서(崔奎瑞: 1650~1735)가 지관地官을 거느리고 사당터를 장의동壯義洞 소현묘昭顯廟의 북쪽 담장 밖에 택정擇定하여 이듬해 기묘년己卯年(1699)에 사당이 완성되었다. 그 해 12월 27일 오시午時[102]에 신비의 신주를 받들어 통덕랑 신휘오愼徽五[103]

註98) 중종의 마음
註99) 영원, 즉 오랜 세월
註100) 국가의 제사 및 시호를 의논하여 정하는 일을 관장하기 위해 설치되었던 봉상시奉常寺
註101) 높여 받드는 마음
註102) 오후 5~7시 사이
註103) 신수근의 딸 신비愼妃 친가의 5대손이자 신수근의 6대손이다.

의 집으로부터 사우祠宇에 옮겨 모심에 이봉移奉[104])을 고하는 제사는 본가에서 설행設行하고 봉안奉安[105])하는 제사는 해당관청에서 설행하였다.

이봉할 때 채여彩輿[106])를 운반하는 일꾼이 건복巾服[107])을 갖추고 상하마대上下馬隊[108]) 인로군引路軍[109])이 앞에 인도하고 오장烏杖[110])의 충찬위忠贊衛[111])가 다섯 쌍이고, 내시 한 사람이 모시고 나갔다. 본가 및 사우에서 배설排設[112])하는 등의 일은 해당관청이 함께 나아가 행하게 하였는데, 이는 임금의 명을 받들어 시행한 것이었다.

사우에는 봄가을의 중월仲月[113]) 첫 정일丁日에 제사를 행하고 묘소에는 한식날 및 제삿날에 제사를 지내되 제물은 봉상시로 하여금 전임하여 거행하도록 하고 다만 꿩과 생선만은 사옹

註104) 제사를 옮겨 모시는 일

註105) 봉안은 보관한다는 뜻이면서 보관대상을 높여 부르는 말이다. 『조선왕조실록』, 선왕선후先王先后와 성현 등의 위패位牌, 『선원보』, 어진御眞 등 왕실이나 국가의 중요한 기록과 제사에 관련된 물건을 보관할 때 봉안이라는 용어를 사용했다.

註106) 왕실의식에서 귀중품을 옮기던 기구

註107) 복건頭巾과 옷

註108) 채여 앞뒤에서 경비하는 기마병

註109) 앞에서 길을 안내하며 이끄는 군사

註110) 조선시대 충찬위忠贊衛에 소속되어 검은 지팡이를 짚고 내명부의 경비를 맡아보던 병졸

註111) 원종공신 등의 자제로 구성된 군대

註112) 제수祭需를 올리는 전체를 설찬設饌 또는 진설陳設이라 하고, 그것을 순서대로 배치하는 것을 배찬이라 한다.

註113) 매년 음력 2월·5월·8월·11월을 중월이라 한다.

원司饔院[114)]에서 제공하도록 하였다. 사우의 차지次知[115)]는 내관이 1인, 수직守直하는 수복守僕[116)]이 2인, 군사軍士가 4명이며, 묘소에는 수묘군守墓軍이 15명, 보인保人[117)]이 15명, 향탄군香炭軍[118)]이 3명이었다.

신(臣: 신후담)이 삼가 살펴보았는데, 기묘년에 사당을 세움이 실로 숙종께서 민측愍惻[119)]하게 여기신 지극한 뜻에서 나왔었기에 엎드려 읽어 보았다. 숙종 임금께서 지으신 '가슴이 아프다. 어찌 추복할 뜻이 없겠는가?'라고 하신 시 구절이 그 때에 참으로 추복할 뜻이 있었음이라.

(숙종께서) 연교筵教[120)]에 이르러 '갑자기 추복하는 일이 참으로 매우 어렵다.'고 하신 뜻은 갑자기 추복할 수가 없다는 말씀이시지만, 끝내 추복할 수 없다는 뜻은 아니셨다. (숙종께서 갑자기 신비를 추복하는 일은 참으로 매우 어렵다고 하신 뜻, 즉) 이는 성상(聖上: 숙종)의 계술繼述[121)]의 미美를 열어서 금일의 광거曠擧[122)]를 이루게 함인 것이다.

註114) 궁중의 음식을 맡아보는 관청
註115) 각 궁宮의 사무를 맡아보던 관리
註116) 묘廟·능陵·사社·원園 등의 제사를 맡아보던 관리
註117) 군인으로 직접 복무하지 않는 병역 의무자
註118) 향과 숯을 맡아보던 일꾼
註119) 가엽고 측은함
註120) 왕과 신하가 모여서 자문자답諮問奏答하는 자리, 즉 연석筵席에서 내리는 임금의 명
註121) 선왕들의 유업遺業을 받들어 계승하여 펼침
註122) 널리 들추어 일으킴

이봉移奉할 때 거행한 여러 절차와 사묘祠墓의 의식은 모두 숙종 임금의 명을 받들어 예는 우후優厚[123]하였던 것으로 따라 행하였다. (전례가 없었던 페비의 신주를 옮겨 모시는 행사, 즉) 이는 의식과 절차 사이의 일이므로 반드시 나라 역사에는 실리지 못할 까닭에 신(臣: 신후담)이 삼가 신臣의 조부 신휘오愼徽五의 기록에 의거하여 여기에 덧붙여 드러내 놓는다.

註123) 후하게 우대함

7. 「기미복위己未復位」[1]

주상(主上: 영조) 1739년, 즉 기미(己未: 영조 15) 3월 11일에 유생儒生 김태남金台南이 "오호라! 중종의 폐비신씨의 원통함이 이제 수 백 년에 이르렀습니다. 그러나 인정人情이 여태껏 억울하고 슬피 여겨 새벽에 일어난 일과 같이 하였었기에 대체로 그 당초에 폐위함이 일시 군의群議[2]에 핍박되어진 것에 불과하고, 중종의 본의가 아니었으므로 이는 진실로 국승國乘[3]에 밝게 실리고 야사野史에 자세히 기록된 것입니다.

김정과 박상은 그 때의 이름난 현명한 분들입니다. 장경왕후께서 승하하신 당초에 상소로 박원종이 군주를 협박한 죄를 논하고 신비가 무고하게 폐척을 당하신 원통함을 극진히 진술하여 위호位號를 회복시킬 것을 주청하였습니다. 전하(殿下: 영조)께서 시험 삼아 이를 취하여 두루 보신다면 그 광명정대한 의논을 살필 수 가 있을 것입니다.

1698년, 즉 무인년戊寅年 가을에 이르러 현감 신규申奎가 숙종에게 상소하기를 '중종대왕이 대통을 이어받으실 때 부인 신씨가 곤범壼範[4]에 흠이 없어 올바르게 왕비지위에 올라 이미 적유翟褕[5]

註1) 기미己未, 즉 기미년인 1739년에 단경왕후端敬王后가 복위되다.
註2) 군중심리, 즉 여러 의견
註3) 국가기록, 즉 국사國史
註4) 왕비로서 지켜야 할 예의범절
註5) 붉은 비단에 꿩의 깃으로 장식한 왕비의 옷, 즉 왕비를 지칭

를 입은 존귀함에 응하셨고, 신하들과 백성들의 축하 예와 의식을 받았는데, 박원종 등이 단지 자신들 안전만을 꾀하고자 임금을 협박하여 마침내 폐척하기에 이르렀으니 어찌 대단히 애통하지 않겠습니까? 중종께서 정청廷請[6]에 대한 비답批答[7]에서 이르시길 '조강지처糟糠之妻를 어찌 그럴 수가 있겠는가?'라고 하셨습니다.

그렇다면 중종께서 신비를 못 잊어 차마 버리지 못하셨던 그 뜻을 (여기서) 이미 볼 수 있는데도 단지 반정 훈신勳臣들의 강압적 요청에 못 이겨 은혜로운 부부의 정을 단절할 수밖에 없었으니, 이는 부득이한 경우였다고 운운하자, 숙종 임금께서 이 상소문을 보시자 곧바로 연석筵席에 물으신 뒤에 돌아서서 비망기를 내시길 '신규의 상소를 펼쳐 반도 읽기 전에 슬픈 감회가 저절로 마음속에 간절하구나.'라고 하시고, 이에 대신들과 몇몇 신하들에게 명하여 각각 의견을 진술하라고 하셨습니다.

이에 판중추부사 최석정(崔錫鼎: 1646~1715)은 '신비가 폐척을 당한 것은 반정훈신들의 협박요청에서 나왔으므로 나라사람들이 지금까지 이를 애석하게 여깁니다.'라고 하고, 또 이르기를 '지존至尊의 배필이 되셨는데도 폐출한 것은 신비의 죄를 가지고 한 것은 아니었습니다.'라고 하였으며, 영돈녕부사 윤

註6) 삼정승 등이 그 문제에 관련된 신하를 거느리고 궁정에 이르러 관련된 일을 아뢴 뒤 왕의 답변을 기다리던 제도

註7) 신하가 왕에게 어떤 일을 아뢰는 것에 대한 임금의 답변

지완(尹趾完: 1635~1718)은 '이는 백 세대 뒤에도 바꾸지 못할 올바른 논의인데도 단지 그 일이 지극히 중대하고 또 열성列聖[8]께서 행하시지 못한 일이었던 이유로 사람들이 감히 입에 올리지 못했습니다.

다행히 이제 강개慷慨[9]한 언론이 소적疏逖[10]한 신하에게서 나오거늘 성명聖明[11]이 한미한 사람의 의견이라 하여 소홀히 여기지 않으시고 척연惕然[12]하게 감동하시어 이와 같이 널리 묻는 일을 베푸셨습니다. 아아! 역대 임금께서 행하지 못한 궐전闕典[13]이 금일을 기다려 행하게 된 것은 진실로 오직 하늘의 뜻일 뿐입니다. 어찌 사람이 꾀할 수 있겠습니까? 절문節文[14]을 강구講究하도록 명하셔서 욕의縟儀[15]를 빨리 거행토록 하시기 바랍니다.'라고 하였습니다.

좌의정 윤지선(尹趾善: 1627~1704)은 '신비의 일을 중국에 선종황제宣宗皇帝의 일로 보건대 황후 호씨胡氏[16]를 폐하였다가 재

註8) 선대先代 역대의 임금

註9) 비분강개悲憤慷慨의 준말로 의롭지 못한 일이나 잘못되어 가는 세태가 슬프고 분하여 마음이 북받침

註10) 오랫동안 떨어져 있어 왕래가 없음, 즉 소원疎遠하다.

註11) 임금의 밝은 지혜

註12) 두려울 정도로 걱정함

註13) 누락된 부분이 있는 의식 또는 불충분한 전장典章

註14) 의례나 의식 등에 관해서 품격品格에 맞게 잘라내어 문장을 문채나도록 하는 것

註15) 번거롭고 복잡하고 까다로운 의례, 규칙, 예절 등을 말함

註16) 공양장황후 恭讓章皇后 호씨 명나라 황제 선덕제 정후이자 폐황후이다. 선덕제가 아들을 낳지 못했다는 이유로 폐서인으로 만들었

위 말기에 돌이켜 뉘우치는 말이 있었습니다. 그러나 끝내는 복위를 하지 못하였습니다. 그러다가 영종英宗 조에 이르러 급히 추복하는 예를 행하였는데, 이러한 사실이 증거로 원용할 만 하다고 하였습니다.

그리고 우참찬 윤증(尹拯: 1629~1714)은 '이 추복하는 일은 참으로 국가의 막중하고 중대한 일입니다. 200년 동안 원통하고 억울한 기운이 오늘에야 그 한을 풀었습니다. 아! 밝으신 선대 임금의 영령이 척강陟降[17] 위에 계심에 성상(聖上: 숙종)의 이 일에 대한 집념이 위로 천지에 통하시니 융성한 덕의 특별한 조처가 진실로 전하의 결단에 달려 있습니다.'라고 하였습니다.

이러한 논의들은 대체로 신규의 상소가 이미 지극히 명백하고 간절하며, 여러 대신의 의견도 순근淳謹[18]하고 도달導達[19]하며 산림山林[20]의 의론이 더욱 측달惻怛[21]히 여기어 감동하여 분발하였습니다. 그 나머지 삼사三司에서 의견을 드리는 내용도

다. 폐위 후에는 도사로 출가하여 정자선사라는 호도 받았다. 황태후 장씨가 그녀를 가엽게 여겨 평생 궁에서 여생을 보내게 되었다. 쓸쓸하게 생을 마감하게 되자 폐후 신분 때문에 태묘에 위패를 모실 수도, 황릉을 별도로 만들 수도 없었다. 1463년(천순 7)에 정통제에 의해 황후로 복위되었으며, 시호는 장자장황후靜慈章皇后이다.

註17) 오르락내리락 하는 것

註18) 양순하고 삼가는 것

註19) 윗사람이 모르는 사정을 아랫사람이 때때로 넌지시 알려 줌

註20) 벼슬을 하지 않고 향촌에서 지내는 재야 유학자로 유림을 대표하는 학인이다.

註21) 불쌍히 여겨 슬퍼함

모두 동일하였으므로 성고聖考[22]의 뜻도 일찍이 마음을 아파하며 가엾게 여기지 않음이 없었습니다.

그렇지만 위차位次를 정하기가 불편한 까닭에 올바른 논의가 잠들어 버렸음을 면하지 못했으니 어찌 애석하지 않겠습니까? 대체로 신비愼妃의 지위가 앞에 먼저 있고 장경왕후의 지위가 뒤에 있어야 하니, 추복追復한 뒤에 지위가 그 오른 쪽에 있게 되는 것이 의義에 바르고 예에 있어서도 순서대로라서 이치상 당연한 것입니다.

한편, 단종의 위차가 불편함도 그 당시에도 논란이 되었지만 끝내 이로써 구애를 받지 않았는데 어찌 이 일에 대해서만 구애를 받겠습니까? 이 일이 대체大體[23]로 반드시 행하여야 할 것과 관련되어 있으므로 진실로 이런 절목節目[24] 간의 작은 일에 구애되어 끝끝내 행하지 않아서는 안 될 것입니다. 오호라! '조강지처를 어찌하여 그렇게 대접할 수가 있는가?'라고 반문하신 여덟 자 주상(主上: 중종)의 가르침이 백년이 지나도록 밝게 드리우고 있습니다.

(여기서) 중종의 진정한 뜻을 훤히 볼 수 있사오니 이는 바로 오직 이 한 마디 말씀이 충분히 신비를 복위시키는데 한

註22) 왕[영조]의 부친, 즉 숙종

註23) 큰 몸이라는 뜻은 마음을 말하기도 하고, 대강의 큰 줄거리라고도 한다. 역서는 전자이다.

註24) 어떤 일을 추진하는 내용이나 글 전개에서 앞뒤 또는 상하관계에서 차지하는 분류의 하나

좌계左契[25]가 될 수 있고, 신규의 상소 가운데도 이른 바 '당초에 신비를 폐척함이 이미 중종의 뜻이 아니니 위호位號를 추복하는 것이 어찌 중종의 뜻을 이음이 아니겠습니까?'라고 한 점이 당시 중종대왕의 뜻을 깊이 체득했다고 말할 수 있을 것입니다.

(신규가 상소할) 그 때에 이미 백년이 지난 뒤라서 품승禀承[26]할 바가 없다고 말씀을 하셨지만 이 경우에는 크게 그렇지가 않은 점이 있습니다. 중국의 선종 조 호황후胡皇后를 추복한 것이 영종조英宗朝에 있었고, 우리나라에 정릉貞陵과 소릉昭陵을 추복한 것이 현종 대와 중종 대에 각각 있었으며, 단종과 강빈姜嬪[27]을 복위함도 숙종 대에 있었습니다.

그러나 일찍이 품계를 올려 거행하지는 않았습니다. 오직 신비의 복위에 대해서만 품계를 올릴 곳이 없다고 하여 이처럼 의논을 미루는 것은 참으로 여러 공론이 억울하게 여기는 바입니다. 그 당시 내세운 논의가 대부분 단종의 복위에 관한 것으로 더욱 난처하였지만, 숙종께서 단호하고 결연하게 이를 앞서 행하신 것은 이 어찌 어려움을 먼저하고 쉬움을 뒤로하여 저절로 차례대로 행할 수 있는 뜻이 아니겠습니까? 신(臣, 김태남)은

註25) 둘로 쪼갠 병부兵符 등에서 그 왼쪽의 것을 말하는 것으로, 부부는 병부의 좌부와 우부가 서로 합쳐진 것과 같이 중종과 신비는 서로 짝으로서 좌우가 정확히 맞는다는 뜻.

註26) 지위나 학식이 높은 윗사람에게 여쭈어 그 말씀을 수용함

註27) 인조의 장남이자 왕세자 소현세자의 빈嬪

(숙종께서 선후경중先後輕重을 헤아려 순차적으로 단행하신 그 사실을) 진실로 알겠습니다.

성고(聖考: 부왕, 즉 숙종)께서 사당을 세우고 제사를 받든 점이 이미 (폐비신씨의 복위를 위한 절차단계로써) 존봉尊奉하는 도리를 다 하셨지만 오직 복위하는 한 절차에 어려움이 있어 곧 바로 행하지 못한 것은 대개 그 은미隱微[28]한 뜻이 이미 단종복위를 일으킨즉 막대한 행사를 한꺼번에 병행할 수 없어서 후일을 기다린 뒤에 (다음을) 계승하시는 임금으로 하여금 뜻을 잇는 아름다움을 얻도록 함이 어찌 아니었겠습니까?

대체로 이와 같으므로 우리 전하의 계술繼述[29]하는 마음으로 매우 놀라 실행하시려고 스스로 결단하시어 휘장徽章[30]을 상쾌하게 일으켜 앞대 임금께서 다하지 못한 일을 마쳐시 신인神人이 서로 기뻐하는 아름다움을 이루게 되는 바를 생각함이 어찌 아니겠습니까? 신(臣, 김태남)이 (폐비신씨의) 묘우廟宇[31]의 곁에서 살아와서 유사遺祠[32]를 바라볼 때마다 격심한 슬픔이 감돌면서 정성스런 마음이 간절하여 가슴속을 드러내어 봉장封章[33]하는 것이 이제 이미 3년이 지났으나 승정원에서 이를 막아 끝내

註28) 매우 작으면서도 그윽하고 깊음

註29) 조상의 하던 일이나 뜻을 끊지 아니하고 이어감. 즉 선대 왕업을 계승하여 전개시킨다는 뜻이다.

註30) 후비后妃가 승하한 뒤에 시호諡號와 함께 올리는 존호尊號

註31) 능陵·원園·묘墓 등의 사당

註32) 관리하지 않고 버려진 사당

註33) 밀봉하여 임금에게 아뢰던 의견서, 봉주奉奏라고도 함

주상께 올려 지지가 않았습니다. 이제 엎드려 사당을 보살피는 수복守僕[34]의 말을 들어본 바에 의하면 연중筵中[35]의 특교特敎[36]에 의하여 중관中官[37]에게 수직하라는 명이 있었다고 합니다.

이러한 사실은 참으로 하늘이 주상의 마음을 열어 깊은 원한을 푸는 날을 얻도록 한 것입니다. 신(臣, 김태남)이 이러한 소식을 들었을 때부터 흔송忻頌[38]하는 정성이 배로 더하여져 이에 지난 해에 아뢰지 못한 소疏를 올립니다. 바라옵건데, 성명(聖明: 임금, 즉 영조)께서는 특별히 이러한 의견을 받아들이시어 유사有司[39]에게 빨리 명하셔서 복위의 예를 거행하여 신하들과 백성들의 소망에 부응하시옵소서."라고 상소하였다.

이날 무시戊時[40]에 희정당熙政堂[41]에 입시入侍[42]하자 주상(主上: 영조)께서 이르시길 "지난 번 중관中官에게 수직하라 명령을 내

註34) 묘廟·능陵·원園·전殿·향교鄕校·서원書院 등에서 제사와 관련된 일을 비롯한 청소나 잡일 등을 맡았던 벼슬아치.

註35) 임금과 신하가 문답하던 자리

註36) 특별한 왕의 명. 특별한 교지敎旨, 즉 특지特旨라고도 한다.

註37) 내시부內侍府 관원의 총칭, 즉 내시.

註38) 기쁨으로 칭송하는 것

註39) 조선시대 여러 기관의 행정사무를 보던 직책

註40) 오후 7시~9시 사이

註41) 조선후기 임금이 정사를 보던 전각殿閣. 창덕궁의 편전便殿은 본래 선정전宣政殿이었는데, 이 건물은 내전에 속한 건물이었으나 조선후기에 이 건물을 편전으로 사용하게 되었다. 건물의 창건연대는 확실하지 않으나, 성종이 이미 26년 동안 휴식의 장소로 사용하던 숭문당崇文堂을 1496년(연산군 2)에 희정당熙政堂이라고 당호를 바꾸면서 창덕궁의 한 건물로 등장하게 되었다.

註42) 신하들이 전하를 알현하기 위한 자리에 들어감

린 뒤에 김태남金台南이 이 상소를 올렸다. 비록 사당祠堂이라고 하나 다만 수복守僕을 두어 지극히 미천한 사람으로 수직守直과 제향祭享의 일을 주관하도록 하자 거의 평범한 백성들과 같은 제사만도 못했기 때문에 항상 걱정되고 불편한 마음이 있었다. 『정원일기政院日記』[43] 가운데 신규申奎의 상소가 어느 날에 있었는가?"라고 물으셨다. 영조께서는 승지 조영국(趙榮國: 1698~1760)이 신규申奎의 상소 및 그 당시 백관의 헌의獻議[44]를 상고하여 내어서 올리자, 주상께서 "경고更鼓[45]가 이미 깊은 밤중이어서 백관의 헌의獻議를 대략 보고 비답批答을 하지는 않았다. 그렇지만 그 헌의의 중요한 줄거리를 알 수가 있었다."고 하시었다. 그리고 그 가운데 참봉의 건의建議를 별도로 모은 책이 있어서 이르시길 "세조께서 상왕(上王: 단종)을 존숭하여야 할 뜻과 중종의 조강지처를 내쫓지 못하는 가르침을 말한 그 말이 참으로 좋다."고 하셨다.

그 때 경은부원군慶恩府院君 김주신金柱臣[46]이 장원서掌苑署 별제別提가 되어 마땅히 신비愼妃를 복위할 것을 헌의하였고, 정재륜(鄭載崙: 1648~1723)과 오태주(吳泰周: 1668~1716)도 복위함이 옳다고 하였다. (그러자 영조는) "그러나 숙종의 뜻이 그 사체事體

註43) 『승정원일기』의 줄임말
註44) 여러 신하들이 의논하여 결정한 내용을 왕에게 바침
註45) 밤에 쳐서 시간을 알리던 북
註46) 김주신(1661~1721). 조선 후기에, 영돈령부사, 호위대장 등을 역임한 문신. 숙종의 장인이다.

가 중대하여 과감히 거행하지 못하셨고, 지금 김태남金台南이 (상소로) 진술한 내용들은 이전의 조정에서는 관심을 가지지 않았던 것인데, 일이란 것은 그 논렬論列[47]이 비록 크게 헤아리는 말은 아니어서 내가 (이러한 일에 대해) 미루고 머뭇거림도 이 때문이다.

지난 번 대신들이 '폐비신씨께서 당시 왕후지위에 오르시질 못하셨으니, 곧 추숭追崇[48]을 하는 것이지 복위하시는 것은 아닙니다.'고 하였으나 (숙종 때) 신규申奎의 상소에 의하면 '(폐비신씨께서) 곤극坤極[49]의 올바른 자리에 임하여 계시면서 신민臣民의 하례를 받았다.'고 하였으니, 대신의 말과는 다르다."라고 하셨다.

승지 권혁(權爀: 1694~1759)이 아뢰기를 "이양신(李亮臣: 1689~1739)이 근래 그의 집에 있는 소설小說[50]에는 '중종반정 이튿날 신비를 폐출하였다.'고 쓰여 있는데, 이 일이 지극히 원통하여 나라

註47) 시행할 일을 늘어놓고 시시비비를 논함

註48) 존호尊號를 올리는 지위를 변경하는 의식. 어떤 인물이 죽은 뒤에 그를 높여 부르는 특별한 호칭을 올리는 일이다. 특히 왕이 되지 못하고 죽은 왕족이나 왕의 조상에게 사후에 왕과 왕비의 지위를 주는 것을 추존 또는 추봉追封, 추숭追崇이라고 한다.

註49) 왕비의 자리, 즉 왕비

註50) 「동현주의東賢奏議」를 말한다. 조선후기 문신 이희조李喜朝가 선현들이 국왕의 지덕을 깨우치려고 올린 상소문과 진덕문 등을 모아 편찬한 역사서. 내용은 정몽주·김굉필·정여창·조광조·이언적·이황·이이·성혼·김장생 등 문묘文廟에 종사從祀된 9인의 상소문을 모은 것이다.

사람이 지금까지 말로 전해오지만 사건의 본질이 중대한 까닭에 숙종 대 당시 모아진 의논도 역시 한결같지가 않았습니다." 라고 하였다.

그리고 조영국趙榮國이 아뢰기를 "(폐비신씨께서는) 왕비지위에 오르지 못했다고 여겨집니다."고 하였으나, (반면에) 권혁은 아뢰기를 "(급박하게 전개되어 정식으로 즉위식을 치르기가 불가능한 당시 상황에서) 비록 예식을 갖추지는 못했으나 이미 여러 신하들의 하례를 받았으니 이는 곧 왕비의 자리에 오르신 것과 다름이 없습니다."라고 하였다.

주상이 이르기를 "내 비록 감히 비의比擬[51]할 수는 없으나 신축년(辛丑年: 1721) 당시 과인이 왕세자 궁에 들어가니 중궁中宮[52]이 이미 빈위嬪位[53]에 계셨었다. 경종景宗께서 과인에게 왕위를 이으라는 명이 계셨다는 그 사실자체가 바로 중궁이 이미 왕비자리에 있음이니, 중종께서 대통을 이어 받던 날에 신비는 이미 곤위에 계신 것이나 다름이 없다."라고 하셨다.

조영국이 "주상의 하교가 하나하나 진실로 지당합니다. 병인년(丙寅年, 1506)의 일을 나라 사람이 여태껏 원통하고 억울하게 여기니, 어찌 이런 의논이 없었겠습니까? 다만 신규申奎뿐만이 아니라 그 앞에도 또한 연설筵說[54]에 이러한 의견이 나왔으나

註51) 비교하여 헤아림
註52) 왕후 또는 왕비
註53) 왕세자빈의 자리
註54) 임금과 신하가 모여 서로 문답을 나누는 자리

단지 그 사체(事體: 사실의 본질)가 정릉貞陵・소릉昭陵의 일과는 달라서 당시 (왕비의 자리에) 계시지 않았음은 사체가 다릅니다."고 하였다.

이어 고故 정승 남구만(南九萬: 1629~1711)의 헌의에 미쳤다가 아직 말을 다하지 못하였는데, 주상께서 "그의 의견이 이 일을 어렵게 여김에 깊은 생각이 있었던 것 같다."고 하시었다. 조영국이 아뢰기를 "전례典禮[55]가 엄중하고 의리가 정치精緻하고 아주 미세하여 신臣 등의 짧은 견해로는 우러러서 대할 바가 아니오니, 전하께서는 깊이 생각하시고 널리 물으셔서 처리하심이 마땅합니다."고 하였다.

주상께서 "이 복위문제는 (전례가 없던 매우 중차대한 일이므로) 한 사람 승지나 한 사람 유신儒臣에게 물어 결정할만한 일이 아니므로 무인년(戊寅年: 1698)의 헌의獻議가 혹 옳다거나 그르다고 하는 것도 모두 이 때문이다. 김태남의 상소가 신규의 상소보다는 만족스럽지가 않다. 신규의 상소가 매우 선작善作[56]이다."라고 하셨다.

註55) 국가전례서에 담겨진 예제禮制나 법전法典. 『국조오례의』와 『국조속오례의』는 조선의 기본적 국가전례서이고, 『대명집례』와 『대명회전』은 새로운 국가전례를 논의할 때 가장 많이 활용되는 전례서였다. 조선 국왕들은 활용빈도가 높은 이 네 종의 전례서를 간행하여 보급했는데, 이는 유교식 국가전례의 연구와 실천을 촉진시키는 효과를 가져왔다.

註56) 훌륭하다는 표현으로 상소내용이 사실에 맞고 논리정연하게 잘 썼다는 뜻이다.

조영국이 아뢰기를 "신규의 상소가 격렬하게 분개하고 간절합니다."고 하자, 주상께서 "단종복위도 이미 조천祧遷[57]함에 있게 하였으니, 복위하는데 어렵게 되었다고 말한 것도 옳다. 신규의 상소가 단종과 신비愼妃의 두 일을 진술하였지만 숙종께서 유달리 이 일을 어렵게 여기셔서 존숭하여 받드는 도리를 조금씩 더하셨는데 어째서 그러셨을까? 이는 곧 조천祧遷하지 않을 사당이라는 사실 때문이다.

조천이 없어진 연후에야 바야흐로 이 사당도 없어질 것인데, 예절이 소략하여 오히려 순회세자묘順懷世子廟에도 미치지 못함에 중관中官으로 하여금 수직守直하도록 한 까닭이다. 그 지난持難하다고 하교하신 숙종대왕의 뜻이 오히려 본사本事 및 의식과 절차 사이의 일에 있으니, 이들을 앞으로 어떻게 할 것인가."라고 하셨다.

권혁權爀이 "선조(先朝: 숙종)께서 중종의 뜻한 바를 감히 헤아릴 수가 없다고 말씀하셨는데, 참으로 지당합니다. 무인년(戊寅年: 1698) 전에는 사묘私廟에 봉안하다가 무인년 후에 처음으로 별묘別廟가 있었으니 예절이 소루疏漏[58]하기 마련입니다."라고 하고, 조영국은 "주상으로부터 선조先朝의 하교로 인하여 여기에 어려움이 있다고 하시니 참으로 지당하옵니다. 이후 대신이 입시하면 의식과 절차에 대한 일을 문의하여 처리하사는

註57) 위패를 원조遠祖의 사당에 합사合祀하던 일
註58) 주도면밀하지 못하고 엉성한 모양

것이 어떠하신지요?"라고 하였다.

주상께서 "승선(承宣: 승지)의 뜻이 의식과 절차에 대한 일에 있는가?"라고 물으시자, 권혁이 "신臣 등의 소견으로 결정할 일이 아닙니다."고 답하였다. 홍문관 수찬 이성효(李性孝: 1697~1740)가 아뢰기를 "하교하신 뜻이 비록 본사本事[59]에 있지만, 이와 같이 막중하고 막대한 변례變禮[60]는 경솔하게 단정할 수는 없습니다. 선조先朝에서 단지 별묘別廟만 세우고 복위하는 일을 한 가지라도 시도하지 못하신 것은 참으로 신중한 뜻이 있었습니다. 하교하신 의식과 절차에 대한 일은 대신에게 물으시어 예법에 합당하도록 힘쓰심이 또한 선대先代 조정의 유의遺意[61]를 이어 받아 기술하는 것일 겁니다."라고 하였다.

주상께서 "단종복위가 이 일보다 쉬운 것은 참으로 선대 조정의 하교下敎와 같다. 아래 사람의 도리로 말한다면 단종복위에 대하여 과인은 매우 어렵다고 여겨지고 이 일이 의식과 절차에 참으로 더디고 어려운 점은 있으나 복위문제에 있어서는 단종복위보다 쉽다고 생각한다. (중종대왕의) 조강지처에 대한 가르침과 (세조께서) 상왕(上王: 단종)을 존숭尊崇하셨던 것에 (비춰볼 때) 두 조정의 성스런 뜻을 우러러 알 수가 있다.

그러므로 이 조강지처에 대한 가르침에 중종의 심사心事를 우

註59) 본래의 일, 즉 주된 일로 신비愼妃를 복위시키는 일을 말한다.

註60) 상례常禮가 아닌 갑작스럽게 발생한 예禮

註61) 후대에 남겨진 일이나 뜻

러러 헤아릴 수 있는데도, 선조(先朝: 선대 조정, 즉 숙종) 하교에서는 중종께서 심온沈溫의 원통함을 모르는 바 아니었다고 말씀하셨다."고 하였다. 그리고 조영국이 "선조의 유교遺教[62]가 이미 이와 같으므로 그 선조의 뜻을 따르는 도리에 있어서 의식과 절차의 일에 나아가 존봉尊奉하는 도리를 힘써 다하시는 것이 마땅한 듯합니다."라고 하였다.

이성효李性孝가 아뢰기를 "지난 번 중관中官으로 하여금 수직守直토록 하라는 가르침을 듣고 은근히 공경하여 우러러보는 정성을 이기지 못했습니다. 선조(先朝: 숙종) 이전에도 별묘別廟가 없었다가 선조(先朝: 숙종)에 이르러 별묘를 세우시고, 전하께서 또 중관으로 하여금 수직하도록 하신 것은 바로 선조의 뜻을 계술繼述하는 것이므로 저는 항상 공경하여 찬탄하는 바입니다."고 하였다.

주상께서 이르시길 "별묘를 세우기 전에는 어디에다 모셔서 편안토록 받드셔 왔는가?"라고 물으시자 권혁(權爀: 1694~1759)이 아뢰기를 "개인 사당에 봉안하였는데, 누가 제사를 주관하였는지는 모르겠습니다."고 답하였다. 주상이 "신가愼家의 자손은 있는가?"라고 묻자, 조영국(趙榮國: 1698~1760)이 "신수근의 자손이 있습니다."라고 답변하였다.

주상께서 이르시길 "신비愼妃의 별묘別廟를 (지키고 보호하여 관리하는 데에는) 그 의식과 절차가 지극히 소략하고 수직守直과 제

註62) 서거하면서 남긴 뜻이나 말

향祭享 등의 일에 대해서도 다만 수복守僕에게만 맡겨놓은 이유로 지난날의 연중筵中[63]에서 중관中官으로 하여금 수직토록 하라는 일을 특별히 분부分付[64]하였으나 오히려 미진한 부분이 있다.

이제 『승정원일기』 가운데 선조先朝의 하교 및 여러 가지 의견을 보고서 나도 생각하여 헤아려본 부분이 있고 의식과 절차 사이의 일에 대해서도 물어 볼만한 점이 있다. 모레 차대次對[65] 할 때에 원임대신原任大臣[66]을 함께 입시하도록 분부함이 옳다." 고 하시고, 조영국에게 명하여 김태남의 상소에 비답批答[67]을 내려 쓰도록 하였다.

비답에 이르시길 "슬프다! 진술한 일을 어찌 다만 국가 사람만이 함께 억울하게 여기겠는가? 내 마음은 더욱 원통하고 가슴이 아프다. 한미寒微한 한양 선비로서 강개慷慨히 항장抗章[68]을 올리니 그 마음은 가상하다고 하되 다만 선대 조정의 숙종께서 결단을 내리시어 단종을 추복하던 날에 이 일에 대해서는 오히려 난처한 하교가 있었으니 임금의 뜻의 향방向方을 우러러 헤아릴 수가 있는지라 감히 경솔하게 의논하지 않는 것이 그 당

註63) 임금과 신하가 모여 자문諮問하고 주달奏達하던 자리

註64) 윗사람이 아랫사람에게 내리는 지시나 명령, 즉 임금이 신하에게 내리는 지시나 명이다.

註65) 대체로 매달 여섯 차례에 걸쳐 삼정승·대간臺諫·옥당玉堂 등이 입시入侍하여 중요한 정무를 임금에게 아뢰던 일

註66) 전직前職 정3품 이상의 관직을 역임한 관원

註67) 신하의 상주上奏에 대하여 군주가 결재, 허가하던 일

註68) 임금에게 올리는 문서의 하나. 상표上表

시에 비교할 바는 아니라고 갑론을박하는 의론의 뜻도 왕비의 자리에 계셨느냐 여부에 있고, 그 의식과 절차의 일에 대해서도 물어 볼 것이 없지 않으니 이 (상소)는 마땅히 널리 물어서 처리하리라."고 하셨다.

1) 3월 13일三月 十三日[69)]

주상(主上: 영조)께서 희정당熙政堂[70)]에서 조정의 업무를 보실 때 원임대신을 함께 인견引見[71)]하셨는데 주상께서 이르시길 "경卿들이 그 당시의 헌의獻議[72)]를 보지 않았는가?"라고 물으시자, 우의정 송인명(宋寅明: 1689~1746)이 아뢰기를 "신臣은 보았습니다."라고 답하고, 판중추부사 서명균(徐命均: 1680~1745)이 아뢰기를 "그 때의 헌의에서도 대략의 같은 의견과 다른 의견이 있었으니, 이제 비록 물음을 내리시나 헌의의 여러 견해에 비춰봐서도 여기에 벗어나지 않습니다."고 답하였다.

주상께서 이르시길 "과인寡人이 본사本事[73)]의 대략으로 하고

註69) 기미복위인 1739년 3월 13일을 뜻한다.

註70) 조선후기 임금이 정사를 보던 전각. 창덕궁의 편전便殿은 본래 선정전宣政殿이었는데, 이 건물은 내전에 속한 건물이었으나 조선 후기에 이 건물을 편전으로 사용하게 되었다. 건물 창건연대는 확실하지 않으나, 성종이 이미 26년 동안 휴식장소로 사용하던 숭문당崇文堂을 1496년(연산군 2) 희정당熙政堂이라고 당호를 바꾸면서 창덕궁의 한 건물로 등장하게 되었다.

註71) 임금이 예식을 갖추어 신하를 불러 봄

註72) 상급 기관이나 윗 사람에게 의견을 재출하거나 아뢰는 일을 뜻한다. 여기서는 신하들이 왕에게 의견을 제출한 것을 뜻한다.

하겠으니 경들은 들어보시라. (부왕 숙종의) 무인년(戊寅年, 1698)에는 두 가지 처리할 일[74]이 동시에 있게 됨으로써 어려운 처지에 놓이게 되었었다. 더욱이 (선후경중을 감안해서 처리해내야 할 일로 판단해 보면) 그 중대함은 단종복위에 있는 까닭으로 말미암아 (폐비신씨를 복위하는) 이 일은 중지하지 않을 수가 없었던 것이다. 그러므로 숙종대왕의 처음 뜻은 신규申奎가 상소한 주장과 같이 하시고자 하였다.

그렇지만 처음 중종대왕의 뜻이 어디에 계셨는지를 몰라서 단지 이 일을 어렵게 여겼을 뿐이다. 즉, 중종반정 당시 조정백관들이 궁궐에 나아가 전하에게 다양하게 간쟁諫諍한 주장들을 힘써 따랐던 것과 중간에 폐비를 왕비자리로 회복시켜 앉히시지 못한 점은 모두 반정공신들이 조정에 있었기 때문으로 일의 형세가 그렇지 않을 수가 없었던 까닭이다.

경卿들은 신비愼妃가 왕비자리에 바르게 앉지 못하셨다고 말했으나 대다수 의견은 신비愼妃께서 이미 국모로서 하례를 받으셨고, (하례를 받으신) 그 이튿날에야 궁궐을 나오셨다고 한다. 그러므로 (설령) 비록 왕비자리에 정식으로 앉지는 못하셨을지라도 조강지처란 처지에서 본다면 그 지존에 제체齊體[75]를 알 수가 있다. 그러므로 그 지위는 마땅히 장경왕후 오른쪽에 있

註73) 왕비를 복위하는 일
註74) 단종복위문제와 단경왕후복위 문제
註75) 임금과 몸을 나란히 하는 배필임

으신지라 만약에 과연 복위하게 된다면 단종을 후전後殿[76]에 합사合祠[77]하는 것과는 다르다,

비록 장경왕후의 오른쪽에 모실지라도 내 생각으로는 장경왕후의 신령도 반드시 기뻐하시리라 여겨진다. 선조先朝에서 단종의 일은 처음에는 비록 어렵지만 그 의식과 절차의 시행은 쉬웠고, 신비愼妃의 일은 처음에는 비록 쉬웠지만 의식과 절차의 거행은 어렵다고 생각하시어 '(숙종께서) 여러 신하들은 단종 복위 일 때문에 어렵다고 하나 과인은 오히려 이 일을 어렵게 여긴다.'고 하신 말씀으로 하교하셨다. 성고(聖考: 부왕, 즉 숙종)께서 임어臨御[78]하실 때 만약 김태남 같은 상소가 있었다면 장차 어떻게 처리하셨을지 모를 일이다.

문왕文王[79]이 상尙나라를 섬김과 (주나라) 무왕武王이 상나라를 취한 것에서 그 일은 같지 않으나 그 선대先代 왕의 뜻을 계술繼述하는 것은 서로 침해되지 않으므로 경들이 부묘祔廟[80]를 어렵게 여긴다면 별묘別廟를 세우는 일에 널리 『문헌통고文獻通考』[81]를 상고하는 것이 옳을 것이다. 별묘別廟라면 이미 구애될 단서도 없고 계술하는 도리를 잃지 않은 것이다."라고 하셨다.

서명균이 아뢰기를 "존호尊號를 복위하여 별묘를 세우시겠습

註76) 종묘 정전正殿 뒤에 있는 별전別殿
註77) 신주神主를 사당에 함께 모시는 일
註78) 임금이 즉위하여 나라를 다스림
註79) 중국 주나라의 첫 임금
註80) 종묘에 합사合祠祀하는 일
註81) 중국 고대 제도에 관한 책

니까."라고 하자, 주상께서는 "그렇다. 부묘祔廟하기 어려운 까닭이다. 경들은 나가서 문헌을 상고하되 초초草草[82]히 논의하여 결정하지 말라. 다만 경들의 의견만 듣고 결정하지는 않을 것이고, 앞으로 더 많은 관료들에게 널리 물을 것이다. 경들을 불러서 물어본 이유는 그 의식과 절차를 점점 부가하고 존호尊號를 복위하는 두 가지 일이 있기 때문이지만, 다시 (한 번 더) 생각을 해보니 별묘別廟도 하나의 (엄중한 의례와 절차가 전례로 마련되어야 할) 일이다."고 하셨다.

서명균이 "이미 복위하여 존숭할 것이면 어찌 부묘하는 한 절차만 어렵다고 하겠습니까?"라고 하자 주상께서 "의리로 보아서는 어렵지가 않지만 종묘에 받들어 모시는 것이 어렵다." 고 하시었다. 서명균(徐命均: 1680~1745)이 "무인년(戊寅年, 1698)에 숙종께서 어렵게 여겨 미루신 뜻도 이 때문이었던 것 같습니다."라고 하고, 송인명은 "이희조(李喜朝: 1655~172)와 이세필(李世弼: 1642~1718)이 모두 '추복하는 것이 마땅하다.'고 하였는데, 이종성(李宗城: 1692~1759)도 그러했습니다."라고 하였다.

그러자 주상께서는 "이양신李亮臣이 추복함이 마땅하다고 하였는데, 이종성李宗城도 그랬는가? 과인으로서는 (선대 부왕) 숙종의 뜻을 계술하고자 이와 같이 추복하자는 의논을 하였는데, 이종성과 이양신도 그 조선祖先의 뜻을 따른 것이다. 첫 번째 한 가지는 추복追復이고, 두 번째 한 가지는 별묘別廟이며, 세 번째

註82) 허둥지둥 바쁨

한 가지는 의절儀節[83]을 점점 추가해 나가는 일이다. 그 증거 할 만 한 것을 고출考出[84]하여 진달陳達하는 것이 옳을 것이다."라고 하시었다.

판중추부사 김흥경(金興慶: 1677~1750)이 "명나라 호황후胡皇后의 사실에서 증거를 취할 만합니다."고 하고, 병조판서 조상경(趙尚絅: 1681~1746)은 "당초에 어렵게 여긴 점은 위차位次때문이니, 이 또한 절목節目 사이의 일입니다. 만약 복위하여 별묘別廟를 세운다면 사체事體에 어떻겠습니까? 종묘에 들이지 못할 의리가 없습니다."고 하였다.

그러자 주상께서는 "병조판서의 말이 옳으나 과인이 이미 하교하였으니 어찌 그 일을 달리 바꿀 수가 있겠는가? 경들이 만약에 이 일도 계술해야 할 일로 받아들인다면 과인도 마땅히 따를 것이다. 그러므로 별묘를 세운 뒤에 종묘에 승부陞祔[85]할 도리가 어찌 없겠는가? 비록 점괘漸卦[86]로써 볼지라도 또한 갑자기 이루는 일은 없다. 대궐에 입시한 여러 신하가 옳다고 한 연 후에 마땅히 널리 물을 것이므로 제학提學[87] 및 유신儒臣들이

註83) 의식이나 의례 및 그 절차

註84) 자세히 살펴보기 위해 내어서 봄

註85) 신주를 올려 합사合祀하는 것

註86) 『주역』 육십사괘 중 53번째에 있는 괘명. 점괘漸卦는 괘사卦辭에서 "여자가 시집가는 것이 길하니, 올바름을 지켜야 이롭다."라고 규정한 바와 같이 혼례를 중심으로 예법에 관하여 설명하는 괘이다. 중국고대에 있어서 납채納采·문명問名·납길納吉·납징納徵·청기請期·친영親迎이라는 6단계의 예를 거쳐야 정실부인이 되었다.

註87) 예문관·홍문관 규장각 등에 소속된 관직

나와서 두 조목의 일을 『문헌통고文獻通考』 및 다른 문헌에서 자세히 살펴서 그 증거 할만 한 점을 얻어서 입달入達[88]하는 것이 옳을 것이다."고 하셨다.

제학提學 박사수(朴師洙: 1686~1739)는 왕명을 받들어 나갔고, 여러 신하들은 잠시 물러났다가 다시 들어왔다. 서명균이 "하교에 의하여 책자册子에서 고출하다가 다시 숙종대왕께서 하교하신 비망록備忘錄[89]을 살펴보니 의리 상 불가하다고 생각함이 아니었습니다. 단지 일시의 지난持難[90]한 뜻에서 나왔으므로 이것으로써 이동異同을 삼아 거행치 않음은 불가합니다. 이제 이 추복追復이 천리와 인정人情이 당연히 여기는 일인데도, 주상(主上: 영조)의 뜻이 만약 거연居然[91]히 행하심을 어렵다 여기신다면 별묘別廟에 대한 일을 우의정이 자세히 아뢸 것입니다."라고 하였다.

송인명(宋寅明: 1689~1746)이 "일을 마땅히 해야 된다면 선조先朝에서 행하지 못했다고 해서 어렵게 여겨 미룰 필요는 없습니다. 아까 김정金淨과 박상朴祥의 상소에 대한 중종의 비답을 살펴보니 '이는 대사大事인지라 소관小官의 말만 듣고 따를 수는 없다.'고 하시고, 그 상소를 승정원에 그냥 두도록 명령을 내리

註88) 조정에 들어가 왕에게 아룀

註89) 역사적으로 임금의 명령을 적어서 승지에게 전하는 문서를 비망기備忘記라고 하는데, 비망록은 잊지 않으려고 중요한 골자를 적어둔 것 또는 그런 책

註90) 어려워 머뭇거리고 뒤로 미룸

註91) 변동이 없이 편안한 모양

셨습니다. 이러한 사실로 미루어 보면, 만약에 조정의 대관大官이 말했다면 이를 따르고자 하는 것이지 김정과 박상의 말에 대하여 돌아보지 않고 막고자 하는 것은 아닙니다."고 하였다.

주상께서 "'(중종대왕께서) 승정원에 보류해 두라'는 (그 당시의) 일은 과인이 아직 모른다."고 하시자, 송인명은 "비록 소비疏批[92]나 승정원에 상소를 머물러 두도록 한 것으로 보더라도 중종대왕의 뜻을 훤히 알 수가 있으므로 그 천리天理와 인정人情에 있어서 복위하여 태묘(太廟,: 종묘)에 모심이 참으로 당연합니다. 그러나 200년 동안 행하지 못한 일을 가볍게 거행할 수는 없으므로 중국에 호황후胡皇后의 고사를 의거하여 별전別殿에 봉안奉安함이 마땅할 것 같으며, 당唐·송宋 사이에 폐후의 봉사奉祀는 모두 별전을 세웠으므로 신臣 등의 소견으로는 모두 이렇게 거행하면 좋겠습니다. 그렇지만 이는 대사大事이니만큼 특별히 여러 의견을 물으시어 그 결론을 기다린 뒤에 따름이 어떻겠습니까?"라고 하였다.

주상께서 "여러 신하들의 진달한 의견이 옳다."고 하시자, 조상경(趙尙絅: 1681~1746)은 "이는 200년 간 미루어 온 일이라서 매우 중대합니다. 다만 이미 복위한 뒤에는 태묘에 승부陞祔하는 것이 참으로 정당한 도리일 것입니다."고 하고, 사직司直 윤용(尹容: 1684~1764)이 "사소한 절목節目으로 방해를 받는 일이 있어서는 되지 않으므로 당·송 사이에 폐후에게 증위贈位[93]하

註92) 신하의 상소에 대한 왕의 답변 또는 답변서

고 사당을 세우는 것은 이 일과는 다릅니다."고 하였다.

그리고 서명균은 "중국의 고사에서 예를 들 수 있습니다."고 하였고, 박사수(朴師洙: 1686~1739)는 "선조先朝의 유신(儒臣: 학문이 뛰어난 유학관료) 윤증(尹拯: 1629~1714)이 단종과 신비의 복위 일을 마땅히 함께 거행할 것을 말하였으며, 동평위東平尉 정재륜(鄭載崙: 1648~1723)[94]이 근칙자수謹飭自守[95]하지만, 이 일에 대해서는 마냥 감개무량하였습니다."라고 하자, 주상께서 "신규申奎의 상소를 정재륜이 권하였다고들 하던데, 이 사람이 어찌 할 수 없는 일을 남을 시켜 하도록 하였겠는가?"라고 하셨다.

윤용(尹容: 1684~1764)이 "선조先朝의 하교로 보면 결코 해서는 안 될 일은 없습니다."고 하자, 주상께서는 "김태남金台南이 윗사람의 뜻을 헤아림이 지나치구나. 지혜나 꾀는 비록 깊기나 하지만 결단을 빨리 내리고자 하여 민회빈愍懷嬪[96]의 복위가 지극히 매우 중대한데도, 선조先朝에 대해 '판단이 뚜렷이 될 정도로 확실하게 행하였다.'고 하는구나."고 하시었다. 서명균이

註93) 왕비 사후에 그 지위를 회복하여 높여 줌

註94) 조선 효종의 사위이다. 1656년(효종 7) 효종 다섯째 딸 숙정공주淑靜公主와 혼인하여 동평위東平尉가 되었다. 숙정공주가 일찍 죽고, 1681년(숙종 7) 독자이던 정효선鄭孝先이 요절하자 재취할 것을 상소하여 왕의 허락을 받았으나, 대간의 반대로 이루지 못하였다. 이 때부터 부마들은 재취할 수 없다는 법규가 정하여졌다. 사신으로서 세 차례 청나라에 방문했던 종실.

註95) 언행을 삼가하고 조심하여 스스로 지킴

註96) 인조의 맏아들 왕세자인 소현세자의 빈嬪, 즉 강빈姜嬪으로 더 잘 알려져 있다.

"이러한 것도 예식과 절차 사이에 장애가 있어서 그랬습니다." 고 하자, 주상께서 "고故 유신儒臣 이희조(李喜朝: 1655~1724)가 '마땅히 추복할 일이다.'라고 하였다고 하니, 그 아들이 마땅히 이 점을 알고 있으리라"고 하시었다.

이양신李亮臣이 아뢰기를 "신臣의 아비가 선조先朝 말년에 일찍이 『동현주의東賢奏議』[97]를 헌상獻上하였습니다. 그 가운데 신비愼妃의 복위에 대한 의논이 실려 있으므로 신臣이 외람되게 감히 성찰省察하였다는 것을 청한 일은 작은 정성에서 나왔습니다. 이제 하교를 받들고 보니 진실로 신臣에게 다시 올 수 없는 기회입니다. 당초 만약에 과실이 있어서 손처遜處[98]하시기에 이르렀다면, 후사後嗣[99]가 어찌 추복할 수가 있겠습니까마는 그렇지 않다면 추복하는 예를 그만두어서는 아니 되옵니다."고 하였다.

주상께서 "이 책은 경종景宗께서 세자직世子職을 대리代理하실 때 숙종에게 올리신 것이다. 당시에 성고(聖考: 왕의 부친, 즉 숙종)께서 진실로 그 책을 중히 여기셨는데, 모두 하람下覽하였는지는 모르겠다. 『가례원류家禮源流』[100]라는 책을 일찍이 가져오라 명하셨는데, 우연히 서문序文이 있는 제1권을 올려 병신년(丙申年, 1506)의 일을 읽게 하셨으니, 이 책 『동현주의』를 만약 이와 같이 입람入覽[101]하셨다면 이 일을 당연히 즉시 거행하셨을 것 같다.

註97) 군덕君德 치도治道에 관한 것을 수록한 책. 이희조李喜朝가 편찬.
註98) 왕후 자리에서 물러남
註99) 대를 잇는 아들
註100) 가례家禮에 관해서 여러 글을 모은 책

이 부분은 내가 시탕侍湯[102]할 때 친히 본 까닭에 오히려 지금껏 기억하고 있다. 여러 대신의 아뢰는 바가 모두 복위하는 일을 어렵게 여겨 갑자기 해서는 불가하다고 하였으나 반드시 복위할 일이라는 것을 이미 알았으니 오늘을 기다림이 있는 듯하다. 위차位次에 대해서는 의심할 만한 점이 없으니 이는 어려운 일은 아니다."라고 하셨다.

윤용尹容이 "신臣의 숙부 고故 상신相臣[103] 윤지완(尹趾完: 1635~1718)이 1506년의 신하들이 여러 견해를 결집하여 올리는 것에 참으로 두 가지 일을 매우 중하게 여겨 욕의縟儀를 빨리 거행할 것을 힘써 아뢰었습니다."고 하고, 이양신은 "주상으로부터 신충宸衷[104]을 결단하시어 욕의를 빨리 거행하신다면 하늘에 종묘사직의 영명永命[105]을 기원하는 근본이 될 것입니다."고 하였으며, 조상경趙尚絅은 "이양신이 일찍이 상소로써 이 일을 진술하고자 하였습니다."라고 하였다.

그리고 박사수(朴師洙: 1685~1740)는 "들은 바에 의하면, 소릉昭陵을 복위하던 날에 비가 와서 그 당시 사람들이 원통함을 씻어내는 비라고 하였으므로 하늘과 백성들이 감응感應하는 이치가 이와 같습니다."라고 하자, 주상께서는 "들은 바를 모두 아

註101) 궁중에 들여와서 읽어 봄
註102) 부모의 병환에 곁에서 약시중 하던 일
註103) 정승政丞이라고 하며 영의정 · 좌의정 · 우의정 등을 일컬음
註104) 임금의 마음속을 일컫는다.
註105) 길이 천명天命을 보전保傳함

되도록 하라."고 명하시니, 송인명(宋寅明: 1689~1746)이 "평범한 백성들에게 들어 볼만한 것들이 많으니 상암裳巖[106]과 같은 구설이 이것입니다."[107]고 하였다.

그리고 조상경은 "신비가 궁중에서 나간 뒤의 거처가 곧 바로 금중(禁中: 궁궐 · 대궐)을 바라보는 곳이라 중종께서 항상 슬픈 감회를 지니며 붉은 치마를 걸게 하고 바라보셨다는데, 그러한 상황이 치마바우[裳巖]라는 이름을 일컫게 된 연유입니다."라고 하였다. 그리고 이양신은 "중종 임금께서 어승마御乘馬[108]를 보내시면 신비愼妃가 몸소 죽을 끓여서 그 말에게 먹이셨다고 합니다."고 하였다.

이어 박사수朴師洙는 "무술년(戊戌年, 1718)에 민회빈愍懷嬪을 복위할 때에도 비가 내렸다고 합니다."고 하자, 주상께서는 "그러한 (자연현상에 대한) 것은 억지로 갖다 맞추는 것에 가깝지만 오늘 비가 내리는 것도 (참으로) 이상한 것 같기는 하구나."라고 하시었다.

훈련대장 구성임(具聖任: 1693~1757)이 "비록 역대 조정에서 거행하지 못한 일이었으나 추복하는 것이 이미 광명정대하다

註106) 치마바위

註107) 『영조실록』 영조 15년(1739) 3월 15일 신유조 첫 번 째 기사
우의정 송인명이 종친과 문무백관을 거느리고 신비의 복위가 마땅한 지를 회의하였는데, 의견을 낸 5백 38인이 '모두 복위하고 부묘祔廟하는 것이 마땅하다.'고 하였다.

註108) 임금이 타는 말

면 어찌 사소한 것[小節]에 구애되어 (실행하지를) 못하겠습니까?" 라고 하고, 집의執義 김정윤(金廷潤: 1676~?)이 "이 (추복하는 일에 대한) 의논이 시작된 뒤부터 인심人心이 술렁거려 밤낮으로 엄숙히 지켜보아도 어찌 다른 의논이 있을 수가 있겠습니까?"라고 하자, 주상께서 "하교下敎한 두 가지 일을 진달陳達하는 것이 옳겠다."고 하시었다.

김정윤이 "복위한 뒤에는 마땅히 종묘에 모셔야 합니다."라고 하고, 사간원 정언 박치문(朴致文: 생몰년 미상)은 "이 일은 이 양신의 의견대로 하는 것이 마땅합니다."라고 하였으며, 이성효(李性孝: 1697~1740)는 "이는 곧 당연한 일이므로 어찌 다른 의견이 있을 수가가 있겠습니까마는 막중한 변례變禮[109]를 갑자기 행한다는 것은 불가한 까닭에 갑론을박甲論乙駁을 면치 못했습니다.

무인년(戊寅年, 1698)의 헌의獻議를 보더라도 경권經權[110]이 있으니 '권權'이란 것은 십분十分 자세히 살펴서 의리에 합당한 뒤에야 결국 행해야 하는 것입니다. 최근 대신들이 아뢴 견해가 그 대체에 있어서는 신臣도 다른 견해는 없지만 조용히 선배의 의논을 보건데, 고故 상신相臣 남구만(南九萬: 1629~1711)과 고 판서判書 김진규(金鎭圭: 1658~1716)의 의견이 특히 다릅니다. 신臣은 참으로 문식聞識은 적으나 변변하지 못한 뜻도 경법經法을 지

註109) 상례常禮가 아닌 예외적인 특별한 예禮
註110) 경법經法과 권도權道. 상도常道와 변법變法

키는 것에 있습니다."라고 하자,

주상께서는 "복위는 경법이고 절목節目은 권도權道이므로 유신儒臣이 이런 두 글자를 바꾸어 말하는구나."라고 하시었다. 이에 이성효는 "남구만과 김진규의 의논과 같은 것을 많이 경經이라 생각하였습니다."고 하니, 주상께서는 "갑을지론甲乙之論이라면 옳겠지만 경권經權이라고 한다면 그렇지 않은 것 같다"고 하시었다.

서명균이 "이성효가 그 역대 조정에서 행하지 못했던 일인 까닭에 경상經常[111]이라 하였습니다."고 하자, 주상께서는 "이종성李宗城은 가까이 오라"고 하시자, 이종성이 나아가 엎드리자 주상께서 "선조先朝에 두 가지 일을 한꺼번에 거론하는 것이 지극히 중하면서 어려운 까닭에 과감히 행하지 못하신 것은 김태남金台南의 상소와 같다. 대체로 단종복위에 대해서는 숙종 임금의 뜻은 반드시 거행하고자 하신 까닭에 이 일은 병행하지 못했으나 이제 『승정원일기』를 보니 성의(聖意: 숙종임금의 뜻)의 지극히 어려움이 한 두 절차에 있었다.

성교聖敎[112]에 '제왕가帝王家의 일은 일반백성들과는 다르다.' 고 하시고, 더욱이 (숙종) 임금의 뜻이 일찍이 거행할 수 없다고 여기지 않으셨으니 이번에 추복하는 일도 계술繼述하는 도리라 이를 만하다. 만약 별묘別廟를 세우면 오히려 사묘私廟의 의절儀節

註111) 경법經法과 상도常道
註112) 제왕이나 임금의 명, 즉 교지

보다 나을 것이다. 또한 종묘에 신위를 모시는 것도 지난한 일이 없으리라. 듣건데 경卿의 조부가 논저論著한 것이 있다고 하니 경의 뜻은 또한 어떤가?"라고 하셨다.

이종성이 "이는 종묘의 지대한 예禮이므로 특별히 의식과 절차 사이의 일에 구애됨이 없어야 할 것입니다. 무인년(戊寅年, 1698) 헌의獻議 때에 신臣의 조부가 비록 관직에 있지는 않았지만, 사사로이 지은 문자에 일찍이 의논이 이 일에도 관계가 있으므로 그 의논에 '세간에서 지극히 원통해하는 것도 이와 같은 일이 없으므로 중종대왕의 본의가 아니로되 지금까지 복위하지 못하니 참으로 태평성대의 궐전闕典[113]이다.'라고 하고, 일찍이 세 차례나 자신의 의사를 남에게 밝혔습니다."라고 하였다.

주상께서 "성고(聖考: 왕의 부친, 즉 숙종)께서 중종대왕의 뜻을 아시지 못하셨으므로 이 일을 어렵게 여기신 것이다."라고 하시자, 이종성이 "신臣의 조부의 문자文字는 여러 사람들과 문답한 (것을 수렴한) 것입니다. 어떤 이가 김정과 박상의 상소에 대하여 묻기를 '중종대왕의 마음이 만약 조강지처라는 하교를 하실 때처럼 변하지 않으셨다면 어찌 복위하시지 않았겠습니까?'고 하자, (중종께서) 대답하시기를 '상소에 대한 비답批答에서 '소관小官의 말에 따를 수는 없다.'고 하시고, 그 상소문을 승정원에 보류하도록 명하셨으므로 처음에는 (그 상소를) 물리치실 뜻이 아니셨습니다. 만약 대신大臣으로 하여금 ('김정과 박상의 상

註113) 빠진 부분이 있는 의식儀式 또는 불충분한 전장典章.

소문을 어떻게 처리하는 것이 옳겠는가'라고 그들 견해를) 말하게 하셨다면 어쩌면 중종대왕께서 그들 말을 따르셨을지도 모릅니다.

김정과 박상이 죄를 받은 것은 이행(李荇: 1478~1534)의 논의 때문입니다. 비록 두 선정先正[114]의 말을 따르진 않으셨지만 중종대왕의 마음이 변했음을 보지를 못했습니다. 당시 처분하신 일이 오로지 권신權臣과 간신奸臣의 협박에 의해 마침내 조강지처의 배필된 것을 보전하지 못하셨으니 박원종과 같은 무리는 참으로 천지 사이에 용서받지 못할 죄를 지었습니다.

그러나 벼슬과 봉록俸祿이 자여自如[115]하여 (폐비신씨께서) 묘정(廟庭: 종묘)에 배향配享이 되시고, 왕후로서는 법도에 흠이 없으신데도 마침내 권력이 있는 공신들에 의하여 폐출당하셨으므로 천하에 어찌 이와 같은 일이 있겠습니까. 반드시 복위해야할 의리를 일일이 들추어 이론을 세워 저술로 책을 이루었습니다."고 하자,

주상께서는 "별묘別廟는 어떠한가? 무인년(戊寅年, 1698)에 복위하여 입묘入廟[116]하기가 어려웠던 까닭에 그 다음가는 의식과 절차를 거행하고자 하였는데, 지금까지 비록 곧바로 입묘하지는 못하였으나 이미 추숭追崇한 뒤에는 입묘할 날이 왜 없겠는가? 병조판서 및 이양신은 마땅히 입묘하여야 한다고 말하는

註114) 선대의 현인賢人, 즉 박상과 김정을 말함
註115) 큰일을 당해서도 놀라지 아니하고 보통 때처럼 태연한 모양
註116) 종묘에 들여 배향함

구나."라고 하셨다.

이종성이 "엎드려 듣건데 임금의 명命과 대신이 아뢰는 바는 지위가 장경왕후의 오른쪽에 있음을 어렵게 여기나 단종복위 때의 위차 순서도 세조 위에 있었습니다."라고 하자, 주상께서는 "단종은 영녕전永寧殿[117]에 받들어 모신 까닭에 일의 형세가 순조로웠다."고 하시자, 이종성이 "그 당시 일의 형세가 마침 조천祧遷[118]할 지위로서 영녕전에 봉입奉入한 까닭에 참으로 순조로웠습니다.

그와 같이 조천하지 않을 지위라면 종묘에 들지 못하겠습니까? 단종을 복위하면 세조께서 반드시 축적蹴踖[119]하여 불안할 것이라고 말한 부분은 진실로 남구만이 말한 것과 같지만 오히려 추복追復하였습니다. 그러므로 이 일에 있어서는 지위가 비록 장경왕후의 오른쪽에 있지만 무엇을 꺼리고 무엇을 의심하겠습니까?"라고 하자, 주상께서는 "단종복위는 (세조와의 공적 사적 관계 설정에 대한) 상하上下가 모두 어려웠지만 입묘入廟[120]하는 것은 순조로웠다. 그렇지만 이 일은 그렇지가 않다."고 하시었다.

이양신이 "별묘別廟는 반상낙하半上落下[121]하여 반드시 마땅하게 여기는 자가 없으므로 입묘入廟할 수가 없는 처지에 있어야

註117) 종묘의 별전別殿
註118) 정전正殿인 종묘의 위패를 별전別殿인 영녕전으로 옮김
註119) 공경하되 편안하지 않은 모양
註120) 종묘에 들이는 것
註121) 처음에는 정성껏 하다가 중도에 이루지 못함

비로소 별묘에 모시는 것이 옳을 것입니다."고 하니, 주상께서 "이 일이 (명나라 황제 선종宣宗의 황후였으나 폐후가 된 뒤 영종英宗 때 황후로 복위된) 호황후胡皇后의 일과는 다르므로 이양신이 조금 소견이 있는 듯하다."고 하시었다.

송인명은 "호황후를 폐하는 것도 선종宣宗의 본 마음은 아니었습니다."라고 하자, 주상께서는 "호황후가 폐척을 당한 것은 헐뜯어 이간질 한 때문이었느니라."고 하셨다. 김흥경(金興慶: 1677~1750)이 아뢰기를 "그 당시 손황후孫皇后가 아들을 낳은 까닭에 양형楊瀅이 열두 가지 일로 참언으로 헐뜯자 양사기楊士奇가 힘써 말리며 따르지 않다가 그 일의 형세가 멈출 수 없는 형국에 이르자 호황후에게 양위讓位하도록 청하였습니다. 선종 말년에 이는 소년시절의 일이라 하여 항상 후회하는 말을 하였는데, 영종英宗 순천天順년 간에 호황후를 추복하였습니다."라고 하였다.

박사수朴師洙는 "송나라 태종 태평흥국太平興國[122] 원년에 예관의 회의가 『문헌통고』에 실려 있어서 금방 가져왔으니 하람下覽하심이 마땅합니다. 태종대왕이 잠저 시에 전실前室과 후실後室을 두었는데, 태종께서 등극한 뒤에 전실을 추증하여 황후로 삼았습니다. 그 뒤 진종조眞宗朝에 이르러 태묘太廟에 들일 당부를 물었습니다.

당나라 제도에 '추증한 황후나 황태자에게는 모두 별묘別廟를

註122) 송나라 태종의 연호이다.

세웠다.'라고 하면서, 살아서 극존極尊[123]의 지위에 오르지 못하면 죽어서 종묘에 들어갈 수가 없습니다."고 하자, 주상께서 "태종대왕께서 신하로 계실 때에 그 전배前配가 승하를 하셨는가? 혜릉惠陵[124]도 세자빈世子嬪으로 승하하셨는데 종묘에 합사合祀하였다."고 하시었다.

서균명徐命均·김흥경金興慶·송인명宋黃明 등이 "이 일은 호황후의 전례典禮를 따라 행하는 것이 마땅합니다."고 하고, 박사수는 "이세필(李世弼: 1641~1718)도 '호황후의 전례를 쓰는 것이 마땅하다'고 했습니다."고 하자, 서명균이 "이세필이 호황후의 전례를 쓰는 것이 마땅하다고 말한 점은 뜻이 추복하는 것에 있고 별묘의 일을 논한 것은 아닙니다."라고 하였다. 서명균이 고故 봉조하奉朝賀[125] 최규서(崔奎瑞: 1650~1735)가 예조에 재임 시 올린 헌의獻議를 바치자 주상께서 승지로 하여금 한 번 읽도록 하였다.

조경상趙尚絅이 "지금의 존봉도 이 의견을 수용한 듯합니다."고 하고, 박사수朴師洙는 "하교에 입묘入廟하기가 만약 마음에 불안하다면 마땅히 별묘에 모셔야 한다고 하셨으나 이미 복위하였다면 마땅히 입묘해야할 것이므로 두 가지 사이에 즉시 결정하실 일이기에 장래將來를 기다려서는 아니 되옵니다."라고 하

註123) 황제의 지위

註124) 조선 경종의 원비元妃, 즉 단의왕후端懿王后

註125) 조선시대 전직 관원을 대우하던 제도의 하나

자, 주상께서는 "별묘에 모신 뒤에 어찌 의논할 만한 일이 없겠는가? 고故 도위都尉[126] 정재륜(鄭載崙: 1648~1723)이 신규申奎를 시켜서 상소를 올리게 하였는데, 이 사람은 평생 근신하여서 반드시 그 사리의 당연한 것을 확실히 알고서야 이 일을 하였을 것이다.

더욱이 경은부원군慶恩府院君 김주신(金柱臣: 1661~1721)의 헌의에는 '예禮는 하늘에서 내리거나 땅에서 솟아나는 것이 아니다.'라고 운운云云하고 있으니, 장원서 별제로서 국구(國舅: 임금의 장인)의 기상이 이미 드러났다. 옛적 한나라 무제가 '고조高祖[127]의 신령이 나를 가르쳤다.'고 하더니, 나도 꿈에서 중종대왕을 뵙고자 하는지라 이번에 중관中官이 마침 와서 (그가) 수복守僕에게 물어본 바에 의하면 '제향祭享의 여러 절차가 서민과 다를 바가 없다'고 하였다.

다 같은 자손으로서도 세대가 멀어진 뒤에는 감동하는 것이 열어지기도 하는데 이제 이 말을 듣고 보니 나도 모르는 사이에 마음에 감동이 되어 슬퍼지는구나. 조선이라는 나라가 망하지 않을 것인데, 이 마땅히 조천祧遷[128]하지 않을 묘廟가 되리라. 정릉靖陵[129]의 일은 내가 뒤에 태어난 까닭에 오명신(吳命新: 1682~1749)의 진달陳達에 의해 비로소 알게 되었다. 중종 대와

註126) 부마도위駙馬都尉, 즉 임금의 사위에게 주던 칭호
註127) 한나라 고조, 즉 유방劉邦
註128) 위패를 옮겨 모심
註129) 중종의 능 이름, 중종을 가리킴

는 세대가 비록 멀지만 애통한 것이 마음 가운데에 있는데 배위配位되시는 분도 이와 같으므로 내가 중종대왕의 자손이 되어 어찌 사당에 들어갈 낯이 있겠는가?"라고 하며(감격의 눈물을 흘리시면서) 항상 '조강糟糠' 두 글자를 생각하면 나도 모르게 마음이 아프다.

자손의 사사로운 정이 이미 지극히 감동되어 슬픈데 비록 의리로써도 고故 정승 신완(申琓: 1646~1707)이 삼훈三勳[130]의 일을 다만 자신 한 몸의 안전을 도모한 계책이라 하는 것은 크게 충후忠厚[131]하다고 할 만하고, 이종성李宗城이 아뢴 것과 같이 신규申奎가 공신의 죄를 추궁한 말이 진실로 그렇다. 사람의 신하된 자가 어찌 국모의 폐척을 청하는 자가 있겠는가? 이 같은 의리가 밝혀지지 않으면 후세에 국모 되기가 어찌 어렵지 않겠는가?

옛날 숙종대왕께서 하교下敎하신 뜻은 복위할 수 없다고 하신 것이 아니라 단지 어렵게 여기신 마음에서 나왔던 것이다. 그러므로 만약 김태남金台南이 조금 일찍 상소로써 진술하였다면 어쩌면 들어주셨을지도 모른다. 그러나 윤음綸音[132] 및 어제御製[133]에 모두 어렵게 여긴 뜻이 있었기 때문에 별묘別廟에 추숭追崇한 것은 절중折中[134]하는 뜻에서 나왔다. 이제 그 버금가는 두 가

註130) 박원종·성희안·류순정 등 세 훈신
註131) 충성스럽고 인정이 후함
註132) 임금의 말씀
註133) 임금이 지은 글이나 제책.
註134) 한편에 치우치지 않고 알맞게 함

지 일로 마땅히 묻는다면 일의 본질이 지극히 중대하므로 내일 대궐문 열기를 기다려 많은 관료를 모아서 의견을 들어보는 것이 옳겠다."고 하시자, 여러 신하가 모두 "내일이라면 너무 급합니다."라고 하였다.

그러자 주상께서는 "모레 하기로 하고 재외在外의 유신儒臣에게도 두루 문의할 것이므로 예관禮官은 내일 내보내는 것이 좋을 것이다. 지금 여러 신하가 모두 가정의 훈계를 지키는 것과 같이 과인도 선조先朝의 일을 어렵게 여기는 것이 있구나. 그렇지만 다시 생각해보니 당초 이미 추복追復이 불가하다는 가르침이 없었고, 더욱이 (중종께서) 승정원에 상소를 보류하도록 명하신 일을 진달陳達하는 자가 없었던 관계로 성교聖敎에서 어렵게 여기신 점이 여기에서 비롯된 것인 듯하다."고 하셨다. 이어서 "신규(申奎: 1659~1708)는 어떤 사람인가?"라고 물으시자, 박사수가 "바로 교하交河 사람인데 글을 잘하고 관직은 진주목사晋州牧使를 역임했습니다."라고 답하였다.

주상께서 "김태남은 어떤 사람인가?"라고 물으시자 이양신이 "고故 사헌부 장령掌令 김두남金斗南의 사촌동생입니다."라고 답하였다. 이에 주상께서는 "여러 신하는 잠시 물러나 있다가 다시 들어오도록 하라. 앞으로 일기日記를 본 뒤에 하교하겠으니 일기 가운데에 무인년(戊寅年, 1698)의 수의收議[135]를 들여보내도록 하라."고 명하시었다.

註135) 논의를 모은 것

이어 여러 신하가 잠시 물러났다가 다시 들어오자 주상께서는 "'속된 말에 노인은 잠은 없고 생각만 많다.'고 하더니, 내가 바로 나이가 많아 잠이 없구나. 별묘別廟의 일을 내가 밤중에 생각을 해보니 (전대 선왕의) 오르락내리락하는 신령神靈들이 과인의 마음을 열어주는 것 같았다. '(전대 선왕께서) 일이 중대한 까닭에 의견을 거두라'는 명이 있었고, 의견을 거둔 뒤에는 추복하기로 결단하여 하교하고자 하셨다. 그러나 이를 태후太后[136]께 고하지 않을 수가 없어서 잠시 중관中官이 수직守直하는 일로 (태후께) 아뢰니 '하교하는 것이 좋다'고 하셨다.

얼마 전에 또 성고(聖考: 왕의 부친, 즉 숙종)의 본의本意를 모르는 까닭에 별묘別廟를 두고자 하는 뜻으로 아뢰니 다시 하교하시길 '선조先朝께서 일찍이 이것으로 하교하시거늘, 그때 (숙종의) 곁에 있다가 그 일을 알지 못하여 그래서 청하여 물어보니 성교聖教가 당시에 복위하고자 하셨다가 대신의 의론이 한결같지가 않아 거행할 수가 없으셨다고 하시더라.'고 하셨다.

그러므로 이제 자전慈殿[137]께서 전하신 가르침을 받들어보니 김태남이 상소에 진술한 말이 과연 틀리지 않았다. '조강糟糠'

註136) 서거한 왕이나 현존한 왕의 어머니를 지칭하는 칭호이다. 여기서는 영조가 왕세제에서 왕으로 즉위하는데 결정적 역할을 했던 숙종의 계비 인원왕후仁元王后를 말한다.

註137) 임금의 어머니를 뜻하는 호칭으로, 대비大妃라고도 한다. 여기서는 숙종계비 인원왕후仁元王后를 말한다. 소생은 없었고 연잉군(뒤에 영조)을 자신의 아들로 입양하여 세제世弟가 된 뒤 왕위에 오르게 하였다.

두 글자의 하교는 중종대왕의 본의를 우러러 체득할 수 있는데, 성고聖考께서도 추복하지 못한 것을 한스럽게 여겨 하교하셨으니, 이제는 별묘別廟 일은 문의問議에서 빼어 버리는 것이 옳다"고 하시고, 중관에게 친히 쓰신 글로 친교親敎[138]를 내리시면서 '승지는 읽어 보라.'고 하셨다.

전지傳旨[139]에서 "아 슬프다! 비록 하층 백성이라도 그 조상이 만약 원통하고 억울한 일이 있으면 반드시 글을 올려 아뢰는데, 임금 자리에 앉아 있으면서 그 조상의 억울함이 있는데도 신원伸寃[140]하지 않을 것인가? 아프고 원통하다! 신비愼妃께서 왕비자리에서 물러나신 것은 그 일이 위의 임금에게서 있지 않고 아래 신하에서 있었으므로 만약 시급하게 욕의縟儀를 거행하지 않으면 아아! 적의翟衣[141]를 어느 때 회복할 것이며 백세百世의 건곤乾坤[142]이 어느 때 밝아질 것인가?

다만 지금까지 겨를을 내지 못한 것은 바로 이 일이 막중하고 중대한 때문이다. 지난날 신규가 청한 것에 성고(聖考: 왕의 부친, 즉 숙종)께서 단종만을 복위하시고, 신비에게는 '다만 존봉尊奉을 조금 더하라'고 명하신 것은 그 당시 여러 의견들이 참치叅差[143]

註138) 임금이 친히 내린 교지敎旨
註139) 승정원의 담당 승지를 통하여 전달되는 왕명서王命書
註140) 원통한 일이나 사건을 당한 인물에 대해 사후에 그 한을 풀어 해소시켜주던 제도
註141) 붉은 비단에 꿩을 수놓은 왕후의 옷, 즉 그 왕비 또는 왕비자리.
註142) 변함없는 하늘과 땅과 같은 부부의 도리
註143) 여러 견해가 엇갈려 일치되지 않음

한 까닭으로 지극히 중대한 일을 능히 병행할 수 없었던 상황을 우러러 판별할 만하며, 그 뒤 말년에 '신비복위는 대신의 의논이 같지 아니하고 일이 중대하여 병행할 수 없다'는 전교傳敎가 있었으므로 이것으로 우러러 본받을 것이요.

그리고 (숙종 당시 단종 복위만 시행하고 신비복위를) 어렵게 여겨 미룬 하교를 여기서 볼 수 있으므로, 그것은 임금의 뜻이 아니라 선현先賢의 상소를 (중종께서) 승정원에 보류시킨 하교를 (숙종에게) 진달陳達한 사람이 없었기 때문이다. 위차位次를 정하기 어렵게 여겨 머뭇거린 것도 여러 신하의 갑론을박 의논 때문이었다. 더욱이 애통한 점은 유신儒臣이 올린 책자의 글을 임금(숙종)께서 보실 수가 없었던 것이다.

슬프다! 거친 무덤의 풀은 몇 해가 지나갔고, 처량한 묘우廟宇[144]에 내시內侍로 수직守直을 세우니 생각이 여기까지 미치자 나도 모르게 마음이 아프다. 이제 나의 이런 마음도 어찌 오르내리는 (선대의) 영령들이 나를 효성의 마음으로 인도하여 이루어진 것이 아니겠는가? 즉시 대신과 유신에게 묻고 모레까지는 백관에게 문의하도록 하라."고 명하셨다.

권혁權爀이 한 번 읽기를 모두 마치자 서명균이 "대체로 일이라는 것은 모두 때를 기다리는 시간이 필요합니다. 금일의 일은 어찌 척강陟降하는 영령들이 성심聖心을 열어서 특별히 광전曠典[145]을 거행토록 하는 것이 아니겠습니까."라고 하자, 주상께

註144) 신주를 모신 사당

서는 "승정원 주서注書는 하교를 가지고 나가서 급히 분부分付대로 거행하라."고 명하시었다. 권혁이 "등초謄抄[146]하여 분부하는 것이 어떻습니까?"라고 하자, 주상께서는 "승지가 이 (하교문下敎文)을 얻어 보고자 하는 것이다."라고 하시었다.

송인명이 "연석筵席[147]의 신하들이 이 일을 가지고 하늘에 영명永命[148]을 기원하는 근본을 삼는 것이라 하니 참으로 이치가 있습니다."라고 하고, 조상경은 "천고千古에 지극히 원통한 것이 어찌 신비愼妃의 일과 같은 처지가 있겠습니까? 하늘이 주상의 마음을 열게 하시어 과단하고 결연히 행하게 하시니 국가에 무한한 좋은 일이 있는 것입니다."라고 하였다.

이성효(李性孝: 1697~1740)도 "숙종 조에 광전曠典을 잘 다듬이서 거행하여 거의 남은 유감은 없었습니다. 그러나 이 일만은 거행하지 못했던 까닭에 주상으로부터 십분十分 살피고 삼가하는 뜻으로 어렵게 여기는 바가 있었습니다. 이제 자전(慈殿: 왕대비, 즉 인원왕후)의 가르침으로 숙종대왕의 본의를 우러러 모두 아시고, 백관의 수의收議가 다만 살피고 삼가 하는 뜻에서 나왔기 때문에 반드시 이동異同의 논의는 없습니다. 설령 갑론을박이 있을지라도 이상한 일은 아닙니다. 구구한 관견窾見[149]을 방

註145) 큰 행사
註146) 원본을 그대로 베껴서 냄
註147) 임금이 신하들과 더불어 자문주답諮問奏答하면서 경전經典을 강론하거나 시사時事를 논의하는 자리를 말한다.
註148) 길이 천명天命을 보전함
註149) 쓸데없는 의견 또는 허황된 견해

금 전에 이미 진달하였으나 다시 십분 더욱 살피고 삼가하는 것이 신臣의 바램입니다."고 하자, 주상께서는 "유신儒臣의 말도 옳다. 이제 이 회의도 헤아려 보려는 뜻이다."라고 하셨다.

2) 3월 14일三月 十四日[150)]

희정당熙政堂[151)]에 소대召對[152)]하여 입시入侍하자 전前 현감縣監 신구중愼龜重에게 군직軍職을 부여하여 (궁궐에) 와서 대기하라고 명을 내리셨다. 신구중은 바로 신비愼妃의 본가本家 친족으로 마침 파주 교하交河에 있었던 관계로 올라오지 못하였다. 이에 주상께서는 "신구중의 아들은 있는가?"를 물으시자, 승지 조영국趙榮國이 "그의 아들 후담後聃이 소과小科[153)]에 합격하였다고 합니다."고 아뢰었다.

(그러자) 주상께서는 "그 집이 어디에 있는가?"라고 물으시자 조영국은 "교하에 있는데 후담이 가끔 올라온다고 합니다."라고 답하자, 주상께서는 "(신)구중에게 군직을 부여하는 것은 잠시 보류하고, 후담에게 '와서 기다리라'는 뜻으로 주서注書가 나가 분부分付하는 것이 옳으리라."고 하시거늘, 남덕로(南德老: 1695~?)가 나갔다가 들어와 "후담도 교하에 갔다고 합니다."라고 하였다.

註150) 기미복위인 1739년 3월 14일을 뜻한다.
註151) 조선 후기 왕들이 정사를 보던 전각으로 창덕궁의 편전이다.
註152) 왕의 부름의 명을 받고 입대入對함
註153) 생원진사시, 곧 생원·진사 시험으로 그는 진사에 입격함

봉조하奉朝賀 이태좌(李台佐: 1660~1739)의 차자箚子[154]를 가지고 들여왔는데 그 부친 고故 참판 이세필(李世弼: 1642~1718)의 책자에 추복을 논한 한 조목을 함께 올렸다.(細註: 차자箚子와 책자冊子는 다음에서 본다). 주상께서 영국에게 물으시길 "봉조하가 올린 책자를 보았는가? 진헌進獻한 뜻을 아는가? 거기에 혹시 다음에 관한 내용이 있는가(細註: 다음에 논하는 것은 별묘別廟에 관한 일이다.)"라고 하시자, 영국이 다음에는 "반드시 그렇지는 않습니다. 이종성李宗城이 비록 직접 아뢰었지만 반드시 자상하고 곡진하지는 못한 까닭에 이렇게 올린 것입니다."고 하였다.

주상께서 영국에게 차자에 대한 비답批答을 쓰도록 명하고, 이르시길 "신비의 복위는 바로 천리天理와 인정人情이 갈아져 된 것이니, 무릇 인정을 따르면 천리에 부합하는 것이다. 중종의 조강지처라고 하신 비답을 세 번 반복한 것은 아아! (그리고 중종께서) 승정원에 보류하도록 하신 교서敎書에 성조聖祖[155]의 마음을 우러러 헤아릴 수 있겠거늘 애석하구나! (그러한 중종의 마음에 다가서지 못한 것은) 그 당시 대신들이 민묵泯默[156]하였기 때문이다. 성고(聖考: 왕의 부친, 즉 숙종)께서 내리신 지난 날 하교下敎는 대개 여러 신하가 어렵게 여긴 때문인데 안타깝구나.

그 때 미진하게 남은 뜻을 일러주는 사람이 없었음이여! 하

註154) 신하가 임금에게 올리는 문서의 한 체재
註155) 높은 덕으로 계통을 물려준 선대先代 임금, 즉 중종을 일컬음
註156) 신하들이 말을 하지 않고 입을 다문 것

물며 말년에 (단종복위와 신비복위) 두 일을 능히 병행하기 어려운 처지에 있었지만 애석하게 여기는 하교는 있었음에랴. 이로 무인년(戊寅年: 1698)에 어렵게 여긴 비답이 다른 어떤 임금[숙종]의 뜻이 있는 것이 아님을 우러러 헤아릴 수 있게 하니 대체로 일이 중대한 까닭이다. 성조(聖祖: 중종)께서 이미 간측懇惻[157]한 하교가 있었고, 성고(聖考: 부왕, 즉 숙종)께서 또 추모追慕하여 애석하게 여기는 뜻이 있었으므로, 제왕帝王의 도道는 계술繼述[158]하는 것에 있을 뿐이다.

지난 날 간측懇惻한 (중종) 임금의 마음을 생각하고 성고(聖考: 부왕, 즉 숙종)께서 추모하여 애석히 여기신 미의微意[159]를 따라 욕의縟儀[160]를 함께 거행하면 어찌 특히 여러 사람의 마음에만 윤협允協[161]하는 것이겠는가? 도리어 선조(先朝: 선대 조정)의 영령이 오르내림에 위로하고 기쁘게 하는 것이니 이번에 이와 같은 명命은 대체로 이런 일로 말미암은 것인데, 이제 진술한 책자를 살펴보니 선경先卿[162]의 마음이 근면하고 성실하다고 일컬을 만하다.

그 문답 중에 의리가 이 일에만 지극히 자상하고 간절할 뿐만이 아니므로 특별히 예문관藝文館[163]에 부탁하여 높은 뜻을

註157) 간절하게 측은히 여김
註158) 선대 왕업王業을 이어받아 시행함
註159) 가슴속 은미한 정
註160) 복잡하고 번거로운 의식儀式이나 의례儀禮
註161) 성실히 화합和合하는 것
註162) 선대先代에 벼슬한 관료

알리도록 하라. 그 말단의 의론은 선경先卿의 본의가 복위에 뜻이 있는 것이 처음 하교한 것과 같으나 그 하교 중에 별묘에 관한 일을 다시 생각해보니 비록 추복할 이유에는 적절하지만 과인의 생각이 크게 그렇지 않음은 무슨 까닭인가?

그 일이 복위할 수 없다면 의론하여서도 아니 되고, 이미 복위할 수 있다고 말한다면 당연히 정대正大한 것이 되어야한다. 그러므로 중국 '호황후가 손황후孫皇后의 윗자리에 있는 점'[164]이 『예경禮經』에서 고찰하여 해석해 보아도 조금도 구애될 단서가 없었는데, 그 당시에 여러 신하가 두루 헤아림이 불가하였으므로 이런 뜻이 있었던 사실을 이미 알았다면 마땅히 『예경』을 따랐을 것이다.

하물며 한漢·당唐의 별묘別廟는 더욱 본받을 수가 없다. 우리 조정에 300년 동안 없었던 일을 어찌 지금에 와서 처음으로 시행할 것인가? 이 일을 지난 날 연석筵席[165]에서 하교만 하고 추진하지 않았던 것은 낚시 줄과 같이 끊어지지 않을 하교를 가지런하게 하지 않을 수가 없었기 때문이다. 아울러 비각秘閣[166]

註163) 조선시대에 국왕의 말이나 명령을 담은 문서작성을 담당하기 위해 설치한 관서.

註164) 명나라 선종의 원비 호황후胡皇后가 폐위된 뒤 손귀비(孫貴妃, 뒤에 황후가 됨)가 계비로 황후가 된 뒤, 호황후는 생전에는 회위되지 않았으나 사후에 회복되어 자장황후慈章皇后라는 시호가 추서되고 능침도 마련되었다.

註165) 임금과 신하가 한 자리에 모여 국정을 논의하던 자리

註166) 중요한 문서 등을 보관하는 창고

에 보내어 말세末世의 의리를 삼도록 하라."고 하셨다.

영국榮國이 아뢰기를 "엎드려 성교聖敎를 대하고 보니 진실로 통연洞然[167] 합니다."고 하자, 주상께서는 "이희조(李喜朝: 1655~1724)가 편집한 『동현주의東賢奏議』의 말권末卷을 주서注書에게 가져 오도록 하라."고 하시었다. 주상께서 (『동현주의』 말권을) 살펴보신 뒤에 하교하시기를 "말한 바가 은근하다."고 하시자, 영국이 "이번에 그와 같이 성대하게 의논하여 정하게 된 (그러한) 일 뒤에 새로운 소식이 많이 있습니다."라고 하였다.

그리고 이조참판 홍현보(洪鉉輔: 1680~1740)가 "중종께서 일찍이 거둥하실 때에 신비의 사가私家를 지나시다가 중종 임금께서 직접 그곳에 가시려 하자 대신과 삼사三司의 관원들이 수레 앞에 서서 힘써 간하여 이에 그치시게 하였습니다. 그 뒤부터 거둥하실 때는 여러 신하들이 모르게 하시고 뜻밖에 지나다 들르셨는데, 그 때 신비愼妃가 마침 다른 곳에 구경을 나가시어 중종께서 서로 만나지 못하고 돌아오셨다고 합니다."라고 하였다.

(그러자) 주상께서는 "만약 기록에 있다면 허언虛言은 아닐 것이다. 신구중을 보고자 하는 것은 뜻이 있으니 신비의 춘추(春秋: 나이)를 그가 혹시 알고 있는가?"라고 물으시자, 영국이 아뢰기를 "그가 비록 모를지라도 중종께서 무신년(戊申年: 1488)에 탄생[168]하셨으므로 신비의 탄생도 (중종과 비슷한) 일반一般이라 생

註167) 툭 트이어 훤한 모양

註168) 단경왕후 생몰년(1487년 1월 14일~1557년 12월 7일, 71세)

각됩니다.

중종반정 당시에 신비의 공이 큽니다. (중종반정을) 의롭게 일으키는[擧義] 의논을 중종께서 처음에는 미리 알지 못하시고 거의擧義하는 여러 신하가 궐내에 진陣을 치고서 중종께 와서 맞이할 때 군병軍兵이 갑자기 사가私家를 에워싸자 성심聖心[169]이 놀라시어 어떤 일이 일어날지 말하기 어려운 상황이었습니다.

이러한 상황에서 신비께서는 '(지금 온 군사들의) 말 머리[馬首]가 밖으로 향해 있으면 이는 우리를 맞이하려는 것이고, 안으로 향해 있으면 우리를 헤치려는 것이니 말 머리가 향해 있는 곳을 보면 길흉吉凶을 알 수가 있습니다.'고 하시고, 사람을 시켜 알아보게 하니 말 머리가 과연 밖으로 향하고 있는지라 이로써 중종께서 신정하실 수가 있었다고 합니다."라고 하였다.

주상께서는 "머무르신 사가를 유신儒臣이 혹 아는가?"라고 하자, 성효性孝가 아뢰기를 "처음부터 문적文籍은 없고 속담 비슷한 것만 있는데, 세대가 오래되어 알 수가 없습니다."고 하자, 주상께서 이르시길 "신구중이도 알지 못하는가? 이제 이번에 추복한 뒤에는 아는 자가 혹시 있으리라고 생각한다. 탄생하신 곳과 탄생하신 연도와 모군부부인某郡府夫人을 혹 아는 자가 있는가?"라고 물으시자, 영국이 "이미 추복할 것을 정하셨으니 당연히 실록에서 자세히 찾아내어야 합니다."라고 하였다.

주상께서 "실록을 자세히 고찰하면 알 수가 있겠는가? 왕비

註169) 중종의 마음, 즉 세자빈으로 왕위 등극 이전

지위에 올라 책보冊寶[170])를 받은 연후에야 실록에 실릴 수가 있을 것이다."고 하시니, 영국이 "이는 대사大事이니 실록에 당연히 실렸을 것입니다."라고 하거늘, 주상께서 이르시길 "신구중은 시골에 사는 자인가?"라고 하니, 성효는 "일찍이 서소문西小門 밖에서 살았습니다."고 답변하자, 주상께서는 "이는 바로 '삼문 밖[三門外]'[171])이구나."라고 하시었다. 이에 성효는 "신구중이 일찍이 신수근의 시호를 청하였는데, 그때 시장諡狀은 바로 이덕수李德壽가 지은 것으로 지금 홍문관에 있습니다."라고 아뢰자, 주상께서는 "주서注書는 나가서 (그것을) 가져오라."고 하심에 남덕로(南德老: 1695~?)가 나가서 시장을 가지고 들어왔다.

영국이 아뢰기를 "인종仁宗께서 반년을 정치하셨으나 참으로 우리나라에 요순과 같은 임금이십니다. 병환으로 계실 때에 선정先正 조광조趙光祖의 관작을 회복하라고 특별히 명하시고, 신수근의 복관復官[172])을 하시기에 이르렀음도 지극히 어려운 일입니다."고 하자, 주상께서는 "이 복관復官한 일을 본다면 더욱 알 만한 점이 있을 것이다."고 하셨다.

영국이 "(신수근이) 재물을 탐하고 권세를 좋아한다는 책망이

註170) 옥책玉冊과 금보金寶로, 왕이나 왕비 등에게 책봉이나 존호를 수여할 때 사용된 의례용 인장과 간책을 말한다. 왕실 행사에서 사용되었습니다.

註171) 서대문·서소문·남대문 바로 바깥에 긴밀하게 연결되어 발달한 상업 지역은 '삼문 밖[三門外]' 지역이라는 이름으로 불렸다.

註172) 관작官爵을 회복함

있었다고들 하나 (자신에게 놓인 상황에 딸) 섬기는 바를 위하여 절개를 다하기란 참으로 어렵습니다."고 하자, 주상께서는 "(신수근이) 만약 정말로 재물을 탐하였다면 어찌 몸을 보전할 계책이 없었겠는가? 마땅히 그 결과에 성취한 바를 보아야 할 것이다."고 하시었다.

이성효가 "(신수근을 비롯한) 삼형제가 모두 죽임을 당했습니다."라고 아뢰자, 주상께서는 "무도無道한 임금[연산군]이 해침을 당한 경우일지라도 그 섬기는 바를 위하여 반드시 죽음으로써 절의를 지켰거니와 난처한 지경에 몰리어서는 능히 장기판을 밀치고 일어났으니 조용히 생각함에 (신수근이 처했던 그 상황에서) 그 심사心事를 알 것 같다."고 하시었다.

이성효가 "누이[연산군비]와 딸[신비愼妃]중에 누가 더 소중한가의 물음이 있었으나 (신수근 마음을 떠 보는 그 의도에 반대하고) 듣지를 않았습니다."고 하고, 영국이 "(훈신들이 마음을 떠보자 신수근이) 장기판을 밀친 일을 보면 지조와 절개가 굳고 확실하니 이는 인정으로는 어렵습니다."라고 하였다. 이 날 예조가 원임대신原任大臣[173)]의 수의收議[174)]로 입계入啓[175)]하였다.

註173) 대신大臣은 조선시대 정1품과 종1품의 관직을 실재로 거친 전직·현직의 관직자를 일컫는다. 의정부의 삼정승과 좌·우찬성, 중추부의 영사·판사가 대신이었고, 전·현직에 따라 전직을 '원임대신原任大臣', 현직을 '시임대신時任大臣'이라고 일컬었다.

註174) 의견을 종합함

註175) 왕에게 상주上奏하는 글을 올리던 일

3) 3월 15일三月 十五日[176]

선정전宣政殿[177]에 입시入侍함에 주상께서 이르시길 "신구중은 오라."고 하시자, 구중이 나와서 엎드렸다. 주상께서는 "경기지역 사람인가? 빨리 왔구나. 항상 시골에 사는가?"라고 물으시자, 구중이 아뢰기를 "여러 해 전부터 교하交河에 우거寓居[178]하였습니다."라고 하였다. 주상께서는 "나이는 어찌 되는가?" 하시자, (신구중이) "58세입니다."라고 하니, 주상께서는 "신수근의 몇 대손인가?"라고 하심에 "7대손입니다."라고 답하였다. 주상께서는 "종손宗孫은 누구인가?"라고 하심에 "신臣의 5촌 조카 후성後成입니다."라고 아뢰었다.

주상께서는 "내가 그대를 보고자 하는 것은 (그만한) 뜻이 있으니 신비愼妃의 일이 실록에 자세히 실리지 않은 듯하다. (신비는) 어디에서 탄생하셨고, 춘추는 얼마신가를 혹시 아는가?"라고 하시자, 구중이 아뢰기를 "세대가 점점 멀어지고 가승家乘[179]이 갖추어 지지 않아 무인년(戊寅年, 1698)에 조가(朝家, 왕실)에서 문의를 해 오신 일이 있었으나 기일(忌日: 제삿날)만을 아뢰었으며, 그 나머지는 능히 앙대仰對[180]하지 못했습니다."라고 하였다.

註176) 1739년 3월 15일을 뜻한다.

註177) 창덕궁 안에 있는 편전便殿

註178) 임시로 거주하는 곳

註179) 혈통적 근원 내지 내력을 직계조상을 중심으로 밝힌 문적文籍. 가승은 족보의 한 형태로서 가첩家牒・세계世系・가계家系・내외보內外譜 등으로도 쓰였다.

註180) (왕실에서) 질문하신 것에 우러러 답변함

이에 주상께서는 "처음 부부인府夫人을 봉封함과 가례嘉禮[181] 때 의절儀節[182]이 혹시 있는가? 궁궐에서 나오셔서 사제私第[183]에 거주하신 뒤에는 바로 사가私家와 마찬가지가 되었으므로 어찌 실록實錄에 실릴 수가 있었겠는가?"라고 하시었다.

구중龜重이 아뢰기를 "(신비愼妃가) 왕후의 지위에 계신 3일 만에 사제私第로 물러나 계셨다가 명종 조明宗朝에 이르러 돌아가셨는데, '1등等의 예장禮葬으로 치루었다.'고 하고, 양사언(楊士彦: 1517~1584)의 문집(文集: 『봉래집蓬萊集』)을 자세히 고찰해보니 신비愼妃의 만사挽詞[184]에 칠언율시七言律詩[185] 한 수를 지어 그 아래에 향년享年 71세로 기록하였습니다.

그 임종(臨終: 죽음이 임박함) 때를 당하여 주상으로부터 후사後事를 물어보니, 셋째 오라비 홍조弘祚의 아들 사원思遠으로 제사 받들기를 청하였는데, 사원이 후사가 없자 그의 사위 심제겸沈悌謙에게 전傳하였고, 또 심제겸은 그의 손자사위[孫婿]이씨李氏 성姓을 가진 자에게 전하였습니다. 이에 이씨가 (너무) 곤궁하여 제사 모실 형편이 못 되어 신주神主를 처마 밑에 봉안奉安하고 있었

註181) 왕실의 혼례

註182) 예의禮儀에 관한 의식儀式이나 시행의 질서·표준·절차 등을 말한다.

註183) 개인소유의 집 또는 사저私邸라고도 함

註184) 죽은 사람을 애도하여 지은 글

註185) 칠언七言 네 구句로 된 한시漢詩. 한 구절이 일곱 글자로 된 절구絶句를 가리킨다. 율시律詩는 한시 형식의 하나로 4운四韻 8구八句로 된 근체시이다. 1구가 5글자로 이루어진 오언율시五言律詩와 7자로 이루어진 칠언율시가 있다.

다고 합니다.

(이러한 사정에서) 현종 임자(壬子: 1672)에 고故 상신相臣 이단하(李端夏: 1625~1689)가 건백建白[186]하기를 '이제 제사를 받드는 사람은 (친족범위에서 볼 때) 신비愼妃와의 관계에서는 남남과 다름이 없습니다. (그러한 점은) 제사를 받들기에 합당하지 않으므로 신비의 신주를 청하옵건데 (신비의) 친정 본가 종친에 되돌려 원래 모시던 곳에서 시행토록 하십시오.'라고 하여 주상으로부터 윤허允許가 계셨는데 신규申奎가 상소를 올린 뒤에는 사당을 세우는 일이 있었습니다."라고 하였다.

주상께서 "사당을 세우지 않았을 때는 어디에 봉안하였는가?"라고 하시자 구중龜重이 "신臣의 조부[愼憙]때에 받들어 모셔 왔는데 조부가 사망한 뒤에 종가宗家에 남정男丁[187]이 없었던 관계로 신臣의 부친[愼徽五]이 계속 제사를 모시고 있습니다."라고 하였다. 주상께서 "그대의 집에서 이 사당의 신주를 받들어 왔는가?"라 물으시자, (신구중이) "그러하옵니다."라고 하였다.

주상께서 "제사를 받들어 왔던 사실을 듣고 보니 더욱 슬퍼지는구나. 중간에 제사가 거의 끊어질 지경에 이르렀었구나. (신비께서는) 향년 71세시라는 것은 맞는가? 양사언은 어떤 사람인가?"라고 하시자, 승지 남태온(南泰溫: 1691~1755)이 "호는 봉래蓬萊인데, 글씨를 잘 쓰기로 세상에 이름이 나 있습니다,"라

註186) 아랫기관이나 그런 신분이 윗 기관이나 윗사람에게 의견을 드림
註187) 성년이 다된 남자를 이름

고 하였다.

주상께서는 "만약에 만사挽詞[188]를 지은 해를 알아서 그것으로써 미루어 추정해보면 탄생하신 해를 알 수가 있을 것이다." 고 하시자, 구중龜重이 "그 만사挽詞를 지금 가져왔습니다."라고 하였다. 주상께서 "올리라." 하시자, 구중龜重이 "사본寫本이 정밀하지 못하여 직접 아뢰올까 합니다."고 하자 "그렇게 하라." 고 하시어 구중龜重이 만사를 한 번 소리 내어 읽었다.

양사언의 만사挽詩에

"아내의 덕을 지키며 궁전에 들어오던 날
육궁六宮[189]의 종과 북이 한꺼번에 울리더라.
갑작스레 곤륜산[190]에 불꽃 일어나 타오르니
서리를 맞은 계수나무 풀밭으로 쓰러지네
봄이라 궁궐 뜰에 핀 꽃이 기억나 눈물짓고
임 버림받은 몸 꿈속 헤매니 눈물이 슬픔을 더하네
임을 향한 일편단심 궁궐의 달로 변해서
저절로 밤마다 서릉西陵[191]을 향해서 오겠지."

註188) 죽은 사람을 애도하는 글을 지칭하는 용어. 만장挽章이라고도 한다.

註189) 황후의 여섯 궁전. 정침正寢 하나와 연침(燕寢 : 왕실 일상생활 공간) 다섯.

註190) 중국 신화에 등장하는 산 또는 산맥으로 세계의 축軸과 신神을 나타내는 중요한 상징이다.

註191) 왕후의 능을 일컬음

라고 하였다.

주상께서 "그의 문집이 있는가? 주서注書는 나가서 옥당(玉堂: 홍문관)에 물어 보고 가지고 오라." 하시자, 남덕로(南德老: 1712~?)가 나갔다. 주상께서 "묘소가 서산西山에 있다고 하니 바로 선산先山인가?"라고 하시자, 구중龜重이 "선산에서 10리 되는 곳에 있습니다. 그러므로 이는 조가(朝家: 왕실 가문)에서 예장禮葬한 곳인데 그 뒤에 본가에서도 계장繼葬[192]하는 사례가 많았습니다."라고 아뢰었다.

주상께서 "이는 사릉思陵[193]에 전례前例가 있으니 그 계장繼葬한 사람이 신비愼妃와는 어떠한 관계가 되는가?"라고 하시자, 구중龜重이 "신비 형제의 자손입니다."고 하였다. 주상께서는 "내가 바야흐로 마음에 창연愴然[194]하였는데 시장諡狀이 마침 이 때에 도착한 까닭에 명을 내린 바가 있었는데, 이제 그대를 보니 더욱 감동되고 슬픈 정회情懷[195]를 이기지 못하겠다."고 하시었다.

구중龜重이 "신臣의 선조께서 폐부지신肺腑之臣[196]으로 혼란한 조정에서 공신들의 내탐來探[197]을 당하여 의거가 없어서는 아니 된다는 것을 몰랐던 것이 아니며, 동조하여 따르면 무한한 부귀를 누리고 따르지 않으면 일신에 큰 화가 닥쳐옴을 몰랐던

註192) 조상의 묘지 아래에 자손을 장사 지냄
註193) 단종의 비 정순왕후定順王后의 능호, 즉 정순왕후
註194) 몹시 마음이 아프고 서운하다.
註195) 가슴에 사무쳐오는 회포를 말한다.
註196) 폐부는 마음속을 뜻하는 말로, 왕실과 아주 가까운 신하를 의미한다.
註197) 가까이 접근하여 마음속을 떠보는 것을 뜻한다.

것도 아니지만 확연히 흔들리지 않고 섬기는 바에 충절을 다했습니다.

그리하여 피해가 왕비에게 미쳐 폐출되시기에 이르렀고, 인종仁宗 말년에 비록 선조先朝께서 관작을 회복하라고 하셨으나, 그 뒤 발양(發揚: 거행할 뜻을 펴서 드러냄)한 바는 없었습니다. 지금 200년이 지나 한 결 같이 민몰(泯沒: 자취가 아주 없어짐)로 향하였는데, 이제 추복追復하는 은전恩典이 천고千古에 형출迥出[198] 하였사오니 이는 다만 무한한 국가경사일 뿐만이 아니라 선조先朝의 일도 따라서 억울함을 풀게 되었사오니 소신小臣의 감축(感祝: 감사하고 축하함)함 또한 어떻게 모두 다 아뢸 수가 있겠습니까?"라고 하였다.

남덕로南德老가 들어와 "홍문관에 봉래蓬萊 양사언楊士彦의 문집이 없습니다."고 아뢰자, 구중龜重이 "병인(丙寅: 1506) (중종)반정 때에 반정공신 등이 먼저 갑사甲士[199]를 보내어 사제私第를 에워싸자 중종께서는 처음에 그 상황을 알지 못해서 두렵고 놀라 인결引決[200]하고자 하셨다고 합니다.

이때 신비愼妃께서 만류하면서 이르시길 '말머리가 향하는 곳을 살펴봐야 할 것입니다. 만약 말이 말머리를 (우리) 집안으로 향해 서 있다면 이는 우리를 헤치는 것이요, 만약 밖으로 향해

註198) 갑작스럽게 툭 튀어 나옴

註199) 조선시대 군사軍士 중에 하나. 조선시대 오위제五衛制의 중위(中衛: 義興衛)에 속했던 군인이다.

註200) 어떤 일에 책임을 지고 자결自決함

서 있다면 우리를 모시려는 것입니다.'라고 하시고는 사람을 시켜 알아보도록 하였는데, 과연 말이 말머리를 밖으로 향해서 있는지라 중종께서 진정하실 수가 있었다고 합니다.

폐출된 뒤에 중종께서 일찍이 능행陵幸[201]을 기회삼아 친히 사제私第에 들리셨는데 신비愼妃께서 사양하시길 '만약 첩(妾: 신비 자신)을 보고자 하신다면 (전하의 거둥은 나라의 공적인 일이므로) 반드시 위로는 종묘에 고하시고 아래로는 신민臣民에게 알리도록 하십시오. 그러하지 않으시면 감히 사사로이 볼 수는 없사옵니다.'라고 하였다고 합니다."

주상께서 이르시길 "이는 지난날에 들었던 것인데 앞서 승지가 말한 것과는 다르고 내영(來迎: 맞이하러 옴) 때를 당하여 말머리가 향하는 바를 보도록 한 말은 앞서 들은 것과 일반一般이다."고 하시자, 구중龜重이 하직인사를 드린 뒤 나가고 이어서 여러 신하들도 잠시 물러났다가 다시 들어왔다. 주상께서는 "신비愼妃께서 (궁궐을 나가서는) 죽전동竹前洞 하위성河城尉 정현조鄭顯祖의 집에 거주하셨는데, 그곳은 바로 지금의 영희전永禧殿이라고 하더라."고 하시었다.

그러자 남태온(南泰溫: 1691~1755)이 "중종의 잠저가 묵사동墨寺洞에 있었는데 바로 임원군林原君 표杓[202]의 집입니다. 그렇지만

註201) 임금이 능으로 거둥함

註202) 임원군(1654~1724). 조선 후기의 왕족. 선조의 서庶9남 경창군의 증손이자 선조 서장남庶長男 임해군의 양증손養曾孫이다.

치마바위[裳巖]는 과연 어디에 있었는지 모르겠습니다."라고 하고, 기주관記注官 우홍적(禹洪迪: 1691~1742)이 "남산南山 아래에 있다고 하옵니다."고 하자, 주상께서는 "구중龜重이 (신비의 춘추를) 향년 71세라고 말한 것은 옳지만 궁궐을 나가실 때에 약 20세라 하나 자세히 알지는 못하겠다."라고 하셨다.

남태온이 "양사언의 문집을 구중의 아들이 일찍이 보았다고 하고, 이제 마땅히 탐문探問할 것이라 합니다."고 아뢰자, 주상께서는 "'(중종께서) 조강지처를 어찌 그럴 수가 있으리요?'라고 하신 하교下敎는 바로 실록에도 있는 사실이다. 그와 같이 사실史實을 전문(傳聞: 전하여 들음)에서 얻은 것이 아니다."라고 하시었다.

남태온이 "신비愼妃께서 (궁궐을) 나가신 해가 병인년(丙寅年: 1506)인데 장경왕후께시 책봉 된 해는 정묘년(丁卯年: 1507)이므로 그 사이에 오래 왕비자리를 비워둔 것은 의미가 있는듯합니다."라고 하자, 주상께서는 "조금 전에 구중을 불러본 것은 뜻이 있어서였는데, 과인이 알고 있는 바로는 오래도록 직명職名이 없었다고 하던데, 그 일의 본질에 있어서는 마땅히 수용收用할 전례典禮를 두어야 할 것이다.

해당관청에 분부하여 곧바로 관작을 회복하도록 하고, 신수근의 노복奴僕이 주인[신수근]을 구하려다가 함께 죽었으니, 그 충의忠義로운 절개가 참으로 기위(奇偉: 대단히 훌륭함)하지만 그 자손은 (그러한 사실을) 알지를 못하므로 (그의 자손들에게 지금에 이르러) 복호復戶[203] 등의 일은 시행하기가 어려운 점이 있다."

고 하셨다.

이날 백관이 궁중의 뜰에 모여 헌의獻議[204]하였다. 전지(傳旨: 왕명을 전하는 교지)에 이르시길 "이번 대정(大庭: 궁중의 큰 뜰)에서 (여러) 사람들의 의논을 널리 채택하고자 하는 것은 대개 일의 본질을 중하게 여기기 때문인데, 500여 인의 헌의獻議에 삼가三嘉[205]의 일령(一佮: 한 사람의 현령) 외에는 달리 다른 견해가 없었다.

그리고 대신과 유신儒臣의 헌의獻議도 같으므로 인정이 하나 같음을 볼 수가 있다. 지금 거행하지 못한 것은 다만 재외在外의 문의問議가 함께 도착하지 못한 것과 번잡한 예의의 한 절차일 뿐이다. 슬프구나! 200년 가까이 드러나지 않아서 신원伸冤[206]하지 못한 일을 장차 복원하는 것에 사왕(嗣王: 임금 자리를 이어받은 임금)이 된 자로서 마음속에 두렵고 비통함이 마땅히 어떻겠는가? 비록 복위復位하지는 않았으나 이미 그 사당을 세웠으니 한 번 전례典禮[207]로 그쳐서는 아니 될 것이거늘 하물며 앞으로 복위함에 있어서랴?

사우祠宇에 전례典禮할 길일吉日을 즉시 일관日官[208]으로 하여금 택일하여 들게 하라. 만약 날짜가 의논되기 전에 있다면 예

註203) 충신 · 효자 · 절부節婦가 난 집의 호세戶稅를 면제하던 제도
註204) 윗사람이나 상급기관에 의견을 드리는 것을 뜻한다.
註205) 경상도 합천군에 있는 지명이다.
註206) 억울하게 일이나 죄를 덮어쓴 자가 그의 사후에 그 원한을 풀어주던 제도
註207) 공적인 일로 모범적인 예제禮制
註208) 하늘의 변이變異로써 나라나 인간의 길흉吉凶을 점치던 관원

식禮式은 마땅히 대원군大院君 [209]의 사당에서 하는 예에 따를 것이다. 만약 날짜가 의논된 뒤에 있다면 마땅히 알례謁禮[210]를 행할 것이니 또한 의조(儀曹: 예조禮曹)로 하여금 이에 의거하여 거행토록 하라."고 하셨다. 또한 전지傳旨에 "범사凡事에 만약 느끼어 후회되는 것이 있다면 그 거행하지 못한 전례典禮를 거일병이擧一幷二[211]하는 것이니 예전에 아랫자리에 있던 자들도 이 습관이 있었다.

이는 과인이 일찍이 그르게 여겼는데, 처음에는 알지 못하였지만 일이 앞으로도 행하여진다면 무엇을 꺼려하겠는가? 과인이 평소에 국조國朝의 고사故事[212]에 어두워 신수근의 일에 대하여 본사本事에 자상하지 못했는데, 어제 시장諡狀을 보고 비로소 동연(洞然: 밝고 환하게 알게 됨)하게 되었다. 아! 의리가 점점 어두워지고 자기이해를 따지는 인심은 점점 커지니 이러한 때에 만약 표창(表彰: 선행을 널리 드러냄)하지 않는다면 무엇으로 군신 사이의 도리를 바르게 할 수 있겠는가?

수근守勤의 일을 총괄하여 말한다면 대개 하늘의 명을 몰랐다

註209) 종친 중에서 왕위를 계승하는 경우 그 왕의 생부(生父, 자신의 친부)를 부르는 말

註210) 왕이 직접 참배하는 의식

註211) 하나의 일을 일으켜서 두 가지 일을 처리함

註212) 국가 역사에서 전개된 오래된 옛 이야기라는 뜻으로 유명하거나 후세 사람들에게 교훈이 되는 인물 또는 이야기이다. 특히, 국가에서 유명한 인물들 행적을 기록한 책으로 『국조고사國朝故事』도 있다.

고 하지만 공자 같은 성인聖人도 하늘의 명을 드물게 말씀하셨으니, 이도 속세의 말에 불과하다. 아! 간절하구나! 수근의 마음이여! 확실하구나 수근의 뜻이여! 훈척(勳戚: 국가에 공훈이 있는 왕의 인척)에 연연하지 않아 (임금) 섬김을 한 결 같이 하고 공신의 수작을 강개慷慨[213]히 물리쳐 그 몸을 돌아보지 않았으니 일찍이 강석講席[214]에서 유시諭示하지 않았던가? 그 인경麟經[215]을 보건데 성인聖人의 마음을 볼 수가 있다.

듣지 않았으면 모르거니와 이미 알고 난 뒤에 만약 포장(褒奬: 포상하여 장려함)하지 않으면 이를 어찌 성인聖人이 『춘추』를 지은 뜻을 준수하여 항일恒日[216]로 삼는 뜻을 보임이겠는가? 만약 욕의縟儀를 거행하면 저절로 그 증위(贈位: 사후에 벼슬을 내림)가 있을 것인데 그 머뭇거림으로 인해 그 일을 민몰泯沒[217]시킴이 옳겠는가? 어떻게 하면 칭찬하고 기리어 세상에 권장할 수 있겠는가? 해당 관청으로 하여금 대신에게 의논하여 품처稟處[218]하도록 하라"고 하시었다. 이날 경기 근처에 유신儒臣의 수의(收議: 여러 사람의 의견을 종합함)가 또 들어왔다.

註213) 비분강개의 준말로, 의롭지 못한 일이나 잘못되어 가는 세태가 슬프고 분하여 마음이 북받침
註214) 여러 사람을 대상으로 자신의 의견을 펴는 자리
註215) 공자가 지은 『춘추』의 다른 이름
註216) 변함없이 늘 지니고 있는 떳떳함
註217) 자취나 흔적이 아주 없어짐
註218) 상관의 재가를 받기 위해 의논을 드려 처리함

4) 3월 17일三月 十七日[219)]

희정당熙政堂[220)]의 인견引見[221)]에 우의정 송인명宋寅明이 "막중막대(莫重莫大: 매우 중차대한 것)한 전례典禮를 며칠 전에 문의한 일이 있었는데, 특별한 다른 의논은 없었습니다. 이에 군정群情이 모두 기뻐하고 공의公議가 동일하여 광전(曠典: 이전에 없던 전례典禮)을 앞으로 거행하는 것에 신인神人이 서로 경사로 여기니 신臣도 기쁘고 다행한 마음을 누를 수가 없습니다."고 하자, 주상께서는 "경卿 등도 짐작할 수가 있을 것이다. 재외(在外: 재야) 유신儒臣의 의논이 아직 어떠한지 모르나 일이 이미 거의 이루어져 욕의縟儀를 거행하는 것이 앞으로 멀지 않았으니 이로써 다행이다."고 하시었다.

송인명(宋寅明: 1689~1746)이 "얼마 전에 사우(祠宇: 사당)에 진배展拜[222)]할 날을 택정擇定하라고 명命을 두셨는데, 오래되어 멀어져간 일을 이제야 추거追擧[223)]하고자 하는 일에 전하 마음의 감모(感慕: 마음에 느끼어 사모함)하심이 진실로 마땅하기가 이와

註219) 1739년 3월 17일을 뜻한다.

註220) 조선시대 임금이 정사를 보던 창덕궁의 전각殿閣의 하나. 창덕궁 편전便殿은 본래 선정전宣政殿이었으나 조선 후기에 이 건물을 편전으로 사용하게 되었다. 창건연대는 확실하지 않으나, 성종이 휴식장소로 사용하던 숭문당崇文堂을 1496년(연산군 2) 희정당이라고 바꾸면서 창경궁의 한 건물로 등장하게 되었다.

註221) 임금이 예식을 갖추어 관원을 불러서 대면함

註222) 임금이 궁궐·종묘·능침 등에 직접 참배하는 것. 전알展謁이라고도 한다.

註223) 옛 일을 들추어내어 뒤좇아 거행함

같아서 복위하기 이전에 사우에 전배하시는 것은 하늘의 이치와 인정人情에 참으로 화합할 것입니다.

다만 생각되는 점은 비록 대원군묘大院君廟[224]의 예를 따를지라도 예절에 이미 구애되는 것이 많고 시학視學[225]도 (내일) 모레에 있으니 전하 옥체가 연일 수고하시면 어찌 손상되는 염려가 있지 않겠습니까? 사우에 거둥하심[임금의 나들이]은 일시에 다급히 하실 필요가 없습니다."고 하자, 주상께서는 "복위한 뒤 사당에 참배하는 것은 바로 당연히 행할 일이다. 복위하기 이전에 반드시 전배한 뒤에라야 신인神人의 바램을 위안할 수가 있을 것이다."라고 하시었다.

송인명이 "고故 상신相臣 수근의 일로 신臣 등이 헌의獻議한 적이 있었는데, 그 시장諡狀을 보게 되면 당연히 포장褒奬해야 되겠지만 옛날에도 이와 같은 사람이 많았으므로 박승종(朴承宗: 1562~1623) 같은 이가 '죽을 곳에 목숨을 던지는 것'은 동일합니다."고 하자, 주상께서는 "제일의(第一義: 가장 근본 되는 의의)는 내가 이미 명을 내렸다. 여기에 두 가지 일이 있으니 말을 다하고 끝까지 간諫하다가 용봉龍逢[226]과 같은 죽음이 옳고 만약 그

註224) 조선시대 대원군의 사당. 대원군은 국왕의 생부生父를 일컫는데, 영조 이전에는 덕흥대원군(선조의 아버지)이 있었다.

註225) 임금이 국학國學에 납시어 석전釋奠·양로養老의 예禮를 행하는 일

註226) 중국 하나라 걸왕 때의 관용봉關龍逢을 일컬음. 하나라 걸왕 때 대신으로 걸왕에게 충간하다 죽임을 당하였다. 『한시외전』에 걸 왕은 술 연못을 사방 십리 넘게 만들고, 그 안에 배를 띄워 삼천 명이 들어갈 정도였다고 한다.

렬 수가 없다면 몸을 깨끗이 결백하게 물러나는 것도 마땅하다. 그런데도 모두 그렇게 할 수 없다면서 그 결과에 지조志操를 세우는 것을 보여주기는 참으로 어려울 것이다."라고 하시었다.

송인명이 "신臣이 의논하면서 원통하게 죽은 예에 따르기를 청하였으나 재외(在外: 재야)의 의논은 간혹 그렇지가 않았습니다."고 하자, 주상께서는 "이번 하교下敎에는 깊은 뜻이 있었으므로 신하된 자가 마땅히 이와 같아야 되는데도 만약 그르다고 여긴다면 이것은 마음에 임금이 없는 것이다. 공자께서 '은나라에 삼인三仁[227]이 있었다.'고 하신 뜻은 '행한 바는 각각 다르지만 한 가지로 인仁이다'라고 하시고, 『인경麟經: 『춘추春秋』에 '우리 소군小君[228] 문강文姜[229]을 장사지낸다.'고 하였다. 그러므로 주(紂: 은나라 말기 폭군)와 문강은 어떤 사람인가? 신하된 도리가 반드시 이와 같아야 옳은 것이므로 과인은 참으로 『인경』의 의리를 따르겠다."고 하셨다.

그러자 관용봉이 걸왕에게 간언하기를 "옛날 군주들은 '인의仁義를 구하고 백성을 사랑하며 재정을 절약하여 국가 안녕과 치세를 도모했다'고 합니다. 지금 대왕께서는 국고를 축내고 살인을 자행하니 이를 계속할 경우 하늘의 재앙을 받아 어떤 일이 일어날 지 예측할 수가 없습니다."고 하자, 걸 왕은 크게 노하여 명을 내려 옥에 가두고 그를 죽여 버렸다.

註227) 중국 은나라 말기의 어진 충신 세 사람, 즉 미자微子·기자箕子·비간比干을 말한다.

註228) 제후의 처妻를 일컬음

註229) 중국 제齊나라 폭군 왕 양공襄公의 여동생이다. 노나라 왕의 아내였지만, 노나라 왕이 되기 전과 후에도 양공과 불륜을 저질렀다.

호조판서 유척기(俞拓基: 1691~1767)가 "신수근이 그 당시 상신相臣[230]이 되어 능히 그 임금을 보전하지 못했습니다."고 하자, 주상께서는 "내가 본 제일의를 말했었는데, 만약 상신相臣이 되어 연산군으로 하여금 이 지경에 이르게 한 것에 대해 말한다면 예로부터 이와 같은 사람들도 많았을 것이다. 그렇지만 그 입장도 다른 인물들과는 달랐다."고 하시었다.

인명寅明이 "예조의 연길涓吉[231]이 4월에 있고, 거행의 성교(聖教: 임금의 명, 즉 교서教旨)를 하교하시는 것을 다시 기다리고 있습니다."고 하자, 주상께서는 "다시 하교를 기다린다고 하는 것은 복위한 뒤를 가리키는 것이다. 예절에 대해서는 의논할 것이 없다"고 하셨다.

5) 3월 22일三月 二十二日[232]

대신大臣과 비변사의 당상관堂上官[233]이 청대(請對: 임금 뵙기를 청함)하여 입시한 때에 별겸別兼 이성중(李成中: 1706~1760)이 아뢰길 "신臣이 근래 강화도에 가서 실록을 고찰하였습니다."라고 하자, 주상께서는 "(고찰한 실록 기사 중에) 특별히 (과인에게) 들려줄 만한 일이 없는가"라고 하시자, 성중이 "'명종 정사(丁巳,

註230) 의정議政 또는 정승政丞이라고도 하는데, 영의정·좌의정·우의정을 통칭하는 말이다.

註231) 가례(嘉禮, 혼례) 날짜를 정하는 택일절차에서 길일吉日을 택하는 것

註232) 1739년 3월 22일을 뜻한다.

註233) 조선시대 정3품 이상의 관직. 조정朝廷에서 정사를 논의할 때 당堂 위에 올라 앉을 수 있는 관직이라는 뜻에서 유래했다.

1557)에 폐비신씨가 돌아가셨다.'고 쓰여 있으므로 이미 (춘추가) 향년71세라고 말하는, 즉 실록에 기록된 글은 있으나 가례嘉禮가 어느 해에 있었는지는 모르겠습니다.

신비愼妃께서 궁궐을 나가신 것을 세상에서는 반정反正 후 하루 만이었다고 하지만 실록에서 상고하여 본 것에 의하면 무인일(戊寅日: 1506년 9월 2일)에 반정하고 을유일(乙酉日: 1506년 9월 9일)에 출궁出宮하셨고, 기신(忌辰: 제삿날)은 실록에 초 7일初七日이라 기록되어 있으므로 사가私家에서 5일이라 전하여 오는 것은 잘못입니다.

그 돌아가신 것을 기록한 아래에 '중종께서 신씨의 죄가 아니었는데도 폐척(廢斥: 폐하여 물리침)한 사실을 아쉬워 잊지를 못하셨다.'고 기록하고 있고, 또한 '신씨는 중종의 원비元妃이시거늘 그 돌아가심에 예관禮官이 능히 의식儀式답게 (제대로) 거행하지 못했다.'고 기록하였는데, 이러한 기사는 사관史官이 기록한 것입니다.

또한 정묘년(丁卯年, 1507)에 출비(黜妃: 폐출된 비妃) 신씨의 처소에 내관內官으로 하여금 주인廚人[234]을 맡도록 하교하셨다."고 하자, 주상께서는 "'출자黜字'가 '폐자廢字'와는 다르므로 그 문자에 의미가 담겨 있다."고 하시었다. 성중成中이 아뢰기를 "반정 후에 (신비께서) 입궁하신 사실을 기록하지 않은 것은 사관史官이 소홀히 빠뜨린 것입니다. 중궁(中宮: 왕비)에 정위正位하여 백

註234) 음식 요리하는 사람. 주주廚夫·포인庖人이라고도 한다.

관의 하례를 받았거늘 공신 박원종이 힘써 폐출하기를 청하자 중종께서 처음에는 굳게 거부하며 따르지 않았다고 합니다."고 하였고,

송인명은 "김정·박상의 상소는 충간의담忠肝義膽[235]이 격렬하고 감개하니 참으로 이는 명소(名疏: 훌륭한 상소문)입니다. 주상께서도 일찍이 하람下覽하셨는지요?"라고 하자, 주상께서는 "미처 보지는 못하였다."고 하시었다. 성중이 "이 상소로 시비를 서로 다투어 마침내 기묘사화의 발단이 되었다고 합니다."라고 하였다.

6) 3월 25일三月 二十五日[236]

재외(在外: 재야) 유신儒臣의 수의收議가 함께 들어왔다. 전지傳旨에 이르시길 "중종께서 옛적에 간절하고 측은하게 여긴 비답批答은 임금의 마음에 다른 뜻이 없음을 앙체仰體[237]할 수 있으므로 마땅히 복위할 것이다. 성고(聖考: 부왕, 즉 숙종)께서 만년晩年에 애석하게 여기신 가르침은 근윤靳允[238] 하신 것에 다른 뜻이 없으시다는 것을 앙체仰體할 수 있으니 복위가 당연할 것이다.

이는 인정이 순응함에 천리天理를 합할 수 있음이라. 아! 소자小子의 마음이 어찌 하늘에 계신 영령英靈께서 인도하여 주신

註235) 충성된 마음과 의열義烈의 담력膽力
註236) 1739년 3월 25일을 뜻한다.
註237) 윗사람의 뜻을 체득하여 깨달음
註238) 빨리 허락하지 않고 자꾸 미룸

연유가 아니겠는가? 아! 우러러 성지(聖旨: 선왕의 교지)를 받들어 행하여 위로는 하늘의 뜻에 보답하는 도리를 늦출 수가 있겠는가? 예관禮官으로 하여금 복위하는 의절儀節을 즉시 거행토록 하라."고 하셨다.

승지 심성진(沈星鎭: 1695~1778)이 예조의 말로 아뢰기를 "신비의 복위하는 일에 대하여 명을 내리셨으니 시호諡號·휘호徽號[239]·능호陵號를 반드시 먼저 의정議定한 뒤에 그 외에 따라서 행하는 절목을 곧 차제次第대로 거행할 것입니다. 길일吉日을 의정議定하는 것은 일관日官[240]으로 하여금 추택(推擇: 선택 또는 택일擇日)하게 한 즉, 금 3월 28일[今三月 二十八日]이 길吉하다고 합니다. 같은 날에 대신 및 의정부의 당상과 육조참판 이상 관각(館閣: 홍문관과 예문관)의 당상을 회의에 부르시는 것이 어떻습니까?"라고 하자, 전지傳旨에 이르시길 "허락하노라."고 하시었다.

이어 조영국이 예조의 견해로 아뢰기를 "복위부묘도감復位祔廟都監[241] 및 봉릉도감封陵都監[242]의 제조提調 이하의 당상과 낭청郎廳[243]은 한 결 같이 무인년(戊寅年: 1698)의 예에 의거하여 임

註239) 왕비가 죽은 뒤 시호와 함께 내리던 존호尊號

註240) 하늘의 변이變異로써 점을 치던 관원

註241) 복위復位와 부묘祔廟의 사무를 처리하기 위하여 설치한 임시 관청

註242) 조선시대 왕이나 왕후가 세상을 떠나면 국장을 위한 세 개 도감이 설치되는데, 그중의 하나가 왕릉을 조성하는 일을 담당하는 산릉도감山陵都監이다. 후대 역사적 평가에 의해 추후에 왕이나 왕후의 지위를 얻게 되면, 본래 묘소를 왕릉 급으로 새로이 조성하게 되는데 이를 봉릉이라 하며 봉릉도감奉陵都監에서 이 일을 주관하였다.

註243) 비변사의 관직, 즉 비변랑備邊郎

명하고 거행하는 것이 어떻겠습니까?"라고 하자, 전지傳旨에 이르시길 "그렇게 하라. 이미 복위하였으므로 참배叅拜를 어찌 조금이라도 늦출 수가 있겠는가? 복일卜日[244]하지 말고 26일에 거행토록 하라."고 명하셨다.

이날 내의원內醫院의 청대請對[245] 때에 전지에 이르시길 "이미 (신비께서) 왕비지위로 복위하였으므로 궁궐 내에 봉안奉安하는 것은 이미 단종을 복위한 사례가 있으므로 해당관서로 하여금 택일하여 거행토록 하되 봉안할 처소處所는 경덕궁慶德宮 위선당為善堂[246]으로 정하고 신주를 제목題目한 뒤에는 마땅히 바로 광명전光明殿[247]에 봉안할 것이니 봉안과 시호를 의논하는 날이 서로 겹치면 먼저 봉안하고 다음에 시호를 의논하도록 분부하라."고 명하셨다.

이 날 이조에서 봉릉제조奉陵提調와 낭청을 별단別單[248]하는 것에 주상의 재가(裁可: 결재)를 받았는데, 도제조都提調는 우의정

註244) 장례葬禮나 제사祭祀, 출전出戰 등 중대한 일을 앞두고 길吉한 날을 택하여 행하는 것

註245) 신하가 급한 일이 있을 때 왕을 뵙기를 청하던 제도

註246) 경덕궁 내의 선왕의 위패·신주·어진 등을 임시로 봉안할 때 사용했던 전각

註247) 경희궁에 있었던 전각이다. 지금은 사라지고 없다. 주로 왕실의 중요한 행사를 열었던 격조 높은 건물이었다고 하고, 창경궁 전각 제도를 모방하여 지었다고 했다. 광명전 주변에는 행각과 담장을 둘러쌓아 궁궐의 다른 공간과 구분하였다. 남쪽 행각 중앙에는 건례문建禮門이라는 일각문을 세워 이곳을 통해 광명전에 출입할 수 있도록 했다.

註248) 임금에게 올리는 문서에 덧붙이던 문서나 인명부人名簿

송인명·행부사직行副司直 윤혜교(尹惠教: 1676~1739)·지돈녕부사知敦寧府事 박문수(朴文秀: 1691~1756)·예조참판 박사정(朴師正: 1683~1739)이고, 낭청은 전前 정언正言 이석표(李錫杓: 1704~?)·전 응교 송징계(宋徵啓: 1690~1772)·병조좌랑 신구중愼龜重·성균관전적成均館典籍 홍상조(洪尚朝: 1690~?)·병조좌랑 김원조(金遠祚: 생몰년 미상)·의빈도사儀賓都事 심상(沈錦: 생몰년 미상)·사재시주부司宰寺主簿 이흡(李洽: 생몰년 미상)·형조좌랑 허반(許槃: 1698~?) 등이다.

그 뒤에 윤혜교(尹惠教:1676~1739)가 바뀌고 지중추부사 조최수(趙最壽: 1670~1739)가 이를 대신하였고, 박문수朴文秀가 바뀌고 좌참찬 윤양래(尹陽來: 1673~1751)가, 홍상조(洪尚朝: 1690~?)·심상(沈錦: 생몰년 미상)·이흡(李洽: 생몰년 미상)이 바뀌면서 부사과副司果 김동현(金東鉉: 생몰년 미상)·신치복(辛致復: 생몰년 미상)·조계(趙階: 생몰년 미상)가 각각 이를 대신하였다.

그 뒤 주상의 재가를 얻어 나온 감조관監造官이 일곱이었는데, 정신검(鄭愼儉: 1700~1743)·홍경보(洪景輔: 1692~1745)·윤동함(尹東涵: 생몰년 미상)·유언휘(俞彦徽: 1693~?)·박사한(朴師漢: 1677~?)·이담(李潭: 1723~1775)·이광원(李匡元: 생몰년 미상)이 바로 그들이다. 분차관分差官이 셋인데, 송익현(宋翼賢: 생몰년 미상)·류성모(柳聖模: 1693~?)·정팽수(鄭彭壽: 생몰년 미상)가 바로 그들이고, 경랑청京郎廳은 1인으로 이장하(李長夏: 1693~1772)이다. 감역관監役官이 1인으로, 조명건(趙明健: 생몰년 미상)이 본릉本陵의 참봉으로 이 일을 하였다.

7) 3월 26일三月 二十六日[249]

(전하, 즉 영조께서) 사우祠宇에 거둥하실 때 남태온(南泰溫: 1691~1755)에게 하교하시길 "혹시 하문下問[250]할 일이 있을 것이니, 신구중愼龜重으로 하여금 관대冠帶를 갖추고 시위侍衛하는 종반宗班[251] 가운데 대령待令하였다가 수반(首班: 우두머리 벼슬)의 종신(宗臣: 종친으로서 신하)이 봉심奉審[252]할 때 함께 입시入侍하도록 분부하라."고 명하셨다.

대가(大駕: 임금을 모시는 마차)가 사우祠宇에 이르자 전하께서 면복冕服[253]을 갖추시고 백관의 4품 이상은 조복朝服[254], 5품 이하는 흑단령黑團領[255]을 입었다. 전하께서 내정內庭에 들어가시고, 백관은 문중中門 밖에서 4배四拜를 행하여 마쳤다. 전하께서 사우祠宇 내에 들어가 봉심奉審하심에 종신宗臣 밀창군 직密昌君 樴과 병조좌랑 신구중愼龜重 및 승지·사관史官·내시內侍 각각 한 사람이 따라 들어갔다. 주상께서 신위神位 앞에 이르시어 몸소 주판主板[256]을 잡으시고 구중龜重으로 하여금 주독主櫝[257]을 열게 하여 봉심을 마치시고, 구중에게 물으시기를 "신주神主에 제

註249) 1739년 3월 26일을 뜻한다.
註250) 윗 사람이 아래 사람에게 질문을 함
註251) 임금의 종친宗親으로 벼슬이 있던 사람
註252) 임금의 뜻을 받들어 종묘나 능을 살핌
註253) 제왕의 정복인 면류관과 곤룡포
註254) 신하들이 아침 조정회의, 즉 조하朝賀 때 입던 예복
註255) 깃을 둥글게 한 관복
註256) 판板에 새겨 쓴 위패位牌
註257) 신주를 넣어두는 상자

목題目하는 것이 일반가정에서 해온 것처럼 봉안奉安할 때부터 그와 같았는가?"라고 물으시자, 대답하기를 "그렇습니다."라고 하였다.

승정원에서 예조의 견해로 아뢰기를 "이봉移奉[258)]하는 날짜를 금 3월 28일今三月 二十八日에 거행할 일로 신사철申思喆이 이미 전교傳敎를 받들었음에 이봉移奉의 길吉한 시각을 일관日官[259)]에게 추택(推擇: 길吉한 날을 선택)하게 하였더니 같은 날 진시(辰時: 오전 7시~9시 사이)가 길하다고 합니다. 이 일시日時에 거행하기로 하되 이봉하는 장소를 해당관청으로 하여금 급속히 수리하고 신여(神轝: 신주를 모시는 수레)도 즉시 보수하도록 하되 모두 복위도감復位都監[260)]으로 하여금 잘 살펴 검사하도록 하는 뜻으로도 맡기는 것이 어떻습니까?"라고 하였다.

그러자 전지傳旨에 이르시길 "그렇게 하라. 신주를 제목한 뒤에 마땅히 자정전資政殿[261)]에 봉안할 것이니 이에 따라 거행하라. 봉안奉安하는 날에 먼저 경덕궁慶德宮[262)]과 흥화문興化門[263)]

註258) 사우나 사당을 옮겨서 제사 의식 등을 받듦

註259) 하늘의 변이變異로써 인간의 길흉을 점치던 관원

註260) 조선시대 폐위된 왕이나 왕후 등을 복위하기 위해 설치한 임시 관서.

註261) 별궁으로 조성된 경덕궁의 편전이다. 그리고 숙종과 영조의 빈전殯殿으로 사용된 전각이다.

註262) 조선 후기에 이궁으로 세워진 궁궐, 뒤에 경희궁으로 명칭이 변경되었다.

註263) 조선 광해군이 건립한 경희궁의 문門. 경희궁을 창건할 때 대궐문으로 세운 건물로 궁성의 동쪽에 동향으로 배치하였다. 다른 궁궐

밖에 이르러 지영祗迎[264)]하고 봉안 후에는 마땅히 봉심奉審하되 먼저 망묘례望廟禮[265)]를 행할 것이다. 과인은 흥정당興政堂[266)]에서 가마에서 내렸다가 타고 협양문協陽門[267)]밖에서 수레에서 내렸다가 타고 하리라."고 하셨다.

이날 이조에서 부묘도감祔廟都監 제조와 낭청을 별단別單[268)]하여 주상의 재가를 받았는데, 도제조는 우의정 송인명이고, 제조는 예조판서 신사철(申思喆: 1671~1759)·공조판서 윤순(尹淳: 1680~1741)·형조판서 조현명(趙顯命: 1691~1752)·호조판서 유척기(兪拓基: 1691~1767)요. 낭청은 전前 응교 황재(黃梓: 1689~?)·전 부응교 홍봉조(洪鳳祚: 1680~1760)·호조좌랑 이광회(李匡會: 1706~1792)·의금부도사 서종흡(徐宗翕: 1677~1753)·예조정랑 김익헌(金益憲: 1689~?)·공조좌랑 이귀령(李龜齡: 생몰년 미상)·사복사주부 신숙(申[車肅]: 생몰년 미상)·한성부주부 김홍득(金弘得: 생몰년 미상) 등이었다.

그 뒤에 윤순尹淳이 바뀌고 이조참판 홍현보(洪鉉輔: 1680~1740)

의 정문이 2층으로 지어진 것과 달리 홍화문은 1층으로 지어졌는데, 그것은 경희궁이 이궁離宮이기 때문이다.

註264) 백관이 임금께서 돌아오심을 맞이함

註265) 제향 하루 전날 왕이 신하들을 거느리고 종묘에 도착하여 먼저 인사하는 의식

註266) 경희궁의 편전, 즉 왕이 신하들과 정치를 논의하고 경서를 강독하던 곳이다.

註267) 창덕궁 내전內殿의 합문閤門으로 왕의 침전인 희정당熙政堂과 왕비의 침전인 대조전大造殿 영역으로 드나드는 정문이다.

註268) 임금에게 올리는 주본奏本에 덧붙이던 문서

가 그를 대신하였고, 황재·홍봉조가 바뀌고 수찬 남태랑(南泰良: 1695~1752)·교리 이정보(李鼎輔: 1693~1766)가 각각 대신하였으며, 서종흡·김익헌·이귀령·신숙이 바뀌고 전前 도사 이덕무(李德懋: 1741~1793)·전 현감 김시교(金時敎: 생몰년 미상)·전 찰방 이언륜(李彦綸: 생몰년 미상)·형조정랑 홍응항(洪應恒: 생몰년 미상) 등이 그들을 각각 대신하였다.

이어륜李彦綸·홍응항이 또 바뀌고 충훈부도사 심항(沈沆: 1695~?)·공조좌랑 이완(李垸: 생몰년 미상)이 각각 대신하였다. 그 뒤 계출啓出[269]된 감조관監造官이 여섯이니, 유성중(兪性中: 생몰년 미상)·신준(申晙: 1690~?)·김한정(金漢禎: 1694~1776)·조집명(趙集命: 생몰년 미상)·유직기(兪直基: 생몰년 미상)·조홍규(趙鴻逵: 생몰년 미상)이고, 감역관이 2인이니 이광도(李匡度: 1717~1746)·강재항(姜再恒: 1689~1756)이다. 이 날 도제조 송인명이 청대에 입시하였는데, 신비愼妃의 능침陵寢[270]에 도제조가 앞으로 나아가 봉심奉審[271]할 것을 주상께서 탑전(榻前: 임금 앞)의 도제조에게 하교하셨다.

註269) 임금의 재가裁可를 얻어 나옴

註270) 왕과 왕후의 무덤인 능陵과 관棺을 묻는 실室을 합쳐 조선전기에는 능실이라 하였다. 그러나 능실을 산릉(山陵)으로, 추모하는 장소인 침전(寢殿, 즉 정자각)을 합친 말로 변하게 되었다.

註271) 왕명을 받들어 왕실의 묘우廟宇나 능침陵寢을 살피고 점검하는 일을 지칭.

8) 3월 27일三月 二十七日[272)]

희정당熙政堂에 입시入侍하자 주상께서 이르시길 "복위한 뒤 신주의 상일자(上一字: 맨 윗 글자)를 세거(洗去: 씻어서 없앰)하여 매안埋安[273)]하는 것이 옳지 않겠는가? 만약 세거를 하지 않는다면 참으로 매우 미안한 일이다?"라고 하시자, 조영국이 "이미 복위하였으므로 마땅히 (왕후 정위正位를 회복하신) 새로운 신주[新主]에 신神을 모실 일입니다. 가만히 생각하건데 '맨 윗글자[上一字]'를 씻어 없애는 하교는 혹여 그 사실대로 보존하는 의의를 상실할까 두렵기는 합니다."고 하였다.

그러자 주상께서는 "그 일자(一字: 맨 윗 한 글자)는 '국가의 서書'가 아니고 바로 '사가私家의 서'이므로 씻어서 제거하는 것[洗去]에 무엇을 거리끼겠는가? 봉심奉審할 때 그 윗 글자를 한번 보고 나도 모르게 척연(慽然: 근심에 쌓여 생각하는 모습)히 슬픈 감회가 일어나더라."고 술회하셨다.

조영국이 아뢰기를 "이미 의당 (신비 신주의) 제목題目을 고쳤으므로 이를 세거하는 것은 너무 무례하지 않을까 염려가 됩니다."라고 하고, 우의정 송인명도 "신臣의 뜻도 승지가 아뢴 점과 다름이 없습니다. 이 글자가 있었던 까닭에 이러한 (추복하는) 일이 있었으니 세거하는 것이 옳을지 모르겠습니다."라고 하였다.

(이에) 주상께서는 "윗 글자를 그대로 두고 신연新輦[274)]에 모

註272) 1739년 3월 27일을 뜻한다.
註273) 신주神主를 무덤 앞에 파묻음

신다는 점이 지극히 미안하니 어떻게 할 것인가?"라고 하시자, 송인명이 "신주新主가 이미 이루어졌으므로 신비로 사가私家 사당에서 모셔왔던 지난 신주[故主]는 이제는 있어도 없는 것과 같습니다. 더욱이 윗 한 글자[上一字]가 단지 허자虛字일 뿐입니다."라고 하였다.

주상께서 이르시길 "허자라는 말이 매우 좋구나. 그렇다면 개서(改書: 글자를 고쳐 씀)하는 것이 마땅한가?"라고 하시자, 송인명이 아뢰기를 "개서하고 세거하는 것이 모두 편안하지는 않은 일입니다."라고 하였다. 이 날 주상께서 비망기를 내려 이르시길 "헌관獻官[275]의 단자單子[276]를 이전 시기[前期]의 예에 따라 계하(啓下: 임금의 재가)할 터인데 오늘이 수향受香[277]하는 날인데다가 날이 이미 늦었는데도 아직까지 계하하지 못하니 매우 태만하다는 생각이 든다.

이제 듣건대 당하堂下[278]로서 진차塡差[279]한다 하니 비록 전례에 의한 것이라 하지만 이는 해당관청에서 살피지 못한 것이다. 복위한 뒤에 어찌 타묘他廟의 여러 헌관獻官[280]에게 비교할

註274) 영정을 옮기는 가마를 말한다. 영정을 옮길 때에는 연輦과 여輿가 이용되었는데, 국왕이 행차할 때 궁 안에서는 여輿를 타고 궁 밖으로 나갈 때 연輦으로 갈아타는 것과 같은 방식을 적용하였다.

註275) 공식 제사 때 신에게 술을 바치던 관리

註276) 물품이나 인명을 적은 종이

註277) 제관祭官이 임금에게서 향香과 제문祭文을 받음

註278) 당堂에 오를 수 없는 종3품 이하의 벼슬아치. 조참朝參 등 조정朝廷 회의 때 당에 올라앉을 수 있는 당상관과 대치되는 관원

註279) 비어있는 자리에 관원을 임명하여 보충함

수 있으며 더욱이 축문祝文에 이미 '孝曾孫國王효증손국왕'이라 칭하여져서 명위名位가 이미 정해졌으니 또한 어찌 소사小祀[281]의 헌관으로 거행할 수 있겠는가?

만약 전례가 없었다면 더욱 또한 해당관청의 몽매(朦昧: 어리석고 사리에 어둡다)함이라 생각된다. 당상堂上과 당하堂下가 아직까지도 그 직책에 태만하고 더디니 먼저 태만한 해당관청의 당상을 엄중히 추고推考[282]하고 그 일을 맡은 승지도 추고할 것이다. 고유告由[283] 헌관은 가까이 임금을 모시는 신하로 하여금 나아가도록 하라."고 명하셨다.

9) 3월 28일三月 二十八日[284]

도승지 조석명(趙錫命: 1674~1753)이 (전하의) 명을 받들어 사우祠宇에 나아가 고유제告由祭[285]를 행하였다. 이에 신주를 받들어 모시고 나아가 신련神輦[286]에 넣을 때에 내시內侍가 들고 가고 도감당상都監堂上[287]과 낭청郎廳 각각 1원員이 사우에 나아가

註280) 국가에서 제사를 지낼 때 임시로 임명되는 제관祭官이다.

註281) 국가 정사正祀는 대사大祀·중사中祀·소사小祀로 구분되는데, 소사는 가장 등급이 낮은 제사들의 분류명이다

註282) 관원의 허물을 캐어 물으며 감찰함

註283) 국가나 사가私家에서 큰일을 치르고 그 연유를 사당에 고告함

註284) 1739년 3월 28일을 뜻한다.

註285) 국가와 사회 및 일반 가정에서 큰 일이 있을 때 관련 신령에게 그 사유를 고하는 제사

註286) 왕실 혼례 때 신주를 모시고 가는 수레

註287) 임시관청인 도감의 사무를 지휘 감독하던 제조提調

서 여러 가지 일을 점검하고 정비를 한 뒤에 모시고 따라갔다.

예조와 병조·도총부의 당상과 낭청·승지·사관史官 각각 1원이 모두 흑단령黑團領[288]으로 갖추어 입고 배진(陪進: 맞으러 나감)하였으며, 전후부前後部의 사대(射隊: 활쏘는 사수射手 부대) 및 세장(細仗: 임금·왕세자의 거둥 행렬)을 갖춘 내시와 별감別監·금군禁軍[289]은 길복吉服[290]으로 전하를 모시고 호위하여 의례 법식대로 행하였다.

한편 전하께서는 익선관翼蟬冠[291]과 곤룡포袞龍袍를 갖추시고 먼저 경덕궁 흥화문興化門 밖에 이르러 신련神輦이 오기를 기다리시다가 장막帳幕에서 나와 지영祇迎[292]하셨다. 백관들은 모두 흑단령黑團領으로 갖추어 지영을 마침에 전하께서 뒤따라 위선당爲善堂[293]에 당도하여 장막에 들어가셨다가 신주를 봉안한 뒤에는 면복(冕服: 면류관과 곤룡포)으로 바꿔 입으셨다.

4품 이상 백관은 조복朝服을 입고 5품 이하는 흑단령으로 전

註288) 조선시대 세종대 이후 문무 관원이 예복으로 착용한 아청색 또는 유록색 단령이다. 사모와 품대, 화자와 함께 착용하였다.

註289) 조선시대 국왕을 친히 호위하는 군인

註290) 보통 삼년상을 마치고 입는 평상복平常服

註291) 임금이 평상복平常服을 입을 때에 쓰던 관

註292) (신비)의 신주神主를 공손히 맞이함

註293) 경희궁 내의 선왕先王의 위패位牌·신주神主·어진御眞을 임시로 봉안할 때 사용했던 전각殿閣. 경희궁 편전 자정전資政殿을 중심으로 서쪽에 태녕전泰寧殿과 위선당爲善堂이 있었다. 이들은 경희궁 북서쪽에 위치하며 조상을 기리기 위한 자리를 형성하였다. 태녕전은 영조 초상을 봉안하던 곳이고, 자정전과 위선당은 종묘의 위패를 임시로 봉안하던 곳이다.

알례展謁禮[294])를 행하였다. 실내에서 봉심奉審[295])할 때는 다만 승지·사관·내시 각각 1원이 따라 들어가 그대로 봉안제奉安祭를 행하는데, 승지와 사관 여러 집사執事[296])가 제복祭服을 나란히 하여 제사를 모셨다.

이날 대신 및 여러 신하가 주상의 부름을 받들어 경덕궁 빈청賓廳[297])에 모여 시호를 의논하였는데, "시호는 '端敬단경'으로 수례집의守禮執義[298])를 '端단'이라 하고, 숙야경계夙夜儆戒[299])를 '敬경'이라 한다. 휘호徽號는 恭昭順烈공소순렬이니 '덕행을 베푸는 데에 게으르지 않음'이 恭공이고, '덕을 밝히는데 부지런히 함'이 昭소이며, '이치에 화순化順하게 따르는 것'이 '順순'이고, '덕을 잡고 業업을 따르는 것'이 烈렬이다. 능호陵號는 '溫陵온릉'으로 한다."고 수의收議를 모았다.

이날 도감의 별단別單에 시책제술관諡册製述官[300])은 영중추부사 이의현(李宜顯: 1669~1745)인데, 판부사判府事 서명균(徐命均: 1680~1745)을 예차(預差: 임시 관직을 미리 정함)하고 서사관書寫官은 공조판서 윤순(尹淳: 1680~1741)인데, 낙풍군洛豐君 무楙[301])를 예 차

註294) 임금이 궁궐·종묘·능침에 참배하는 예식禮式
註295) 왕명을 받들어 능침이나 묘 및 사우 등을 점검하는 것
註296) 국가의 의식儀式을 진행하던 관원
註297) 대신과 비변사의 당상堂上이 임금을 만날 때 모여서 회의하던 곳
註298) 예법을 지키고 의리를 추구함
註299) 밤낮, 즉 항상 조심하고 경계한다는 뜻.
註300) 시호를 정하는 내용을 자세히 적은 시책문諡册文을 제술하는 관리
註301) 이무(1698-1754)는 고조가 선조宣祖로, 증조는 인흥군仁興君 이영李瑛으로, 조부는 낭원군朗原君 이간李偘이고, 아버지 전계군全溪君

預差하고, 보전문서사관寶篆文書寫官[302]은 이조참판 홍현보(洪鉉輔: 1680~1740)인데, 가평군수加平郡守 조명신(趙命臣: 1684~1743)을 예차하고, 제주관題主官[303]은 전 참의 이광세(李匡世: 1679~1756) 인데, 전 승지 이중경(李重庚: 1680~1757)을 예차하여 주상의 재가를 받았다.

10) 3월 29일三月 二十九日[304]

우의정 송인명(宋寅明: 1689~1746) · 판부사 김흥경(金興慶: 1677~1750) · 호조판서 유척기(俞拓基: 1691~1767)가 청대請對[305]에 입시한 때 송인명이 아뢰기를 "이번 단경왕후를 복위함에 시책문제술관諡冊文製述官과 서사관書寫官은 이미 무인년(戊寅年: 1698)의 예에 따라서 계하(啓下: 임금의 결재)하였으나 옥책玉冊[306]은 『무인등록戊寅謄錄』[307]에는 없는 까닭에 만들지를 못하였습니다.

이제 호조판서의 견해를 듣고 보니 예전부터 추숭追崇[308]할 때에

이부李溥이다. 관직은 오위도총부 부총관副摠管, 동지정사冬至正使, 사은정사謝恩正使, 의소세손懿昭世孫의 장례 시 제주관題主官을 역임하였다.

註302) 왕의 옥새, 즉 도장의 글을 전서체로 쓰는 관리

註303) 신주神主에 글자를 쓰는 관리

註304) 1739년 3월 29일을 뜻한다.

註305) 신하가 급한 일이 있을 때에 임금에게 뵙기를 청하는 일

註306) 임금이나 왕비에게 존호尊號를 올릴 때에 송덕문頌德文을 새긴 간책簡冊

註307) 1698년(숙종 24, 戊寅年)에 노산군을 단종으로 복위하는 모든 과정을 기록한 관찬기록 문헌

註308) 사망한 뒤에 그 분의 생전 행적의 자리를 그 당시 직위보다 높여

는 모두 옥책문玉冊文이 있었는데, 무인년(戊寅年: 1698) 사릉思陵[309]을 복위할 때는 이전에 옥책이 있었던 까닭에 반복하지 않았지만, 이번에는 당초 옥책을 받지 못했으므로 위호位號를 빙거憑據[310]할 수가 없지마는 이대로 그만 둘 일이 아닌 것 같습니다."라고 하였다.

그리고 유척기가 아뢰기를 "『열성지장列聖志狀』[311]을 상고하여 본즉 단종 대에 완성된 정순왕후定順王后의 「옥책문」이 기록에 실린 까닭에 무인년 복위 시에 옥책이 없었다는 것은 이에 말미암은 듯하고, 인경왕후(仁敬王后: 숙종비 김씨) 추숭 시에는 옥책玉冊[312]과 시책諡冊[313]이 모두 있었습니다. 이러한 전례로 미루어 본다면 이번에도 옥책이 없어서는 아니 될 것입니다."라고 하고, 송인명도 아뢰기를 "(신비를 복위시키는) 이번 일은 정순왕후를 복위시키는 사릉의 경우와는 다르므로 옥책이 없어서는 아니 되리라 여겨집니다."라고 하자, 주상께서 이르시기를 "그렇게 하라."고 하셨다.

주는 것

註309) 단종비 정순왕후의 능호, 즉 정순왕후

註310) 어떤 사실을 입증할 만한 증거를 뜻한다.

註311) 조선 왕실 인물들에 대한 공식 기록들을 모아 엮은 인명록.

註312) 왕실(또는 황실)에서 책봉, 존호·시호·휘호를 올리거나 죽음을 애도하기 위해 옥간(玉簡)에 글을 새겨 엮은 문서이다.

註313) 조선시대 때, 왕·왕비·상왕·대비가 승하하거나 세자·세자빈이 훙서한 뒤 존호, 묘호, 시호를 올리거나 하사하는 의식에 사용하던 책이다.

11) 3월 30일三月 三十日[314)]

예조에서 아뢰기를 "조주(造主: 신주를 만드는 것)를 1698년 무인년 (단종비 정순왕후를 추복시킨)의 예에 따라 봉상시로 하여금 도감에게 품신稟申[315)]하여 거행하도록 하는 것이 어떻습니까?" 라고 하자, 주상께서 윤허하셨다. 같은 날 전교를 받들어 숭정전崇政殿[316)]에 조주청造主廳[317)]을 정하고 봉상시의 봉사奉事 홍계옥(洪啓沃: 1707~?)이 조주造主를 감독하여 이튿날로 일을 시작하게 하였다.

12) 4월 초1일四月 初一日[318)]

도제조 송인명宋寅明이 능소(陵所: 능이 있는 곳)에서 바삐 계장狀啓[319)]을 보내어 아뢰기를 "신臣 인명寅明이 당상堂上 윤혜교(尹惠教: 1676~1739)와 함께 온릉에 달려가 봉심한 뒤 영역塋域[320)]

註314) 1739년 3월 30일을 뜻한다.

註315) 신하나 아랫 사람이 임금이나 윗사람에게 여쭈는 일

註316) 경희궁의 정전正殿. 원래 경희궁의 정전이었는데, 민족항일기인 1926년에 현 위치(2025년 현재)로 옮겨져 현재 정각원正覺院이라는 법당으로 쓰이고 있다.

註317) 종묘에 부묘祔廟할 신주를 제작하기 위해 설치한 관청

註318) 1739년 4월 1일을 뜻한다.

註319) 조선시대 왕명을 받고 외방에 나가 있는 신하가 자기 관하의 중요한 일을 왕에게 보고하거나 청하는 문서.

註320) 묘 자리 경계지역 즉 묘계墓界라고 하는데, 묘역墓域・영지塋地・영역塋域・영전塋田・영묘塋墓 등으로도 불린다. 묘계는 대체로 분묘가 있는 주위지역을 통틀어 일컬으나, 주위 산림이나 경작지와 구분되는 구역의 의미도 담겨 있다.

의 형세를 하나하나 두루 살피고 능소의 좌향坐向[321)]을 지남철指南鐵을 사용하여 살펴보니 북쪽에서 머리가 들어와 해좌亥坐[322)]로써 사향巳向[323)]이었습니다.

혈穴[324)] 머리는 곧 장유長乳[325)]로 용호(龍虎: 좌청룡 우백호)의 안대案對[326)]가 균정(均正: 균형있게 바른 것)하고 혈처穴處는 높지 않아 석의石儀[327)]를 운반하는데 공사가 매우 어렵지 않겠고, 혈의 좌우가 엷게 깎여 있으며, 혈의 뒤가 조금 낮아서 마땅히 보토(補土: 흙을 채움)의 역사役事가 (당연히) 있어야 할 것으로 사료됩니다.

註321) 좌향坐向: 시신의 머리가 안치된 곳[용미龍尾쪽]이 좌坐가 되고, 머리 쪽에서 다리가 안치된 봉분 쪽을 향하여 나아간 방향이 향向이 된다. 즉 자좌子坐이면 머리가 북쪽에 있고 다리가 정남향으로 시신이 안장된 묘소이다.

註322) 묘소의 좌향坐向 중 하나로 머리가 안치된 곳[용미쪽]이 해亥 방향에 있는 것을 말한다.

註323) 묏자리나 집터 따위가 해방亥方을 등지고 사방巳方을 바라보는 방향 또는 그렇게 앉은 자리. 북북서를 등지고 남남동을 바라보는 방향이다.

註324) 풍수지리에서 정기精氣가 모인 자리를 뜻한다.

註325) 풍수지리에 입각한 유혈乳穴은 우리나라에서 가장 흔하게 볼 수 있는 형태로 대부분 산등성이에 위치하고 있으며, 우리나라 조선의 왕릉을 살펴보면 대부분 유혈乳穴이 많다. 장유長乳는 일정한 긴 곡선을 가진 유방 같은 유혈을 말한다.

註326) 풍수지리에서 능묘를 주산主山이 뒤에서 받쳐주는 역할을 한다면, 안산案山은 혈 앞에서 바람을 막아 주거나 물이 치고 들어오는 것을 막는 역할을 한다. 마치 책상이나 밥상[[案]과 같은 역할이나 모양을 갖는 데서 그 이름을 안산이라 하였다.

註327) 능묘 앞에 12지 동물을 조각하여 만든 석상石象

능의 위를 측량해보니 원경(圓徑: 능의 원지름)이 19척이고, 높이가 7척이었습니다. 앞에 표석表石[328]이 있는데 '廢妃愼氏之墓 폐비신씨지묘'라고 쓰여 있으나 글자 모양이 분명하지가 않아 겨우 식별할 수 있었고, 후면에는 새겨진 글자는 없었습니다. 석물石物은 석인石人이 한 쌍이고, 상석床石[329]이 한 좌座이며, 장명등長明燈[330]이 일 좌座인데, 그 규모가 모두 심히 보잘 것이 없어 원園·능陵의 제도가 아니어서 계속 사용하기에는 합당치 않습니다.

묘정(墓庭: 묘 앞과 옆 등 주변의 뜰)으로부터 제청祭廳[331]까지는 194척이고, 제청 계단 앞에서 내안內案[332]까지는 360척입니다. 혈 앞에서 내안까지 그 사이가 매우 좁고, 중간에 가느다란 시내가 있어서 정자각과 홍전문(紅箭門: 홍살문을 말함)을 세우려면 일을 하기가 매우 구간苟簡[333]하므로 앞으로 지형에 따라 처리할 형편입니다.

청룡내靑龍內[334] 선익사蟬翼砂[335]에 오래된 무덤이 셋이 있고, 선익蟬翼 외에 또 하나의 미사微砂[336]가 있으며, 그리고 옛날 무

註328) 무덤 앞에 세우는 표돌. 묘표墓表라고도 한다.
註329) 일반 분묘나 능원陵園의 봉분 앞에, 주로 정남쪽에 설치해 놓은 석물石物
註330) 무덤 옆에 세우는 돌로 만든 등燈
註331) 제사를 지내기 위해 무덤 가까이에 지은 목조건축물, 제각祭閣이라고도 한다.
註332) 가장 안쪽으로 있는 안산案山, 내안산內案山이라고도 한다.
註333) 구차하면서도 소홀히 하게 된다.
註334) 풍수지리설에서 묘소 자리의 하나
註335) 풍수설에서 말하는 주맥主脈 밖의 날개와 같은 부분이다.
註336) 풍수지리에서 혈장穴墻 주위에 있는 아주 작은 모양의 사沙를 말

덤도 하나가 있지만 모두 주인은 없습니다. 미사의 밖에 한 언덕이 둘러져 있어서 내안內案[337]이 되고, 능위에서 마주 보이는 곳에 성가成家[338]의 다섯 개의 무덤이 있는데, 모두 자손이 있습니다.

바깥 도국圖局[339]의 능위로부터 바라볼 수 있는 곳에 다섯 개의 옛날 무덤이 있고, 백호변白虎邊[340]의 선익사蟬翼砂에 신가愼家의 세 개의 묘소가 있습니다. 내사內砂[341] 밖에 또 하나의 미사微砂가 있는데 신가의 두 개의 묘소가 있고 그밖에도 또 하나 장사長砂[342]가 있는데, 신가愼家의 열 개의 묘소가 있습니다. 이는 모두 왕비의 동생 오라비 이하 자손들의 세장世葬[343]인데, 왕비 수상手上[344]의 총묘(塚墓: 능묘나 무덤)는 국내(局內: 영역塋域의 경계 내)에 있지 않습니다.

내안內案 밖의 중안中案, 능의 위로부터 마주 대하는 곳에 일반가정[成家]의 두 개 묘소가 있고, 수구변水口邊[345]이 있으며, 능

하는데, 음사陰沙라고도 한다.

註337) 풍수지리에서, 집터나 묏자리의 맞은편 산 가운데 가장 안쪽에 있는 산을 말한다.

註338) 일가一家, 즉 가정을 이룬다는 뜻으로 그런 일반가정을 뜻한다.

註339) 능과 그 주위 능묘 경계 내

註340) 능묘 자리에 대한 풍수지리 하나인 백호白虎의 가장 자리

註341) 풍수지리에서 혈장 주변에 위치하여 혈을 보호하는 산세山勢를 말한다 .

註342) 풍수설에서 주산主山 외에 긴 날개처럼 형성된 지형

註343) 조상과 후손 대대로 쓰는 묘와 그 묘 터

註344) 친족 내에서 위 항렬이나 선대

註345) 풍수지리에서 물이 빠져나가는 수구水口의 가장 자리[邊]를 말하

의 위에서 바라보이는 곳에 이가李家의 세 개의 무덤이 있는데, 거리가 비록 조금은 멀지만 혹은 정면으로 마주대하고 있고 혹은 서로 멀리 바라보고 있습니다. 이에 능소의 주안主案[346] 국내局內와 청사廳舍[347]의 좌지坐地와 총묘(塚墓: 능의 봉분封墳)의 거리를 모두 도형圖形을 만들고 주석을 달아 올리오니 용호龍虎의 내사內砂 및 정면으로 마주대하는 곳의 총묘塚墓는 마땅히 평탄하게 해야 할 것입니다.

그리고 나머지 여러 무덤은 별로 가깝지 않고 거리낄 것이 없으므로 아마 구별할 길이 없지는 않으리라 생각되고, 석물은 당연히 모두 철거해야 하리라고 생각됩니다. 후일 등대登對[348] 시에 신臣의 소견을 진술하여 주상의 처분을 기다릴 것이오나 우선 그러한 연유(緣由: 원인과 이유)를 긴급하게 전할 일로 아뢰옵니다."라고 하였다.

이날 예조의 계사啓辭[349]에 "봉릉封陵[350]의 처음 역사(役事: 공

는 것이다. 청룡과 백호의 끝 부분이 서로 만나는 지점으로 명당수明堂水가 빠져나가는 수구를 막는 수구변을 뜻한다.

註346) 산맥이 이어지면서 중간 중간에 큰 산을 만드는데 이러한 산을 풍수지리에서는 태조산太祖山이라고 한다. 한 지역을 대표하는 산으로 산세가 크고 험하므로 그 속에 있는 지기 역시 세고 험하다. 태조산의 센 기운을 순화시키기 위해 중간 중간의 산을 거치는데 이를 중조산中祖山이라고 한다.

註347) 능을 설행하기 위해 능소陵所 가까이에 지은 건물

註348) 신하가 조정에 올라 들어가 임금을 뵘

註349) 임금에게 사실을 적어 올리던 서면

註350) 왕과 왕비의 능을 만들거나 무덤을 만들기 위해 흙을 쌓아 올리는 봉축封築이다.

사工事)에 초토草土[351])를 정비할 길일吉日은 바로 4월 16일 진시(辰時: 오전 7시~9시)이고, 제청祭廳[352])의 철거는 같은 날 같은 시입니다. 그리고 정작각丁字閣[353])의 터를 닦는 길일은 18일 묘시(卯時: 오전 5시~ 7시)이고, 정초定礎[354])는 5월 초1일 묘시(卯時: 오전 5시~7시)이며, 입주상량立柱上樑[355])은 초9일 진시辰時입니다." 라고 아뢰자, 주상께서 "그대로 처리하라"고 윤허하시었다.

13) 4월 초2일四月 初二日[356])

도감都監의 별단別單[357])에 (시호나 휘호 등 존호를 올리기 위해 옥간玉簡에 글을 새겨 엮은 문서, 즉 옥책玉冊에 글을 쓰는) 옥책문제술관玉冊文製述官[358])은 우참찬 이덕수(李德壽: 1673~1744)이므로 공조판서 윤순(尹淳: 1680~1741)을 예차預差[359])하고, 서사관書寫官[360])은 전 대사성 윤득화(尹得和: 1688~1759)이므로 좌승지 임정(任珽:

註351) 거적자리와 흙 베개를 뜻하는 것으로 거상居喪함을 일컬음
註352) 묘제를 지내기 위하여 무덤 가까이에 지은 목조건축물.
註353) 정자각은 왕릉 또는 왕비릉 입구인 홍살문에서 보면 정면으로 보이는 '丁' 자 형태의 건축물로, 그 모양이 '丁정' 자와 비슷하다고 하여 붙여진 것이다.
註354) 건물을 지을 때 기초를 잡아 정한다는 뜻으로, 건축물을 시작할 처음 기초공사로 공사착수를 의미한다.
註355) 기둥을 세우고 들보를 올리는데, 이때 상량문을 써서 의식을 치름
註356) 1739년 4월 2일을 뜻한다.
註357) 임금에게 보고하는 본 내용의 문서에 참조할 수 있도록 첨부한 문서
註358) 옥책玉冊에 송덕을 새기는 일을 맡은 관원
註359) 아직 임무를 맡지 않은 예비 관원
註360) 원문 자료를 격식에 맞게 글씨만 다르게 옮겨 적는 관리

1694~1750)을 예차하여 주상(主上: 영조)의 재가(裁可: 결재)를 받았다.

14) 4월 초3일四月 初三日[361]

예조에서 아뢰기를 "전傳에 이르길 '온릉참봉을 이미 임명하였으므로 부묘祔廟[362]하기 전에 입직入直하는 절차를 전례와 서로 상고하여 아뢰라.'라고 하셨습니다. 그러므로 『무인등록戊寅謄錄』에서 추고해낼 것을 살펴보니 장릉(莊陵: 단종의 능호)과 사릉(思陵: 단종비의 능호)의 참봉이 차출된 뒤에 연중筵中[363]의 정탈定奪[364]에 인하여 부묘祔廟하기 전에 즉시 나아가 수직守直하였습니다. 이번에도 전례에 의거하여 분부하심이 어떠하신지요?"라고 하자, 전지傳旨에 이르시길 "오늘 입사入謝[365]하고 즉시 편안케 관리하도록 하라."고 명하셨다.

15) 4월 초4일四月 初四日[366]

도제조 송인명(宋寅明: 1689~1746)이 왕에게 요청드릴 일이 있어서 만나 뵙고자 들어가 뵈었을 때 주상께서는 "종묘 제6실第六室의 신장神欌[367] 및 의자를 개조하는 일의 그 정탈定奪 여부와 제

註361) 1739년 4월 3일을 뜻한다.
註362) 왕이나 왕비의 신주를 종묘로 옮겨 모셔 합사合祀하는 일
註363) 임금과 신하가 함께 모여 자문과 주달을 하던 자리
註364) 어떤 사안에 대해 임금이 판단하여 결정함
註365) 임금께 나아가 배사拜謝함
註366) 1739년 4월 4일을 뜻한다.

6실 신장神欌 등의 배열을 고치는 연유를 오는 5월 초3일 예고제(預告祭: 미리 지내는 제사)에서 마땅히 할 것이다. 그러므로 축문祝文 내용 중에 이 점을 첨입(添入: 첨가하거나 보탬)하여 찬출(撰出: 글을 지어냄)하도록 하고, 제6실로 신주를 옮기는 일은 같은 날 진시(辰時: 오전 7시~9시)가 길吉하다고 하므로 이에 따라 거행한 환안還安[368] 및 환안제還安祭는 일을 마친 뒤에 수시로 행사를 진행하라"고 하시었다.

그리고 온릉의 역사役事는 초1일에 품달(禀達: 왕에게 여쭈어 알림)을 장계狀啓[369] 한 그대로 시행하라고 윤허하시고, 봉릉封陵의 원경(圓徑: 원지름) 척수(尺數: 길이나 크기 단위) 및 석물石物은 사릉(思陵: 단종비 정순왕후 능호)의 예에 의거하여 마련할 일로 임금의 재가裁可[370]가 내려졌다.

16) 4월 14일四月 十四日[371]

봉릉도감封陵都監 제조提調 이하 모든 관원이 숙배(肅拜: 헤어지는 인사)하고 장차 내일로 능소에 나아가서 모래에 역사를 시작하기로 하였다.

註367) 신주神主나 기타 죽은 이의 유품을 넣던 장롱

註368) 옮겼던 신주를 도로 제자리에 모심

註369) 왕명을 받고 지방에 나아간 관리가 그 시행방법을 왕에게 보고하던 일

註370) 종합적으로 평가하여 설행할 명을 내림

註371) 1739년 4월 14일을 뜻한다.

17) 사월 15일四月 十五日[372)]

예조에서 아뢰기를 "전지傳旨에 이르시길 '다시 생각하건데 유월절(六月節: 유두流頭, 즉 유월 보름)이 지난 뒤에는 능역(陵役: 능을 조성하는 공사)을 할 수가 없으나 5월은 구애될 것이 없다. 시호를 올린 뒤에 봉릉封陵[373)]하는 것이 사리에 맞으니 봉릉할 날짜를 오월절(五月節: 단오)에 구애되지 말고 다시 택일하도록 하라'고 하셨으므로, 바로 일관日官으로 하여금 택일하도록 한즉, 오는 (1739년) 5월 20일 묘시(卯時: 오전 5~7시)가 길하다 하여 감히 품고稟告[374)]합니다."고 하자, 전지傳旨에 이르시길 "그 날에 거행하라."고 하셨나.

18) 4월 17일四月 十七日[375)]

약방(藥房: 내의원內醫院)에서 들어와 진찰할 때에 전지에 이르시길 "초1일初一日 신주神主를 제목題目할 때 지난 3월 29일에 먼저 예정한 일을 이미 하교하였으나 책보(册寶: 옥책玉冊과 금보金寶)를 받든다는 점에 대하여는 거리낌이 있다. 처음 해당관서에서 계획한 대로 당일에 어가御駕를 움직여 제주전題主奠[376)]과 봉안전奉安奠[377)]을 마땅히 몸소 행하되 먼저 찾아가 밤을 지새운 것

註372) 1739년 4월 15일을 뜻한다.

註373) 생전에 왕이나 왕비가 아니었거나 폐위되었던 인물을 사후에 추존 또는 복위시키면서 그 무덤을 능으로 격상하는 것.

註374) 상사나 윗분에게 아룀

註375) 1739년 4월 17일을 뜻한다.

註376) 신주를 제목題目하여 드리는 의식

이 이미 신묘(辛卯: 1531) · 무인(戊寅: 1698)의 전례가 있다.

그런데 정情으로 보나 예禮에 있어서니 어떻게 아침에야 갈 수가 있겠는가? 초3일에 먼저 경덕궁에 이르러 (잠시 동안이라도) 머물다가 다음날 아침에 몸소 고동가제告動駕祭[378] 를 행하고 이어서 태묘(太廟: 종묘)에 들어가 전례에 따라서 제사 모실 뜻을 예조에 분부하여 이와 같이 거행토록 하라."고 하셨다.

19) 4월 18일四月 十八日[379]

도제조都提調 송인명(宋寅明: 1689~1746)과 제조提調 신사철(申思喆: 1671~1759)이 청대請對[380]로 대궐로 들어갔을 때에 주상께서 이르시길 "시호를 올리고 신주의 제목을 고친 뒤에 옛 신주[舊主]는 즉시 받들어 매안埋安[381]하는 것이 옳겠는가?"라고 하시자, 신사철이 아뢰기를 "즉일即日에 봉안하는 것이 너무 일이 군색窘塞[382]한 듯합니다."고 하였다.

그러자 주상께서 이르시길 "이미 신주의 제목을 고친 뒤라 우주虞主[383]를 두 곳에 봉안하는 것이 매우 미안한 일이니, 신시(申時: 오후 3시~5시)에 제목을 고친 뒤 잠시 봉심奉審하고 곧바

註377) 신주를 봉안하여 드리는 의식
註378) 어가御駕가 대궐 밖으로 출동함을 고告하는 제사
註379) 1739년 4월 18일을 뜻한다.
註380) 신하가 급하거나 중대한 일로 임금 뵙기를 청하는 일
註381) 신주를 무덤 앞에 묻음
註382) 어려운 상황이나 곤란한 순간에 느끼는 입장
註383) 궁중에서 우제虞祭를 지낼 때에 쓰는 뽕나무의 신주

로 받들어 간다면 반드시 밤중에 이르지는 않을 것 같다. 매안埋安하는 절차는 비록 밤이 깊을지라도 할 수 있지 않겠는가?"라고 하시였다.

송인명이 아뢰기를 "매안할 장소를 상지관相地官[384]으로 하여금 방위方位[385]를 택정(擇定: 선택하여 정함)하도록 하여 미리 구덩이를 판다면 오직 그 날 안에라도 구덩이 속에 봉안할 수 있고, 봉안한 뒤에 흙을 덮고 떼를 입히는 등의 일은 이튿날을 기다려서 시작하여도 무방할 것 같습니다."고 하자, 주상께서 이르시길 "그 날은 비록 달리 길일吉日을 택하지 않아도 길일일 것 같다"고 하시었다.

신사철이 아뢰기를 "그 날이 곧 신주를 제목한 날이라 반드시 길일吉日일 것입니다."라고 하자, 주상께서 이르시길 "비록 밤중에 이를지라도 해시(亥時: 오후 9시~11시) 이전은 당일當日이니 매안(埋安: 신주를 무덤 앞에 묻는 의식)하는 절차를 그 날 안에 거행하는 것이 옳으리라."고 하시었다. 송인명이 아뢰기를 "사릉思陵[386] 시에 비록 지석誌石[387]을 만들지 않았으나 정련석精鍊石[388]으로 능상陵上의 원경圓徑 및 추봉追封[389]한 연월을 새기고 개석蓋石[390]

註384) 능묘의 지세地勢 관상을 보는 관직
註385) 신주의 무덤 앞에 묻을 때의 방향과 위치
註386) 단종비 정희왕후 송씨 능호로, 여기서는 정희왕후를 말함
註387) 사망한 사람의 이름, 생졸 연월일 등을 기록하여 묻는 돌
註388) 잘 다듬고 정제精製하여 만든 돌
註389) 임금 또는 왕족이 죽은 뒤에 존호尊號를 올리던 제도
註390) 석실 위에 덮는 돌로 만든 뚜껑

을 갖추어 매안하였으므로 이번에도 그와 같이 하면 어떠실런지요?"라고 하자, 주상께서 이르시길 "그렇게 하라."고 윤허하시었다.

송인명이 아뢰기를 "도감당사都監堂上 윤양래(尹陽來: 1673~1751)가 글씨를 잘 쓰니 그에게 써서 새기도록 하여 매안埋安하는 것이 좋겠습니다."라고 하자, 주상께서 이르시길 "그렇게 하라."고 하시었다. 신사철申思喆이 아뢰기를 "온릉의 단오절(端午節: 음력 5월 5일) 제사에 대하여 이미 시호를 올리고 신주의 제목을 고친 뒤라서 제사를 빠뜨릴 수가 없고, 대신들 뜻도 그와 같으므로 정자각丁字閣이 비록 아직 조성되지 않았으나 임시로 포장(布帳: 베로 된 천막)을 설치하여 거행하는 것이 합당할 것 같습니다."고 하자, 주상께서 이르시길 "그렇다. 이에 따라 거행하는 것이 옳으리라."고 하셨다.

20) 4월 22일四月 二十二日[391]

교정청의 당상이 긴급한 일로 전하를 뵙자고 청해서 대궐로 들어간 밀창군密昌君 이직李樴[392]이 아뢰기를 "교정청에 품정(稟定:

註391) 1739년 4월 22일을 뜻한다.

註392) 밀창군 이직(李樴:1677~1746)은 조선 14대 선조 일곱째 아들 인성군 증손자로 왕실가족이다. 밀창군의 작위를 받아 외교와 왕실의 일에 관여하였다. 경종 때 등극진하정사登極陳賀正使로 청나라에 다녀왔고, 사행 길에 서양시계를 들여왔다. 영조가 즉위한 뒤 정1품이 되었으며, 효장세자의 가례와 사도세자의 가례에 관여하였다. 영조 때에는 종친의 대표격으로 활동하였고, 대사례大射禮에

여쭈어 의논하여 결정함)한 일이 있습니다. 가례嘉禮를 올린 연월에 관한 명백한 문적文蹟이 없으니 어떻게 하오리까?" 하자, 주상께서는 "비록 품달禀達[393]한다고 하였으나 장차 어떻게 할 것인가?" 하시자, 밀창군이 "전례에 자세하지 못한 것은 또한 빠뜨리었습니다."고 하자, 주상께서는 "『선원보략璿源譜略』[394]에 과연 그와 같은 처사處事가 있는가?"라고 하시었다.

밀창군이 아뢰기를 "그렇습니다. 한 책장(冊張: 책의 낱장)의 자본字本을 직접 써서 가져왔으니 살펴보심이 어떠실런지요?"라고 하자, 주상께서는 "이리 올리라"라고 하시자, 밀창군이 내시內侍에게 주어 올리도록 하였다. 밀창군이 아뢰기를 "초봉부부인初封府夫人[395]이라고 쓰는 것이 마땅한데도, 명백한 문적이 없고 실록에도 없습니다."고 하자, 주상께서 이르시길 "마땅히 읍호邑號[396]가 있을 것이니 초봉부부인으로 기록하는 것이 옳겠다."고 하시었다.

낙창군洛昌君 당樘[397]이 아뢰기를 "두 글자를 띄어 쓰오리까?"

도 참여하는 등 영조 신임이 두터웠다.

註393) 웃어른이나 상사上司에게 여쭘

註394) 『선원보략』은 조선 중종부터 현종까지 역대 왕의 자손록子孫錄을 기록한 보첩寶牒이다.

註395) 처음에는 부부인이라는 봉호를 받음

註396) 조선시대 외명부外命婦와 군君을 봉작할 때 앞에 붙여주던 읍[고을]의 호칭. 외명부 중에 왕비의 어머니, 왕세자의 딸, 2품 이상의 종친 부인들에게 봉작 앞에 본인의 본관(本貫 : 관향貫鄕)이나 남편의 본관, 기타 연고지 등의 읍호를 붙여주었다. 읍은 부府·목牧·군郡·현縣 등의 소재지를 말한다.

하자, 주상께서 이르시길 "군호郡號[398]가 자세하지 않으니 주註를 다는 것이 옳으리라."라고 하시었다. 밀창군이 아뢰기를 "책봉冊封 연월일 및 처소處所를 의당 기록해야 되는데도 증거 할 만한 문적이 없습니다."고 하자, 주상께서 이르시길 "비록 여러 신하들의 하례賀禮를 받았다고 하지만 책봉되기에 이르지는 못 하셨다."고 하시었다. 낙창군 이당이 아뢰기를 "이 부분은 기록한 것이 없으므로 비워두는 것이 마땅합니다."고 하자 주상께서는 "중종 즉위한 날에 궁궐 안에 들어왔다고 기록하라."라고 하시었다.

예조판서 신사철이 아뢰기를 "선정신先正臣[399] 김정과 박상이 상소하기를 '왕비의 지위[中壼]에 정위正位하셨다.'고 하였으므로 그렇게 기록하는 것이 마땅할 것 같습니다."고 하자, 주상께서 이르시길 "옳다. 그렇게 시행하라."고 하시었다. 밀창군이 아뢰기를 "'손遜' 자字도 쓸까요?" 하자, 주상께서 "그렇게 하라."고 하시었다.

밀창군이 아뢰기를 "태어나신 날짜가 실록에는 없습니다."고 하자, 주상께서 이르시길 "실록에 상고할 수 없으면 이제 본가(本家: 신비의 친정 집)에서 고告하는 그대로 쓰는 것이 옳겠다."고

註397) 낙창군 이당(李樘: ?~1761). 조선 영조 때 종신宗臣. 본관은 전주. 이름은 당樘. 1724년(경종 4) 경종이 승하였을 때, 수릉관守陵官이었으며, 그 공으로 1726년(영조 2)에 가자加資되었다.

註398) 지역의 이름

註399) 선대의 어질고 현명한 신하

하시었다. 낙창군 당이 아뢰기를 "1월 14일 아래에 주를 다는 것이 마땅하옵니다."고 하자, 주상께서 "주를 다는 것이 옳겠다."고 하시었다.

밀창군이 아뢰기를 "기신(忌辰: 제사 날)은 본가에서는 5일이라 하고, 실록에는 7일이라 하니 실록을 당연히 따라야 하오리까?"고 하자, 주상께서 이르시길 "우의정이 이를 예관禮官에게 마땅히 물을 일이라 하였으나 예관도 어떻게 알겠는가? 혹자는 졸서(卒逝: 사망)의 단자單子가 즉시 입달(入達: 왕세자에게 아룀)되지 않고 7일에 입달 된 까닭에 7일을 기신으로 오인하였다고 하므로 그 말이 교묘하구나."라고 하시었다.

낙창군이 아뢰기를 "손위遜位[400] 하신 날짜가 명백히 증거 할 만 한 점이 없고, 세상에 초9일이라 전해오나 분명하지가 않습니다."라고 하자, 주상께서 이르시길 "실록에는 없는가?"라고 하심에 낙창군이 아뢰기를 "그렇습니다."라고 하고, 또 아뢰기를 "만약 상고詳考하지 못했다면, '미상未詳'[401]으로 주를 다는 것이 마땅합니다."고 하였다.

장계군長溪君 병棅[402]이 아뢰기를 "혹 잡기雜記 이곳저곳 기록

註400) 자리를 물려줌, 즉 신비가 궁궐을 떠남

註401) 자세히 모름

註402) 장계군 이병(李棅: 생몰년 미상)
아버지는 유천군儒川君 이정李濎, 조부는 창성군昌城君 이필李佖이다. 1728년(영조 4) 효장세자孝章世子의 상례에 수묘관守墓官을 지냈고, 1761년 왕세자 관례冠禮 때에는 주인主人을 맡았고, 1763년에는 세손책봉 주청정사封奏請正使를 지냈다. 시호는 충헌忠憲이다.

에서 나온 것으로 추측해본 바에 의하면 초9일이 되나 반드시 정확하지 않은 까닭에 기록에 싣지 아니할 뜻으로 주를 다는 것이 옳습니다."라고 하고, 밀창군이 아뢰기를 "단경왕후께서 이미 원비元妃이시니 장경왕후의 위에 당연히 '繼계' 자를 써야 할까요."라고 하자, 주상께서 "그렇게 하는 게 맞다."고 하셨다.

이 해에 『선원계보璿源系譜』[403]를 편수하는 데에 있어서 온릉손위溫陵遜位[404] 사실을 기록하여 말하기를 '9월 몇 날에 사제私第로 물러났다.'고 하고, '날짜는 자상하지 않다.'고 주註하였는데, 이듬해 경신(庚申: 1740)에 품지稟旨[405]하여 '9월 9일 을유乙酉'라 고쳐 쓰고 그 주를 없앴는데, 그 이유는 실록에서 자료를 얻은 것이다.

21) 4월 26일四月 二十六日[406]

도감당상과 낭청郎廳·봉책관捧册官[407]·봉보관捧寶官[408] 등이 조복朝服을 갖추고 옥책玉册[409]·시책諡册[410]·금보金寶[411]를 받

註403) 이씨 왕가의 족보

註404) 단경왕후가 궁궐에서 나와 왕비자리를 비움

註405) 왕에게 아뢰어 임금의 말씀을 전해 받음

註406) 1739년 4월 26일을 뜻한다.

註407) 조선시대 왕·왕후·왕대비·대왕대비 등 종묘에 시호를 올리고 아뢰는 의례에서 옥책을 받들어 올리는 일을 맡아 행하던 임시벼슬. 그리고 봉책보관捧冊寶官은 책보안冊寶案을 받들고 진책보관進冊寶官과 독책보관讀冊寶官은 따라 들어오게 된다.

註408) 조선시대 왕의 의례용 도장을 받드는 일을 맡아 하던 임시 벼슬

註409) 왕실 또는 황실에서 책봉, 존호·시호·휘호를 올리거나 죽음을

들고 각각 채여彩輿[412]에 두었다가 대궐 아래에 모시고 이르렀다[413]. 미시(未時: 오후 1시~3시)가 되고나서 궐내에 들어가니 승지가 전달받아 그것을 받아들고 들여 넣어 주상께서 살펴보신 뒤에 이어서 임시로 내별전內別殿[414]에 모셨다.

옥책玉冊은 이덕수(李德壽: 1673~1744)가 찬술하고 윤득화(尹得和: 1688~1759)가 썼으며, 시책諡冊은 이의현(李宜顯: 1669~1745)이 찬술하고 윤순(尹淳: 1680~1741)이 썼으며, 보전(寶篆: 보배롭게 새겨야 할 글)은 조명신(趙命臣: 1684~1743) 글씨이다. 새로 조성한 감실(龕室: 신주를 모셔두는 장)·보장寶欌[415]·책장冊欌[416]·

애도하기 위해 옥간玉簡에 글을 새겨 엮은 문서

註410) 왕실 또는 황실에서 시호를 올리기 위해 옥간玉簡에 글을 새겨 엮은 문서

註411) 금으로 제작된 왕과 왕비의 의식용 도장. 왕과 왕비의 도장인 어보(御寶)는 재질에 따라 금보와 옥보로 구분된다. 금보는 왕과 왕비의 시호, 존호, 묘호, 휘호 등을 새기며 주로 거북이 혹은 용이 조각되어 있다.

註412) 왕실의 의식에 귀중품을 옮기던 교자轎子

註413) 이러한 실례의 하나로 영조와 정성왕후貞聖王后에게 책보冊寶를 추상追上한 기사는 다음과 같다. 봉책관捧冊官과 봉보관捧寶官이 책보冊寶를 받들고 나와서 차례로 나아가자, 도감의 도제조 이하 관리들이 모두 뒤를 따랐다. 책보가 지나가려 할 때 마중하였다. 다시 섬돌 위의 욕위褥位에 나아가서 북쪽을 향하여 꿇어앉자, 봉책관과 봉보관이 각각 책보를 받들고 차례로 꿇어앉아 도제조에게 주었고, 도제조가 꿇어앉아 받아가지고 임금에게 바치자 임금이 받아서 승지에게 주었으며, 승지가 꿇어앉아서 받아 가지고 봉책관·봉보관에게 주니, 해당 실室의 문門 안에 나아가서 승지가 전하여 받아서 차례대로 상에 얹어두었다.

註414) 궁궐 정전 옆에 왕비를 위한 임시 건물 공간

註415) 임금이나 왕비 등이 죽은 뒤 그 공덕에 따라 받게 되는 시호諡號

제기祭器 · 상탁床卓[417] 등의 물건도 역시 도감都監으로부터 종묘에 모시어 올렸다.

22) 4월 28일四月 二十八日[418]

신주神主가 조성되자 도감 및 예조당상이 봉상시 제조와 함께 봉심奉審하고, 그날 오후 숭정전崇政殿[419]에 임시로 모셨다.

23) 5월 초1일五月 初一日[420]

장차 종묘에 나아가려 할 때에 대신 이하 여러 집사관執事官[421]이 문을 닫는 것을 기다려 궐내에 들어갔는데, 묘시(卯時: 오전 7시~9시)에 옥책玉冊[422]과 금보金寶[423]가 안으로 부터 나오자 대

를 새긴 시보諡寶를 모신 장이다. 종묘 신실神室 내의 신주장神主欌 오른편에 자리 한다.

註416) 왕실 또는 황실에서 책봉, 존호 · 시호 · 휘호를 올리거나 죽음을 애도하기 위해 옥간玉簡에 글을 새겨 엮은 책을 넣어 보관하던 장

註417) 음식을 올려놓은 제사용구의 하나

註418) 1739년 4월 28일을 뜻한다.

註419) 경희궁의 정전正殿. 원래 경희궁의 정전이었는데, 민족항일기인 1926년 2025년 현재 정각원正覺院이라는 법당으로 쓰이고 있다.

註420) 1739년 5월 1일을 뜻한다.

註421) 국가의 의식을 진행하던 관원

註422) 왕실(또는 황실)에서 책봉, 존호 · 시호 · 휘호를 올리거나 죽음을 애도하기 위해 옥간玉簡에 글을 새겨 엮은 문서.

註423) 금으로 제작된 왕과 왕비의 의식용 도장. 왕과 왕비의 도장인 어보御寶는 재질에 따라 금보와 옥보로 구분된다. 금보는 왕과 왕비의 시호, 존호, 묘호, 휘호 등을 새기며 주로 거북이 혹은 용이 조각되어 있다.

신 이하 관원이 조복朝服을 입고 예식을 법대로 행하였다. 그리고는 책보(冊寶: 옥책과 금보)를 받들어 모시고 종묘에 이르러 제사를 의식대로 행한 뒤 돌아오는 길에 책보를 받들고 위선당為善堂[424] 밖에 이르러 임시 악차幄次[425]에 모시고 예조좌랑이 이를 지켰다.

오시(午時: 오전 11~오후 1시)에 대신 이하 백관이 조복을 입고 책보를 받들어 위선당에 들어가 치사致詞[426]를 베풀고 예식을 법대로 행하였다. 이날 주상께서 어가御駕로 경덕궁(慶德宮: 경희궁 이전 이름)에 납시니 승지 이춘제(李春躋: ?~1748)·양정호(梁廷虎: 1683~?)·이익정(李益炡: 1699~1782)·이세진(李世璡: 1669~1749)·신만(申晩: 1703~1765)·김정윤(金廷潤: 1676~?) 등과 가주서假注書 남학종(南鶴宗: 생몰년 미상)·남덕로(南德老)·여선응(呂善應: 1701~?)과 기주관 우홍적(禹洪迪: 1691~1742)과 기사관記事官 홍서(洪曙: 생몰년 미상)가 입시하였다.

주상께서 이르시길 "지금이 무슨 시인가? 저 곳에 도착하여 때맞추어 망전례望殿禮[427]를 행할 수 있겠는가?"라고 하시자, 이익정李益炡이 아뢰기를 "망전례는 오시(午時: 오전 11시~오후1시)에 있으므로 시간은 염려하실 일이 못 됩니다."고 하였다.

주상께서 이르시길 "책보(冊寶: 옥책玉冊과 금보金寶)를 모시고 가

註424) 경희궁 내의 선왕의 위패, 신주, 어진을 임시로 봉안할 때 사용했던 전각

註425) 임금의 거둥 때 쉬도록 장막을 친 곳

註426) 경사 시에 드리는 송덕사頌德詞

註427) 멀리서 궁궐을 바라보며 올리는 제례

는 행렬이 지금쯤 어디쯤에 이르렀겠는가? 부묘도감祔廟都監[428] 서리書吏에게 물어보는 것이 옳으리라."고 하시고, 어가가 마을 입구[洞口]안에 도착하자 주상께서 이르시길 "책보를 모시고 가는 행렬이 이제 어디쯤에 도착했겠는가?"라고 하시자, 이익정이 아뢰기를 "당초 부묘도감 서리에게 분부하기를 '책보가 파자전교把子前橋[429]를 지난 뒤에 돌아와 보고하도록' 시킨 까닭에 아직 연락이 없는듯합니다."라고 하였다. 어가가 파자전교에 도착하자 이익정이 들어와 보고 말하기를 "책보가 이미 봉안奉安되었다고 합니다."라고 하였다.

이윽고 어가가 경덕궁에 이르러 홍화문(興化門: 경희궁의 정문) 동쪽으로부터 들어와 광달문廣達門[430] 밖에 도착하자 주상께서

註428) 조선시대 국왕이나 왕후의 상장喪葬에서 혼전魂殿에 있던 신주를 종묘宗廟로 봉안하는 것을 주관한 임시관청.

註429) 파자는 울타리에 쓰는 대나무·갈대·수수깡 따위로 발처럼 엮은 물건을 말하는데, 그런 파자 위에 흙을 올려 다리를 지었기 때문에 붙여진 이름이다. 왕이 창덕궁에서 나가거나 들어갈 때 반드시 거쳐야 하는 다리였다고 한다. 창덕궁으로 오가던 관리들이 지났기 때문에 파조교罷朝橋라고도 하였는데, 억울한 일을 당한 백성들이 관리들을 만나기 위하여 이 다리에서 기다리기도 하였으며, 다리 위에 조정을 비판하는 글을 걸어두기도 하였다고 전한다.

註430) 합문閤門의 하나이다. 합문은 조선시대 궁궐에서 내외와 공사의 경계로 작용한 개념이다. 특히 내전과 외전 사이에 위치하는 편전 영역에 설정되는 경우가 많고, 의례에 따라 외부의 문이 되기도 하며, 실내의 문이 되기도 한다. 궁궐은 예의 구현을 위한 의례 설행設行 공간의 조성, 왕실 일상생활의 수용이라는 두 가지 측면에서 공간 구성이 좌우되었다.
조선시대 궁궐은 크게 외전 영역과 내전 영역으로 구분되었는데, 그 경계는 명확하게 규정된 것이 아니라 유동적으로 성격이 변하

는 "즉시 망전례望殿禮[431]를 행하도록 분부하라."고 하셨다. 이어서 주상께서 면복冕服[432] 을 고쳐 입으시고 걸어서 자정전資政殿[433] 서쪽 곁문으로 나오시어 위선당 판위板位[434] 앞에 이르셨다. 주상께서 이르시길 "몇 일 전[日前]에 듣기로는 궁위령宮闈令[435]이 이곳을 관리하고 결과結裹[436] 등의 일에 있어서도 궁위령이 모두 봉행한다고 말하는 까닭에 마음에 이를 괴이하게 여겼었다.

신주神主를 제목하기 전에는 범사凡事를 도감都監이 마땅히 봉행奉行할 것이요. 그 뒤에는 궁위령이 의당 수직守職[437]할 것이므로 이렇게 법식法式을 정하는 것이 옳으리라."고 하시자, 신만(申晩: 1703~1765)이 아뢰기를 "이 뒤로는 이로써 법식을 정하오리까?" 하자, 주상께서 "지금이라도 마땅히 그렇게 거행할 것이나."라고 하셨다. 예의사禮儀使 신사철(申思喆: 1671~1759)이 입시하자 주상께서 사배四拜의 예를 행하시고 동쪽계단으로 오

였다. 이때 설정되는 내외 공간의 경계로서 합문이 정의되었다. 다시 말해, 합문은 궁궐에서 특정한 공간이나 영역으로 고정되어 있는 것이 아니라, 조선시대 전 시기에 걸쳐 다수의 궁궐에서 내외內外와 공사公私의 경계로 존재해 왔다.

註431) 궁궐에서 멀리 있어서 직접 예를 표하지 못할 때 궁전宮殿을 바라보고 행하는 유교의례.

註432) 고려 전기에서 조선 말기까지 국왕이 제례 때 착용한 관복

註433) 1616년(광해군 8)에 새문동에 별궁으로 조성된 경덕궁의 편전이다. 경덕궁 정전 숭정전崇政殿 북쪽에 있으며, 특히, 숙종과 영조의 빈전殯殿으로 사용된 전각이다.

註434) 백관百官이 홀笏을 잡고 조하朝賀하던 자리이다.

註435) 종묘 제향 때 왕후의 신주를 받들었던 관원

註436) 거적 따위로 관棺을 싼 위에 밧줄로 얽어 동여 맴

註437) 직분에 맞게 일을 처리함

르시어 신위 앞에 이르러 봉심奉審하시는데, 이춘제(李春躋: ?~1748)·이익정(李益炡: 1699~1782)·남학종(南鶴宗: 생몰년 미상) 등이 그 뒤를 따랐다.

주상께서 이르시길 "이번 시전(諡奠: 시호를 올리며 지내는 제사)이 일의 본체가 지극히 중대한데도 이제 제물祭物을 살펴보니 박략(薄略: 소박하고 간단함)하고 건조(乾燥: 무미건조의 줄임말)하며, 제촉(祭燭: 제례 때 켜는 촛불)도 매우 작으니 이보다 한심한 일이 있을 수가 없구나. 이것을 담당한 진배관進排官[438]을 행사가 지난 뒤에 엄중히 문책하라."고 명하시었다. 미시(未時: 오후 1시~3시)에 새로 조성한 신주를 받들어 숭정전崇政殿[439]에서 위선당爲善堂[440]으로 이안移安[441]하는데, 도감 및 예조당상·낭청·봉상시 제조 이하가 흑단령黑團令[442]을 갖추고 차례로 나아갔다.

주상께서 이르시길 "이제 새로 조성된 신주를 봉안한 신탑神榻[443]이 유달리 정결하지 못한 것을 보니 그 사체事體에 있어서 지극

註438) 물품을 진상進上하는 관원

註439) 조선후기 경희궁 정전正殿

註440) 경희궁 내 선왕의 위패, 신주, 어진을 임시로 봉안할 때 사용했던 전각

註441) 신주를 다른 곳으로 옮겨 모심

註442) 조선시대 세종 대 이후 문무 관원이 예복으로 착용한 아청색 또는 유록색 단령이다. 사모와 품대, 화자와 함께 착용하였다. 조선 전기는 당상관 이상이 무늬 있는 아청색 비단의 흑단령을 입었으며, 3품까지 흉배를 사용하였다. 조선 후기는 유록색으로 색상이 바뀌면서 9품까지 모든 관원이 흉배를 사용하였다.

註443) 신실神室 내 신주를 내어 모시는 둥근 모양의 상이다.

히 미안한 일이다. 대신大臣 외에 도감당상都監堂上[444])을 함께 엄중히 추고推考[445])하고 행사가 지난 뒤 해당 낭청郎廳[446])을 관할 부서로 하여금 엄중히 문책하도록 하라."고 명하시고, 또 이르시길 "청저건(青紵巾: 푸른 모시 수건)을 종묘에서는 신주의 몸체 위에 두는데 지금은 주독主櫝[447]) 위에 두었으니 소용이 없다." 고 하셨다.

주상께서 보행으로 자정전資政殿[448]) 서쪽 곁문으로 들어가셨다가 잠시 후에 다시 나오셔서 판위板位에 이르시어 사배四拜의 예를 행하셨다. 주상께서 이르시길 "지난번 유신儒臣으로 대축大祝[449])을 임시 보충하라고 신칙申飭[450])한 바가 있었지만, 이번에도 신주神主를 내고 넣은 대축大祝을 유신儒臣으로 채우지 못했으므로 매우 미안한 일이다. 해당관청의 책임을 맡은 당상을 문책하는 것이 마땅하다."고 명하셨다.

주상께서 동쪽계단으로 오르시어 당상에 서 계시다가 이르

註444) 도감을 총괄하는 고위 관리로, 도감의 당상관 또는 당하관을 뜻한다. 도감에는 부묘도감祔廟都監・개건도감改建都監・국장도감國葬都監 등이 있다.

註445) 벼슬아치의 죄과를 추문推問하여 조사하는 일

註446) 조선시대 중앙관직으로 정3품 당하관부터 종6품까지 해당하는 관직을 통칭하는 개념이다.

註447) 사당 안 감실龕室에서 신주를 모셔두는 궤[櫝]. 독은 독좌櫝坐와 독개櫝蓋로 구성된 궤독櫃櫝으로 검은 옻[漆]을 칠한다.

註448) 경덕궁의 전신인 경희궁의 편전便殿

註449) 종묘나 문묘 제향에 축문祝文을 읽던 벼슬

註450) 여러 번 타일러 경계警戒를 내림

시길 "내려서는 것이 마땅하다."고 하시고, 계단 아래로 내려서 시었다. 또 주상께서 이르시길 "유신儒臣이 없으니 어찌 되겠는가? 이번 신주를 모시는 대축大祝이 누구인가?"라고 하시자, 이춘제李春躋가 아뢰기를 "이광운(李光運: 생몰년 미상)입니다."라고 하였다. 새로 조성한 신주를 동쪽의 상상(床上: 마루 위) 뒤에 봉안한 뒤에 주상께서 당상에 오르셨다.

이익정이 아뢰기를 "아직 신주를 제목하지 못했으니 곡주대축浴主大祝[451)] · 제주축관(題主祝官: 신주에 글씨 쓰는 직임職任)이 봉행奉行하고, 신주를 제목한 뒤에는 궁위령이 봉안하는 것이 당연합니다."라고 하자, 주상께서 이르시길 "구주舊主[452)]를 이안移安하는 것이 만약 제주전題主奠[453)] 앞에 있다면 지금 즉시 이안하는 것이 마땅하고, 만약 제주전題主奠[454)]의 뒤에 있다면 '구주舊主'를 '신주新主' 자리 뒤에 잠시 봉안하는 것이 마땅하리니 사관史官은 나가서 도제조에게 문의하라."고 하시거늘, 여응선(呂善應: 1701~?)이 나갔다 들어와 아뢰기를 "신주를 제목(題目: 신주에 관한 글자를 씀)한 뒤에 제사를 드리면 이안移安이라고 합니다."고 하였다.

신시(申時: 오후 3시~5시)에 제주관題主官[455)] 이광세(李匡世: 1679~?)

註451) 종묘나 문묘 제향 때 초헌관이 술을 따른 뒤 신위神位 곁에서 축문을 읽는 제관의 하나이다.

註452) 종묘로 옮기기 이전 지금까지 다른 사당에서 모셔왔던 신주神主

註453) 신주神主에 제목題目하며 드리는 제사

註454) '제주題主'는 신주에게 글씨를 쓰는 것이고, '전奠'은 고인을 생시와 똑같이 섬긴다는 의미에서 제물을 올리는 것인데, 즉 신주를 써서 제물을 올리는 소절차이다.

가 들어와 서쪽을 향해 서서 신주의 면面에 글씨를 받들어 쓰는데 주상께서 그의 손이 떨림을 보시고 웃으며 이르시길 "공경을 다하는 지경에 마음이 움직여서 그런가? 어렵구나!"라고 하시고, 이광세가 제주를 마치자 주상께서 이르시길 "부족한 곳을 광칠光漆[456]하기 전에 사자관寫字官[457]으로 하여금 획劃을 보충토록 하라."고 명하시었다.

이광세가 아뢰기를 "전례前例에 한 곳에 칠을 바르기 전에 사자관寫字官이 획을 보충하였습니다."라고 하자, 주상께서 이르시길 "그보다 앞서 여러 차례 제주題主하는 것을 보았지만 이번이 (광세로서는) 처음인데도 숙달된 글씨로구나. 손이 떨리는데도 자획字劃이 오히려 이와 같구나."라고 하시었다. 이익정이 아뢰기를 "사자관이 들어왔습니다."고 하자, 주상께서 이르시길 "'공恭' 자字와 '단端' 자에 힘을 보충하라. 여러 자획을 모두 고르게 할 것인가?"라고 하시었다.

이광세가 아뢰기를 "대소大小의 획을 모두 고르게 하는 것이 옳습니다."라고 하였다. 사자관寫字官이 작업을 마치자 주상께서 이르시길 "구주舊主의 함중陷中[458]을 봉심奉審[459]하고자 하니 밤

註455) 신주神主에 글씨를 쓰는 관리

註456) 생 옻칠을 솜에 묻혀서 칠기면에 문지르고 칠하면서 솜으로 닦아내고 기름칠을 하는 등으로 광택을 내는 것을 말한다.

註457) 승문원·규장각에 소속되어 사대교린문서事大交隣文書와 자문咨文·어첩御牒·어제御製·어람御覽 등의 문서를 정서正書하던 관원이다.

註458) 죽은 이의 관직·성명을 기록하기 위하여 신주의 뒤쪽을 파낸 부분

註459) 왕명을 받들어 왕실의 침묘寢廟·산릉山陵·단壇·묘墓·태실胎室·

나무을 대령하도록 하고, 춘제春臍는 내려와 분부하라."고 명하시고, 또 이르시길 "신탑神榻을 새 것으로 바꿨는가?"라고 하시자, 이익정이 아뢰기를 "승정전에서 만든 것을 옮겨왔습니다."고 하였다.

주상께서 이르시길 "신주新主를 봉안하고 구주舊主는 신주의 뒷자리에 봉안하는 것이 마땅하리니 궁위령宮闈令은 신주를 신탑에 봉안하고, 구주는 뒷자리에 봉안토록 하라."고 명하시고, 또 이르시길 "구주를 누가 받들고 갈 것인가? 의당 대축과 궁위령들이 있으니 주서注書[460]는 나가서 문의하라."고 하시었다.

여선응呂善應이 나갔다 들어와 아뢰기를 "봉상시奉常寺[461]의 관원이 받들고 나가 수레에 실은 뒤에 예관(禮官: 의례儀禮에 관계된 관원)이 봉안하는 것이 당연하다고 합니다."고 하니, 주상께서 이르시길 "봉상시 관원을 들어오도록 하라. 그대는 누구인가?"라고 하시자 양정호(梁廷虎: 1683~?)가 아뢰기를 "홍계옥(洪啓沃: 1707~?)이옵니다."라고 하였다.

주상께서 이르시길 "궁위령이 이곳에 봉안한 연후에 봉상시 관원이 받들고 나감이 마땅하다. 봉상시 관원도 관세盥洗[462]하는가?"라고 하시자, 이익정이 아뢰기를 "관세하는 것이 옳습니

비석 · 사고史庫 · 영정 등을 보살피고 점검하던 일을 말한다.

註460) 『승정원일기』의 기록을 담당하던 관원이다.

註461) 조선시대 국가 제사 및 시호諡號를 의론하여 정하는 일을 관장하기 위해 설치되었던 관서

註462) 제례 때 제관祭官이 손을 씻는 것을 말한다.

다."라고 하였다. 주상께서 이르시길 "밤나무를 들여오라."고 명하셨다. 주상이 내관(內官: 왕을 가까이 모시는 관원, 즉 내시)으로 하여금 구주(舊主: 부묘祔廟 이전 신주)를 받들어 넘어지는 방향으로 뽑도록 하였다.

그리고 이르시길 "나 홀로 함중陷中[463]을 보는 것이 마땅하다."고 하시니, 이익정이 아뢰기를 "무인년(戊寅年: 1698)에는 도감당상이 봉견(奉見: 받들어 봄)하고 베끼어 올렸습니다."고 하자 주상께서 이르시길 "왕후의 신주인지라 혹 꺼릴 점이 있을지 모르므로 여러 승지는 모두 계단위에서 내려서라."고 하시고, 주상께서 함중을 봉심하심이 끝나사 여러 승지가 모두 입시하였다.

주상께서 이르시길 "함중에 또한 '神主신주' 두 글자가 없고 단지 성씨만이 쓰여 있다. 구독(舊櫝: 옛 신주를 넣어두었던 궤) 안에 들어있던 면자(綿子: 목화木花)를 들여오도록 하여 궤자(櫃子: 신주를 넣어두는 상자) 및 속을 채우는 목화를 함께 안장할 것인가를 예조판서에게 문의하라."고 하시니 여선응이 나갔다. 주상께서 이르시길 "금일今日 안으로 구주를 능소陵所에 도착시키기 어렵겠구나."고 하시자, 이익정이 아뢰기를 "안장할 시각이 해시(亥時: 오후 9시~11시)이므로 도착시킬 수가 있사옵니다."라고 하였다.

주상께서 이르시길 "봉표封標[464]하는 일은 없는가?"라고 하

註463) 신주神主나 위패位牌 속에 네모지게 파낸 홈이다.

시자 이익정이 아뢰기를 "없는 듯합니다."라고 하고, 여선응이 들어와 아뢰기를 "목화 등 물건은 꺼내고 안장하였다고 하옵니다."고 하자, 주상께서 이르시길 "궤자櫃子[465]를 만약 함께 안장할 것이면 어찌 목화만을 꺼낼 필요가 있겠는가?"라고 하시었다.

홍계옥(洪啓沃: 1707~?)이 구주를 받들어 밖으로 나가자 주상께서는 동쪽 계단으로 내려오시어 임시장막에 들어가셨다가 잠시 후 그곳에서 나오셨다. 이어 판위板位에 나아가 사배四拜의 예를 행하시는데 동쪽계단으로 오르시니 이익정과 세진世璡이 입시하였다. 주상께서 관세위(盥洗位: 제사 때에 손을 씻는 자리)와 준소尊所[466]에 나아가시어 이르시길 "작헌례酌獻禮[467]는 단작(單酌: 술잔을 한 번 올림)인데도 여기에는 삼작(三酌: 술잔을 세 번 올림)을 두었구나."라고 하시고, 헌작獻酌을 마치시고 제자리에 내려오시어 사배四拜의 예를 행하셨다. 이어 주상께서 장덕문章德門[468] 밖의 장막으로 나오시니 신사철과 이익정이 입시入侍하였다.

주상께서 이르시길 "고취(鼓吹: 악대樂隊를 말함)는 이 곳에 들어오고 배설排設[469]할 장소에 신여神轝[470]를 봉치(奉置: 받들어 모

註464) 봉분封墳을 하고 세우는 표
註465) 물건을 넣는 긴 네모 모양의 통
註466) 제향 때 술을 올려놓는 상床을 차리는 곳
註467) 왕이나 왕비였던 조상 또는 문묘에 왕이 친히 제사하던 예식
註468) 선왕의 위패·신주· 어진을 임시로 봉안했던 경희궁 위선당의 남쪽 문
註469) 연회, 제사 등에서 상을 차리는 일

심)하는 것이 옳으니, 신여를 받들어 들인 뒤에 고취가 들어올 것이요. 철상撤床[471] 한 뒤에 우주虞主[472]를 받들어 나가는 것이 당연하다."고 하시었다.

이익정이 아뢰기를 "유시(酉時: 오후 5시~7시)에 마땅히 봉안해야 되는데 이제 이미 유시酉時가 되었으니 시간이 임박합니다."라고 하자, 주상께서 이르시길 "산선繖扇[473]을 대하臺下[474]에 들여 놓도록 하라. 예방(禮房: 승정원의 6방六房의 하나)은 나오라. 신여의 앞면이 어디를 향했는가?"라고 하시니, 신만(申晩: 1703~1765)이 아뢰기를 "남쪽을 향했습니다."라고 아뢰었다.

주상께서 이르시길 "병방(兵房: 승정원 육방의 하나)은 나오라. 이곳이 협소하니 운보검雲寶劍[475] 밖의 시위侍衛는 금상문金商門[476] 밖으로 내보내는 것이 옳다."고 하시자, 이익징이 아뢰기를 "도감당상都監堂上을 들어오게 하는 것이 어떻습니까?"라고 하자, 주상께서 이르시길 "들어오도록 하라. 안이 시끄러우니 예방禮房은 들어와 보라."고 하시고, 주상께서 장막에서 나와 판위板位에 나아가셨다.

註470) 조선시대 상장의례에서 왕과 왕비의 신주神主를 운반하는 가마
註471) 음식상이나 제사상을 걷어치움
註472) 궁중에서 우제虞祭를 지낼 때 뽕나무의 신주神主
註473) 임금의 행차에 따르는 자루가 긴 양산 또는 일산日傘이라고도 함
註474) 누대나 높은 곳 아래의 공간이나 위치를 가리킨다.
註475) 조선시대 운검雲劍을 차고 임금이 거둥할 때 시종侍從한 임시직. 별운검別雲劍이라고도 함
註476) 경덕궁 안에 있는 문의 하나

주상께서 이르시길 "섭통례攝通禮[477]는 여기에 있는가?"라고 하시니, 이춘제李春躋가 아뢰기를 "이미 들어왔다고 합니다."라고 하였다. 도감당상都監堂上 송인명·조현명·유척기·홍현보洪鉉輔가 들어오니 주상께서 이르시길 "이제 비로소 신여神轝에 봉안奉安하는가? 주렴珠簾[478]을 내린 연후에 장막을 마는 것이 옳고, 이미 시호를 올렸으므로 마땅히 청홍개靑紅蓋[479]가 있어야 하는데, 자정전資政殿에는 없는가?"라고 하시자, 시위侍衛하던 공조판서 윤순尹淳이 아뢰기를 "이미 신여에 봉안하였으므로 마땅히 모든 것이 있을 것입니다."라고 하였다.

주상께서 이르시길 "밖에는 충찬위忠贊衛[480]가 있고 안에는 궁위령이 있는데, 자의별감紫衣別監[481]은 무엇을 하는가?"라고

註477) 조선시대 국가의 의례儀禮를 관장하였던 관서인 통례원通禮院의 임시관직.

註478) 구슬이나 구슬 모양의 물건을 꿰어 만든 발

註479) 의장儀章에 쓰는 청색 홍색의 일산日傘, 즉 양산

註480) 조선시대의 중앙군으로서 오위五衛의 충좌위忠佐衛에 소속되었던 특수 병종兵種.

註481) 별감은 액정서掖庭署 소속으로 그 직책과 배속配屬에 따라 대전별감·중궁전별감·세자궁별감·세손궁별감의 구별이 있었다. 별감복은 대개 예복禮服과 상복常服으로 구분된다. 예복은 임금의 종묘제사 때와 교외동가郊外動駕·차비差備 등 특별행사 때의 차림이다. 종묘제사 때의 별감복으로 복두幞頭와 자의紫衣의 기록이 보이나, 자의는 그 형체를 알 수가 없다. 자의별감은 자주색을 입은 액정서 소속의 관원이다. 그리고 종묘제사 때 별감복으로 자주색이 기록되어 있는 것으로 보아 자주색을 입은 별감으로 해석된다. 자주색 예복을 입고 종묘제례 때 참여한 것으로 보이며, 이러한 예복을 입은 별감을 자의별감이라 칭했던 것이 아닌가 한다.

하시자, 윤순이 아뢰기를 "지금 신여를 시위侍衛하고 있습니다." 라고 하자, 주상께서 이르시길 "이미 신여에 봉안하였는가? 늦었구나!"라고 하시었다. 이익정이 아뢰기를 "신여에 봉안하였습니다."라고 하자, 주상께서 이르시길 "시위侍衛가 궐내에서는 모두 뒤쳐져 있으므로, 내가 일찍이 내시위內侍衛[482]로 하여금 수레 뒤에 있게 하였었다. 궁궐 밖에서는 수레 앞에 있는가? 오위장五衛將[483]은 함께 수레 뒤에 있는 것이 옳다."고 하시었다.

신여가 장덕문 밖으로 나서니 주상께서 판위板位에서 내려오셔서 단지 내시만으로 신여를 열게 하시고 봉심奉審을 마친 뒤 다시 판위에 오르셨다. 신여가 출발하려고 할 때에 주상께서 국궁(鞠躬: 존경의 뜻으로 몸을 굽힘)하시고, 이어서 보행으로 신여를 뒤따르시더니 광순문光順門[484]을 나와서는 오랫동안 서서 계셨다.

주상께서 이르시길 "신여의 근처에 많은 잡인雜人이 소란스러우니 사체事體에 있어 지극히 미안하다. 시위하는 병조는 책임을 맡은 당상을 문책하여 각별히 훈계하는 것이 마땅하다." 고 하시고, 주상께서는 옥교玉轎[485]를 타고 신여를 모시고 숭정전崇政殿에 이르러 동쪽 곁문으로 들어가셨다. 주상께서 이르시길 "과인이 먼저 나가고자 하니 그 뒤에 시위侍衛가 올라오는 것이 옳다. 예방禮房은 나와서 도감당상으로 하여금 들어와 봉안

註482) 조선 전기 궁궐의 경비와 왕의 신변보호를 맡아보던 시위군侍衛軍.
註483) 오위도총부 최고 관직
註484) 조선 전기에 세워진 경복궁 남쪽 궁궐건물. 궁문宮門
註485) 임금의 교자, 즉 가마

하도록 하는 것이 마땅하다."고 하시고, 신여를 뒤따르시어 자정전資政殿에 오르셨다.

주상께서 이르시길 "여기에는 사람이 많아서는 안 되니, 신여神轝의 시위侍衛 및 사관史官 한 사람은 밖으로 나가는 것이 옳다. 이곳에 망전례望殿禮가 있는가?"라고 하시니, 이익정이 아뢰기를 "있습니다."라고 하였다. 주상께서 이르시길 "백관百官은 미리 채비를 갖추라."고 하시고, 신위의 봉안을 마치자 주상께서 이르시길 "신장神帳[486]을 드리우라."고 하시며, 배위拜位[487]에 내려오시어 동쪽계단 아래로 나아가 4배례四拜禮를 마치시고 임시 장막에 들어가시더니 조금 뒤에 장막에서 나오시어 판위板位에 이르러 4배례를 행하셨다.

이어 관세(盥洗: 제사를 받들기 위해 손을 씻음)하시고 동쪽계단으로 오르시어 신위 앞에 이르러 작헌례酌獻禮를 행하시니, 이익정이 작주(酌酒: 술을 따름)하고 양정호가 봉향奉香하며, 김정윤(金廷潤: 1676~?)이 봉로奉爐[488]하고, 신만이 봉작(奉酌: 술을 따라 마심)하며, 이세진(李世璡: 1669~1749)이 준작(奠酌: 술을 제사상에 올림)하였다. 주상께서 배위에 내려오시어 4배례四拜禮를 행하셨다.

註486) 제사 때에 치는 장막

註487) 절을 하는 자리. 의식을 행할 때 정하여진 규례에 따라 정한다. 그 일례로 :
1) 제관祭官들은 정해진 절을 하는 위치에 따라 사당 앞에 늘어섰다.
2) 종묘에 제를 지낼 때 종손의 배위를 첫째로 둔다.

註488) 제례 때 향로를 받드는 일

이 날 시호를 청하여 시호를 올릴 때에 봉책보관奉冊寶官은 우의정 송인명宋寅明이고, 대축大祝은 사성司成 채응복(蔡膺福: 1675~1744)·정광운(鄭光運: 생몰년 미상)이며, 독시책관讀諡冊官은 부사과副司果 민계(閔堦: 1693~?), 독옥책관讀玉冊官은 부사과 정기안(鄭基安: 1695~1767), 독보관讀寶官은 부사과 임사원, 봉시책관奉諡冊官은 예조정랑 송시함(宋時涵: 1687~1756)과 예조좌랑 서침(徐琛: 1677~?), 봉옥책관奉玉冊官은 전적典籍 변시중(邊是重: 1694~?)과 전적 안정보(安廷輔: 1696~1756), 봉보관奉寶官은 문복형(文復亨: 1678~?)과 윤동하(尹東夏: 1677~?)였다.

옥책玉冊[489]을 모신 책상, 즉 책안冊案[490]을 든 자가 넷이고, 보안寶案[491]을 든 자가 둘이며, 독책공안讀冊空案[492]을 든 자가 넷이고, 독보공안讀寶空案[493]을 든 자가 둘이며, 집사충찬위執事忠贊衛가 12인이었다. 거주궁위령擧主宮闈令[494] 박민채(朴敏采: 1664~?)가 이날 구주舊主를 받들고 능소陵所에 나아갔는데, 신여神轝 및 전도前導[495]·세장細仗[496]·지로指路[497]·고훤考喧[498]·부장部將·

註489) 왕실(또는 황실)에서 책봉, 존호·시호·휘호를 올리거나 죽음을 애도하기 위해 옥간玉簡에 글을 새겨 엮은 문서. 옥책은 책문의 한 종류이다. 책문은 재질에 따라, 옥책玉冊·죽책竹冊·금책金冊 등 세 종류가 있고, 옥책은 옥색에 따라 흑옥책黑玉冊·백옥책白玉冊·청옥책靑玉冊 등으로 구분되는데, 청옥책이 가장 일반적이다.

註490) 옥책玉冊을 올려놓은 상床

註491) 금보金寶를 올려놓은 상

註492) 옥책을 읽기 위해 아무것도 올려놓지 않은 빈 상

註493) 금보를 읽기 위해 아무 것도 올려놓지 않은 빈 상

註494) 신주를 드는 직책인 궁위령

내시 · 별감 · 금군禁軍[499]은 길복吉服을 차리고 시위를 의식대로 하였다.

예조당상禮曹堂上과 낭청은 흑단령을 차리고 술시(戌時: 오후 7시~9시)에 능소에 도착하여 고유제告由祭[500]를 베풀고, 해시(亥時: 오후 9시~오후11시)에 곡장曲墻[501]안 임방(壬方: 서북쪽)의 6척 6촌寸되는 곳에 매안埋安하였다. 깊이는 6척으로 토규土圭[502]의 척수尺數를 사용하였고, 길이와 넓이는 신주 궤자櫃子[503]의 바깥 모양을 따랐다.

24) 5월 초3일五月 初三日[504]

단경왕후의 부묘사祔廟事[505]를 종묘에 미리 고하였다.

註495) 앞길을 인도하는 사람

註496) 국가의 제사에 사용하는 향香을 전달하거나, 시책문諡冊文을 새긴 시책諡冊, 왕이나 왕후의 시호를 새겨 넣은 도장인 시보諡寶를 전달할 때 궁궐 안의 전정殿庭이 아닌 궁궐 밖 행차 시 임시로 머무는 노차路次에서 사신에게 명령을 내릴 경우에 사용되는 의장을 든 사람

註497) 길을 가리키며 인도하는 사람을 말한다.

註498) 임금이나 왕비의 행차에 앞서 잡인들의 어수선함을 막는 일, 또는 그 일을 맡은 사람

註499) 조선시대 설치되었던 국왕 친위군親衛軍

註500) 천지신명에게 연유를 고하는 제사

註501) 무덤 뒤에 쌓은 담

註502) 그림자 또는 토지를 재는데 쓰던 옥으로 만든 기구

註503) 물건을 넣는 긴 사각형 통

註504) 1739년 5월 3일을 뜻한다.

註505) 조선시대 국왕이나 왕후의 상장喪葬에서 혼전魂殿에 있던 신주를 종묘에 봉안하는 일

25) 5월 초4일五月 初四日[506)]

주상께서 경덕궁에 거둥하시어 재숙齋宿[507)]하시었다.

26) 5월 초5일 진시五月 初五日 辰時[508)]

단경왕후의 신위에 동가動駕[509)]를 고하는 임금의 친제親祭에 주상께서 자정전資政殿 동쪽 계단아래의 배위拜位[510)]에 나아가시어 4배례四拜禮를 행하시고, 이어 동쪽계단으로 오르시어 신위 앞에 나아가시니, 양정호(梁廷虎: 1683~?)가 봉향(奉香: 향을 받듦)하고, 김정윤(金廷潤: 1676~?)이 봉로(奉爐: 향로를 받듦)하며, 신만(申晩: 1703~1765)이 진삭進酌[511)]하고, 이세진(李世璡: 1669~1749)이 전작奠酌[512)]하며, 대축大祝 오수채(吳遂采: 1692~1759)가 제문祭文을 읽었다. 이에 주상께서 배위拜位에 내려오시어 4배례四拜禮[513)]를 행하시고 장막에 드시니 예조판서 신사철申思喆과 우승지 이익정李益炡이 입시하였다.

주상께서 이르시길 "봉안奉安 시에 삼색三色의 촉롱(燭籠: 촉등燭

註506) 1739년 5월 4일을 뜻한다.
註507) 재계齋戒하면서 하룻밤을 지내는 일
註508) 1739년 5월 5일 진시辰時, 즉 오후7시~9시 사이를 뜻한다.
註509) 신위를 실은 어가御駕를 움직임
註510) 의식장儀式場에 만든 절하는 자리
註511) 술잔을 올리는 행위, 즉 헌주하는 것을 의미한다.
註512) 헌관으로부터 술잔을 받아 신위전神位前에 올림
註513) 네 번 절하는 예법을 뜻한다. 특히 종묘에서 행하는 절의 형태로, 국궁사배鞠躬四拜라고도 불린다. 절을 할 때 먼저 등을 굽혀 허리를 굽히는 자세로 4번 절하며, 4번 절하는 과정을 반복하여 총 4번의 절을 한다.

燈이라고도 함)이 있어야 되는데, 천명(天明: 하늘이 맑고 밝음)이라 하여 촛불을 밝히지 않았다. 신도神道[514]는 그윽한 것을 숭상하는지라. 이번에는 촛불 밝히는 일을 예조판서가 직접 나가서 거행함이 옳다. 이번에는 과인이 장막에 있다가 신주가 수레에 오름을 받들어 본 뒤에 마땅히 숭정전 동쪽 곁문에서 지영祇迎[515]한 뒤에 계속 수레를 뒤따를 것이니 예방禮房은 잘 알아서 거행하라."고 하셨다.

주상께서 이르시길 "일각(一刻: 한 시간의 첫째 시각)이 이르면 시위侍衛는 올라오라. 과인은 마땅히 면복冕服[516]을 갖추리라"고 하시었다. 이익정이 아뢰기를 "그렇게 하겠습니다."고 하자, 주상께서 이르시길 "일각이 된 뒤에 즉시 전殿에 오를 것이니, 각각 준비를 조용히 정제整齊[517]하여 엄숙하도록 힘쓰고, 조금이라도 소란한 일이 없도록 분부하라."고 하시었다.

또한 이르시길 "병방兵房은 입시하라."고 하시자, 신만(申晩: 1703~1765)이 입시하였다. 상께서 이르시길 "신도神道는 고요한 것을 숭상하므로 이번 어가를 움직일 때에 승정원 각방各房의 서리胥吏는 각각 한 사람씩만 들여보내고, 대신과 녹사錄事 외에는 1인 만을 들여보내며 잡인雜人을 물리칠 일에 대하여 병조

註514) 사망한 왕과 왕비가 다니는 길을 뜻한다.

註515) 백관百官이 임금이 궁궐 밖에서 궁궐 안으로 들어올 때 공경하여 맞아드리는 것

註516) 왕의 정복으로 면류관과 곤룡포

註517) 몸가짐을 단정히 하고 태도를 엄숙히 한다는 뜻

에서 신칙申飭[518)]하는 것이 옳다.

묘廟의 부알례祔謁禮[519)]를 행할 때에 과인은 마땅히 묘문廟門[520)] 밖에 있을 것이니 만약 다시 떠들썩한 일이 있다면 엄중히 문책하리라."고 하시었다. 주상께서 악차幄次[521)] 에서 나오시어 동쪽계단으로 올라 전상殿上에 이르셨다. 주상께서 이르시길 "향로香爐 위에 '愼廟신묘' 두 자를 새겼으니, 비록 봉상시에서 출급出給[522)] 하였으나 앞으로 어느 곳에 사용하겠는가? 대신에게 문의하는 것이 좋겠다."고 하시었다.

남덕로(南德老: 1695~?)가 나가서 하교(下敎: 왕의 명령)를 전하니, 우의성 송인명이 아뢰기를 "어찌 다른 곳에 사용하겠습니까? 녹여버리는 것이 마땅한 듯합니다."고 하므로 남덕로가 들어와 그대로 아뢰었다. 주상께서 이르시길 "청홍개靑紅蓋[523)]가 앞에 있을 것인지 뒤에 있을 것인지에 대해 대신에게 문의하라."고 하시자, 남덕로가 나가서 하교를 전함에 송인명이 이르기를 "이곳에 설치할 차서(次序: 차례, 즉 순서)로 본다면 마땅히 신여神轝의 앞에 있어야 하고, 책보冊寶는 그 뒤에 있어야 할 것

註518) 여러 차례 거듭 타일러 경계함
註519) 합사合祀하여 참배하는 예식禮式
註520) 사당 문, 종묘 문을 일컬음
註521) 임금이 거동 때 쉬도록 장막을 친 곳.
註522) 지급하거나 내어 줌
註523) 진하례陳賀禮 때 쓰던 의장으로 붉은 기둥과 푸른 기둥을 뜻한다. 진하례 때 사용된 의장으로 청홍개 · 철추 · 독 · 용봉선 · 거함차비 등이 사용되었다.

입니다."고 하자 남덕로가 들어와 이를 아뢰었다.

주상께서 이르시길 "신탑神榻을 묘사廟司[524]가 마땅히 중관中官[525]과 함께 봉출奉出할 것이니 묘사는 누구인가?"라고 하시자, 이춘제李春躋가 아뢰기를 "직장 이홍령(李弘齡: 생몰년 미상)이옵니다."라고 하였다. 주상께서 이르시길 "이제는 신여를 봉입하는 것이 마땅하다."고 하시자, 이춘제가 아뢰기를 "신여를 미리 봉입하였다가 정시正時에 이르게 된 뒤에 즉시 신주를 봉안하는 것이 옳겠습니다."고 하였다.

이익정이 아뢰기를 "전내殿內의 물건은 내시가 대상臺上에 봉출하고, 그 아래의 물건은 각 차비관差備官[526]이 봉출하는 것이 마땅합니다."고 하였다. 주상께서 이르시길 "묘사廟司는 전호(殿戶: 종묘 영녕전의 문)의 일선(一扇: 한쪽의 짝문)을 더 열어라."고 하시니 이홍령이 열었다. 사시(巳時: 오전 9시~11시)에 수복守僕[527]이 정시를 알리자 주상께서 이르시길 "섭통례攝通禮는 거행하라."고 하시니 신일청(申一清: 생몰년 미상)이 나왔다.

주상께서 이르시길 "신여를 신문 밖의 악차幄次[528]에 봉안한 뒤에 책보冊寶를 봉안할 일을 도감都監이 아는가? 이제 이 욕석褥席[529]

註524) 신주를 모시고 제사지내는 곳

註525) 조선시대 내시부에 속하여 임금 시중을 들거나 숙직 따위 일을 맡아보던 사람

註526) 특별한 사무를 맡은 임시 관원

註527) 제사에 관한 일을 맡은 하급관리

註528) 왕이 전정殿庭이나 궁궐 밖에서의 의식을 위해 거둥했을 때 사용하는 군막軍幕을 쳐서 만드는 임시 처소.

을 신문神門[530] 밖에 봉안할 시에도 사용할 것인가?"라고 하시자, 이춘제가 아뢰기를 "그렇습니다."고 하였다. 주상께서 이르시길 "대궐 안이나 전내殿內에 둔 물건을 잃기가 쉬우니 수직守直하는 것이 좋으리라."고 하시니, 이춘제가 아뢰기를 "본 사우祠宇의 수복守僕[531]으로 하여금 수직토록 하겠습니다."고 하였다.

내시가 신여를 받들고 전내殿內에 들어와 장차 신위를 봉안하고자 신여를 봉출奉出하자, 이에 주상께서 도보로 자정문資政門[532]의 동쪽 곁으로 따라 나오시어 숭정전의 계단 위에 이르심에 신위를 받들어 신여에 봉안하니 주상께서 먼저 숭정문 밖으로 나오시어 판위板位에 이르러 서향하고 서 계셨나. 신련神輦[533]에 의장儀仗을 갖추고 풍악風樂을 잡혀 숭정문으로 나오니 주상께서 이르시길 "모두 함께 알현하는 것이 옳다."고 하시고 공손히 몸을 굽혀 신련을 맞이하셨다.

주상께서 이르시길 "내전內殿의 시위는 도총부와 병조가 뒤에 있는 법인데 무겸武兼[534]이 어째서 뒤에 있는가? 반차도班次圖[535]

註529) 주로 다양한 꽃이나 식물무늬를 사용하여 장식하거나, 길상吉祥인 의미를 담아 표현하는 데 사용하는 꽃 모양이나 꽃 문양, 즉 화문花紋을 놓은 자리

註530) 종묘·문묘·서원 등의 신이 출입한다는 문을 가리키는 용어다. 신삼문神三門이라고 한다.

註531) 조선시대 묘廟·사祉·능陵·원園·전殿·향교鄕校·서원書院 등에서 제사와 관련된 일을 비롯하여 청소, 잡일 등을 맡아보던 구실아치

註532) 경희궁의 편전인 자정전資政殿으로 들어서는 정문.

註533) 왕실의 장례나 제례 때 신주神主를 모시고 가는 수레

를 들여오라. 후사대後射隊[536]는 있는가?"라고 하시자, 이익정이 아뢰기를 "그렇습니다."라고 하였다. 주상께서 이르시길 "후사대가 이미 출발한 뒤에 과인이 마땅히 가리라."고 하시었다. 그러자 이익정이 아뢰기를 "잠시 소차小次[537] 에 드심이 어떠실런지요?"라고 하였다.

주상께서 이르시길 "신여와 후상後廂[538]이 이미 출발한 뒤에 과인의 전상前廂[539]이 어디에 서 있겠는가?"라고 하시니, 병조판서 조상경(趙尚絅: 1681~1746)이 아뢰기를 "전상이 신련神輦 보다 뒤에 가고 그 뒤에 도감당상, 그리고 그 뒤에 대가大駕[540], 그 뒤에 후상後廂입니다."라고 하였다.

주상께서 이르시길 "예방禮房은 나오라. 무겸武兼[541]이 마땅히 어가御駕 앞에서 시위해야 될 것이다."라고 하시니, 이익정이 아뢰기를 "조금 전 시위하는 일로 반차도를 들여오라 하셨는데, 한

註534) 무신과 선전관의 겸직

註535) 조선시대 국가 의례에 참여하는 문무백관 및 기물 등의 정해진 위치와 행사 장면을 묘사한 기록화이다. 국가의례에서 차례와 위치를 숙지시키고 점검하기 위한 용도로 제작되었다. 그림으로 그린 회화식 반차도와 글자로 표시한 문 반차도가 있다.

註536) 조선시대 군대 편제방식의 하나로 오른 쪽에 속하였으며, 전사대前射隊와 함께 어가御街 행렬의 시위를 맡기도 하였다.

註537) 왕이 거둥할 때 천막을 치고 그곳에서 임금이 임시로 쉬던 곳이다.

註538) 왕이 거둥할 때 뒤에 있는 호위군사

註539) 왕이 거둥할 때 앞에 있는 호위군사

註540) 왕이 행차할 때 타는 왕의 가마

註541) 무관武官, 즉 무과武科 급제경력이 있던 관원이 임명되는 선전관청宣傳官廳 관직으로 무신겸선전관武臣兼宣傳官의 준말이다. 종6품과 종9품으로 나뉘며, 무신겸武臣兼이라고도 한다.

본本은 지난번 이미 입계入啓[542])하였고, 다른 한 본은 현재 도감에 있어서 미처 가져오지 못했다고 하오며 듣자 옵건데, 무겸武兼 시위侍衛는 반차도에 들지 않았다고 하옵니다."라고 하였다.

주상께서 이르시길 "부묘祔廟[543])의 의식과 절차에 대하여 도감都監이 오히려 모르는 일이 있구나. 오늘이 지난 다음에 반차도를 앞으로 어디에 사용하겠는가? 그 사체事體에 있어 유달리 머뭇거리고 소홀한 점이 있으니, 도감의 도청都廳 · 낭청郎廳을 엄중히 문책함이 옳으리라."고 하셨다. 주상께서 이르시길 "무겸武兼이 앞에서 모실 때에 착잡한 일이 있을까 염려되니 조용하고 정중히 행하도록 분부하라.

연락이 몇 번 오게 되므로 신련神輦을 천천히 봉행하도록 분부하고 대가大駕의 행고行鼓[544])도 또한 정지하라. 그리고 도감都監 서리書吏에게 연락하여 부를 때에는 대열 자체 내에서 매우 소란하니 승정원 서리로 하여금 가서 연유를 묻도록 하라."고 하시고, 또 이르시길 "신련을 천천히 봉행하라는 뜻을 이미 훈계하였는데도, 결속색結束色[545])이 매양 재촉하니 너무 재촉하지 말라고 분부하라."고 하시자, 이익정이 아뢰기를 "반차도를 이제 비로소 들여왔으니 무겸武兼을 마련하여 둔 일이 없습니다."

註542) 임금에게 상주上奏하는 글을 올리던 일
註543) 조선시대 삼년상을 마친 왕이나 왕비 신주를 종묘로 옮겨 모시던 제도
註544) 군대가 행진할 때 치던 북
註545) 대궐 안 또는 왕이 거둥할 때에 질서를 유지시키던 병조의 한 관직

라고 하였다.

신련神輦이 종묘의 문 앞에 도착하자 주상께서 이르시길 "신련을 묘문廟門으로 봉입(奉入: 받들어 모셔 들임)할 때에 승지가 앞에서 감독하고 의장대와 악대樂隊와 긴요하지 않는 자는 물러나도록 하라."고 하시고, 또 이르시길 "군중軍中에 비록 재계齋戒는 없으나 지난 밤 병조에서 순검巡檢[546]과 낭청이 군병을 곤장으로 치는데 소리가 궐내에까지 들리니 지극히 놀라운 일이다. 엄중히 문책하라. 묘문廟門 안에서 혹시라도 또 이와 같은 일이 있다면 마땅히 파면시킬 것이니 낭청에게 소란을 금하도록 분부하라.

그리고 각사各司의 하인下人 가운데 만약 묘문에 함부로 들어오는 자가 있으면 마땅히 허물을 기록할 것이다. 선전관宣傳官[547]은 도감都監에게 분부하여, 상사上司를 막론하고 아울러 허물을 기록하도록 하라. 재계齋戒[548]를 마친 뒤에 마땅히 곤장을 칠 것이니 표신標信[549]을 전하여 주도록 하라."고 명을 내리시었다.

주상께서 이르시길 "신련이 이제 머무르려고 하니 옥교玉轎[550]를 조금 천천히 하는 것이 좋다. 신련을 봉행함이 서쪽으로 치

註546) 순찰과 치안유지를 맡은 관리

註547) 임금에게 하장賀狀을 올리거나 또는 임금이 궤장几杖을 내릴 때 전문箋文을 읽던 임시관리

註548) 몸과 마음을 청정히 하고 부정한 일을 금함

註549) 조선시대 궁중의 갑작스러운 변고를 전할 때나 궐문을 드나들 때 표로 지녔던 신분증

註550) 왕이 타는 작은 가마로 꾸미지 않은 지붕이 없는 가마

우쳤는데 조금 옮겨 바르게 하는 것이 마땅하다."고 하시고, 신련이 종묘의 문에 들어서자 주상께서 문 앞으로 나아가 보련步輦[551]에서 내려 옥교玉轎에 오르셨다.

주상께서 이르시길 "수레에서 내릴 장소를 설치하는데 정로正路를 피하도록 하라."고 하시고, 어가가 종묘의 문에 들어서자 주상께서 옥교에서 내려 보행하시니 내의원 도제조 김흥경(金興慶: 1677~1750)이 아뢰기를 "연일連日 수고롭게 움직이고 날씨마저 매우 덥습니다. 청컨데 옥교에 오르옵서소."라고 하자 주상께서 이르시길 "여기에서 재실齋室[552]이 멀지 않으니 무슨 어려움이 있겠는가?"라고 하시었다.

또한 이르시길 "추고방推考房[553]은 나오라. 신위神位를 악차幄次[554]에 봉안할 때 신련을 시위侍衛하는 승지가 시위하지 않았으니 지극히 잘못이다. 추고推考[555]하는 것이 마땅하다. 신련을 악차에 봉안하는데 발[簾]과 휘장揮帳을 드리우지 않았으니 권렴차비捲簾差備[556]도 해당관서로 하여금 처벌하도록 하라."고 하시었다.

註551) 왕이 타는 위를 꾸미지 않은 가마

註552) 선대 봉사奉祀를 위해 제사 전에 모여서 목욕재계하고 준비하는 의례용 건물

註553) 조선시대에, 승정원에 속한 육방六房 가운데 형전刑典에 관한 일을 맡아보던 부서

註554) 궁궐 밖 천막을 쳐서 만든 임시처소

註555) 관리의 업무상 과실이나 근무 태만, 책임 회피 등에 대한 주의와 경계를 목적으로 행해지는 조사. 추고는 처벌 목적이 아니라 징계와 경계, 경책警責, 즉 정신 차리도록 꾸짖기 위함이었다.

註556) 주렴 또는 발[簾]을 마는 직책을 맡은 임시관원

또한 이르시길 "재전齋殿[557]에 들어간 뒤에 즉시 망묘례望廟禮[558]를 행하는 일을 분부하라."고 명하시었다. 주상께서 장막帳幕에 드셨다가 잠시 후 나오시어 보행으로 전전前殿[559]의 판위板位에 나아가시어 4배례四拜禮를 행하신 뒤에는 동쪽계단으로 오르시어 전내殿內에 들어가 봉심奉審[560]을 마치셨다.

이어서 주상께서 또 이르시길 "묘사廟司[561]는 제6실第六室의 발[簾]과 휘장을 말아라."라고 하시자, 묘사廟司 김도金燾가 중관中官과 함께 발을 말았다. 주상께서 이르시길 "어째서 예전처럼 설치하였는가? 호조판서가 고유제告由祭[562]에는 1위一位를 갈라놓았다가 부묘祔廟할 때에 그대로 봉안함이 마땅하다 하였는데, 이제 어째서 이와 같이 하였는가?"라고 하시었다. 그리고 또 이르시길 "수복守僕을 불러 오라. 부알례祔謁禮[563]에 신위를 올리기 전에 신장神欌[564]에 봉안하였는가? 신탑神榻에 봉안하였는가?"라고 하시니, 수복이 대답하기를 "부묘祔廟 신주는 신탑에 봉안하였습니다."라고 하였다.

註557) 능이나 종묘에 제사를 지내기 위하여 지은 건물
註558) 종묘를 바라보고 올리는 의례나 예식
註559) 태묘 3전의 제일 앞 전각, 대전大殿·향전享殿 등으로도 불린다.
註560) 명을 받들어 왕실의 침묘寢廟·산릉山陵·단壇·묘墓·태실胎室·비석·사고史庫·영정 등을 보살피고 점검하던 일.
註561) 종묘에서 제사 지낼 때 제사 하루 전에 종묘 안팎을 청소하던 벼슬아치
註562) 국가와 사회 및 가정에 큰 일이 있을 때 관련 신령에게 그 사유를 고하는 제사를 지칭하는 용어이다.
註563) 부묘祔廟할 때 합사合祀하여 참배하는 의례나 예식
註564) 신주를 모시는 장欌

주상께서 이르시길 "신탑에 봉안할 때 미리서 제2위第二位를 격리시키는 것이 옳으니 제6실第六室 외에는 묘관廟官[565]이 모두 문을 닫아라."라고 하시자, 김도金濤가 아뢰기를 "4위의 주독主櫝[566] 및 독개(櫝蓋: 주독의 덮개)를 신탑에 배열하면 여덟 개가 되니 이로써 신탑 수에 비교한다면 하나가 부족합니다."라고 하였다.

주상께서 묘문廟門을 나가시어 이르시길 "도감에게 분부하여 주독의 견본見本을 들여오도록 하라."고 하시고, 또한 이르시길 "옥책玉冊과 요여要轝[567]와 신여(神轝: 신주를 모시는 가마)를 봉안할 처소에 바람과 이슬이 염려가 되므로 장유(長油: 기름을 칠한 천)로 하여금 빛을 가리도록 하라."고 하시었다.

주상께서 걸어서 후전(後殿: 정전正殿 뒤 편전)의 묘문廟門 밖에 이르시어 판위板位에 나아가 망묘례望廟禮를 행하시고, 이어 묘문廟門에 들어가시는데, 동쪽계단으로 오르시어 봉심奉審을 마친 뒤 계단을 내려와 묘문廟門으로 나가셨다. 주상께서 이르시길 "이조참판은 여기 남아 신련을 모시고 도제조 이하로 하여금 입시하도록 하라."고 하시고, 종묘의 장막에 자리하시어 대신 이하 도감당상과 종묘서령宗廟署令 김도金濤를 인견引見하셨다.

주상께서 이르시길 "조금 전 신련神輦을 악차幄次에 봉안할 때 발과 휘장을 드리우지 않은 일로 권렴차비捲簾差備[568]를 잡아다

註565) 종묘를 관리하는 벼슬아치
註566) 신주를 모시는 독櫝, 즉 상자
註567) 장례葬禮 뒤에 혼백과 신주를 모시고 돌아오는 작은 가마
註568) 발이나 휘장을 치루는 노비

가 처벌하라는 교시教示를 내렸는데, 이제 들으니 처음부터 차비差備[569]가 없었다고 하는데, 이는 곧 시위侍衛하는 중관中官이 지휘를 잘못한 까닭이다. 책임을 맡은 중관을 엄중히 문책하라."고 명하시었다.

주상께서 이르시길 "호조판서는 나오라. 이 제6실의 신위를 봉안하는 일을 경卿이 말하지 않았는가?"라고 하니, 유척기(俞拓基: 1691~1767)가 아뢰기를 "그 때에 신臣은 소견으로 아뢰었을 뿐입니다. 일이 마땅히 승정원으로부터 나온 거조擧條[570]를 종묘서宗廟署에 분부한 연후에야 비로소 거행할 수 있으니 도감으로서는 알 수가 없는 점입니다."라고 하였다.

주상께서 이르시길 "일처리가 너무나 더디다. 그 당시 책임을 맡은 승지를 문책하는 것이 옳다."고 하시자, 김도金櫂가 주독主櫝[571]의 견본을 가지고 들어왔다. 주상께서 이르시길 "예방禮房은 다가오라. 신탑神榻의 견본을 하나의 주독主櫝 모양으로 접어 여덟 개를 만들어 얼마만큼 부족한 가를 보는 것이 좋겠다."고 하시니, 이익정이 아뢰기를 "견본으로 비교하니 신탑에 독개(櫝蓋: 위패位牌함 덮개) 하나를 열어 둘 곳이 부족합니다."라고 하였다.

주상께서 이르시길 "독개를 주독主櫝의 곁에 받들어 두는 것

註569) 조선시대 경중京中의 각 사司 또는 궁궐에서 잡역에 종사하던 노비.
註570) 임금에게 아뢰는 조항
註571) 사당 안 감실龕室에 신주를 모셔두는 함 또는 궤이다. 『가례』의 가례도家禮圖에 독도자식櫝韜藉式 및 독식櫝式으로 기록되어 있다. 독은 독좌櫝座와 독개櫝蓋로 구성된 궤독櫃櫝으로, 흑칠黑漆을 한다.

이 예법에 있는가? 민간에서는 어떻게 하는가?"라고 하시자, 송인명이 아뢰기를 "독개櫝蓋를 주독 곁에 봉치奉置할 수 없으면 신주를 꺼낼 때에 독개를 그대로 신장神欌[572] 곁에 받들어 두는 것이 마땅한 듯합니다. 이는 세간世間의 사대부 집에도 또한 일정한 규칙이 없으니 주독 곁에 만약 뚜껑을 둘 곳이 없으면 혹 교의交椅[573] 아래 두며, 혹은 교의 아래 층層을 설치하여 두기도 합니다."라고 하였다.

주상께서 이르시길 "단지 당실(當室: 제6실第六室)에만 독개를 신장神欌에 봉안하였는가? 아니면 각실各室에도 모두 이에 따라 하였는가? 원임原任[574]의 뜻은 어떻소?"라고 하시니, 김흥경(金興慶: 1677~1750)이 아뢰기를 "독개櫝蓋를 비록 신장神欌에 봉안할지라도 실로 예절禮節에 구애됨이 없습니다."라고 하고, 신사철(申思喆: 1671~1759)이 아뢰기를 "신臣이 밖에 있을 때 여러 당상과 함께 상의해보니 모두 신탑과 신장神欌이 아주 가까이 있어 독개櫝蓋를 신장神欌에 봉안하는 것이 마땅합니다."라고 하였다.

그러하자 주상께서 이르시길 "신탑이 비좁다고 하여 독개를 신장에 봉안하는 것은 구차한 결론이 아닌가? 만약 신장에 봉안한다면 각 실에도 똑같이 이와 같이 할 것인가?"라고 하시자, 김흥경이 아뢰기를 "이로써 각 실의 규제를 전부 고친다고 하

註572) 신위를 모셔두는 장이다.

註573) 신주를 얹어 모시는 의자를 말한다.

註574) 조선시대에는 현직 관원을 시임時任, 퇴임한 관원을 원임原任이라 하여 예우하였다.

는 것은 미안한 듯합니다."라고 하였다.

조현명(趙顯命: 1691~1752)이 아뢰기를 "이는 예절에 대단히 구애될 부분은 아닙니다. 더욱이 그 지형에 따르는 것도 예법의 뜻이니 이제 이런 변통이 마땅한 듯하니 어찌 이로 인하여 각 실의 규제를 전부 고칠 수가 있겠습니까?"라고 하고, 김도가 아뢰기를 "신탑의 남북으로 만약 몇 치의 길이를 더한다면 신주를 꺼낸 뒤에 독개櫝蓋를 주독主櫝 뒤에 봉치(奉置: 받들어 모셔 둠)할 수 있습니다."라고 하였다.

그러자 조현명이 아뢰기를 "만약 그렇게 한다면 신탑과 제상祭床[575] 사이가 몸 하나 움직이기가 어려울 것 같습니다."라고 하자, 주상께서 이르시길 "지난번 호조판서가 대[竹]로 견본을 만들었을 때 헤아리게 되는 바가 있는지라, 생각하면 반드시 알 수가 있으리라"고 하시었다. 유척기가 아뢰기를 "신탑의 양편에 각각 한 치[寸]를 더하면 봉안할 때 비록 부족할 염려는 없으나, 대축大祝과 궁위령宮闈令이 한 몸이 간신히 출입할 곳이 없으니 신탑의 넓이를 더하는 것은 불가능한 듯합니다."라고 하자, 주상께서 이르시길 "그렇다면 봉안할 때 당실 4위四位의 독개櫝蓋를 함께 신장에 봉안하는 것이 옳겠다."고 하시었다.

김흥경이 아뢰기를 "엎드려 듣건데 주상께서 장차 악차幄次에서 밤을 지새운다고 하시니, 연일 수고롭게 움직이신 나머지에다가 또한 차가운 데에 계시면 어찌 옥체에 손상의 염려가

註575) 제례 때 제물을 올려두는 상床

없겠습니까? 재전齋殿[576]에 드시고 휴식을 취하시어 성체(聖體: 임금의 몸)를 편안케 하시는 것이 마땅하옵니다."라고 하자, 주상께서 이르시길 "과인이 고집을 부리는 것이 아니다. 조금 전 부묘祔廟 시에 악차를 밖에 설치하는 일로 품달稟達[577]한 까닭에 그 때 생각하니 신위는 밖에 있는데 나만이 갑자기 재실에 들어가 쉰다는 것이 마음에 불안하였다.

이제 듣건데 전례典例에도 악차를 밖에 설치하였다고 하니 예법이란 인정에 부합한다는 그 말이 옳도다. 내가 세제世弟[578]로 있을 때 처음 부묘祔廟를 겪었고, 그 뒤 병오년(丙午年: 1726) · 임자년(壬子年: 1732)에 연이어 부묘祔廟를 겪었지만, 재전齋殿[579]의 악차幄次에 대해서는 기억이 나지 않는다. 『승정원일기』에 만약 재전에 들어가 처신하는 전례가 있다면 과인이 마땅히 이를 따르리라."고 하시었다.

김흥경이 아뢰기를 "날씨가 매우 더워 땀을 지나치게 흘리십니다. 감기라도 드신다면 어찌 걱정되지 않겠습니까? 성교聖敎가 진실로 옳으시나 마땅히 신섭愼攝[580]할 도리를 생각하십시오."라고 하고, 유척기가 아뢰기를 "그때 비록 악차에 머무르셨지만 연일 노고하신 나머지 땀을 흘리심이 반드시 많았을 것입

註576) 능이나 종묘 등에서 제사를 모시는 전殿

註577) 윗사람이나 상위 기관에 아룀

註578) 왕위 계승자에게 주어지는 칭호의 하나로, 왕세제의 간칭으로 국왕의 동생을 말한다. 영조 자신이 이복형인 경종을 잇는 것을 말함

註579) 능이나 종묘에 제사를 지내기 위하여 지은 집.

註580) 몸을 삼가고 잘 조정함

니다. 결코 여기에서 밤을 지내셔서는 아니 되옵니다. 비록 전례典例가 있지만 어찌 변통할 도리가 없겠습니까?"라고 하였다.

송인명이 아뢰기를 "신臣 등은 오히려 나무 그늘에 머무는 데 악차는 뜨거운 햇볕 가운데 있으니 오히려 아랫사람들이 있는 것만도 못합니다."라고 하자, 주상께서 이르시길 "과인이 단지 오늘이 동가動駕[581]를 고하는 제삿날인줄 알았는데, 밤에 여러 집사執事가 잠자리에서 일어나 호창(呼唱: 높은 소리로 부름)을 듣고 비로소 단오端午 날인 것을 깨달았다. 그러므로 이미 단오인 것을 안 뒤에는 그대로 잠자리에 들지 못했다. 대례大禮가 겹쳐 있는데 어찌 지나친 행동을 하겠는가? 이 뒤에도 또 몸을 수고롭게 할 곳이 있으니 가뭄이 이렇게 극심하니 스스로도 운한雲漢[582]의 탄식이 깊구나."라고 하시었다.

송인명이 아뢰기를 "만약 이런 일이 있다면 더욱 마땅히 신섭(愼攝: 몸을 삼가고 조심함)할 도리를 다하셔야 합니다."고 하자, 주상께서 이르시길 "만약 이런 일이 있다면 야차野次[583]에 머물겠노라. 백성을 위해서도 오히려 이와 같거늘 조선(祖先: 왕의 선대)을 위하여 어찌 하루만이라도 밖에 머물지 않겠는가? 비록 전례가 있다 하나 재전齋殿은 높은데 있으니 들어가 있을 수가 없고, 세자의 재실齋室은 매우 낮고 작으므로 마땅히 장막에 머

註581) 임금이 탄 수레가 대궐 밖을 나가는 일

註582) 『시경』「대아大雅」 편명篇名으로 백성을 위하여 가뭄을 걱정하는 시

註583) 임금이 교외에 나갔을 때 임시로 머무르시게 하던 장소

물 것이다."라고 하시었다.

유척기가 아뢰기를 "『국조오례의國朝五禮儀』[584]의 부묘례祔廟禮[585]에 전하를 인도하여 재전齋殿에 드시도록 하는 글은 있지만 전하를 인도하여 악차幄次에 드시도록 하는 글은 없습니다."고 하자, 주상께서 이르시길 "재전齋殿에 미장眉帳[586]이 있으므로 (그것을) 말도록 하여 그 휘장을 보니 일찍이 들어와 머문 듯하다. 『승정원일기』를 상고하여 보라."고 하시었다.

이익정이 아뢰기를 "의주儀注[587]에 기록되기를 망묘례望廟禮를 행한 뒤에 군주를 인도하여 재전齋殿에 드시도록 하였습니다."라고 하고, 송인명이 아뢰기를 "이른바 악차는 봉안奉安과 봉심奉審을 위하여 설치하는 것입니다."라고 하자, 주상께서 이르시길 "이제 주달(奏達: 왕에게 아뢰던 일)하는 내용을 듣고 보니 예문禮文[588]이 미묘하다. 갑자기 재실齋室에 들어가서는 아니 되고, 망묘례를 행한 뒤에 마땅히 재실에 나아가는 것이니 이는 사리에 맞는 것이다."고 하시었다.

이춘제李春躋가 아뢰기를 "『승정원일기』를 자세히 살펴보니 모두 재전齋殿에 드시어 머무셨고, 경자년(庚子年: 1660)에도 그랬습니다."라고 하자, 주상께서 이르시길 "무인년(戊寅年: 1698)

註584) 조선 1474년 신숙주·정척 등이 오례五禮의 예법과 절차에 관한 내용을 엮어 편찬한 예서禮書

註585) 왕이나 왕후의 신주를 종묘에 모시는 의식

註586) 둘러리를 치는 휘장

註587) 국가의 전례典禮에 관한 절차를 적은 것

註588) 예법의 절문節文. 즉 예절에 관한 규칙이나 규범.

의 전례典例도 이와 같다고 하니 마땅히 생각하여 하리라."라고 하시었다. 송인명이 아뢰기를 "곧 지금의 석양의 햇볕이 더욱 견디기가 어렵습니다."라고 하자, 주상께서 이르시길 "당연히 주달 奏達한 내용에 따라 할 것이니 여러 신하는 그만하고 물러가라."고 하셨다.

27) 5월 初6일五月 初六日[589)]

단경왕후의 신주를 받들어 태묘(太廟: 종묘)에 올리는데 주상께서 몸소 의식儀式대로 제사하셨다. 신주를 부묘祔廟하여 참배할 때 제1실에서 제6실까지는 평상시처럼 감실龕室[590)]을 열고, 제7실 이하는 감실을 열지 않았으며 문도 열지 않았다. 부묘하여 참배를 마치자 신주를 받들어 왼쪽에 모시고, 이어 7실 이하의 감실을 열어서 드디어 행사行事하였다.

이때 여러 차비관差備官[591)]으로 아헌관亞獻官[592)]은 판중추부사 김재로(金在魯: 1682~1759), 종헌관終獻官[593)]은 우의정 송인명(宋寅明: 1689~1746), 천조관薦俎官[594)]은 판서判書 유척기(俞拓基: 1691~1767), 진폐찬작관進幣瓚爵官[595)]에 판서 윤혜교(尹惠敎: 1679~1739),

---

註589) 1739년 5월 6일을 뜻한다.
註590) 신주를 모시어 두는 장.
註591) 특별한 사무를 맡기기 위하여 임시 임명하는 관리.
註592) 두 번 째 잔을 올리는 제관祭官.
註593) 세 번째 끝잔을 올리는 제관.
註594) 제사를 지낼 때 제기에 담긴 예물을 바치는 의식을 담당한 제관
註595) 국가제례에서 제사절차를 직접 수행하고 진행하는 과정에서 헌관

전폐찬작관奠幣瓚爵官[596)]은 부사과副司果 임정(林珽: 1694~1750), 예의사禮儀司[597)] 판서 신사철(申思喆: 1671~1759), 당상집례堂上執禮[598)] 부사직副司直 한현기(韓顯耆: 생몰년 미상), 당하집례堂下執禮[599)] 수찬修撰 남태량(南泰良: 1695~1752)이었고, 각 실의 대축(大祝: 축문 읽는 제관)은 임상원(林象元: 1709~?)·오수채(吳遂采: 1692~1759)·이명곤(李命坤: 1701~1758)·김상구(金尚耈: 1704~?)·신사적(申思廸: 생몰년 미상)·송교명(宋敎明: 1691~1742)·신사관(申思觀: 1687~?)·신수(申燧: 1693~?)·윤경주(尹敬周: 1696~?)·권일형(權一衡: 1700~1760)·조명리(趙明履: 1697~1756)·이종연(李宗延: 1701~1754) 등이었다.

승지 6인과 이춘제李春躋는 지신(知申: 도승지)으로, 이익정은 예방禮房으로 여러 일을 검찰檢察하고, 신만(申晩: 1703~1765)·김정윤(金廷潤: 1676~?)·사관史官 성유열(成有烈: 1698~?)·주서注書 이사관(李思觀: 1705~1776)과 함께 신련神輦을 모시고, 양정호(梁廷虎: 16834~?)·이세진(李世璡: 1669~1749)은 사관 홍서(洪曙: 1686~?)

을 도와 폐백幣帛·찬瓚·작爵을 신위에 올리는 제관.

註596) 종묘의 제사 때에 찬과 작에 술을 부어 신위 앞에 드리는 일을 맡아 하는 제관

註597) 국가제례에서 제사절차를 직접 수행하고 진행하는 제관이다. 초헌관이 국왕일 때 초헌관의 의식 진행절차를 보조하는 역할을 담당하였다. 예조판서가 임명되는데, 유고 시에는 차관인 예조참판이 맡아서 수행하였다.

註598) 당상관으로 제례 진행절차, 즉 홀기笏記를 읽어 제례진행을 담당하는 제관.

註599) 당하관으로 홀기를 읽어 제례진행을 담당하는 제관

·우홍적(禹洪廸: 생몰년 미상)·주서注書 남학송(南鶴宗: 생몰년 미상)·남덕로(南德老: 1695~?) 등과 함께 전하를 모셨다.

전사관典祠官[600]에 조세후(趙世垕: 1665~?), 묘사廟司[601]에 김도(金濼: 생몰년 미상), 통례通禮에 신근(申近: 1694~1770)과 서봉익(徐鳳翼: 생몰년 미상), 축사祝史에 제응복(蔡膺福: 생몰년 미상), 내관內官은 궁위령宮闈令 안후징(安厚徵: 생몰년 미상)이다. 이 밖에 서사書寫·충의忠義[602]·배향관陪香官[603]·찬의贊儀[604]·인의引儀[605]가 6인, 내관內官·신련시위神輦侍衛[606]·제시祭侍 및 각 물物의 차비관이 모두 20인이었다.

28) 5월 20일五月 二十日[607]

도제조 송인명(宋寅明: 1689~1746) 등이 능소陵所로부터 급히 장계狀啓를 올려 아뢰기를 "그날에 신臣 등이 낭속郎屬[608] 및 공

註600) 제례 때 모든 업무를 관장하던 관리

註601) 종묘에 제사지낼 때, 하루 전에 그 소속 관원을 데리고 종묘 안팎을 청소하던 관원

註602) 가례 등의 의례 행사 때 충의위에서 의장을 위해 차출된 군인.

註603) 국가 의례 중 길례吉禮와 흉례凶禮의 의식에서 일을 맡은 제향관諸享官 외에 참여하는 일반 제관祭官.

註604) 통례원의 정5품 관직으로, 각종 의례 때 계단 위에서 행사진행을 주관하였는데 주로 창唱을 통해 행사의 진행을 이끌었다.

註605) 통례원 종6품 관직으로 크고 작은 조회朝會 및 기타 의례행사에 식순을 적은 홀기에 따라 구령을 외치는 일을 맡는 등의 의전儀典 업무였다.

註606) 신주를 운반하는 가마를 호위하는 관리

註607) 1739년 5월 20일을 뜻한다.

註608) 낭청에 소속된 종 붙이의 통칭

장工匠·군인 등을 거느리고 새벽에 능상陵上에 이르러 묘시(卯時: 오전 5시~7시) 되기를 기다려 흙을 쌓아 봉분을 고치고, 사초(莎草: 산소에 떼를 입힘)하여 덮기를 신시(申時: 오후 3시~5시)에 일을 마쳤습니다. 이에 후토(后土: 토지신土地神) 및 안릉제安陵祭[609]를 제사祭祀하는 것을 봉릉封陵[610]과 일시 설행設行[611]하였습니다.

봉릉의 제도는 전면前面의 높이가 10척十尺, 후면後面의 높이가 5척五尺 6촌 六寸, 좌우의 높이가 각각 9척, 원경(圓徑: 둘레의 지름)이 25척, 둘레가 82척으로 사릉思陵의 예에 따랐습니다. 그리고 '溫陵 亥坐巳向 圓徑二十五尺 高九尺 崇禎紀元後 百十二年 己未 五月 二十日 追封舊墓[온릉 해좌사향 원경25척 고9척 숭정기원후 112년 기미 5월 20일 추봉구묘][612]'라는 36글자를 돌에 새기고 덮개를 갖추어 혼유석魂遊石[613] 아래 박석(礴石: 넓고 얇게 뜬 돌) 좌변左邊 2척이 되는 곳에 매안埋安을 하고, 그 연유를 빠르게 장계狀啓할 일로 아뢰옵니다."라고 하였다.

註609) 능을 편안히 안장되기를 기원하는 제祭

註610) 복위 및 추존追尊 시에 원園·묘墓 등을 능으로 추봉하는 일

註611) 베풀어 행한다는 뜻으로 주로 의식儀式을 주관하는 행위

註612) 온릉은 해좌사향, 해亥 방향을 등지고 사巳 방향을 바라보며 앉은 능의 자리, 즉 북북서를 등지고 남남동을 바라보는 방향으로 자리 잡았다. 둘레의 지름 25척, 높이 9척, 명나라 숭정황제 1627년 재위 이후부터 112년, 즉 1739년 5월 20일 옛 묘墓를 추존하여 봉릉하였다.

註613) 능陵·원園·묘墓 등의 봉분 바로 앞에 설치된 직육면체 형태의 석상石床으로 '영혼이 노니는 돌'이라는 의미를 담고 있다. 묘의 경우 봉분 앞에 설치된 직육면체 형태의 석물은 제수祭需를 차리는 상석床石이고, 상석 뒤에 설치한 작은 직육면체의 돌이 혼유석이다.

29) 5월 27일五月 二十七日[614)]

능내陵內의 각 곳에 역사役事를 마치고 봉릉제관封陵諸官이 복명復命[615)]하였다.

30) 8월 19일八月 十九日[616)]

주상께서 온릉에 참배하시고 친히 제례 예식을 마친 뒤에 우의정 송인명(宋寅明: 1689~1746)에게 입시入侍할 것을 명하셨다. 주상께서 이르시길 "수목樹木을 배양하는 것은 더할 것이 없구나. 200년 뒤에 비로소 궐례闕禮[617)]를 행하였는데도 뜻하지 않게 능묘陵墓의 형태가 이처럼 하늘이 만든 것과 같으니 비록 일반백성 눈으로 보더라도 주봉主峰[618)]이 기묘하구나!"라고 하시자, 송인명이 안산案山[619)]을 가리키며 아뢰기를 "저 산도 기묘합니다."라고 하였다.

주상께서 이르시길 "능소陵所 다듬는 역사役事를 매우 잘하였다."고 하시자, 송인명이 아뢰기를 "그 당시 역사를 마친 뒤 바로 알맞게 비가 온 까닭에 사초莎草[620)]가 저와 같이 무성합니

註614) 1739년 5월 27일을 뜻한다.

註615) 국가나 공공기관의 공적인 사명을 띤 사람이 일을 마치고 돌아와 한 일들을 아뢰는 것을 말한다. 반명返命이라고도 한다.

註616) 1739년 8월 19일을 뜻한다.

註617) 빠진 부분이나 불충분한 예식禮式

註618) 어떤 산에서 가장 높은 봉우리를 말한다. 특히, 묘를 중심으로 묏자리 배경으로 둘러싼 산세에서 가장 높은 봉우리를 주봉이라고 한다.

註619) 묏자리나 집터의 맞은편에 있는 산을 말한다.

다."라고 하였다. 주상께서 이르시길 "백호변白虎邊[621]에 왕래하는 길이 있으니, 저 길은 반드시 막아야 옳을 것이다. 이제부터 각별히 나무를 가꾸는 일을 능관陵官에게 분부하는 것이 옳겠다."라고 하셨다. 주상께서 옥교玉轎를 홍전문紅箭門[622] 밖에서 타시면서 두 능관陵官을 불러서 하교하시기를 "참배하는 것이 다시 쉽지가 않다고 이르지 말고 무릇 지키고 보호하는 관리와 양목(養木: 나무를 가꾸는 것) 등의 일을 경건한 마음으로 잘 시행하도록 하라."고 하시었다.

신(臣: 신후담)이 삼가 살펴보았는데, 온릉의 복위가 참으로 우리 성상(聖上: 임금, 즉 영조)의 지덕(至德: 지극한 덕)과 대효大孝[623]에서 나왔다. 그 연석筵席[624]의 헤아려 생각하시는 일에 관한 확실한 것과 중외中外[625]에 문의하는 측면은 이미 살피고 삼가

註620) 능묘 등을 손질하는 일종으로 능묘가 헐었거나 떼가 부족할 때 다시 입히는 것을 일컫는다. 개사초改莎草 또는 떼입히기라고도 한다.

註621) 백호는 청룡青龍·주작朱雀·현무玄武와 더불어 사신四神 중 하나로 묘를 비롯하여 궁궐과 하늘 등의 서쪽을 관장하고 지키는 신령이다. 풍수지리에서는 주산을 후편에 두고 바라보는 입장에서 서쪽으로 갈라져 나와 좋은 혈을 지켜주는 의미를 지닌다. 따라서 여기서 '백호변'은 그 주변을 말한다고 할 수 있다.

註622) 능·원·묘·궁전 또는 관아 따위의 정면에 세우는 붉은 칠을 한 나무 문. 홍문紅門이라고도 한다.

註623) 지극한 효도를 말한다. 한 사람의 효도가 백성 전체를 감동시킬 수 있고, 천하의 사람들을 감동시킬 수가 있으니, 천하에 지극한 정성이 있으면 이런 일은 가능할 수 있다. 사람이 감동하면 하늘도 감동한다.

註624) 왕과 신하들이 조정에 관한 일을 논의하는 자리

하는 도리를 다하셨다. 그리고 거행하는 여러 절차에 있어서도 주상께서 몸소 결단하시어 존중하고 받드는 정성을 극진히 하셨으니, 이 모두가 후세의 본보기가 될 만하다. 이에 신(臣: 신후담)이 뜻을 가지고 특별히 자세하게 기록하였다. 그 오히려 다 기록하지 못한 것은 별도로 복위의 시말始末 총서(摠叙: 종합적 서술이나 기록)라 하여 하편下篇에 덧붙였다.

『溫陵志온릉지』「上篇상편」 終[끝]

註625) 국가인 조정과 조정 바깥의 재야在野

溫陵志 • 下篇

1. 「책축제문冊祝諸文」[1)]

1) 옥책문玉册文[2)]

좌참찬 신 이덕수제左參贊 臣 李德壽製[3)]

유세차維歲次 기미(己未: 1739년) 5월五月 병오丙午 초하루에 국왕國王 신臣 모某는 재배(再拜: 두 번의 절)하고 머리를 숙여 말씀을 올립니다. 요화瑤華[4)]를 어루만진 자취가 아득함에 유원幽寃[5)]이 오래토록 억울하였습니다. 동사彤史[6)]의 역사를 상고하여 의식을 갖춤으로써 궐전闕典을 비로소 정리하였습니다. 예법에 있어 마땅하고 인정으로 보더라도 그렇습니다.

註1) 각종 의례에 관한 축문祝文을 엮어 만든 글이다.

註2) 왕실(또는 황실)에서 책봉, 존호·시호·휘호를 올리거나 죽음을 애도하기 위해 옥간玉簡에 글을 새겨 엮은 문서로 엮은 책.

註3) 좌참찬 이덕수가 지음

註4) 아름다운 옥[瑤]같이 꽃이 피다[華]이지만, 여기서는 창경궁 별당 '요화당瑤華堂에서 영조가 세제 때나 즉위 후 정사를 보았던 그곳에 대한 감회를 나타낸 것으로 보인다. 일찍이 효종은 요화당과 함께 취요헌翠耀軒, 난향각蘭香閣, 계월합桂月閤을 지어 공주들의 거쳐로 사용토록 하였다. 그러나 숙종 대에는 요화당으로 이어移御하기도 하였고, 조정대신들을 인견하고 경연하는 장소로 사용하기도 하였다 특히 어린 시절 영조와 인연이 있는 곳이었는데, 1703년 숙종은 당시 왕자 연잉군[뒤에 영조]의 관례를 요화당에서 치르고자 하였다. 뒤에 왕으로 즉위한 영조는 요화당에서 정사를 돌보고 경연을 하였다.

註5) 오래도록 밝혀지지 않은 억울한 죄.

註6) 자루가 붉은 붓을 동관彤管이라고 하는데, 동관으로 궁중의 정령政令이나 후비后妃 등에 관해 여자 사관이 기록한 사史를 동사라고 한다.

삼가 생각하건데 단경왕후께서 덕망이 있는 명족名族으로 빈嬪이 되시어 중종대왕의 훌륭한 배필이 되셨습니다. 대보大寶[7]를 잇고 왕업을 계승하심에 가정을 다스려 정사를 돕고, 왕비지위에 올라 지존至尊에 짝하여 왕위에서 국모로 계셨습니다. 불행하게도 이론異論이 기회를 틈타 일어나니 왕궁을 떠나 손처(遜處: 왕비 자리에서 물러남)하시기에 이르렀습니다.

지란芝蘭[8]이 당로(當路: 중요한 지위의 권세)한 것을 시기함에 이미 국구(國舅: 임금의 장인)가 제거되는 것을 보았고, 조강지처의 하당(下堂: 시집에서 쫓겨남)하신 것을 애석히 여기는 성교聖敎가 처완(悽惋: 슬퍼하여 탄식함)하였습니다.(細註: 지초芝草와 난초蘭草 같은 선인善人이나 군자를 시기하는 이하는 한결같은 부부 사이의 화목한 정을 닫아버린 그것이 어찌 중종이 각주구검刻舟求劍했던 처음의 심정이겠는가.) 한 두 신하를 제외하고는 공의公議[9]의 민묵泯默[10]함이 지금에까지 이르렀고, 수 백 년을 지내온 것에 대해 온 나라 사람들이 (그것을) 불쌍히 여기고 슬퍼하는 것이 그치지 않았습니다.

신(臣: 영조)의 이러한 마음을 하늘이 인도하고 신神이 열어주신 것이니, 하물며 사물의 이치야 막힘이 오래되면 반드시 열림이 되돌아오는 법입니다. 소슬(蕭瑟: 쓸쓸하고 외로움)하고 거친

註7) 임금 도장, 즉 임금의 자리

註8) 지초芝草와 난초蘭草와 같이 향기가 나는 선인善人이나 군자를 말한다.

註9) 의견이나 주장을 모아 합의를 이루는 것을 뜻한다.

註10) 정의롭게 바른 말을 하여야 할 때 입을 다물고 침묵하는 것을 비유한 것이다.

교외郊外[11]에 몇 번이나 옛 무덤의 물색物色[12]을 가슴 아파 했겠습니까? 숙목(肅穆: 엄숙하고 화목함)한 청묘(淸廟: 깨끗한 묘당, 즉 종묘)에 새로 부묘祔廟하는 의문儀文[13]을 실어 빛냅니다.

생각하건데 선후先后의 척강(陟降: 올라가고 내려감)하는 영령(英靈: 영명한 혼령)이 기뻐하실 것이요 영고寧考[14]께서 계술(繼述: 선대 뜻을 받들어 이어감)하신 뜻이 지금에야 이루어졌습니다. 휘적翬翟[15]이 거듭 빛남이 황홀하니 신인神人이 서로 경사로 여겨 화합하고 있습니다. 삼가 의정부 우의정 송인명을 시켜 옥책을 받들어 휘호徽號[16]를 올려 '恭昭順烈공소순렬[17]'이라 하였사오니 우러러 바라옵건데, 밝게 살피시고 굽어 잘 흠향하심을 내려주시어 애연(藹然 : 성품이 온화한 모양)하게 힐향肸蠁[18]이 임臨한 듯이 그윽하게 홍조(洪祚: 임금이 되신 큰 복)를 도우시고, 아직 사라지지

註11) 궁궐이 있는 도성 밖, 즉 성저 10리를 일컬음

註12) 사물의 모습, 즉 처량한 무덤 그대로 형태

註13) 의례나 의식儀式의 순서를 기록한 문서이다.

註14) 세상을 편안하게 하고 돌아간 아버지라는 뜻으로, 임금이 자기의 선고(先考: 돌아가신 부왕父王)를 높이어 이르는 말. 여기서는 영조의 부친 숙종을 말한다.

註15) 오채五彩 찬란한 왕후의 옷, 즉 단경왕후를 지칭한 것

註16) 서거한 왕후에게 올리는 시호의 하나

註17) 『영조실록』 49권, 영조 15년 3월 28일 갑술조
단경왕후 휘호를 내리면서 "'공소순렬'은 게을리하지 않아서 덕이 있는 것을 '공恭'이라 하고, 덕을 밝혀서 배움이 있는 것을 '소昭'라 하고, 도리에 화합하는 것을 '순順'이라 하고, 덕을 지키고 사업을 높이는 것을 '열烈'이라 한다."고 하였다.

註18) 떼를 지어 나는 작은 벌레로 사물이 성盛하게 일어나는 모양을 비유한 것임.

아니한 훌륭한 열행烈行[19]을 높이 들어 거듭 번창한 복을 내리시길 삼가 말씀드립니다.

2) 시책문諡册文[20]

영부사 신 이의현제領府事 臣 李宜顯製[21]

유세차維歲次[22] 기미(己未, 1739년) 5월 병오丙午 초하루에 국왕國王 신臣 모(某: 영조 자신)는 삼가 재배再拜하고 머리 숙여 말씀을 올립니다. 이장彝章[23]을 일으키니 비로소 위호位號[24]를 회복하는 의범(儀範: 모범이 되는 예의범절)이 새롭고, 성렬盛烈[25]이 더욱 드러나니 감히 시호를 올릴 전례典禮[26]를 늦추겠습니까? 정문情文[27]에 유감이 없으니 신인神人이 서로 기뻐할 것입니다.

삼가 생각하건데 단경왕후께서 예자睿姿[28]가 해처럼 밝고 덕성이 순수하시어 굉연지사紘綖之事[29]를 힘쓰시어 착한 도리를

註19) 여성이 정절을 굳게 지키는 행위

註20) 국왕이나 왕후王后에게 시호諡號를 올릴 때, 그 죽음을 애도하고 생전의 덕행德行을 칭송하여 지은 글을 엮은 책

註21) 영중추부사領中樞府事 이의현이 지음

註22) 제사 기일에 제사를 지낼 때 첫머리에 '이 해의 차례는'이라는 의미이다.

註23) 떳떳한 제도와 문물

註24) 지위나 위치에 걸 맞는 이름이나 호칭

註25) 훌륭한 공적과 업적

註26) 모범이 되는 예의나 제도

註27) 정情이 드러난 문장이나 글

註28) 밝고 지혜로운 자태

바꾸지 않고, 종정지문(鍾鼎之門: 제왕의 가문)을 기르시어 더욱 겸손한 법도를 잡으셨습니다. 군정(群情: 수많은 사람들의 정)이 성덕(聖德: 왕의 덕성)을 추대하는 것에 이르러 커다란 크나 큰 심려心慮가 참으로 아주 급한 지경에서 도움이 되었습니다.

황상黃裳[30]이 엄숙히 임하니, 바야흐로 백성의 숭앙(崇仰: 높여 우러러 봄)함을 보았음이요. 옥도(玉度: 왕비의 법도)에 흠이 없으니 어찌 가족[친정 아버지, 즉 신수근]으로 연루連累된 것을 용납하리요. 그러나 그릇된 의논이 함부로 일어나 마침내 갑작스레 폐출되기에 이르렀습니다. 요화(瑤華: 달을 비유한 이름, 즉 왕후)가 멀리 떨어짐에 김지金枝의 말[비妃의 말씀, 왕의 배필이 되었다가 물러나게 됨을 말함]이 구슬펐고, 계혼桂魂[31]이 오래 잠김에 황도黃道[32]의 문채文彩를 가렸습니다. 이현二賢[33]의 봉주封奏[34]가 있었으나 일제히 일어나는 대언(臺言: 대간臺諫의 언론비판)을 어찌할 수가 없었습니다.

그러나 선정(先正: 선대 현인賢人)의 박쟁(駁爭: 논박하여 간함)이 진실로 미래의 공안公案[35]이 되었습니다. 유원幽寃[36]을 풀지 못

註29) 황제나 왕을 내조하는 일

註30) 황색의 치마, 즉 왕비의 지위

註31) (신비를 달에 비유하여) 달의 영혼으로 화한 것처럼 왕비 마음을 비유한 표현

註32) 지구에서 본 태양의 경로로 왕도王道, 즉 왕의 마음이나 그 위치를 비유한 표현

註33) 신비복위를 상소한 담양부사 박상朴祥, 순창군수 김정金淨을 지칭한 것이다.

註34) 밀봉하여 왕에게 올린 상소

한 것을 한탄하여 오랜 세월을 지냈으나 오히려 길이 막혔으니 생각하건데 묘궁眇躬[37]이 나라를 끝없이 이어감에 오직 선조의 뜻을 계술하는 것이 아름다움이라고 여겨지는지라, 성조(聖祖: 중종)의 간측懇惻[38]한 가르침을 잊지 않고, 그 지극한 뜻을 천양闡揚[39]하고자 생각하였으며, 영고(寧考: 부왕, 즉 숙종)의 애석하게 여긴 마음을 미루어 그 유지(遺旨: 선대가 남긴 뜻)를 우러러 본받고자 하였습니다.

마땅히 빨리 표양(表揚: 드러내어 찬양함)해야 하는 것이 사리에 꼭 맞았으니 무엇을 의심하겠습니까? 아! 내려 살피신 것에 천도(天道: 하늘의 이치나 도리)가 반드시 회복하는 것을 믿습니다. 이에 욕례縟禮를 거행하여 감히 작은 정성을 다합니다. 이는 전광(前光: 전일前日, 즉 과거)을 모두 천명한 것을 마쳤다고 이를 수 있음이요. 또한 지금까지 기다린 (보람이) 있는듯합니다. 품주(稟奏: 여쭈어서 왕에게 아룀)는 청묘(清廟: 종묘)에 이르게 됨에 원비元妃의 위치로 차례를 정하였고, 정인精禋[40]에 엄숙함을 갖춰서 보책寶冊[41]에 정성을 다하였습니다.

註35) 공문서, 즉 국가가 나서서 공적으로 풀어야 할 숙제
註36) 오래도록 밝혀지지 않은 억울한 죄
註37) 작은 몸집, 자신을 겸칭하는 말로 작은 몸이라는 뜻
註38) 진정으로 측은히 여김
註39) 드러내어 밝혀서 널리 알림
註40) 정결하게 차린 제사
註41) 왕과 세자 및 비빈을 책봉하거나 존호와 시호를 올릴 때, 그 공덕을 기리기 위해 제작한 책문冊文과 보인寶印.

'端단'은 몸을 살피는 근본이니 예의禮義에 허물이 없음이요 '敬경'은 덕을 세우는 기틀이니 경계警戒에 게으르지 않음입니다. 시호를 올리어 존숭함을 극진히 하니 마음속에 감개가 더 하옵니다. 삼가 의정부 우의정 송인명을 보내어 옥책玉冊[42]을 받들어 존시尊諡[43]를 올리면서 이르기를 '端敬단경'이라 하오니 바라건데 영령英靈[44]께서는 과인의 정성을 굽어 살피시어 광명이 현호顯號[45]에 응하여 아름다운 이름을 천년에 끼치고 왕업을 그윽하게 도와 백대百代에 크게 빛나도록 하소서. 아아! 슬프옵니다.

3) 신주이봉시별묘고유제 축문神主移奉時別廟告由祭 祝文[46]

기미3월28일 행지제교 신이중협제己未 三月二十八日 行知製敎 臣李重協製[47]

중종대왕의 등극에 곤덕(坤德: 단경왕후)이 지존에 짝하셨더니 문득 황상黃裳[48]을 사양하심에 성조(聖祖: 중종)의 비답批答[49]이 간측懇惻하였습니다. 지난 일을 차마 말할 수가 있겠습니까? 실로 성의(聖意: 임금, 즉 중종의 뜻)가 아니었으니 조강지교糟糠之敎[50]

註42) 책봉, 존호·시호·휘호 등을 올리거나 죽음을 애도하기 위해 옥간玉簡에 글을 새겨 엮은 책이다.

註43) 사망한 뒤에 그 업적을 기리고 존경하는 뜻에서 지어 올리는 글이다.

註44) 망자의 영혼을 높이 부르는 말

註45) 세상에 뚜렷이 나타난 이름의 호칭

註46) 신주를 옮겨 모실 때 별묘, 즉 종묘의 영녕전에 고하는 제사 축문

註47) 1739년 3월 28일 행지제교 신臣 이중협이 지었다.(직역直譯한 내용)

註48) 왕비를 높여 부르는 말

註49) 신하가 올린 상소·차자箚子 등에 대해 국왕이 내린 답서

를 우러러 외움에 눈물과 탄식뿐입니다.

(박상·김정 등의) 상소를 (중종께서) 승정원에 머무르게 하신 것이 어찌 그날을 기약한 것이 아니겠습니까? 공의(公議: 여러 공적인 논의)가 민멸(泯滅: 없어지거나 사라짐)되지 않았기에 신인神人이 함께 억울하게 여기었고, 영고(寧考: 부왕, 즉 숙종)께서 추복追復[51]을 생각하시고 유문遺文[52]을 일으키고자 별사(別祠: 별도의 사당)를 건립하여 정성으로 필분苾芬[53]을 받들었습니다. 복위라는 사체事體가 매우 중차대하여 처리하지 못하고 깊이 탄식을 보이시니 선지(先旨: 선대왕의 뜻)를 잊을 수가 있겠습니까?

양양洋洋[54]히 (선대왕들의 혼령이) 척강(陟降: 오르고 내림)하시어 소자(小子: 영조)의 심중(心中: 깊은 마음속)을 인도하신지라 사첩史牒[55]에 이미 증거가 되고 수많은 관료들의 의논이 한결같았으니 인리人彝[56]를 베푸는 것이고, 하늘의 이치에도 순응한 것입니다. 마침내 욕례縟禮[57]를 거행할 때에 바삐 맨 먼저 참배하였습니다.

신령스러운 비가 슬피 젖음에 명감冥感[58]이 있는 듯 하옵고, 그윽한 원통함이 경쾌하게 밝혀진 것에 다행히도 유감이 없습

註50) 조강지처의 교훈, 즉 부부 교훈
註51) 빼앗았던 위호位號를 그 사람이 죽은 뒤에 다시 회복하여 줌
註52) 선대에서 다하지 못해 남겨 놓은 문전文典
註53) 향기가 난다는 뜻으로, 즉 효성스런 제사를 일컬음
註54) 크게 열리어 기대나 희망이 가득한 상태
註55) 사실事實을 기록한 역사책, 사승史乘이라고도 함
註56) 사람이 지켜야 할 떳떳한 도리
註57) 번거로운 여러 절차 의례
註58) 드러나지 않는 중에 은연히 서로 감응함

니다. 임시로 신위를 경덕법궁慶德法宮[59]에 옮겨 시책諡冊을 장차 더하게 됨으로써 예禮는 마땅히 존숭을 하여야 할 것입니다. 200년이 지났는데도 슬픈 생각이 어제와 같습니다. 그 연유를 거듭 고하노니 바라건데 (천지天地) 신명神明께서는 감응하소서.

4) 위선당봉안제 축문爲善堂奉安祭 祝文[60]

동일 행지제교 신 이중협제同日 行知製教 臣 李重協製[61]

(그 동안 신비 친가 일반가정 사당에 모셔왔던 신비 신주를 번잡한 의례와 전례를 거쳐 왕실로 옮겨 모시게 됨으로써) 이에 광례(曠禮: 큰 제례 의식儀式)를 거행하여 신위神位를 옮겨 모시게 되었습니다. 곤의(坤儀: 왕비의 덕)가 다시 밝아지게 되는 것은 천운(天運: 하늘의

註59) 조선시대 궁궐은 법궁法宮과 이궁離宮으로 구분되어 운영되었다. 법궁은 왕이 거처하는 공식적 궁궐 중에서 으뜸이 되는 궁궐을 가리키고, 이궁은 부득이한 상황이나 자의적 판단에 따라 거처를 옮길 목적으로 지어진 궁궐을 말한다. 법궁은 이궁보다 전각들 구성이나 배열의 격식이 높고 여러 구성요소들이 좀 더 엄격하게 구비되었다. 1620년 완공된 경덕궁은 공식적 궁궐이므로 이를 '경덕법궁'이라 하며, 경덕궁은 1760년 경희궁으로 바뀌어 오늘에 이르고 있다.

註60) 위선당은 경희궁 경내에 선왕先王의 위패位牌·신주神主·어진御眞 등을 임시로 봉안奉安할 때 사용했던 전각이다. 봉안제는 단경왕후 신주를 받들어 모시는 제사를 일컫는 것으로 이때의 축문을 의미한다.

註61) 같은 날은 1739년 3월 28일, 이중협이 축문을 지어 올렸다는 뜻이다.

기운, 즉 운세)이 반드시 순환하는 이치인 것입니다.

쾌쾌(噲噲: 밝고 환한 모양)한 궁달(宮闥: 대궐문, 즉 궁궐)이 더욱 엄숙합니다. 아아! 잊지를 못하겠습니다. 적의(翟禕: 왕후 제복, 즉 단경왕후)가 나타나 자리하여 계신 듯합니다. 존시尊謚[62]하고 부묘祔廟[63]를 거행하는 일에 또한 길일(吉日: 좋은 날)을 기다립니다. 경건히 사유事由[64]를 고하노니 우러러 바라옵건데 감격鑑格[65]하소서.

5) 복위후종묘고유제 축문復位後宗廟告由祭 祝文[66]

3월 30일[67] 행지제교 신 이중경제[68]三月 三十日 行知製敎 臣 李重庚製

위호位號[69]를 추가追加하오니 울적한 마음을 비로소 풀었습니다. 공경히 그 연유를 고하오니 슬픔과 사모함이 오로지 새롭습니다.

註62) 죽은 뒤에 그 공덕을 기리고 존경하는 뜻에서 지어 올리는 글

註63) 조선시대 왕이나 왕비의 신주를 종묘로 옮겨 모시는 일

註64) 사체事體 연유, 즉 종묘에 신주神主를 옮겨 합사合祀하는 부묘祔廟를 거행하는 사유

註65) 임금의 어질고 밝은 지혜, 즉 성명聖明께서 살펴주시다.

註66) 왕비, 즉 단경왕후로 복위된 뒤 종묘에 그 연유를 알리는 축문

註67) 1739년(영조 15) 3월 30일

註68) (외교문서인 표表·전箋과 왕이 내리는 교서의 글을 짓는 일을 맡은 관원으로 크고 작은 제문祭文도 지어 올렸던) 행지제교 신臣 이중경이 짓다.

註69) 벼슬의 등급 및 법적지위에 제도적으로 정해진 이름. 여기서는 추복한 왕후의 시호나 휘호이다.

6) 영녕전고유제 축문永寧殿告由祭 祝文[70]

동일 동인同日 同人[71]

곤위(坤位: 왕비의 지위, 즉 그 자리)를 추복追復[72]하여 아름다운 칭호를 비로소 올립니다. 경건히 고하고 의식대로 하오니 길신(吉辰: 상서로운 날짜)이 이에 다가왔습니다.

7) 봉안소삭제 축문奉安所朔祭 祝文[73]

4월1일 동인四月一日 同人[74]

욕의(縟儀: 번잡한 제례의식)를 겨우 거행함에 따라 초하루 아침이 금방 이르게 되었습니다. 감모感慕[75]함이 일신(一新: 매우 새로워짐)하여 정성껏 상례常禮[76]를 행합니다.

註70) 종묘에는 정전正殿과 별전別殿이 있는데, 별전은 영녕전을 말한다. 즉, 이 영녕전에 신비의 신주를 부묘祔廟하는 연유를 고하는 제례祭禮 축문이다.

註71) 같은 날은 1739년 3월 30일을 의미하고, 같은 인물은 이중경李重庚을 말한다.

註72) 빼앗았던 왕비 자리의 칭호, 즉 위호位號를 그 사람이 죽은 뒤에 다시 회복하여 줌

註73) 신주·위패 등을 모셔두는 곳에서 초하룻날에 지내는 제사축문을 말한다. '1739년 4월 1일 같은 인물 이중경이 축문 한다.'는 의미이다.

註74) 1738년 4월 1일 이중경이 축문을 짓다.

註75) 감모여재感慕如在의 준말로 선조先朝가 살아계신 것 같은 느낌이다.

註76) 일상적으로 거행하는 통상적 예제

8) 청시시종묘고유제 축문請諡時宗廟告由祭 祝文[77)]

5월 초1일 행지제교 신 임정제五月 初一日 行知製敎 臣 任珽製[78)]

병인년(丙寅年: 1506년 중종반정)에 손처(遜處: 왕비자리를 비워줌)하심에 백년토록 억울하더니 곤위(壼位: 왕비의 지위)를 이제야 회복하신 것에 한결같은 은혜에 알맞은 절차이라. 아름다운 모절(範節: 모범적 예절)을 추모하여 '端敬단경'이라 시호諡號합니다. 연신涓辰[79)]을 경건하게 고하오니 감모感慕[80)]함이 더욱 길어집니다.

9) 영녕전고유제 축문永寧殿告由祭 祝文[81)]

동일 동인同日 同人[82)]

조종(祖宗: 왕의 선조, 즉 선대왕)의 (영령英靈이) 척강(陟降: 오르내림)하시어 비충(菲衷: 변변치 못한 마음)을 묵계(默啓: 말없이 계시啓示함)하셨습니다. 온릉溫陵을 비로소 봉축(封築: 흙을 쌓아 능을 만듦)하였으므로 휘호徽號[83)]를 높이는 것은 마땅합니다. '端敬단

註77) 왕의 결재를 받은 시호는 시책諡冊과 시보諡寶를 만들어 종묘에 허락을 고하는 의식의 제례축문을 말한다.

註78) 1739년 5월 1일 임정이 지음

註79) 좋은 날을 헤아리고 좋은 때를 선택함

註80) 조상을 사모하는 마음이 지극함

註81) 종묘 영녕전에 제사 연유를 올리는 축문

註82) 1739년 5월 1일 이중경李重庚이 짓다.

경'이라 하오니 진실로 명시名諡[84])라고 합니다. 비로소 좋은 날을 가리어 경건히 이 사유(事由: 이 의례를 거행한 연유)를 고합니다.

10) 신주개제후친제 축문神主改題後親祭 祝文[85])

동일 행예문제학 신 박사수제同日 行藝文提學 臣 朴師洙製[86])

보책寶册[87])을 이미 올렸으니 목주(木主: 나무로 만든 신주)를 비로소 바꿉니다. 구주舊主[88])를 버리고 새로운 신주를 의지하게 되니 영령英靈[89])께서 어렴풋이 오르내리시는 듯합니다. 몸소 신주神主 제목을 고치는 것을 뵈옵고 엄숙히 잔을 올리오니 만세萬世토록 길이 편안하시어 백복(百福: 많은 복)을 누리소서.

註83) 세상을 떠난 왕후에게 올리는 시호의 하나

註84) 생전의 신비愼妃를 기리기에 훌륭한 시호를 의미한다.

註85) 신주에 제사를 받드는 사람 중심으로 글자를 새로 고쳐 쓴 뒤 친히 제사를 지내는 축문

註86) 1739년 5월 1일 행예문관제학 신臣 박사수朴師洙가 짓다.

註87) 왕과 세자 및 비빈을 책봉하거나 존호와 시호를 올릴 때 그 공덕을 기리기 위해 만든 책문册文과 왕실의 도장을 말한다.

註88) 종묘로 부묘祔廟하기 이전에 사가私家 때 모셨던 신주神主를 말한다.

註89) 지혜롭고 총명한 선대先代 영혼, 즉 선왕先王의 영혼이 깃든 교훈을 뜻한다.

11) 자정전봉안후친제 축문資政殿奉安後親祭 祝文[90]

동일 행예문제학 신 박사수제 [91]

일[事]은 신주神主 고침을 마치고, 예禮는 제면題面[92]을 완성하여 몸소 잔을 올리옵고 경건히 고전故殿[93]에 받드옵니다.

12) 구주매안시본릉고유제 축문舊主埋安時 本陵告由祭 祝文[94]

동일 행지제교 신 임정제同日 行知製敎 臣 任珽製[95]

휘호徽號를 비로소 새롭게 올리오니 구주舊主[96]는 마땅히 매안(埋安: 신주를 능묘 앞에 묻음)합니다. 공경히 그 연유를 고하니 더욱 슬픈 감회가 더합니다.

註90) 경덕궁의 편전인 자정전에 봉안한 뒤 친히 제사를 지내는 축문이다.

註91) 1739년 5월 1일 행예문관제학 박사수朴師洙가 지음

註92) 신주의 앞면을 전주前主라 하고 뒷면을 후주後主라고 하는데, 제면은 신주 제목을 일컬음

註93) 예전의 전각殿閣이나 대궐을 뜻한다. 자정전은 경덕궁의 편전으로 또는 빈전殯殿으로 이용되었다. 여기서는 빈전으로서의 그것으로 해석된다.

註94) 사가에서 묘소와 사당祠堂에서 모셔왔던 신주神主, 즉 구주를 땅에 묻을 때 온릉, 즉 본릉에 알리는 제사의 축문

註95) 1739년 5월 1일 행지제교 임정이 지음

註96) 신비愼妃를 사가私家의 사당에 모셔왔던 신주神主

13) 부태묘시종묘예고제 축문祔太廟時宗廟預告祭 祝文[97]

오월 초삼일 행지제고 신 임정제五月 初三日 行知製敎 臣 任珽製[98]

아! 훌륭하신 육실六室[99]에 부묘祔廟의 의식을 장차 거행합니다. 신장神欌[100]과 교의(交椅: 신주를 얹어 모시는 의자)를 고치고 미리 사유를 고합니다.

14) 영녕전예고제 축문永寧殿預告祭 祝文[101]

동일 행지제고 신 임정제同日 行知製敎 臣 任珽製[102]

중종의 원비(元妃: 단경왕후)에 대한 예禮에 있어서 마땅히 부

註97) 종묘에 단경왕후 신주를 모셔 합사할 때 종묘에 미리 알리는 제사 축문

註98) 1739년 5월 3일 행지제교 임정이 지음

註99) 종묘의 별묘別廟인 영녕전永寧殿에 있는 여섯 번째 실

註100) 신장神欌은 종묘를 비롯한 각종 사당에서 신주神主 및 신주를 담는 상자인 신독神櫝 혹은 신주궤神主匱를 보관하기 위해 설치한 장이다. 종묘 중심건물인 정당正堂의 중앙 주벽主壁에 설치하였다. 신장 바로 앞쪽에는 붉은색 칠을 한 발[주렴朱簾]을 드리우고, 그 앞에 내면장內面帳이라는 '안쪽의 장막'을 쳤다. 왕실에서 3년 상이 끝나면 혼전魂殿에 모셔둔 신주를 종묘로 옮겨 조종祖宗에 합사合祀하는 부묘祔廟 의례를 거행하였다. 부묘 의례가 끝난 뒤에는 신주를 신주 상자에 담아 신장 등에 보관하였다. 종묘 외에 일반 사당에서도 신장을 설치하여 신주를 보관하였다.

註101) 종묘에 있는 태조의 4대조와 정전正殿에서 이안移安한 왕과 왕비의 신주를 모신 사당에 미리 알리는 제사 축문

註102) 1739년 5월 3일 행지제교 임정이 지음

묘祔廟에 올려드려야 할 일인지라. 조촐하게 곡조(穀朝: 좋은 날짜, 즉 양진가절良辰佳節)를 택하여 먼저 그 연고緣故를 고告합니다.

15) 자정전예고제 축문資政殿預告祭 祝文[103)]

동일 행지제교 신 임정제同日 行知製教 臣 任珽製[104)]

신주를 올려 (종묘에 합사合祀하는) 부묘祔廟를 거행함에 있어서 그 길일吉日을 택하였습니다. 이에 거듭 예고預告하오니 슬픈 감회가 깊고도 간절합니다.

16) 자정전단오제 축문資政殿端午祭 祝文[105)]

5월 초5일 행지제교 신 임정제五月 初五日 行知製教 臣 任珽製[106)]

욕례(縟禮: 번거로운 잡다한 예제)를 겨우 거행하고 비로소 단양(端陽: 단오절)을 맞이하였습니다. 이 제전(祭典: 제사 또는 그 의식儀式)이 이렇게 조촐하오니 단오절을 생각함에 슬픔이 더합니다.

註103) 경덕궁의 편전便殿이자 빈전殯殿인 자정전에 미리 알리는 제사 축문이다.

註104) 1739년 5월 3일 행지제교 임정이 지음

註105) 경덕궁의 편전이자 빈전, 즉 자정전에서 단오 때 지내는 제사 축문이다.

註106) 1739년 5월 5일 행지제교 임정이 지음

17) 온릉단오제 축문溫陵端午祭 祝文[107]

동일 행지제교 신 임정제同日 行知製敎 臣 任珽製[108]

상설(象設: 제사의 설비)을 바야흐로 정리함에 영절(令節: 경사스러운 날 , 즉 아름다운 절기)이 이르렀습니다. 제사 의식을 비로소 준비하오니 감모感慕[109]함이 더욱 배倍나 더합니다.

18) 자정전고동가친제 축문資政殿告動駕親祭 祝文[110]

동일 행예문제학 신 박사수제同日 行藝文提學 臣 朴師洙製[111]

욕례縟禮가 이미 이루어짐에 부묘祔廟할 시기가 거의 이르렀습니다. 정적(靜寂: 고요하고 적막함)한 비궁閟宮[112]에 엄숙히 신어(神御: 임금의 화상畵像이나 사진)를 옮깁니다. 물변(物采: 물건과 할 일을 나눔)을 모두 갖추고 의식과 절차를 몸소 행하옵니다. 바라옵건데, 지극한 정성의 뜻을 보시더라도 이 필분(苾芬: 향내가 나는 향을 피움)을 흠향하소서.

註107) 온릉에 단오제 때 올리는 축문을 말한다.
註108) 1739년 5월 5일 행지제교 임정이 지음
註109) 조상을 지극히 사모하는 마음
註110) 부묘제에서 경덕궁 편전인 자정전 혼전에 모신 신주를 옮기는 가마에 옮겨 신기 직전 그 사실을 신에게 친히 고하는 제사 축문
註111) 1739년 5월 5일 행예문관제학 박사수가 지음
註112) 신神을 제사에 모시는 깊숙한 궁, 즉 신묘神廟를 말한다.

19) 부태묘친제 축문祔太廟親祭 祝文[113)]

5월 초6일 행예문제학 신 박사수제五月 初六日 行藝文提學 臣 朴師洙製[114)]

중종께서 처음 잠저(潛邸: 왕이 되기 전 왕자시절)에 계심에 배필이 있었으니 강녀姜女[115)]와 같았습니다. 그리하여 업業은 건룡(乾龍: 제왕의 지위)에 나아갔지만 지위는 곤상(坤裳: 왕비 자리)을 잃었습니다. 금지金枝[116)]가 한번 종료함에 원통하여 천고千古에 흐느끼니 그 원인은 무엇이었습니까? 조정의논이 잘못된 것입니다. 이제 200년이 지났는데도 나라 사람들이 오히려 슬퍼합니다.

아아! 소자(小子:영조 자신을 낮춘 겸칭)가 생각한 것을 영원한 세월에 말하노니 성조(聖祖: 선왕先王, 즉 중종)께서는 인륜의 도리를 다하시어 참으로 조강지처를 중히 여기셨습니다. 우러러 이 하교下教를 헤아려 봄에 중종대왕 본의가 명백합니다. 또한 돌아가신 영고(寧考: 부왕, 즉 숙종)께서 추복追復[117)]을 계획하셨으니, 비록 해결하지 못하고 서거하셨으나 거기에는 유한(遺恨: 생전에 남아 있는 한)이 계셨습니다.

이번에 욕의(縟儀: 번거로운 예제禮制)를 거행한 것은 과인이 감

註113) 종묘로 옮겨 합사하는 제사를 치를 때 축문

註114) 1739년 5월 6일 예문관제학 박사수가 지음

註115) 주나라 태왕大王, 즉 무왕의 아버지 고공단보의 비妃인데, 적에게 쫓기어 위험한 시절에도 태왕과 강녀는 부부로서 그 어려움을 같이 하였음

註116) 왕족의 배필이 되어 왕족이 됨을 말함

註117) 빼앗았던 위호位號를 그 분이 사망한 뒤에 다시 회복하여 줌

히 마음대로 함이 아니오라 오직 두 분의 성지聖志[118]를 계술繼述하여 천명闡明하는 것입니다. 지위가 원비元妃에 정위正位[119]하셔서 세실(世室: 종묘의 신실神室)에 배향하였사오니 신리(神理: 밝고 맑은 신의 이치)에 진실로 합당하고 인정이나 예법禮法으로 보더라도 흠결이 없습니다.

좋은 시절 길일吉日을 택하여 비로소 부묘祔廟의 예식을 마치게 되니 밝으신 열조列朝[120]께서 모두 함께 기뻐하시리라. 몸소 고성告成[121]함에 이르러 엄숙히 필향(苾薌: 향기로운 제물祭物)을 올리오니 척강(陟降: 오리내림)하시는 영령께서는 흠향토록 도와주시고 무강(無疆: 만수무강, 즉 오래오래 평강함)한 복을 내리소서.

20) 영녕전섭행제 축문永寧殿攝行祭 祝文[122]

동일 행지제교 신 임정제同日 行知製敎 臣 任珽製[123]

정적(靜寂: 고요하고 적막함)한 침묘(寢廟: 종묘)에 소목昭穆[124]이 정연(整然: 잘 정돈된 순서나 질서)합니다. 온릉을 추복함에 부묘祔廟

註118) 두 선왕先王의 마음, 즉 중종과 숙종의 뜻을 말한다.
註119) 원래 자리에 바르게 위치함
註120) 열성어조列聖御朝, 즉 여러 선대 임금을 의미한다.
註121) 일의 성공을 윗사람에게 알림
註122) 봄과 가을에 종묘 영녕전에서 국왕 대신 신료臣僚에 의해 거행하는 제향 궁궐의식
註123) 1739년 5월 6일 행지제교 임정이 지음
註124) 조상의 신주를 사당에 소昭와 목穆의 순서로 모시는 차례

의 의식을 거행하고 이에 상신(相臣: 영의정·좌의정·우의정 등 삼정승)을 보내어 제사 일을 섭행(攝行: 대신 일을 행함)토록 하오니 양양洋洋히 위에 계시어 강감降鑒[125]하소서.

21) 칠사제 축문七祀祭 祝文[126]

동일 행지제교 신 임정제同日 行知製敎 臣 任珽製[127]

단경왕후를 융숭(隆崇: 높이 대우함)한 예禮로 종묘에 올리오니 여러 제사가 정연한지라 이로써 거듭 경건하게 고告합니다.

22) 온릉친제시종묘고유제 축문溫陵親祭時宗廟告由祭 祝文[128]

8월 18일 행지제교 신 이봉익제八月 十八日 行知製敎 臣 李鳳翼製[129]

註125) 신령이 하늘에서 아래를 내려다 봄

註126) 종묘의 칠사당七祀堂에 모신 일곱 신神에게 지내는 제사의 축문. 일곱 신에 대한 명칭과 제사 지내는 시기, 그리고 제사의 축식祝式에 따라 거행되었다. 종묘의 정전正殿 앞 월대月臺 좌우로 두 개의 건물이 있는데, 정전을 기준으로 오른쪽에 있는 건물이 칠사당이다. 칠사당에서는 일곱 신을 모셔 놓고 종묘제를 지낼 때 함께 제사를 지냈다. 일곱 신은 사명司命·사호司戶·사조司竈·중류中霤·공려公厲·국문國門·국행國行 등이다. 사명신과 사호신은 봄에, 사총신은 여름에, 중류신은 6월 토왕일土王日에, 국문신과 공려신은 가을에, 국행신은 겨울에 각각 제사 지내고, 12월에는 두루 제사를 지낸다고 하였다.

註127) 1739년 5월 6일 행지제교 임정이 지음

註128) 왕이 직접 제사를 주관할 때 종묘에 알리는 제사 축문

註129) 1739년 8월 18일 행지제교 이봉익이 지음

온릉을 멀리 바라보니 오랜 동안 감회가 깊고도 지극합니다. (중종의 원비元妃로서 단경왕후라는) 위호位號[130]를 이미 회복한 일이므로 어서[131] 참배하는 예가 마땅하고 당연합니다. (단경왕후의 추복이 완료되었사오니 왕실에서 예를 갖추어 길일吉日을 택해 축하제례를 올리기 위해) 어가(御駕: 왕이 타는 수레)를 갖추어 (거행하려는) 그날을 기다린다는 사실에 (어서 했으면 좋겠다는 그 간절한) 마음이 갑절이나 슬프옵니다. 이에 먼저 대신 고告하고 경건히 잔을 올립니다.

23) 온릉친제 축문溫陵親祭 祝文[132]

8월 19일 행예문제학 신 박사수제八月 十九日 行藝文提學 臣 朴師洙製[133]

(온릉과 그 주위는) 높은 산도 있고 질편한 언덕도 있습니다. 하늘이 옥의(玉衣: 왕비가 입는 옷, 즉 왕비)를 닫아버린 지 이제 200년입니다. 신神의 섭리라는 억울한 바에 나아가 펴지 않음이 없는 법이오니, 사실이 엄폐(掩蔽: 보이지 않도록 가리고 숨김)된 지 오랜만에 상설象設[134]이 새롭습니다. 평평하고 반듯한 섬돌

註130) 왕이나 왕비 등 왕실은 물론 일반 관료 등에게 그 위치나 등급에 맞게 부여하는 이름

註131) 이제 나라에서 그 당시 사실대로 원비元妃 지위를 회복시켜주었으니 눈치를 보거나 지체하지 말고 모두가 축하祝賀해주는 그런 마음으로

註132) 온릉에 왕이 직접 제사를 지낼 때 제사 축문

註133) 1739년 8월 19일 행예문관제학 박사수가 지음

과 숙숙(肅肅: 엄숙한 모양)한 송백(松栢: 소나무와 잣나무) 사이에서 상로(霜露: 서리와 이슬)를 밟으며 옛일을 회상해 보옵니다.

성비聖妃[135]가 덕으로 중종의 배필이 되신 사실이 있었으니, 그 공功은 태양처럼 높은데도 빛은 그믐달처럼 이지러졌습니다. 요화瑤華[136]가 원한을 억누르고 취우翠羽[137]가 한恨을 머금었습니다. 대저 어찌 성의(聖意: 왕의 뜻, 즉 중종의 마음)였겠습니까? 사실 (중종은) 정론(廷論: 조정의 공론公論)에 이리저리 함부로 휘둘렸을 뿐입니다. (조정 공론과 부부라는 신비와의 관계에서 중종이 대처해야 할) 그 일에 지극한 어려움은 있으나 대륜大倫[138]을 소홀히 할 수가 없었기에 조강지교(糟糠之敎: 조강지처의 교훈)가 지금까지 이르도록 훤하게 밝습니다.

돌아가신 영고(寧考: 부왕父王, 즉 숙종)께서 추복追復을 의논하셨는데 다만 겨를을 내지 못한 것이 아니라 그것도 후대 (왕들이 해야 할) 일이라는 (계술繼述의) 기다림이 있었던 것입니다. 아아! 소자(小子: 영조 자신)가 어찌 감히 혹시라도 (후대가 해내야 할 책무로 남겨진) 이 일을 잊겠습니까? 이에 욕례縟禮를 거행한 것은 이성(二聖: 두 성왕聖王, 즉 중종과 숙종)의 유지(遺旨: 생전의 뜻)를 본받아 계술(繼述: 선왕의 뜻을 계승)한 것입니다.

註134) 제례를 위해 마련된 제반설비
註135) 성스러운 왕비, 즉 높은 덕을 갖춘 단경왕후
註136) 달[月]을 아름다운 옥같이 핀 꽃으로 비유한 것으로, 폐비 신씨를 지칭함
註137) 물총새의 깃, 즉 왕후의 옷을 상징하는 것으로 왕후를 그에 비유함
註138) 사람이 마땅히 지켜야 할 큰 도리

(폐비 신씨愼氏이셨던) 그 지위地位가 원후(元后: 첫 번째 왕후)라는 (본래의 자리)에 정위正位[139]해서 세실世室[140]에 높이 배향하오니 진실로 신인神人이 만족하고, 의물(儀物: 의식에 쓰이는 도구나 물품)도 갖추어 놓았습니다. 이에 침원(寢園: 왕과 왕비 능묘)에 대하여도 융례(隆禮: 높이 받드는 예제禮制)를 더하지 않음이 없사오나 묘도(墓道: 능묘로 통하는 길)가 삼엄森嚴[141]하여 산봉우리가 조공朝貢[142]하는 모습처럼 새로워졌는지라 몸소 참배하는 공경한 마음이 여기로 몰리어 요락搖落[143]합니다.

오래도록 (폐비가 되신 그때부터 지금까지 신비愼妃께서 인고忍苦의 세월을 보내셨던 그) 처음과 끝을 생각하며 뒤돌아보니 슬픈 마음이 일어납니다. 이제 소자(小子: 영조 자신의 겸칭)의 필분苾芬[144]을 정결히 하여 엄숙히 잔을 올리오니 아! 밝으신 영령英靈께서는 흠향하여 주소서.

註139) 원래 올바른 제자리, 그 위치나 위상位相

註140) 공덕이 있는 왕의 신주를 옮기지 않고 대대로 모시는 종묘의 실室

註141) 엄숙하고 경건한 느낌을 주는 빽빽한 숲

註142) 전근대 동아시아에서 주변국이 중국 황제에 대해 복종과 감사의 표시로 토산물로 바치던 외교 의례이다. 이는 온릉을 둘러싼 주변 산세가 마치 온릉을 황제처럼 감싸며 받드는 형세로 비유한 것이다.

註143) 가을바람에 낙엽이 떨어지는 풍경처럼 신인神人의 영령과 마음이 온통 온릉 위로 떨어지고 있다는 느낌을 표현한 것임

註144) 향기로운 향을 피워 제의祭儀를 거행할 마음

24) 반교문頒教文[145]

5월 초6일 동인五月 初六日 同人[146]

영조대왕께서 말씀하시기를 "빠뜨린 전장(典章: 나라의 제도나 문물)을 모두 정리하니 종실(宗室: 왕과 왕의 친족)의 사업이 유감이 없고 (종묘에 새로운 신주를 합장하는) 부묘祔廟의 예식禮式을 겨우 마치게 되니 대호(大號: 큰 호령, 즉 왕의 명命)가 널리 펼쳐서 떨치게 되었도다. 이에 신인神人이 함께 기뻐하고 마땅히 온 나라가 함께 경하(慶賀: 경사스러운 일에 축하함)하는 바이다.

지난 시대 우리 중종께서 국가위난을 평정하신 날에 마침내 성비(聖妃: 덕이 높은 왕비, 즉 신비愼妃)께서 손위(遜位: 자리에서 물러남)하게 되신 원통함이 있었다. 왕비의 덕성에 허물이 없으시어 참으로 천지를 재조(再造: 다시 건설함)하는 공열功烈[147]을 도우셨는데, 조정의논이 어긋남이 많아 마침내 일월(日月: 해와 달, 즉 세상)이 '함께 빛나는 광휘光輝'[148]에 (해만 있고 달[月]이 없는 것처럼 왕후가 구중궁궐을 비운) 결점을 내게 되었도다.

(중종반정이 일어난) 그 처음 날을 당하여 비록 여러 신하의 강청에 따르셨지만 조강지처糟糠之妻를 말씀하신 교서(教書: 왕이 내

註145) 나라에서 어떤 특별한 일이 있을 때에 그 사실을 백성에게 널리 반포하여 알리는 글.

註146) 1739년 5월 6일 박사수가 지음

註147) 아내로서 중종반정이라는 국가위기의 어려움을 극복하여 중종으로 즉위케 한 뛰어난 업적

註148) 해와 달이 함께 환하고 아름답게 눈부시게 빛남

리는 명령)를 보면 어찌 본심(本心: 중종의 본심)에서 나온 것이겠는가? (그렇게 전개된 사실에 대해) 애석한 부분은 당시 일에 차마 자상하게 못한 점이 있는 것이요. 참으로 인심이 능히 잊지 못할 부분이다.

양신兩臣[149]의 소청(疏請: 상소의 주장)이 비분강개悲憤慷慨하되 당시 (그들이 상소한 내용대로) 행해지지 못한 것을 애석해 하는 도다. 백세 전(百世: 백세, 즉 오랜 세월 전)에 있었던 공정하게 의논하거나 합의에 도달한 그러한 절차적 과정이 밝고도 매우 엄숙하게 진행되었으니, 참으로 후일을 기다리게 한 점이 있는듯하다.

현종께서 처음 묘지기를 두시어 점차 존숭尊崇함을 표하고자 하시었고, 영고(寧考: 부왕, 즉 숙종)께서 특별히 사당祠堂 건립을 명하셨으니 대개 의리를 일으키신 것이었다. 다만 사체(事體: 그 일의 본질)가 지극히 어렵고 중대한 까닭에 전례(典禮: 제도적 예제禮制나 전장典章)의 행사를 마땅히 거행할 것을 이루지 못하신 것이다. 과인이 느낀 바가 있어 여러 차례 탄식하였으니 하늘이 실로 그윽하게 인도하심이었다.

지난날 논의를 생생하게 자세히 고찰해보면 비록 갑과 을이 서로 사이에 고집하는 말이 없지 않았으나, 자음(慈音: 왕대비, 즉 인원왕후의 말씀)을 우러러 받들고 보니 비로소 무인년(戊寅年: 1698) 이후로 영고(寧考: 부왕父王, 즉 숙종)께서 추한(追恨: 일이 진행된 뒤에 한탄함)하신 하교下敎를 가히 징험을 할 수 있겠다.

註149) 신비 복위의 당위성을 상소한 박상朴祥과 김정金淨을 말한다.

대체로 그런 뒤에 과인의 뜻이 더욱 결정되고 또한 여론輿論도 뒤따라 모두가 같은 생각인지라. 마침내 (중종반정 이후 폐비 신세로 지내다 승하하신 뒤에도 오랜 세월 동안 추복되시지 못했는데 이제야) 원비(元妃: 첫 번째 왕비)로서의 존호(尊號: 추존된 이름)를 회복하고, 따라서 태실太室[150]에 부묘祔廟를 거행하게 되었다.

이는 노나라 사람의 순사順祀[151]의 법제法制를 모방하니 (종묘에 신위를 모실 순서, 즉 그) 위차位次가 정연整然하고 한漢나라 종실(宗室: 황제 친족)에서 고검故劍[152]을 생각하는 것을 본받았으니 정문情文[153]을 갖추었도다. 그윽한 원통함과 쌓인 울분을 다 씻어버림은 천도天道가 반드시 펴게 된 것이요. 신리神理[154]와 물정物情[155]이 모두 화순和順하도록 한 것이니 방례邦禮[156]에 유감이 없도다. 상설象設[157]은 원침園寢[158]을 엄연하게 숭식(崇飾: 수식修飾을 높임)하였고, 휘열徽烈[159]은 완염琬琰[160]을 아울러서 나

註150) 역대 임금과 왕비의 위패를 모시던 왕실의 사당, 즉 종묘
註151) 화평한 차례에 따라 제사를 지냄
註152) 왕이 되기 이전에 공열이 있는 구처舊妻의 별칭이다.
註153) 예의를 갖춰서 인물의 마음이나 감정을 담은 글
註154) 영묘靈妙하여 헤아릴 수 없는 이치
註155) 세상 온갖 사물의 실정이나 형편 또는 인심人心
註156) 국가의 길흉吉凶에 관한 예제나 의식儀式
註157) 제사에 거행하는데 대한 설비
註158) 능陵 곁에 세워 제사에 사용하던 건물
註159) 아름다운 공렬功烈, 즉 부婦로서 고난과 위험을 슬기롭게 극복한 업적
註160) 관료들이 국가의 중요한 의례에서 손에 드는 상아, 나무 등으로 만든 좁고 긴 판板인 홀笏, 즉 모난 홀笏과 둥근 홀笏

란히 빛냈도다.

내가 제사를 모시고 또한 받드니 여소자予小子[161)]가 밤낮으로 게을리 하지 않았음이요. 이에 욕의縟儀를 일으키고 계술繼述하니 전前 영인(寧人: 돌아가신 분, 즉 숙종)께서 뜻하신 일을 매듭지음이다. 굉휴(閎休: 커다란 경사)가 참으로 예전에 없던 것이니 홍택(洪澤: 큰 은혜로운 혜택)을 어찌 아래에 끼치는데 늦추겠는가?

이번 달 초 6일初六日 새벽 이전으로 모반(謀反: 국가나 군주 전복을 꾀함)한 대역大逆[162)]과 자손으로서 조부모祖父母와 부모를 모살(謀殺: 미리 꾀하여 사람을 죽임)이나 구매(歐罵: 때리고 욕함)함과 처妻·첩妾이 남편을 모살하는 것과 노비가 주인을 모살하는 것과 고의로 사람을 모살하는데 염매(厭魅: 가위 눌림)하거나 고독(蠱毒: 독약으로 남을 해침)함과 국가 강상綱常[163)]에 관계됨과 장오

註161) 임금이 선대의 왕에 대하여 자기를 낮춰 일컫던 말

註162) 대역은 조선시대 형률의 근간이었던 『대명률大明律』의 10악十惡 가운데 하나로 종묘, 산릉山陵 또는 궁궐을 모해하거나 비방한 죄를 말한다. 10악은 중국 형법에서 가장 무겁게 처벌하였던 10가지 종류의 죄이다. 그 기원과 연혁은 분명하지 않으나 한나라 때부터 시작된 것으로 추정되고 있으며, 조선에서는 명나라의 『대명률』에 근거하여 법제화하였다. 10악은 모반謀反·모대역謀大逆·모반謀叛·악역惡逆·부도不道·대불경大不敬·불효不孝·불목不睦·불의不義·내란內亂 등이 포함된다.

註163) 강상은 유교사회에서 반드시 지켜야 할 기본적 사회 윤리로 인정되었다. 삼강은 군위신강君爲臣綱, 부위자강父爲子綱, 부위부강夫爲婦綱이다. '군위신강'은 임금과 신하 사이에 지켜야 할 강령, '부위자강'은 아버지와 자식 사이에 지켜야 할 강령, '부위부강'은 부부 사이에 지켜야 할 강령을 의미한다.

(贓汚: 뇌물을 받은 관리) · 강도 · 절도를 제외하고는 잡범으로 사형죄死刑罪 이하의 도형徒刑[164], 유형流刑[165], 부처付處[166], 안치安置[167]와 충군充軍[168]으로 이미 배소(配所: 죄인을 귀양 보내는 곳)에 이르렀거나 아직 배소에 이르지 않은 자, 죄상이 이미 발각되었거나 발각되지 않은 자, 이미 결정되었거나 결정되지 않은 자들은 모두 용서하여 그 죄를 없애는도다. 그리고 감히 유지宥旨[169]로써 이전 일을 서로 고告하여 말하는 자는 그 죄로써 벌하고, 현재 관직에 있는 자는 칭호에 한 등급의 품계나 가자加資를 올려주며, 자궁자資窮者[170]는 대신 일자一資를 더하라.

아아! 조종祖宗의 신령神靈이 묵계(嘿啓: 조용히 인도함)하신 바에 욕례縟禮를 이루었고, 온 나라 곳곳 신민臣民이 함께 기뻐하는 바에 환호(渙號 : 빛나는 시호諡號)를 선포하노라. 무릇 너그럽게 용서하는 것이 구전(舊典: 옛 전례典禮)에 그 사례가 있는데 먼 곳에서 모두 신휴(新休: 새로운 경사)를 널리 알지 못하는 까닭에 이에 교시敎示하니 마땅히 자세히 알기를 바라노라.

註164) 노역을 시키던 형벌
註165) 먼 곳으로 내쫓는 형벌
註166) 일정한 곳에만 있게 하는 형벌의 하나
註167) 귀양을 간 죄인을 가두어 두는 형벌
註168) 관원이 죄를 범할 때 군역에 복무시키던 형벌
註169) 임금이 죄인을 특별히 용서하여 주던 명령
註170) 품계를 뜻하는 '자資'와 끝을 뜻하는 '궁窮'을 합친 용어로 자급資級이 다한 자, 즉 당하관堂下官의 높은 품계에 있는 자를 말한다. 여기서 한 자급을 올리면 당상관堂上官이 되는 것이다.

25) 온릉정자각 상량문溫陵丁字閣 上梁文[171)]

5월 초9일 진시 행예문제학五月 初九日 辰時 行藝文提學

신 박사수제臣 朴師洙製[172)]

(오랜 세월 동안 폐비가 되어 사가에서 지내시게 되었고, 승하하신 뒤에도 추복이 되지 않았던 그) 억울한 원한寃恨을 풀어 욕의縟儀를 거행하니 천리天理를 증험할 수가 있고. 구원舊園[173)]에 나아가 새 침전寢殿[174)]을 세우니 비로소 월유月遊[175)]를 갖추었도다. 화구(華構: 화려한 장식)가 높이 솟아있고, 현봉(玄封: 능묘)이 더욱 아름답도다. 삼가 생각하건데 단경왕후는 실로 우리 중종의 원비元妃이시다.

중종께서 처음 잠저에 계실 때 배필이 되심에 이미 경운景運[176)]을 도우시어 비운(否運: 나쁜 운수)을 돌이키셨고, 존귀함이 신극(宸極: 제왕의 지위)의 배필配匹로서 진실로 음화(陰化: 음의 덕화德化, 왕비 덕화)를 도우시어 건덕(乾德: 임금의 덕, 즉 덕망 있는 왕)을 보필하셨다. 대저 어찌 사제私第[177)]에 물러나신 원한이 고검故劍[178)]

註171) 온릉의 제사를 모시는 건물, 즉 정자각을 지은 내력, 공역功役 일시 등을 적어둔 문서

註172) 1739년 5월 9일 예문관제학 박사수가 지음

註173) 천릉하기 이전의 능원陵園, 온릉 이전의 신비愼妃의 묘역

註174) 산릉山陵의 정자각丁字閣, 즉 침묘寢廟

註175) 달[月]이 노는 곳으로, 달은 왕비를 상징하므로 단경왕후 영혼이 그렇다는 것을 비유함.

註176) 크나 큰 운수運數, 즉 대운大運을 뜻한다.

註177) 일반 개인의 집, 즉 왕비에서 폐출된 뒤의 신분이 된 상황을 이름

을 구하는 날에 있었는가? 정신(廷臣: 조정朝廷 신하)이 그릇된 의논을 처음 드러내어 마침내는 비록 휘적翬翟[179]의 존귀함에 흠을 내었으나 성인聖人이 인륜에 돈독하시어 처음에는 조강지처의 귀중함을 소홀히 여기지 않으셨도다.

후원後苑[180]에서 견여肩輿[181]를 타시고 내쫓김을 당하신 사실에 금지(金枝: 왕비)의 처사(悽詞: 슬픈 말씀)를 더디게 전하였고, 서산西山[182]에 추롱楸壟[183]함에 옥란(玉欄: 옥 난간欄干, 즉 궁궐 난간)의 봄 구경과는 멀리 떨어져 살아오신 그 세월이 아득히 이백년이나 이미 지났으나 오히려 천만인이 함께 슬퍼하였도다.

전현前賢[184]이 복위를 청하는 상소를 올렸으나 애석하게도 그 당시에 실행됨을 보지 못했고, 영왕(寧王: 사망한 부왕父王, 즉 숙종)께서 욕의縟儀를 거행치 못하신 한恨을 남기셨으니 이 또한 후승(後承: 대를 이어 그 일을 계승함)을 기다림이 있는 듯하다. 이제 광전(曠典: 크게 치러지는 예의禮儀)이 머지않아 베풀게 되었으니, 도리어 과인의 마음을 하늘에서 인도하심이었도다.

현책顯冊[185]은 아름다움을 드날려 청묘(淸廟: 종묘)에 오르고, 수

註178) 처음 혼인을 맺은 아내, 즉 중종 잠저 때 부婦
註179) 왕비가 입는 찬란한 옷, 즉 왕비의 지위
註180) 창덕궁 뒤쪽에 자리 잡은 정원, 즉 왕비가 주로 거처하던 곳
註181) 두 사람이 메는 가마의 하나
註182) 세력이나 권력이 떨어짐을 비유한 말
註183) 조상의 산소에 성묘함
註184) 신비복위상소를 올렸던 박상朴祥과 김정金淨 등을 말한다.
註185) 훌륭한 시책諡冊과 옥책玉冊을 의미한다.

원壽原[186])은 새로 개척하여 침궁寢宮[187])을 올리었다. 구급九級[188])이 엄존儼尊하니 계정(階庭: 층계 앞에 있는 뜰)의 무몰(蕪沒: 잡초가 무성하여 가려짐)을 반복하지 않을 것이요. 온갖 담장이 다투어 세워지니[넓은 구역區域]비로소 윤환(輪奐: 건물이 크고 아름다움)의 빛나고 새로움을 보게 되었도다.

일찍이 근심스런 눈썹에 슬픈 얼굴을 띠었음이 이제는 모두 상서로운 문채文彩요 위에서 내리는 비, 옆에서 부는 바람을 겨우 가렸던 상황이 이에 갑자기 휘비翬飛[189])라, 백령(百靈: 모든 정령精靈)이 칭찬하고 기뻐하니 음상陰相[190])이 있는듯하고, 중서(衆庶: 뭇 사람들)가 다투어 권하니, 다만 교수巧倕[191]) 뿐만이 아니니로다. 어린 초동草童들이 올라와 노래하던 곳이 비연(賁然: 빛나는 모양)히 옥의(玉衣: 왕비의 옷)를 보관하는 처소가 되었다.

선정(宣靖: 성종과 중종의 능묘)의 소나무와 잣나무가 비록 초야草野에서 멀리 떨어져 있으나 희효(禧孝: 장경왕후와 인종의 능호)의 부구(阜丘: 언덕, 즉 능묘)가 오히려 연운(煙雲: 안개)이 서로 접해 있는 것을 기뻐하도다. 이는 참으로 신리神理에 합당하였음이여 상량上樑[192])을 올리는데 훌륭한 송가頌歌[193])를 부르리라.

註186) 오래도록 관리를 하지 않고 버려둔 묘소
註187) 신주神主를 모신 침전寢殿 또는 침묘寢廟
註188) 중국 진晋나라 때 신분에 따라 9급으로 나누어 장사를 지내던 일
註189) 궁전의 아름답고 훌륭한 모양
註190) 몰래 간접적으로 도움을 줌
註191) 중국 황제黃帝 때의 교인巧人
註192) 상량이란 목조 건축물의 가구架構에서 최상부의 부재部材인 종도리

아랑위兒郎偉![194] 들보를 동쪽에 걸치나니

지난 밤 새로이 비궁閟宮[195]에 제사 하였도다.

머리 숙여 벽산(碧山, 푸른 산)을 바라보니

주전(朱殿: 능묘 이름)이 우뚝하고,

욕의縟儀를 어디에서든지 지극히 존숭하였도다.

어영차! 들보를 서쪽에 걸치나니

동풍東風에 영우靈雨[196] 가 구름아래 머무는 구나.

또한 알겠노라 황홀히 신령이 노니는 곳에

화북華北[197]과 한남漢南[198]의 길이 어둡지 않도다.

어영차! 들보를 남쪽에 걸치나니

화악華岳[199]과 청천(青天: 맑게 갠 푸른 하늘)의 기세가 우뚝하구나.

를 올려놓는 건축절차이다. 종도리는 마룻도리·마룻대라고도 하는데, 서까래를 걸기 이전에 마지막으로 올리는 것이어서 특별한 의미를 부여하게 된다. 즉, 집의 골격이 완성되는 단계이기 때문에 가장 어려운 일을 마쳤다는 뜻에서 의식을 갖는 것이 상례로 되어 있는데, 상량식이 그것이며 목수들이 가장 대접받는 날이기도 하다.

註193) 신에게 바치는 노래

註194) 상량가上樑歌를 부를 때 처음 뽑는 소리, 즉 어영차!

註195) 신神을 제사하던 깊숙한 궁, 즉 신묘神廟

註196) 제때에 맞추어 오는 비, 즉 호우好雨

註197) 풍수의 원류인 황하 이북, 즉 그 지명

註198) 풍수에서 한남은 한강과 남산을 뜻하며, 한강 흐름과 남산이 병풍처럼 둘러싸인 형상을 뜻한다.

註199) 경기 최고봉 화악華岳은 경기 오악, 즉 관악·운악·감악·화악·송악 중에서도 제일로 꼽힘

아래에는 송삼(松杉: 소나무와 삼나무)이 벌려있어 원침園寢[200]을 보호하고, 곁에는 수석水石이 있으니 곧 맑은 연못이로다.

어영차! 들보를 북쪽에 걸치나니

조역兆域[201]의 산천이 이제 빛을 바꿨구나.

한번 비가 내려 원한寃恨을 씻으니 간학(澗壑: 산골물이 흐르는 골짜기)이 맑고, 다시는 여한(餘恨: 남아 있는 한)이 천도泉塗[202]에 쌓임이 없겠구나.

어영차! 들보를 위에 걸치나니

청오靑烏[203]가 옛적에 선릉(先陵: 천릉遷陵하기 이전 능)의 곁에 자리하였도다. 정령精靈[204]이 스스로 응하여 서로 둥그렇게 의지하였고, 강인한 말[馬]이 석양에 호위하여 엎드려 있도다.

어영차! 들보를 아래에 걸치나니

십리十里 원당元堂[205]이 한 벌판에 이어졌구나.

註200) 무덤이 있는 언덕의 잠자리, 즉 능묘로 온릉을 지칭

註201) 묘 또는 능묘가 있는 지역, 즉 영역塋域

註202) 사람 죽음의 길, 즉 황천黃泉

註203) 청오는 일반적으로 전설상의 풍수가인 청오자靑烏子를 가리킨다. 여기서는 청오가 길지吉地를 찾아낸 곳이라는 뜻으로 이해된다.

註204) 만물에 깃들어 있는 신령스런 기운

註205) 임금과 왕비의 묘소 그 주변에 설치되어 그들의 명복을 비는 시설을 의미한다.

순효(純孝: 지극한 효심)하신 성인聖人이 이곳에 잠드셨으니
어렴풋이 풍마風馬[206]가 와서 서로 축하를 하는 도다.

엎드려 원하옵건데,
상량上梁한 뒤에 선침(仙寢: 임금의 묘, 즉 능陵)이 오래토록 견고하고,
명응(冥應: 신명神明이 감응함)이 크게 밝아 네 계절의 절기에 향화(香火: 향을 피움, 즉 제례의식)가 천년이 지나도록 그치지 않고,
백세百世의 자손이 천억千億에 이르도록 길이 번창하게 하소서.

신(臣: 신후담)이 삼가 살펴보았는데, 책문册文과 축문祝文 및 반교문頒敎文[207] · 상량문上梁文 등이 모두 전례典禮를 마치는데 관련이 있으니, 기록이 없어서는 아니 될 것이다. 더욱이 성후(聖后: 성스런 왕후)의 유덕(遺德: 살아생전 덕성)과 성상(聖上:임금, 즉 영조)께서 이 일을 소중히 여기신 정성을, 이로 인하여 그 대략을 볼 수 있으니 마땅히 후세에 드러나 보여주게 될 일이다.

고신(故臣: 옛 신하)이 삼가 수집 기록한 사실을 신(臣: 신후담)이 이를 가지고 가만히 생각해 보건데, 성상聖上의 효성스런 생각이 하늘에서 나와 이와 같은 성전(盛典: 성대한 의례나 의식)을 거행하였으니, 이는 드물게 있는 일로써 (일찍이) 확실한 전례典禮가 없었다. 이에 유사(有司: 어떤 일을 주관하는 직책)를 맡은 신

註206) 구애求愛를 하는 말, 즉 중종

註207) 국가에 경사가 있을 때 널리 펴던 교서敎書

하가 상고하고 증거할 마땅한 사실이 없어서 절차가 세목(細目: 자세한 목록) 사이에 혹 빠뜨림이 없지는 않았다.

산릉(山陵: 왕과 왕비의 능) 가운데 지문誌文[208]을 퇴광(退壙: 이미 헐어낸 묘혈墓穴)에 넣는 예가 있는데도 이제 유독 이를 빠뜨렸으니, 생각하건데 세월이 오래된 수도隧道[209]를 경솔히 열 수는 없음이다. 이는 비록 신중한 뜻에서 나왔으나 선릉先陵을 존중하는 도리와 왕비릉의 수도隧道에 예의를 갖추는 의리에 있어서 마침내 흠이 되는 것을 면치는 못하였다.

논의하는 자가 혹 이르기를 "이번의 봉릉封陵이 한 결 같이 장릉(莊陵: 단종 능)과 사릉(思陵: 단종비 정순왕후 능)의 구례(舊禮: 옛 날에 행했던 예제나 의식)에 따랐으니 두 능에 이미 지문誌文[210]을 매안埋安한 사실이 없었던 터라 이제 와서 창행(刱行: 처음으로 시행함)할 수는 없다."고 하지만 두 능에서 행하지 못한 것도 반드시 궐전闕典[211]이 아니라고 못할 것이므로 지금에 와서 두 능의 사례에 의거하여 그 예제로 삼는 것이 신(臣: 신후담)은 옳은지를 모르겠다.

신(臣: 신후담)의 뜻으로는 능 곁의 가까운 곳에 별도로 한 소광(小壙: 작은 구덩이나 구멍)을 뚫어 지문誌文을 넣는다면 이미 수도隧道를 여는 미안한 점이 없고, 또 결례를 범할 한스러움도 없어 거의 성상聖上께서 선조先祖를 받드는 지극한 뜻에 부응할 것

註208) 죽은 사람의 죽은 날과 행적과 무덤의 방향을 적은 글
註209) 관곽을 묻기 위하여 묘혈墓穴로 통한 길
註210) 사망한 자의 전기를 적은 산문형식의 글
註211) 규정 또는 문서에 빠진 점이 있는 문전文典

이니, 일은 비록 이미 지나갔지만 그대로 두어서는 불가하다. 신(臣: 신후담)은 장릉莊陵·사릉思陵과 함께 행하는 것이 마땅하다고 하겠으나 어리석고 미천한 견해를 위[朝庭]에 알릴 길이 없어서 구태여 여기에 기록하는 것이다.

2. 「차의제문劄議諸文」[1]

1) 기미 3월 14일 대신차자己未 三月 十四日 大臣劄子[2]

봉조하奉朝賀[3] 이태좌李台佐가 차자劄子[4]를 올려 아뢰기를 "신臣이 지난 일을 엎드려 생각하건대 하늘이 주상(主上: 임금, 즉 영조)의 마음을 인도하시어 욕의縟儀를 장차 거행하기에 이르러 주상께서 지금껏 밝혀지지 않은 일을 아뢰라 명하시어 선신先臣[5]의 일을 물으시고, 이어 비망록備忘錄[6]을 엎드려 살펴보니 말씀의 취지가 폐비廢妃를 가엾게 여기셔서 성고(聖考: 왕의 부친, 즉 숙종)의 유지遺旨를 계술繼述하시었습니다.

그리고 선신先臣의 유문(遺文: 생전에 남겨 놓은 글) 중에서 선정(先正: 선대 현인賢人, 즉 박상과 김정)의 상소를 (중종께서) 승정원에 머물러 두게 하신 하교下敎의 일단一段을 들추시고 무인년(戊寅年: 1698)에 처분處分하신 날에 능히 도달導達[7]하지 못했던 것을 애석하게 여기셨으니 봉독(奉讀: 삼가 받들어 읽음)함에 당當하여 때

註1) 신하들이 시정時政에 대한 의견이나 개인적 소회 등을 왕에게 진술할 때 사용하던 문서 중 하나인 차자劄子를 올린 모든 글

註2) 1739년 3월 14일 대신 이태좌가 올린 차자문劄子文

註3) 종2품 관리가 치사致仕한 뒤에 임명되는 벼슬, 의식儀式에만 출사出仕하며 평생토록 봉록俸祿을 받음

註4) 신하가 임금에게 아뢰는 문서의 한 형식

註5) 이태좌가 왕에게 자신의 선친先親을 이르던 겸칭으로, 자신의 부친 이세필李世弼을 가리킴

註6) 잊어버리지 않기 위하여 기록하는 책

註7) 윗사람이 모르는 사정을 아랫사람이 윗사람에게 알려주는 일

가 밤 이고(二鼓: 밤 9시~11시)인지라 북쪽을 바라보고 백번이나 머리를 숙이며 눈물을 죽죽 흘렸습니다.

아! 전하께서 내리신 오늘의 하교는 곧 이현二賢[8]이 이른바 '폐하의 이 마음은 천지의 귀신이 실로 이에 임하신 것'이니, 이남二南[9] 풍화風化[10]의 근원과 만년토록 길이 전하고자 하는 계교가 곧 여기에 바탕 한 것입니다. 선신이 평소에 성조聖朝[11]의 궐전闕典에 대하여 개연(慨然: 뜻을 이루지 못함을 탄식함)히 염려하시고 마음 아파하신 것이 장차 당저(當宁: 지금의 임금)에서 표신表伸[12]되어 성명(聖明: 왕의 밝은 지혜)을 만나게 되었으니 선신이 구지九地[13]에서도 반드시 감읍(感泣: 감동하여 목이 멤)할 것입니다.

불초(不肖: 윗사람에게 자신을 낮춘 겸어)한 신(臣: 이태좌)의 입장에 있어서 마땅히 무슨 마음을 가져야 하겠습니까? 비록 그러하오나 선신先臣의 유문遺文을 이미 능히 을람乙覽[14]하지 못하셨으니 사륜(絲綸: 임금의 말씀)을 일으키신 바가 혹여 확실하지 못한 소식을 구달(口達: 구두口頭로 전함)함에 말미암은 듯합니다.

이번에 널리 신하의 의견을 물으시는 날을 맞아서 감히 건행

註8) 박상과 김정을 가리킨 것으로 해석된다.

註9) 주나라 문왕·무왕·주공 등 성군의 덕화가 이루어진 태평성대의 노래를 모은 『시경詩經』의 편명인 「주남周南」과 「소남召南」

註10) 『시경』 편명인 「주남」·「소남」에 담긴 교화敎化

註11) 어진 임금이 다스리는 조정, 즉 선대先代 왕조王朝를 지칭한다.

註12) 본인 뜻을 명확히 표시하여 펼침

註13) 죽음을 의미하는 황천黃泉, 즉 저승

註14) 임금의 독서, 즉 을야지람乙夜之覽의 약칭

(巾衍: 두건頭巾 상자에 보관하고 있던 물건)의 사물私物로 스스로 임광紝纊[15]의 아래에 묵혀두지 못해 삼가 선신先臣의 문집 중에 「왕조례王朝禮」 일조一條를 별도로 책자冊子에 베끼어 차자箚子로써 올리오니, 만약 조금이라도 선대의 뛰어난 신하가 입언立言[16]한 본의本意를 굽어 살펴주신다면, 은연중 성심(聖心: 왕의 마음, 즉 영조의 뜻)에 유익함이 있으리라 여겨집니다."라고 하였다.

그가 올린 그 부친 고故 유신儒臣 이세필(李世弼: 1642~1718)의 문고文稿[17] 중에 어떤 이에게 답한 별지別紙에 이르기를

"신씨愼氏의 일에 관하여 많은 사람의 의견이 『예경禮經』에는 출모(出母: 내쫓긴 어머니)에게 엄격히 하라는 의미를 인용하여 그 복위復位의 부당함을 증거 하니, 단지 많은 사람의 뜻이 이와 같을 뿐만이 아니라 근래 진신搢紳[18] 사우士友사이에도 이 논의를 주장하는 자가 많았습니다. 그러나 여기에도 정밀精密[19]한 의리가 있으니 획일적으로 논의해서는 안 된다고 봅니다.

『의례儀禮』의 출모出母에 대한 조항을 살펴 보건데 '칠거지과七去之科[20]를 열거하면서 어머니가 칠거지악七去之惡을 한 것을 말

註15) 명주 비단이나 고운 솜, 즉 아주 귀한 보자기나 천 같은 것

註16) 말[言]을 세우는 것, 즉 '참된 말이나 참된 글로써 오래도록 세상에 좋은 영향을 끼치는 것을 의미한다.

註17) 그의 저술로는 『동호예설桐湖禮說』·『악원고사樂院故事』 등이 있고, 문집으로 『구천유고龜川遺稿』가 있는데, 여기서는 『구천유고』를 이름한다고 이해된다.

註18) '홀을 큰 띠에 꽂는다'는 뜻으로, 즉 모든 벼슬아치의 통칭.

註19) 면밀주도하게 촘촘하다.

註20) 아내를 내쫓는 이유의 일곱 가지 조목

한다고 하니, 그렇다면 『예경』에 이른 바 출모出母라고 한 것은 모두 일반적인 죄를 주장하여 말한 것이지 특별히 행해진 죄를 범한 유무를 논한 것은 없습니다. 이미 아버지에게 내쫓김을 당하였다면 동등하게 출모가 되는데도, 『예경』에 말한 것은 모두 죄 지음을 주장한 것입니다.

하지만, 죄를 지은 사실이 없는데도 내쫓김을 당하는 것은 곧 예禮가 잘못된 것입니다. 『예경』에서 예의가 잘못된 사례를 가지고 어찌 논함이 있었겠습니까? 그렇다면 『예경』에서 논하고 있는 '출모' 사실은 그 죄가 있어서 내쫓김을 당한 것이지만, 신씨가 폐비로 내쫓김을 당한 것은 죄도 없이 거행된 것입니다.

더욱이 중종대왕의 본심이 아니었다는 사실로 (헤아려) 본다면 더 말할 나위조차 없는 것입니다. 이는 『예경』의 출모와는 사정이 같지 않으니 복위하자는 단서가 대개 여기에서 나왔습니다. 그 어머니가 칠거지악을 범하여 그 아버지가 의리에 따라 폐출한즉, 그 자손이 되는 자가 감히 추정追正[21]하지 못하는 것은 사리의 당연한 것이지만, 신씨의 일에 대해서는 이와는 다른 점이 있습니다.

중종께서 반정反正하신 뒤에 박원종 등 여러 훈신勳臣들이 자기들의 화복(禍福: 재앙과 복)을 미리 염려하여 감히 폐출이라는 간사한 꾀를 내었습니다. 이에 인심이 위태롭고 종사宗社[22]에 관

註21) 잘못된 것을 추후에 올바르게 고쳐 바로잡음

註22) 종묘와 사직社稷, 국가를 의미한다.

련이 있다 하여 천청(天聽: 임금이 듣는 것)을 속이고 갖은 말로 협청(脅聽: 협박으로 청을 강요함)하여 조정의 하례를 받은 국모로 하여금 마침내 폐출되도록 하였으니, 나라 사람들의 비통하고 분개함이 이제 200년이 되었는데도 마치 하루를 지낸 듯합니다.

(중종 임금께서 신비를 폐출시켜야 한다는 훈신들의 강한 요청에) '조강지처를 어찌 그럴 수 있으리오?'라고 하신 하교를 보건데 그 민망하고 간절하신 뜻이 비답批答가운데 넘쳐흐릅니다. (이와 같이 볼 때) 차마 폐출하지 않으시려던 성심(聖心: 중종의 마음)이 여기서 밝게 드러났던 바이나, 다만 권간權奸[23]의 공갈과 협박이 시종(始終: 처음부터 끝까지) 그치지 않았던 까닭에 그와 같은 처분이 있었을 뿐입니다. 중종께서 신비를 내어 보내실 당시의 정경(情境: 처지와 상황)을 생각컨대, 곧 사람으로 하여금 심골(心骨: 마음과 뼈속)이 모두 아프도록 합니다.

예 부터 후비(后妃: 왕후)의 내쫓김이 어찌 적겠습니까마는 군부君父를 협박하고 국모를 내쫓은 것은 이전 시대의 역사에서는 그와 같음을 보지 못했고, 오직 한漢나라 때 한 가지 사례가 자못 이와 비슷하니, (단지 협청(脅請: 위협적으로 강청强請함)한 사실만을 가지고 말함) 이는 참으로 천하 국가가 있은 이래로 들어 보지도 못했던 크나 큰 변고變故였습니다.

이런 점에서 보건데, (중종대왕의) 잠저潛邸 때의 정비正妃를 차마 폐출하지 않으려 하신 점은 중종대왕의 본심에 담긴 권련(眷

註23) 권력이 막강한 신하의 간교한 꾀

戀: 몹시 생각하고 그리워함)하신 지극한 정이요. 권간權奸에게 핍박당하여 배필配匹됨을 보전하지 못한 것은 중종대왕 처사상處事上에 견제牽制되신 허물이니 왕과 후신後臣[24])으로서 마땅히 그 권련眷戀하신 본심本心을 본받겠습니까? 아니면 그 견제되신 허물을 본받겠습니까?

신(臣: 이세필)의 천견(淺見: 부족한 얕은 견해)으로는 『예경』에 이른바 '사람의 자식이 된 자가 출모出母에게 엄격히 하라.'는 의리는 비록 몸소 '칠거지악'을 범하여 그 아버지에게 죄지은 출모에게 행할 수는 있으나 간흉(奸凶: 간악하고 음흉한 사람)에게 협박당하여 옥도玉度[25])에 흠이 없는 국모國母에게 행할 수는 없다고 여겨집니다.

이제 만약 말하기를 '낭시 사실의 여하를 논하지 말고 이미 선왕(先王: 선대 왕, 즉 중종)의 폐비이니 반드시 출모에게 엄격히 하는 의리로써 다스린 연후에야 비로소 『예경』의 뜻에 합당할 수 있다.'고 한다면, 이는 교주고슬膠柱鼓瑟[26])에 가깝지 않겠습니까?

이제 논의하는 자가 또 '중종대왕께서 박상과 김정 양현兩賢의 정론正論에 대하여 단지 윤허하지 않았음에 그치지 않고 뒤따라 사론(邪論: 사악한 논리)으로 그들을 죄주었으니, 당초 폐출

註24) 남아 있는 신하, 즉 후대의 신하

註25) 왕이나 왕비의 체도體度, 즉 기거나 몸가짐

註26) 비파나 거문고의 기둥을 아교로 고착시키면 한 가지 소리밖에 나지 않음과 같이 변통성이 없음을 지칭한 것이다.

한 것이 비록 중종의 본심은 아니나 양현兩賢을 죄로 다스림에 이르러 권고(眷顧: 정을 간직하고 살펴 봄)하는 의사가 전혀 없었으니 중종의 마음이 당초와 변함이 있음을 여기서 볼 수가 있습니다.

그런데 후왕(後王: 후대 왕)이 어찌 감히 임의로 추정(追正: 신비를 추복하여 왕후로 바르게 함)하여 중묘(中廟: 중종의 신위)에 합사合祀[27] 할 수 있겠습니까?'라고 하니, (숙종께서) '그 말이 근거가 있는 듯하고 그 의리가 출모에게 엄격히 함에 가까운듯하나 (중종께서) '이는 대사大事인데 어찌 소신(小臣: 관직이 낮은 신하)의 말만 듣고 처리하겠는가?'라고 하셨던 하교下敎를 보건대는, 만약 대신大臣이 말했다면 마땅히 따르실 도리가 있었음을 알 수가 있습니다.

또한 '이 상소를 승정원에 머물러 두게 하라.'고 하신 하교를 보건데, 윤허하지 않은 가운데도 기대하시는 뜻이 있었음을 알 수가 있으므로 성심(聖心: 중종의 뜻)이 당초와 변함이 있음을 실로 감히 확실하게 알 수가 없는데다가 더욱이 권간權奸이 협청(脅請: 위협적으로 강청함)하는 때에 (그들 명분으로) 인심이 불안하고 종사宗社에 관련이 있다 함으로 폐출하자는 의안(議案: 신료들이 논의한 안건)을 삼았으니, 이때를 당하여 삼훈(三勳, 박원종, 류순정, 성희안)이 비록 이미 죽었다고는 하지만, (당시에도 여전히) 정청廷請[28]의 여러 신하가 준반(峻班: 높은 서열)에 많이 있는지라

註27) 둘 이상의 혼령을 한곳에 모아 제사 지내는 일

성심聖心이 사태의 변화에 머뭇거려 갑자기 외신外臣[29]의 청請을 따르지 못하신 부분은 또한 이상한 일이 아닐 것입니다.

이에 양사(兩司: 사헌부와 사간원)의 신하가 '원자元子[30]의 처지를 어렵게 만든다.'는 논의를 주장하여 양현兩賢을 사죄死罪로 몰아 조사하여 다스릴 것을 힘써 청한(細註: 대사간 이행李荇이 앞장서서 사설邪說로써 주창하면서 장경왕후가 이미 원자元子를 낳은 뒤 승하하였는데, 지금 만약 신씨愼氏를 복위시킨즉, 차서次序로 논한다면 신씨가 장경왕후 보다 먼저가 된다. 그렇게 되면 오히려 원자 탄생의 경사慶事에 있어서 나라 근본이 혹 흔들려 원자지위가 어렵게 된다고 운운하자, 여기에 쏠리어 양사兩司는 이 이론에 따랐다. 이에 양사는 양현兩賢의 상소를 사의邪議로 지목, 그들을 사죄로써 잡아들여 추궁할 것을 힘써 청하였다.) 연후에 양현兩賢을 죄로 다스리고 또한 비망록備忘錄을 두셨으니 이 어찌 중종께서 상소를 승정원에 머물러 두게 하신 초의初意[31]였겠습니까?

대저 군부君父를 협박하고 국모를 폐출하여 천하의 대의명분을 무너뜨린 일은 권간權奸이 일신一身의 안전을 도모한 사계私計[32]에서 비롯되었고, 사특한 논의를 일으켜 복위하자는 정론正論을 저지한 것은 양사兩司에서 주장한 패리(悖理: 사리에 어긋남)에 말미

註28) 삼정승이 여러 관리들을 거느리고 조정에 참여하여 왕에게 중대한 일을 아뢰고 그 비답을 기다리는 제도

註29) 조정에 직접 참여하는 중앙 관리가 아닌 지방 관리

註30) 중종 계비 장경왕후가 낳은 왕자, 즉 뒤에 인종仁宗이 된다.

註31) 상소를 받았을 때 그 처음 뜻, 당시의 본심

註32) 사사로운 계산, 즉 개인적 계교

암았으니 이 일의 수말(首末: 처음부터 끝까지)이 모두 아래 신하들에게 관련된 것이지 참으로 중종의 본심은 아니었습니다.

그런데도 권간들은 천지가 뒤집혀도 용납하지 못할 죄를 짓고서도 태묘(太廟: 종묘)에 배향配享되어 벼슬이 옛날과 같습니다. 그러나 신씨愼氏는 중종 원비元妃의 존귀함으로써 아래 신하에게 폐척廢斥 당하시어 저승에서 원한을 품었으니, 이번 신규申奎의 신씨愼氏를 복위하고 권간을 논죄論罪한 상소가 200년의 원통하고 억울한 기운을 거의 풀 수 있었으나 조정의 의논이 한결같지가 않아 또 다시 폐각(廢却: 폐하여 물리침) 당하니 이 어찌 국가의 체모와 사리에 합당하겠습니까?

비록 역대에 이미 행한 전범(典範: 모범이 되는 전례典禮)으로 말하더라도 한漢의 위황후衛皇后[33]가 무제武帝에게 폐출당하고, 선제宣帝가 즉위하여 황후를 추복追復하였습니다. 그리고 진晋의 왕황후王皇后[34]는 간문제簡文帝에게 폐출당하고((細註: 간문제가 즉, 사

註33) 전한 무제의 두 번째 황후이다. 한미한 가문 출신이었던 위자부는 무제의 눈에 띄어 후궁이 되었다. 그러나 그가 한무제의 총애를 받게 되자 한무제 정비 진아교陳阿嬌는 무척 질투했다. 진아교의 질투로 고생하던 그는 한무제가 마음에 차지 않는 후궁과 궁녀들을 출궁시킬 때 자신도 출궁시켜 달라고 간청하였으나 한무제는 그를 더욱 가련히 여겼다. 그 뒤 진아교와 그의 친모 관도공주가 위자부의 형제 위청을 죽이려다 발각되자 무제는 진아교를 폐출시키고 위자부를 황후에 앉혔다.

註34) 중국 동진의 추존황후로 동진의 제8대 황제인 간문제 사마욱의 황후이다. 시호는 간문순황후簡文順皇后이며 휘는 간희(簡姬, 또는 蘭姬)이다. 아버지는 왕하王遐이다. 왕간희는 태원군 진양현 출신으로 왕하의 딸로 태어났다. 사마욱이 회계왕일 당시, 그는 사마

마욱이 회계왕일 당시, 그는 회계왕비가 되어 사마도생을 낳아 사마도생이 세자가 되었다. 그러나 사마도생과 회계왕비 모자는 간문제의 신임을 잃어 유폐된 뒤 우울하게 세상을 떠났다), 효무제孝武帝가 즉위하여 위호位號를 추존推尊하였습니다.

당나라의 왕황후王皇后는 현종玄宗에게 폐출당하고(細註: 황후는 오랫동안 자식이 없자 벼락을 맞은 나무에 천지天地와 황제의 휘諱 자를 써서 패용佩用하다 발각되어 서인으로 강등되었다. 얼마 뒤 그가 사망하자 궁인이 그를 사모하였고 황제도 지난 처사를 후회하였다), 대종代宗이 즉위하여 왕황후의 호號를 추복하였고, 명나라의 호황호胡皇后는 선종宣宗에게 폐출당하고(細註: 호황후는 자식이 없어 황후자리에서 물러나자 선종은 그에게 정자선사靜慈先師의 호號를 내려 별궁에서 지내도록 하였으나 선종은 말년에 자신이 내린 처사에 대해 대난히 후회하였나), 영종英宗이 즉위하여 또한 후왕황의 호를 추복하였습니다.

대체로 한나라·진나라·당나라 세 황후가 추존되게 된 것이 어디에 근거하였는지 모르겠지만, 호황후에 대해 비록 선종宣宗

욱과 결혼하여 회계왕비가 되었고, 사마도생과 사마유생을 낳았다. 사마유생은 요절하여 사마도생이 회계왕세자가 되었다. 그러나 사마도생은 성격이 조급하고 학문을 게을리 하고 예의도 잃었다. 사마욱은 결국 사마도생에게 실망하여 사마도생과 왕간희를 같이 유폐시켰다. 왕간희는 유폐된 뒤 결국 시름시름 앓다가 세상을 떠났는데, 그 시기는 불명하다. 황제였던 사마욱이 세상을 떠나고 사마도생 이복동생 사마요가 황제로 즉위하니, 그가 동진 제9대 황제인 효무제이다. 효무제는 즉위 후 사마도생을 회계사세자會稽思世子로 추시하였고, 사마도생 생모 왕간희를 간문순황후簡文順皇后로 추봉하였으며, 왕간희는 사마욱 사후 고평릉에 합장되었다.

이 말년에 후회하는 마음이 있었다고는 하나 그 당시에 처분을 하지 못했으니, (역사적 사실에 비춰보아서 결국에는 호황후를 추복하지 못한 한을 남겼으니 이) 또한 선제는 황후를 폐하게 된 것에 지나지 않았던 것입니다.

그러나 영종(英宗: 영조)이 반드시 복위시키고야 만 것은 어찌 왕후의 연좌連坐[35]되는 것이 '애당초 폐척 당할 만한 죄'[36]가 아니며, 선제先帝의 본심本心을 또한 본받지 않고는 안 되는 연고가 아니었겠습니까? 더욱이 명나라의 고사故事는 이 우리 조정의 시왕時王의 제도가 됩니다. 다만, 명나라에서 이미 거행한 전례典例를 따라 중종의 본심을 앙체(仰體: 우러러 존중함)하여 신씨愼氏의 지극한 원한을 추신追伸[37]한다면 어찌 변례變禮[38]에 대처하는 도리에 해로우며 또한 어찌 출모出母에게 엄격히 하라[39]는 의리에 거슬리겠습니까?

대체로 죄가 있는 출모는 굳이 다시 논하지 않거니와 죄가

註35) 범죄인의 죄를 가족이나 친족, 이웃 등에게도 함께 묻는 제도. 여기서는 신비 부친 신수근이 중종반정을 반대하다가 죽임을 당했는데, 신수근과 신비愼妃를 각각 부녀관계로 연좌시킨다는 뜻이다.

註36) 부친 신수근은 중종반정을 반대하였다고 하더라도 그의 딸인 신비愼妃는 부친의 뜻과는 아무런 관련성도 없다는 견해이다.

註37) 편지 등에 마지막에 덧붙이는 문장으로 본문에 미처 적지 못한 글을 나중에 추가할 때 사용한다. 여기서는 중종에게 궁궐에서 신비愼妃를 폐출할 것을 강청하는 반정훈신들에게 차마 '조강지처를 그렇게 할 수 없다'는 중종의 뒷말을 뜻한다.

註38) 시대와 사회의 변화에 따라 의례의 형식과 절차가 변화하는 것

註39) 『예경禮經』에 '사람의 자식이 된 자가 출모出母에게 엄격히 하라' 라는 기록을 말한다

없는 출모의 경우에는 이미 내쫓겼으나 혹 아버지에게 후회하는 뜻이 있거나 그 내쫓김이 혹 아버지의 본심이 아니라면 선지(先志: 선대의 본심)를 이어 추정(追正: 미루어 바로 잡음)하는 것이 또한 인정과 천리天理 상 끝내는데서 그쳐서는 안 될 것입니다.

그러니 어찌 다만 출모에게 엄격히 하는 의리만으로 스스로 정당함을 얻었다고 여기고, 인자(人子: 사람의 자식, 즉 자식된 도리)로서 변례變禮에 대처하여 분수를 다하는 도리를 생각하지 않으십니까? 요즈음 하교下敎하여 이르시길 '당시 일은 중종의 본의가 아니다.'라고 하시고, 또 이르시길 '중종께서 이미 처분하였으니 이제 와서 다시 복위를 어찌할 수가 없다.'고 하십니다.

그러므로 만약 하교와 같으시다면 후왕後王이 본받는 점은 중종의 과거(過擧 : 잘못된 처신)요 본받지 않는 점은 중종의 본심이니, 이 어찌 효자 자손慈孫으로서 조선祖先의 뜻을 잘 계승하고 그 허물을 보충하는 의리이겠습니까? 여기에서 다시 한 번 고려하심이 어떠실런지요. 지난번 말씀에 '이 일이 지극히 중대하니 소신小臣의 경론(輕論: 경솔한 논리)도 망솔(妄率 : 망녕되고 경솔함)하다.'고 하신 점은 옳지 않은듯합니다.

생각컨대 대체로 이 논의가 당초에 지위 높은 분에게서 나왔다면 그 사체事體에 있어 진실로 유감이 없었습니다. 그러나 단종과 신씨가 폐척한 것이 이제 200년 가까이 오래되었는데도, 혹 그 의로움을 숨기고 드러내지 않은 일에 대해 불만스럽게 생각하고 혹여 그 일의 중대함을 염려하여 논의를 일으켜 그 일을 바르게 하는 자는 한 사람도 없었습니다.

그러하니 천지 사이에 사무치는 원한을 씻을 날이 없다면 비록 지위가 낮고 소원(疎遠: 드물고 관계나 거리가 먼 상태)한 무리일지라도 어찌 강개(慷慨: 비분강개의 준말)하고 규혼叫閽[40)]하는 거사(擧事: 문제를 드러내서 거론함)가 없겠습니까? 옛적 송나라의 맹황후孟皇后[41)]가 폐척을 당함에 포의布衣[42)] 하문정何文正이 글을 올려 복위를 청하였고[43)], 우리나라에서는 소릉(昭陵: 문종비 현덕왕후 능호)을 복위하지 못한 것에 추강秋江 남효온(南孝溫: 1454~1492)이 상소로써 복위를 청하였으니, 이 또한 지위가 낮고 망솔(妄率: 망령되고 경솔함)하다 하여 물리쳤습니까? 만약 말할만한 일이라면 말하는 것이 정당하니 지위 고하를 가지고 심각하게 분별할 필요는 없습니다.

더욱이 이 양사兩事[44)]가 곧 군신과 부부 사이의 막대한 변례變禮이니 구주舊主[45)]의 원한을 풀고 선왕의 허물을 보완하는 것이

註40) 직접 임금에게 억울함을 호소함

註41) 북송 황제 철종의 첫 번째 황후이다. 원우황후元祐皇后 맹씨孟氏 또는 맹황후라고 한다. 한 인간으로서도 한 국가 국모로서도 한 번 겪기도 힘든 황후폐위를 두 번이나 겪고 두 번 다시 복귀한 독특한 이력을 가진 인물이다. 당시 북송수도 개봉에 있었던 황실인물 중 '정강의 변' 때 금나라로 유일하게 압송되지 않았다. 그는 국가 최고 위기 속에서 송나라 구심점이 되었던 인물이기도 하다.

註42) 베옷, 즉 벼슬이 없는 선비를 일컫는다.

註43) 북송대의 재야 선비로서 잘 알려져 있지는 않으나 당시 재상 한충언韓忠彦・이청신李淸臣 등이 그의 상소에 적극 찬성하였다고 한다.

註44) 단종비와 단경왕후의 복위문제

註45) 왕비복위 이전의 신비愼妃의 신주

시급한 일이거늘 어찌 지위가 낮다고 하여 스스로 막아 말을 못하게 하겠습니까? 이제 이와 같은 사체事體를 가지고 관계됨이 중대하다하여 소원疎遠한 소신小臣으로 하여금 일체 감히 반복하여 말하지 못하도록 한다면 천지 사이의 정기正氣도 앞으로 소멸될 것으로 그 세도(世道: 세상 근본도리)에 해로움이 참으로 적지 않을 것이니 이 점을 살펴주셔야 합니다.

신규申奎의 사람됨을 비록 잘 알지는 못하지만 단지 상소문에 의거하여 말한다면 곧 하포의何布衣[46]·남추강南秋江과 같은 사람이니 일방적으로 그르다하는 것은 옳지가 않습니다(細註: 동평위 정재륜이 매양 단종이 장릉으로 추숭되기 이전 노릉魯陵으로써 신씨愼氏 복위를 할 수 없다고 사사로이 개탄하였다. 신규는 즉 그와 서로 친한 사이라 권면하여 상소를 올리게 하여 마침내 노릉으로 하여금 복위할 수 있도록 하니, 대체로 이 일은 정공, 즉 정재륜의 주장에서 이뤄진 것이다). 『통전通典』[47]의 추기追記[48]에 '어머니가 죄도 없이 내쫓겼다가

註46) 포의 하문정何文正

註47) 당나라 두우杜佑가 지은 유서類書. 중국 최초로 역대 제도와 문물을 기록한 정치서, 제도사를 담은 책이다. '통通'이란 역대를 통한다는 뜻이고, '전典'은 책을 의미한다. 총 200권. 사통 저자 유지기劉知幾의 아들 유질劉秩이 당나라 현종 시대 개원開元 말에 지은 『정전政典』(35권)이 미처 완비되지 못해 이를 보완하고자 지었다. 역대 정사正史의 지류志類를 비롯해서 기전紀傳, 잡사雜史, 경자經子, 당대의 법령, 개원례開元禮의 예제禮制 등 자료를 참조, 식화(食貨, 경제)·선거(選擧, 관리 등용)·직관職官·예禮·악樂·병형兵刑·주군州郡·변방邊防 등 8문八門으로 나누고, 각 문은 약간 세부목록으로 나누었다.

註48) 체재를 갖춘 항목 이외 추가로 붙인 부기附記

아버지가 죽은 뒤에 개장改葬[49]을 논의한 조항條項'이 있습니다.

그런데, 진晉의 왕담王澹과 왕침王沉[50]이 그의 숙부 정남장군征南將軍 왕창王昶[51]에게 보내는 글에 이르기를 '망모(亡母: 돌아가신 어머니)께서 부덕(婦德: 며느리로서 갖춰야 할 덕목)을 닦아 시어머님을 봉양한 지 20여 년이 되었는데도 불행히 오래도록 병석에 계시었고, 때마침 동군공東郡公(世註: 동군공은 왕침王沉의 부친이다)이 처음 관직에 이르렀는데, 이부인李夫人(細註: 왕침의 조모祖母이다)이 돌아가시니, 이 때에 망모께서 병고病苦가 심하여 능히 임종을 보지 못했습니다.

이에 동군공東郡公께서 먼 지역에 가 있어서 상약(嘗藥: 약을 맛봄, 즉 병간호)하지 못함을 스스로 애통히 여기시고, 며느리가 마땅히 몸소 병간호를 해야 되는데도 임종臨終하지 못했다하여 글을 보내어 책견(責遣: 책망하며 내쫓음)하시니, 돌아가신 어머니께서 병든 몸으로 대귀大歸[52]하시어(細註: 대귀는 여자가 이혼하고 친정으로 돌아가는 것을 말한다), 마침내 운명하기에 이르니, 동군공께서 후일에 깊이 한탄하셨습니다. 돌아가신 어머님께서 생전에 그릇된 행실이 없었으나 돌아가심에 내쫓겼다는 말을 듣게

註49) 매장한 시신이나 유골을 다른 분묘墳墓로 옮기는 일

註50) 왕담과 왕침은 왕기王機의 아들들이다. 숙부(叔父) 왕창에게 양육되어 아버지처럼 섬겼다. 계모가 미망인이 되자 효행과 절의로 이름을 날렸다. 왕침에게 왕창은 종숙從叔이 된다는 자료도 있다.

註51) 중국 위나라 정치가이자 장수이다. 진나라 장수로 오나라 정벌에 공을 세운 왕혼王渾의 아버지이다.

註52) 여자가 죄를 지어 이혼하고 친정으로 돌아감

되었습니다.

『춘추春秋』의 의리에 마음 씀을 추구하여 죄를 정한다고 하니, 원하건데 돌아가신 어머니의 영구靈柩[53]를 맞이하고 묘전墓田[54]에 개장改葬하여 위로 선고先姑[55]의 자애로운 은혜에 합당토록 하고, 다음 선군(先君: 돌아가신 아버지)의 지나간 회한(悔恨: 잘못을 뉘우치고 한탄함)을 풀며, 아래로 망령(亡靈: 죽은 영혼)이 짊어지지 아니할 치욕을 밝히고자 합니다.'라고 하였습니다.

이에 박사博士 설서薛諝가 논의하기를 '『춘추』에 그 마음 씀을 추구하여 죄를 정하고, 공자는 아비에게 간諫하는 아들이 있음을 칭찬했다.'고 하니, 그렇다면 죄를 논함에 마음 씀을 추구하지 않을 수가 없고, 자식이 된 도리로 불의不義를 간諫하지 않을 수가 없습니다. 보내주신 글에 이르길 '존친尊親[56]께서 불행히 병환으로 상사喪事를 처리하지 못하셨다.'고 하셨습니다.

그러므로 예禮에 '병환이 있는데 술과 고기를 먹는 것은 대개 생명이 위급하기 때문에 권도權道[57]를 씀이 정체(正禮: 올바른 예)이다.'라고 하였습니다. 대저 봉양을 후하게 하고 슬픔을 잊음은 예禮에 허락하는 바이거늘, 하물며 존친이 위독한 병에 걸렸는데도 칠거지악의 벌을 받을 수가 있겠습니까?

註53) 사망한 자를 넣은 널, 즉 죽음을 의미하는 말이다.
註54) 그 땅의 추수를 가지고 제사비용을 쓰는 밭.
註55) 돌아가신 시어머니, 즉 왕침 할머니
註56) 어버이를 공경하고 높임, 즉 어버이
註57) 그때그때 맞는 임기응변적 도리

만약 그 때 집안에서 간하는 아들이 있어서 본말本末을 밝게 증거자로서 숨김없이 간하였다면 어찌 자모(慈母: 자애로운 어머니, 즉 모친)로 하여금 죄도 없이 불의不義를 받게 하였겠습니까? 전례典禮와 원정原情[58]을 상고하여 선령先靈(細註: 선령은 동군군東郡君이다)에게 밝게 고하고, 조역(兆域: 묘가 있는 곳)에 옮겨 모시어 엄부(嚴父: 엄하신 아버지)로 하여금 이치에 어긋난 행업(行業: 일상생활)을 없도록 하고 자모慈母로 하여금 영구(永久: 영원)한 치욕을 씻도록 함이 옳지 않겠습니까?

왕침이 거듭 숙부 왕창에게 보내는 글에 설서辥諝의 논의를 기술하니, 그의 숙부가 답서答書로 허락하였습니다. 왕침이 선고(先考: 돌아가신 부친) 동군군을 제사하는 글에 이르기를 '효자 침은 감히 열고烈考[59] 동군군께 밝게 고하나이다. 망모곽씨(亡母郭氏: 돌아가신 어머니 곽씨)께서 부도(婦道: 아내로서의 도리)를 삼가 공경하고 효성스런 예절이 능히 선고(先姑: 돌아가신 시어머니)에게 화순(和順: 뜻에 화답하고 도리로써 잘 따름)하셨는데, 하늘이 분기(氛氣: 재앙의 전조)를 내리시어 선고先姑께서 병환을 얻어 10여 일을 지내시고, 곽씨도 지독한 병에 걸려 병간호를 못하였습니다.

이어 부인(夫人: 곽씨 시어머니)께서 불행히 돌아가시니. 열고烈考께서 갑자기 대변(大變: 큰 변고, 즉 죽음)을 만나 놀랍고 경황이

註58) 사인私人이 원통한 일, 억울한 일 또는 딱한 사정을 국왕 또는 관부에 호소하는 문서

註59) 돌아가신 아버지를 높이는 말

없는 가운데 자세히 살피지 못하시고, 곽씨가 공양供養을 잘못 하였다고 여겨 내쫓으시니, 곽씨께서 병든 몸으로 친정에 돌아가 그로 인하여 문득 돌아가셨으니 열고께서도 깊이 뉘우치고 한탄하셨습니다.

담澹과 침沉이 열고의 옛 마음을 우러러 생각하고 망모亡母의 평소 행실을 살펴보았으나 의논에 지나지 못하였고, 예법禮法에 상고하고 슬픔으로 날을 보냈을 뿐 시행하지 못했는데, 담澹이 불행히 일찍 죽은지라 침沉이 감히 담의 뜻을 계술하여 통유(通儒: 유학에 뛰어난 학자)에게 상의하고 방족邦族에게 자문咨問하니 모두 망비(亡妣: 돌아가신 어머니)를 적당한 시기에 개장改葬해야 된다고 하여 그렇게 결정하였습니다.

이에 정남군征南君(細註: 숙부인 왕창王昶을 말한다)의 명을 받아 '삼가 업鄴[60]에 이르러 곽씨의 영추(靈柩: 사체를 넣은 관, 즉 죽음)를 맞이하여 모월(某月: 어느 달) 모일(某日: 어느 날)에 모전墓田[61]을 마련하니 열고烈考의 옛 마음에 순종함이요 조모祖母의 자애로움을 온전히 함이라.'라고 하였으니, 이제 설서薛諝의 논의한 바를 살펴보면 비록 정주(程朱: 송나라 정자와 주자)의 정론定論은 아니나 족히 인용하여 참고할 만하니 전문全文을 기록하여 참고에 준비합니다.[62]

註60) 당시의 중국 지명地名의 하나

註61) 제사에 사용되는 비용을 충당하기 위한 토지

註62) 위의 전체 개략적 내용은

"『通典』 晉王澹王沈 與其叔昶書曰 慈妣存無過行 沒荷出名 春秋之義 原心

송나라 휘종徽宗 초기에 태후太后가 수렴청정垂簾聽政[63]하면서 원우후元祐后[64] 위호位號를 회복시키니, 그 불가함을 논하는 자가 있어 말하기를 '주상과 원우후와는 형수와 시동생 사이인데 시동생으로써 형수를 복위하는 예禮는 없다.'고 하니, 정자程子가 소백온邵伯溫[65]에게 이르기를 '원우후元祐后의 어짊은 진실하나 논의하는 자의 말도 이치가 없지 않다.'고 하였습니다.

(그러자) 백온伯溫이 이르기를 '아들로서 그의 아내를 매우 사랑할지라도 부모가 기뻐하지 않으면 내보내야 하고, 아들이 자신의 아내를 마땅치 않게 여길지라도 (그의) 부모가 (며느리에 대해서) 이 사람이 우리들을 잘 섬긴다고 하시거든 그 아들은 부부의 예로 (아내로 받아들여) 살아가야 된다.'고 하였습니다.

'태후太后[66]가 철종(哲宗: 북송 7대 황제)에게는 어머니요 원우후에게는 시어머니인데 어머니와 시어머니로서 (아들과 며느리에게 각각) 명하는 것이 어째서 불가합니까? 임금이 시숙으로써 형

定罪 乞迎亡母神柩 改葬墓田 王澹之祖母李夫人亡 是時澹母有疾 不能臨喪以此被出 澹父既卒 澹請其叔父 欲改葬其母 博士薛謂議曰 春秋原心定罪 宜昭告先靈 還安兆域 使嚴父無違理之擧 慈母雪沒代之恥 不亦可乎叔昶許之" (鏞案我朝愼妃復位事 與此相類, 『여유당전서與猶堂全書』, 第三集禮集, 其一 第十卷, 喪禮四箋 卷十, 喪期別 出母十五條.) 이 사실은 신비복위에 관한 일을 이 사건과 관련시킨 것이다

註63) 왕대비가 어린 임금을 대신하여 정사를 보던 제도

註64) 중국 철종의 연호가 원우, 즉 철종의 후비后妃

註65) 중국 송나라 휘종徽宗 때 문신·학자. 소옹邵雍의 아들이다. 정이程頤에게 수학하고 『역변혹易辨惑』·『견문록見聞錄』 등을 저술하였다.

註66) 북송 신종의 황태후, 즉 흠성황후欽成皇后

수를 복위하는 일이 아닙니다.'라고 하였는데, 정자程子가 기뻐하여 이르기를 '그대의 말이 사리에 맞는다.'라고 하였습니다.

살피건데 맹씨孟氏[67]가 폐척당한 것은 본래 철종의 자단(自斷: 자신 판단으로 결정함)에 말미암았고, 신씨愼氏가 폐척 당하신 것은 단지 권간權奸의 협청(脅請: 위협적 강청强請)에 따른 것이므로 두 사실의 곡절이 현격하게 다릅니다. 만약 정자程子로 하여금 금일今日의 논의에 당면하도록 하였다면 맹씨의 일을 가지고 결행하지 못하고 머뭇거릴 수가 있겠습니까? 아니면 달리 도리가 있어서 감정(勘定: 눈치를 살피고 결정함)하겠습니까?"

라고 하였다.

(細註: 문성공文成公 윤증尹拯이 말하기를 "조강지처糟糠之妻 운운하는 가르침은 참으로 성심聖心, 즉 중종의 뜻에서 드러난다. 그리고 박상과 김정 양현兩賢의 상소를 승정원에 머물러 두게 한 결정과 '이 문제는 바로 대사大事이니 어찌 소인小人의 말을 듣고 그대로 거행할 수가 있는가'라는 가르침은 후대에 아는 사람들이 많지 않다. 그러므로 지금은 성심聖心의 소재所在를 제기하여 명백히 하는 것이 대단히 유력有力하니, 매우 다행이다. 성심이 처음에 변화가 있었다는 것은 참으로 알 수가 없다. 그러니 역대

註67) 소자성헌황후昭慈聖獻皇后 맹씨 孟氏로 북송 철종哲宗의 첫 번 째 황후. 철종과 휘종 연간에 폐위와 복위를 반복하다가 최종적으로 폐위되었다. 폐후였기 때문에 정강의 변 때 금나라에 압송되는 것을 모면하고 강남으로 도피하였다. 유일한 황족 연장자로서 고종의 남송 건국의 정당성과 정통성을 대내외에 천명하는 역할을 하였다. 이후 남송의 황태후가 되었다.

폐후廢后에 관한 추복위호追復位號는 그 외에 논한 것이 없어서 여기에 미치지 못하는 것은 어쩌겠는가. 어찌 같지 않은 곡절曲折이 있겠는가.")

2) 동일대신수의同日大臣收議[68)]

영중추부사 이의현(李宜顯: 1669~1745)이 논의하기를 "신臣이 평소에 선현先賢 김정金淨 등의 상소를 흠앙(欽仰: 흠모하고 우러러봄)하여 만세(萬世: 오랜 동안)토록 바꿀 수 없는 정론正論이라 여겼는데, 후일後日의 추복追復에 대해서는 당시 일과 다른 점이 있는 듯한 까닭에 무인년(戊寅年: 1698) 헌의獻議[69)]하던 날 대략 신臣의 소견을 진술하였습니다. 그렇지만 이제 주상께서 뜻이 이미 정해져서 욕의縟儀[70)]를 장차 거행하실 것인즉 사체(事體: 그 사실이 가지고 있는 본질)가 그 당시와는 자별(自別: 처음부터 다르고 특별함)하니 어찌 감히 새삼스럽게 다른 의견을 용납하겠습니까?" 라고 하였다.

봉조하奉朝賀 이태좌(李台佐: 1660~1739)가 논의하기를 "겨우 한 차자箚子[71)]를 올려 공경하고 칭송하는 성의를 갖추어 진술하였습니다. 오직 원하옵건데 잠시라도 죽기 전에 욕의縟儀의 빠른 거행을 직접 보고자 하옵니다."라고 하였다.

註68) 1739년 3월 14일에 대신, 즉 국왕을 보필하던 최고위 관료들의 의견을 종합함

註69) 왕 등 윗 권력기관에게 올리는 논의

註70) 예를 치르는데 번거롭고 다양한 의례와 법식

註71) 왕에게 간단한 서식書式을 갖추어 올리는 상소문

판부사判府事 김재로(金在魯: 1682~1759)가 논의하기를 "가만히 신비愼妃의 일을 생각하건데, 그 처음 폐출한 사실과 뒤에 복위하지 못한 것이 모두 중종의 본의가 아니고, 다만 아랫사람들의 논의과정에서 협박과 견제를 당했을 뿐입니다. 희릉禧陵[72)]께서 승하하신 뒤에 하나의 좋은 기회를 잃었으니 태릉泰陵[73)]께서 왕후의 지위에 임하셨은즉, 비록 충신과 지사志士로서 김정金淨과 박상朴祥 같은 자가 있었을지라도 다시 이 문제로 진언進言[74)]할 연유가 없어 마침내 천고(千古: 오랜 세월)의 억울함을 이루게 되었으니 어찌 원통함을 이길 수가 있겠습니까?

비록 그렇지만 이미 중종 대에 복위하지 못하였은즉 후일 사왕(嗣王: 다음 왕위를 물려받은 왕)의 세대에 추복한다는 것은 경전經傳에 근거할만한 문헌이 없으니 이는 선조(先朝: 숙종 대)의 헌의獻議가 참치參差[75)]함을 면치 못한 까닭이기도한데, 선신先臣[76)]도 그 지극히 원통함을 먼저 일컬었으나 예법의 의의에 어떤 모른다는 점으로 결론을 지었는데, 이제 공의公議[77)]가 재발(再發: 다시 일어남)하여 중정(衆情: 여러 사람들 감정)을 막기가 어렵고, 성고(聖考: 서거하신 부왕父王, 즉 숙종)께서 말년에 남기신 뜻도 이와 같으니 추복의 한 절차에 어찌 이의異議가 있겠습니까?

註72) 장경왕후章敬王后의 능호, 즉 장경왕후를 일컬음
註73) 중종의 셋째 부인 문정왕후文定王后의 능호, 즉 문정왕후를 일컬음
註74) 아랫 신분이 윗 신분에게 나아가 진술함
註75) 들쭉날쭉하여 가지런하지 않음
註76) 왕에게 자신의 돌아가신 부친을 지칭하는 겸칭
註77) 여러 사람들의 논의나 의견

다만 시호를 올리고 봉릉封陵하는 것과 별전別殿[78)]을 세워 받듦에 선덕宣德[79)] 호황후胡皇后의 사례가 있으니 진실로 종주從周[80)]의 의리에 거슬리지 않으나 태묘(太廟: 종묘)에 올려 합사合祀하고 성조(聖祖: 중종)에 배체配體[81)]하는 문제에 대해서는 예법의 의의로는 정미(精微: 정치하고 은미하여 궁극에 달하게 함)하나 정情의 이치로는 측달(惻怛: 불쌍히 여겨 슬픔)하니 양자兩者가 서로 애매하여 실로 절충하기가 어렵습니다. 오직 원하옵건데 주상께서는 널리 물으시고 상고하여 처분하시기 바라옵나이다."라고 하였다.

3) 3월 15일 대신계사三月 十五日 大臣啓辭[82)]

우의정 송인명(宋寅明: 1689~1746)이 장계狀啓[83)]를 올려 아뢰기를 "신臣이 삼가 종친宗親과 문무백관文武百官과 함께 공경히 대

註78) 종묘에 있는 조선시대 역대 임금과 왕비의 제사 관련 건축물인 정전과는 별도로 지은 전

註79) 중국 명明 나라 선종宣宗의 연호, 즉 선종을 일컬음

註80) 주나라의 제도를 따름, 즉 『춘추春秋』를 말함

註81) 몸을 나란히 함, 즉 신주神主를 부부의 위치로 나란히 배정함

註82) 1739년 3월 15일 대신들이 왕에게 보고한 문서. 대신은 조선시대 정·종 1품의 실직實職한 전·현직 관직자들이다. 의정부 삼정승과 좌우찬성, 중추부의 영사·판사가 그들이었으며, 전·현직에 따라 원임대신原任大臣과 시임대신時任大臣이라 하였다. 그들은 중신이나 관각당상·구경 등과 구별되어 국가의 가장 중대사를 논의하여 결정하고 중요한 임무를 맡았으며, 여러 가지 특별한 예우도 받았다.

註83) 왕명을 받은 신하가 자기 관하의 중요한 일을 왕에게 보고하거나 청하는 문서

정大庭[84])에 나아가 신비愼妃의 복위復位에 관한 일을 가지고 논의하였는데, 전교(傳敎: 왕이 내린 교시)에 따라 2품 이상의 수의收議[85]) 72장을 우선 모두 합하여 납입(納入: 거둬들여 모음)하였습니다. 그리고 신臣의 구구한 우견(愚見: 어리석은 부족한 견해)은 이미 지난번 연중(筵中: 경연이 열리는 그 상황)에서 주대奏對[86]) 하던 때에 모두 드렸사오니 오직 욕의縟儀의 빠른 거행을 공손히 기다릴 뿐입니다."라고 하였다.

4) 동일 종친문무백관대정회의同日 宗親文武百官大庭會議[87])

밀창군密昌君 이직李樴[88])이 논의하기를 "삼가 생각하건데, 신비愼妃의 복위復位에 대한 일은 전후前後 명신(名臣: 이름이 드높은 신하)과 석보碩輔[89])의 의논이 이미 남김없이 다하였습니다. 금일今日에 또 이와 같이 하순下詢[90])하시는 행사를 두시니, 대소大小

註84) 어전회의가 거행되는 조정

註85) 여러 관료들의 논의가 수렴되어 결정된 견해

註86) 임금의 질의에 대응하여 아뢰는 일

註87) 1739년 3월 15일 종친과 문무백관들이 다함께 모인 조정에서의 논의를 뜻한다. 즉, 종친은 모계친, 처계친과 구분하여 부계친만을 가리킨다. 여기서는 왕실을 기준으로 지칭한 것인데, 왕·상왕 및 왕세자 등을 제외한 왕실의 남자들을 의미한다. 그리고 문무백관이란 모든 문관과 무관을 통틀어서 이르는 말이지만 여기서는 이 행사에 필요한 많은 관료들을 일컫는다.

註88) 밀창군은 선조의 일곱째 아들인 인성군仁城君의 증손자이다. 밀창군(1677~1746)의 작위를 받아 외교와 왕실의 일에 관여하였다.

註89) 임금을 보좌하는 어질고 뛰어난 신하

註90) 윗사람이 아랫사람에게 물음, 즉 왕이 신하에게 물음

의 신린臣隣[91]이 누군들 성의聖意를 흠앙하지 않겠습니까?

다만 공손히 생각컨대, 이 일이 지극히 중대하여 신臣의 천루(淺陋: 얕고 고루함)한 소견으로는 감히 의논에 참여할 바가 결코 아닙니다. 오직 원하옵건데, 전하께서는 널리 전례典禮를 상고하시고 군의(群議: 많은 사람들의 논의된 견해)를 채택하시어 국조(國朝: 조정 또는 국가)의 막대한 행사行事를 힘써 지극히 당연한 것으로 돌아가도록 주상의 결단을 바라옵니다."라고 하였다.

낙창군洛昌君 이당李樘[92]이 의논하기를 "삼가 생각하건데, 신비愼妃의 일은 실로 국가의 막대한 궐전闕典이니, 선조(先朝: 선대 조정이나 왕실)에서 또한 널리 묻는 행사가 있었으나 그 당시 여러 의논이 한결같지 않았기 때문에 욕의縟儀를 마침내 거행치 못하여 신인(神人: 신과 인간)의 원통하고 억울함이 오래될수록 더욱 깊었습니다.

이제 비망기備忘記를 내리시니 진실로 주상의 추원(追遠: 조상을 추모하는 것), 계술繼述[93]하는 성대盛大한 뜻에서 나왔습니다. 오직 원하옵건데, 전하께서는 스스로 마음을 결단 하시어 200여 년 쌓인 깊고 억울한 기운을 시원하게 풀어버린다면 성효(聖孝: 임금의 효성)에 더욱 빛남이 있을 것입니다. 삼가 주상의 결단을 바라옵니다."라고 하였다.

註91) 임금의 최측근에서 보필하는 임무를 맡은 신하
註92) 선조의 일곱째 아들 인성군仁城君 이공李珙의 증손자로 밀창군 이직의 동생이다.
註93) 선왕의 뜻과 일을 잘 이어감

능창군綾昌君 이숙李橚[94]이 논의하기를 "삼가 생각하건데, 이번 신씨愼氏를 복위復位시키는 일은 사체事體가 지극히 중대하니 신臣이 감히 논의에 참여함을 용납하지 않으나 200년 동안 원통하고 억울한 기운이 금일에 풀릴 수 있다면 신리(神理: 신의 이치)와 인정人情이 서로 기뻐할 것이므로 어찌 성덕(聖德,: 성스런 덕, 임금의 덕)을 빛냄이 아니겠습니까? 삼가 주상의 결단을 바라옵니다."라고 하였다.

장계군長溪君 이병李棅[95]이 논의하기를 "삼가 생각하건데, 신비愼妃께서 손위遜位[96]하신 일에 대하여 온 나라 사람이 입을 모아 원통히 여기지 않음이 없고, 선조(先朝: 선대 조정)에서 기숙耆宿[97]의 논의가 대부분 복위함이 마땅하다 하였은즉, 이번 추복追復하는 행사가 실로 광세曠世[98]의 성전(盛典: 성대한 의식)이니, 신臣과 같이 몽매하고 고루한 사람이 어찌 감히 그 사이에 이의異議가 있겠습니까? 삼가 주상의 결단을 바라옵니다."라고 하였다.

註94) 능창군 이숙(李橚: ?~1768)은 선조의 일곱째 아들 인성군仁城君 이공李珙의 증손자로, 낙창군洛昌君 이당李樘의 동생이다.

註95) 선조의 고손자로 1728년(영조4) 효장세자孝章世子의 상喪에 수묘관守墓官을 지냈고, 1736년에는 사은 겸 동지 정사謝恩兼冬至正使를, 1743년에는 동지사은사冬至謝恩使 정사正使로 정해졌다가 부모가 노쇠하였다는 이유로 체차되었다. 1754년에는 동지진하 겸 사은 정사冬至進賀兼謝恩正使를 지냈으며, 1761년에 왕세자 관례冠禮 때에는 주인主人을 맡았고, 1763년에는 세손책봉 주청 정사世孫冊封奏請正使를 지냈다. 시호는 충헌(忠憲)이다.

註96) 자리를 비워주거나 물려줌, 즉 왕비의 자리에서 물러난 것을 이름

註97) 학덕이 훌륭한 노인, 즉 숙노宿老

註98) 세상에는 다시없음을 일컬음

낙풍군洛豊君 이무李楙[99])가 논의하기를 "이번 하순下詢하신 일은 실로 한 나라의 수 백 년 억울함을 들춘 것입니다. 더욱이 선조(先朝: 선대 조정)에서 행하려다 거행치 못한 전례典禮인즉, 진실로 금일今日을 기다림이 있었으니, 널리 군의群議를 채택하시어 어서 위호位號를 추복함이 진실로 천리天理와 인정人情에 합당하오니, 신臣이 어찌 그 사이에 다른 의견을 두겠습니까? 삼가 주상의 결단을 바라옵나이다."라고 하였다.

함원부원군咸原府院君 어유구(魚有龜: 1675~1740)가 논의하기를 "삼가 생각컨대, 이번 하순下詢하신 행사는 사체事體가 지극히 중대하므로 신臣의 몽매하고 천박한 소견으로 어찌 감히 경솔하게 논의하겠습니까? 다만 생각하기로, 당초에 원통하고 억울함이 오직 나라 사람만이 여태껏 마음 아파했을 뿐만이 아니라 지난번 성교(聖敎: 임금의 교시)의 개시開示함이 지극히 측달惻怛하였으니, 천도天道로써 헤아림에도 의당 반드시 추복追復할 이치가 있습니다.

또 다시 공손히 생각컨대, 숙종 조 무인년(戊寅年: 1698)에 이 일을 어렵게 여김은 비록 조정의 논의가 한결같지 않았기 때문이나 말년末年에 애석하게 여겨진 하교下敎를 성상(聖上: 임금, 즉 영조)께서 이어받은 바가 있어 왕명가운데 포유布喩[100])하셨으

註99) 이무(1698-1754)는 고조가 선조이다. 관직은 오위도총부 부총관副摠管, 동지정사冬至正使, 사은정사謝恩正使, 의소세손懿昭世孫의 장례시 제주관題主官을 역임하였다.

註100) 널리 깨우쳐주고 알리기 위하여 법령을 펴냄

니, 수 백 년 궐전闕典[101]의 빠른 행사가 금일을 기다림이 있는 듯합니다. 그 사이 예의와 절차는 오직 널리 묻고 상고하여 처리하시기에 달려있을 뿐이니 삼가 주상의 결단을 바라옵나이다."라고 하였다.

금평위錦平尉 박필성(朴弼成: 1652~1747)이 논의하기를 "이제 신비愼妃를 복위시키는 이 일을 가지고 하문下問하는 명命을 두셨으니 대단히 훌륭한 일입니다. 신臣이 어릴 적에 여러 장노(長老: 나이 많은 노인, 즉 어른)의 말을 들었는데, 당시의 일에 대하여 누구나 슬퍼하지 않음이 없었고, 더욱이 선현先賢이 이미 정한 논의가 있다하니 신臣과 같이 천박한 사람이 다시 어찌 의논에 참여하겠습니까? 오직 성상聖上께서 널리 묻고 자세히 처분하시어 지당한 결과에 이르도록 힘쓰시기에 달려있습니다. 삼가 주상의 결단을 바라옵나이다."라고 하였다.

월성위月城尉 김한신金漢藎[102]이 논의하기를 "삼가 생각하건데, 신臣이 나이가 적고 견식이 부족하며, 더욱이 국조(國朝: 나라의 조정, 즉 국가)의 고사(故事: 오래된 옛 일이나 사건)에 더욱 하얗게 어두운지라 막중한 전례典禮를 어찌 감히 쉽사리 논리로 설명하여 신臣의 분수를 벗어난 책망을 듣겠습니까? 다만 두루 하순下詢[103]

註101) 규정이나 문서 등이 부족하거나 빠져 있는 것을 의미한다. 주로 왕조실록이나 법전 등에서 특정 규정이나 문서가 제대로 갖춰지지 않은 문제점을 가리킨다.

註102) 월성위 김한신(1720~1758)은 조선시대 왕실의 유일한 열녀로 알려진 화순옹주和順翁主, 1720~1758)의 남편이다.

하시는지라 감히 우러러 대할 뿐입니다.

당초 손위(遜位: 자리를 비워줌) 때에 정청庭請에 대한 비답批答을 보면 중종의 뜻을 헤아릴 수 있고, 전후前後에 유신儒臣과 여러 신하의 논의가 또한 진신搢紳 간에 바꾸지 못할 정론正論임을 알 수 있습니다. 옛날 신규(申奎: 1659~1708)가 상소할 때에 실로 해볼 만 한 기회였는데도, 그 당시 성고(聖考: 부왕, 즉 숙종)께서 두 일을 함께 행하는 것을 어렵게 여기시어 점차 존봉尊奉하는 도리를 더하시고, 말년에 애석히 여기는 가르침을 두셨으니, 이제 욕의縟儀를 쾌히 거행함이 실로 계술하는 도리에 합당합니다.

이는 국가의 막중하고 막대한 일이요 또 열성列聖[104)]께서 해결하지 못한 일입니다. 다행히도 하늘이 주상主上의 마음을 인도하시어 널리 초야(草野: 재야)의 말을 받아들여 장차 200년 동안 온 나라가 함께 원울(冤鬱: 원통하고 억울함)하게 여긴 일을 이제야 풀 수 있게 하셨으니, 일은 오늘을 기다림이 있는듯합니다. 오직 마땅히 찬송하여 마지않을 뿐이요 다른 의논을 용납할 수가 없으니 삼가 전하의 결단을 바라옵니다."고 하였다.

금성위錦城尉 박명원朴明源[105)]이 논의하기를 "신臣이 삼가 생각

註103) 윗 신분이 아래 신분에게 묻는 것을 일컬으며, 여기서는 임금이 신하에게 묻는 것을 말한다.

註104) 영조 이전 조선시대 역대 임금

註105) 금성위 박명원(1725~1790)은 조선시대, 영조의 셋째 사위로, 금성위에 봉해져 영조의 총애를 받았으며, 세 차례에 걸쳐 중국에 사은사로 파견된 종실이다.

하건데, 예전부터 조정의 논의에 의빈儀賓[106]의 열列에 있는 자가 원래 참여하는 일이 없었습니다. 다만 이번 신비愼妃의 복위에 대한 논의는 실로 나라 사람의 공통된 여망에서 나왔으니, 이 어찌 감히 다른 의견이 있겠습니까? 삼가 주상의 결단을 바라옵니다."라고 하였다.

호조판서 유척기(俞拓基: 1691~1767)가 논의하기를 "신臣이 지난번 연중筵中[107]에서 이 일을 하순下詢하시던 때에 감히 무인년(戊寅年: 1698) 여러 의논이 한결같지 않은 단서를 진술하고, 계속하여 구구한 신臣의 소견을 아뢰었습니다. 이제 성의(聖意: 임금의 뜻)를 이미 정하시어 욕의縟儀를 머지않아 거행하는 날에 신과 같이 천박한 사람이 또 어찌 감히 그 사이에 의견을 첨부하겠습니까? 오직 성상(聖上: 임금, 즉 영조)께서 널리 상고하고 자세히 처분하시어 지극히 당연한 결과를 얻도록 힘쓰실 뿐입니다. 삼가 결단을 바라옵니다."라고 하였다.

예조판서 신사철(申思喆: 1671~1759)이 논의하기를 "신비愼妃의 복위에 대한 의논은 그 유래가 오래되었습니다. 을해년(乙亥年: 1515) 선현先賢의 상소[108]는 언사言辭가 엄중하고 의리가 정대正大하여 백세百世의 공의公議가 될 만 하고, 무인년戊寅年 추복追復을 청함에 족히 한 나라의 함생含生[109]이 여태껏 마음 아파함

註106) 임금이나 왕세자의 사위

註107) 임금과 신하가 모여서 의논하는 자리, 연석筵席이라고도 함

註108) 1515년에 순창군수 김정, 담양부사 박상, 무안현감 류옥이 중종비 신씨의 복위를 주장하며 상소를 올린 사건이다.

을 볼 수 있었습니다.

이에 우리 숙종께서 척연(惕然: 근심하고 두려워하는 마음)하게 감회를 일으키시어 마침내 사당을 세워 존봉尊奉할 것을 명하셨습니다. 다만 논의가 한결같지가 않아서 비록 욕의縟儀를 능히 거행하진 못했으나, 말년에 애석히 여긴 하교下敎에서 임금의 마음이 담겨져 있음을 앙견(仰見: 우러러 헤아려 봄)할 수 있습니다.

이번 대정大庭[110]의 어려운 논의가 숙종의 유지(遺志: 유언으로 남긴 뜻)를 이어받는 주상의 효성에서 나왔은즉, 당시 해결치 못한 전례典禮가 금일今日을 기다림이 있는 듯하오니 조정의 여러 신하가 누군들 흠앙하고 찬탄하지 않겠습니까? 다만 생각컨대, 이 일이 지극히 중대한지라 오로지 성상聖上께서 널리 상고하여 처분하시기에 달려있으니 삼가 결단을 바라옵니다."라고 하였다.

병조판서 조상경(趙尚絅: 1681~1746)과 공조판서 박사수(朴師洙: 1686~1739)와 판윤 김성응(金聖應: 1699~1764)등이 논의하기를 "금일의 일은 성지(聖志: 임금의 뜻)를 먼저 정하시고 사륜(絲綸: 임금의 말씀)을 밝게 선포하셨으니, 대정大庭에서 하순下詢하시는 행사는 다만 사체事體를 중히 여김에서 나왔을 뿐입니다. 저희들의 천박한 소견을 이미 전석前席[111]에서 모두 진술하여 성교(聖教: 왕의 교지)를 공경히 받들었으니 이제 다시 논의할 필요가

註109) 생명을 가진 모든 생명체를 일컫는 말
註110) 임금과 중요한 신하들이 모두 모여 서로 의논하는 자리
註111) 지난날에 임금과 신하들이 모여 의논했던 자리

없습니다. 삼가 주상의 결단을 바라옵니다."라고 하였다.

부사직副司直 홍경보(洪景輔: 1692~1745)가 논의하기를 "삼가 생각하건데, 신비愼妃께서 중종의 잠저潛邸 때에 배필配匹로서 예법을 갖추어 부부가 되셨으니, 중종께서 즉위하시던 날에 곧 한 나라의 어머니가 되는 것이거늘 반정反正 당시의 훈신勳臣 무리들이 국모國母에 대한 의리를 생각하지 않고, 다만 개인적인 사욕을 품어 일생을 어떻게 지낼까 두려워한 나머지 협박으로 폐출하기로 청하였으니, 폐출을 청한 까닭은 신수근이 해害를 입었다는 것에 지나지 않습니다.

설사 신수근이 참으로 종사宗社에 관련되는 대죄大罪가 있을 지라도 그 허물이 왕후에게 미쳐서는 불가하거늘 하물며 신수근의 죽음을 가상히 여길만한 점은 있어도 죄를 줄만한 점은 없음애랴. 더 무엇을 말하리이까? 중종의 조강지처의 하교에서 애틋하게 차마 못 잊어 마음 아파하셨으니 실로 한漢나라 한 선제宣帝의 고검(故劍: 구처舊妻의 다른 이름)의 생각에 부합하셨으나 군의群議의 핍박으로 마침내 손위遜位하시기에 이르렀으니, 당시 일을 말하자면 기가 막힙니다.

장경왕후章敬王后께서 승하하신 뒤에 이르러 김정과 박상 등이 상소를 올려 복위復位를 청하였는데 명분이 바르고 의리에 합당하였으나 또한 언로言路가 막혀서 신원伸寃[112]되지 못했으

註112) 억울하게 뒤집어 쓴 죄를 씻는 것을 뜻한다. 억울하게 죄를 당한 인물은 원통하고 한恨스럽지 않을 수가 없다. 이 경우 누구라도

니, 이에 한 나라 신민臣民의 억울하고 연민(憐愍: 다른 사람의 처지를 불쌍히 여기는 마음)함이 백년을 지내도록 하루와 같았습니다. 우리 숙종대왕께서 효성이 탁월하시어 궐전闕典[113]을 다 정리하시고, 단종을 복위하시던 날에 아울러 이 일을 문의하셨으나 마침내 어렵고 신중한 바가 있어 단지 점차 존봉尊奉을 더할 것을 명하신 것은 대개 조정의 의논이 한결같지 않은데 연유되었을 뿐입니다.

그 당시 시비를 다투던 논의가 '위차(位次: 자리배정 위치나 순서)를 정하기 어렵다.', '품승稟承[114]한 바가 없다.'고 하였으나, 이는 옳은 논리가 아닙니다. 대저 원비元妃의 존귀로서 추복追復하는 행사가 있었은즉, 하늘에 계신 장경왕후의 영령께서도 반드시 오른편을 비워 자리를 양보하실 것이니, 위차의 선후先後에 대해서는 애당초 불편한 점이 없습니다.

그리고 예부터 추복하는 전례典禮가 세대世代를 바꾼 뒤에 많이 있었습니다. 원우元祐 맹후孟后[115]의 추복追復은 다행히 향태

모든 수단과 방법을 동원해 신원하고자 한다.

註113) 전례에 없거나 빠진 전의典儀

註114) 윗사람에게 아뢰어서 분부를 받음

註115) 북송 제7대 황제인 송 철종의 첫 번 째 황후이다. 보통 원우황후元祐皇后 맹씨孟氏 또는 맹 황후라고도 많이 불렸다. 1073년에 북송 명주洺州 지방의 명문가 출신 증태위贈太尉 맹원孟元의 손녀로 태어났다. 17세가 되던 해, 송나라 철종의 할머니 선인성렬황후에 의해 궁에 들어갔으며, 궁궐에서 궁중 예법과 교육을 받았다. 성품이 온화하고 부드럽고 학식도 풍부하였고, 예법 상 황후가 가져야 할 품행을 갖추었기에 황실 어른인 선인성렬황후와 신종의 정

후向太后가 살아있을 때에 행하였지만, 명나라 호황후胡皇后의 추복은 영종英宗 대에 있었으니, 어찌 품승禀承함이 없다하여 구애받겠습니까? 이제 마땅히 물어볼 점은 다만 신비愼妃께서 원비元妃인지의 여부와 중종의 본래의 뜻이 어떠하셨는지에 달려있을 뿐이요 품명(禀命: 명령을 받음)한 바가 없는데 대해서는 주상께서 몸소 애통함을 더하시니, 복위하는 논의에 어렵게 여길 점이 아닙니다.

우리 성고(聖考: 부왕, 즉 숙종)의 명철하심으로 이런 이치를 훤히 아셨겠지만, 단지 종묘의 일이 중대하여 함께 거행하시기가 어려웠던 까닭에 후일을 기다림이 있었고, 말년에 애석하게 여

실 흠성헌숙황후 모두에게 사랑을 받았으며, 이후 선인성렬황후(선인태후)가 100명의 여인들 중 직접 간택하여 원우 7년(1092년)에 황후가 되었다.

그러나 남편인 철종은 원래부터 출중한 외모와 뛰어난 글 솜씨, 시 짓기를 가진 첩녀 유씨를 총애하였다. 그리고 자신보다 연상인데다 외모도 평범한 맹황후를 여자로서는 가까이 하지 않고 관심도 보이지 않았다. 이에 본래부터 인품을 중요시 여겼던 철종의 할머니 선인태후는 철종을 불러 "이렇게 좋은 아내를 얻기가 쉽지 않다."면서 여러 차례 타일렀지만, 철종은 아랑곳하지 않고 여전히 맹황후에게 황후로서 대우는 했지만 여인으로서의 관심을 보이지 않았다. 선인태후는 손자의 이런 태도에 탄식하면서, 맹황후를 두고 "현숙하지만 복이 없구나. 그렇지만 나중에 나라에 화가 생기면 감당할 이가 맹씨일 것이다."고 말했다고 한다. 한 사람으로서도, 한 나라의 국모國母로서도 한 번 겪기 힘든 황후 폐위를 두 번이나 겪고, 2번 다시 복귀한 독특한 이력과 유일하게 당시 북송의 수도인 개봉에 있던 황실 사람 중 '정강의 변' 때 금나라로 압송되지 않았던 것으로 유명하다. 또한 국가 최고의 위기 속에서 송나라의 구심점이 되었던 인물이기도 하다.

긴 하교가 또한 정녕 측달(惻怛: 불쌍히 여기에 슬퍼함)하였으니, 어찌 성상께서 더더욱 본받아 계승할 일이 아니겠습니까? 전번에 아랫사람들의 청請을 기다리지 않으시고, 먼저 지극히 애통한 분부를 내리셨습니다.

이어 이와 같이 의견을 거두는 행사를 두시니, 이는 조종祖宗의 영령英靈께서 우리 주상의 마음을 인도하심이 있는듯합니다. 명나라 이현李賢[116]이 이른 바 '폐하陛下의 일념一念에 천지의 귀신이 실로 임하셨습니다.'고 함이 바로 금일今日을 위하여 말함입니다. 논의하는 자가 혹 '위호位號[117]는 추복함이 옳겠지만 마땅히 별묘別廟에 모셔야 한다.'고 하니, 이는 '예전과 같이 위차位次를 정하기 어렵다' 하는 견해입니다.

진실로 복위하지 않으면 그만이거니와 이미 위호位號를 추복한즉 별묘別廟에 모신다고 하는 것은 또 무슨 의리입니까? 예법에도 거슬림이 없고 이치에도 의심이 없으며, 신도神道에 헤아려 보아도 불안함이 없고 백세百世의 뒤에 드리워도 꺼릴 점이 없으니, 사체事體의 중대함을 논의할 바 아니요 연대年代의 오래고 먼 것에 구애될 바 아닙니다. 오직 원하옵건데 성상께서는

註116) 명나라 등鄧 땅 사람이다. 향시鄕試에 수석을 하였고 이어서 진사에 올랐다. 고공낭중考功郎中이 되어서 『문선文選』을 수정하였고, 본받을 만한 옛 제왕의 일을 모은 『감고록(鑑古錄』을 편찬하였다. 몸가짐이 장중하고 아뢰는 일이 시의時宜에 맞았으므로 명나라 영종英宗이 깊이 신임하였다.

註117) 관직의 등급 또는 그 이름

널리 여러 의견을 채택하시어 단호히 거행하십시오. 삼가 주상의 결단을 바라옵니다."라고 하였다.

대사간 이양신(李亮臣: 1689~1739)이 논의하기를 "신비愼妃의 복위에 대한 옳고 그름은 이미 전석前席에서 충분히 아뢰었습니다. 대체로 선조(先朝: 앞선 조정, 즉 숙종 조)말년에 선신(先臣: 이양신의 부친 이희조李喜朝)이 『동현주의東賢奏議』[118]를 편집하여 올릴 당시 선현先賢 조광조趙光祖가 양사(兩司: 사헌부와 사간원을 통칭)를 비판한 글에 대략 의견을 덧붙여 '신臣이 더욱 죽을 죄를 지었으나 희망이 없진 않습니다.'고 하였으니, 그 은밀한 뜻을 볼 수 있습니다.

사실(私室: 국가나 공공기관이 아닌 사적 공간)에서 주고받은 말과 님에게 보낸 시찰에는 당연히 복위해야 된다는 의리를 적극적으로 말하여 명백하고도 통쾌하여 여온(餘蘊: 남아있는 다른 생각)이 없는 까닭에 신臣이 재작년에 올린 상소 가운데 외람됨을 무릅쓰고 『동현주의』를 주상께서 직접 보시기를 앙청仰請하였음은 이 점 때문이었습니다. 다행히 하늘이 주상의 마음을 인도하시어 마침내 선지(先志: 선대에서 남긴 뜻)를 좇아 머지않아 욕의縟儀를 비로소 거행함에 광전(曠典: 오랜 세월의 성전盛典)을 능히 펴게 됨을 보게 되었습니다.

註118) 1719년 이희조李喜朝 (1655~1724)가 14~17세기 선현先賢 9명이 올린 도학적道學的 경세론經世論에 관련된 상소문 및 차자箚子를 유현儒賢별로 분류하여 숙종에게 올린 주의류奏議類의 산문散文 선집選集이다.

수 백 년의 억울한 원한이 오늘날에야 풀리게 된지라 하늘에 계신 중종의 영령께서도 척강陟降하는 즈음에 또한 반드시 기뻐하실 것이니, 주상의 계술繼述하는 효성에 빛남이 과연 어떻겠습니까? 하늘에 영명(永命: 영원히 천명에 배합함)을 기원하는 근본이 실로 여기에 기초하였으니, 대궐을 멀리 바라봄에 흠앙과 칭송을 드릴 뿐입니다. 삼가 주상의 결단을 바라옵니다."라고 하였다.

개성유수 정우량(鄭羽良: 1692~1754)이 논의하기를 "신이 듣건데 인정人情에 깊은 원한이 되어서 능히 잊지 못하는 것은 곧 천리天理가 당연히 풀어줄 바이요 용인하고 그쳐서는 안될 것이니 금일今日 하순(下詢: 임금이 아랫사람, 즉 신하에게 물음)하신 행사와 같은 것이 이것입니다.

중종 대 병인년(丙寅年: 1506)으로부터 지금까지 200여 년 동안 지사志士와 인인仁人으로서 당시 일을 생각하는 자가 여태껏 상심傷心하여 눈물을 닦고 당시의 권훈權勳에 대하여 분개심을 일으키니, 이는 진실로 인정人情이 그렇게 되기를 기약하지 않아도 그와 같이 되는 자연스러움이며 천리天理가 풀어주지 아니하고는 용납하지 않는 당연한 귀결歸結입니다.

단종복위가 숙종 대 무인년(戊寅年: 1698)에 있었는데 이 일이 또한 전하의 금일今日에 있으니, 이는 하늘이 주상의 마음을 인도하시어 그 억울한 원한을 밝게 풀게 함이며, 숙종께서 이루지 못한 유지遺旨를 전하의 때에 행하게 하심이니, 이는 이른바 전성(前聖: 전 시대의 성인, 즉 숙종)과 후성(後聖: 후대의 성인, 즉 영조)이 동일한 헤아림이라 함이니 오직 널리 여러 의견을 물으시어 단연히 행할 뿐입니다. 삼가 주상의 결단을 바라옵니다." 라고 하였다.

북평사北評事 오수채(吳遂采: 1692~1759)가 논의하기를 "이제 신비愼妃의 복위에 대한 당부(當否: 타당함과 부당함)로 경사卿士[119] 들에게 대정大庭에서 널리 물으시니, 이는 온 나라 사람들이 원통하고 민측(憫惻: 가엾게 여기어 슬퍼함)하게 여기는 바가 200년에 이르도록 쇠퇴하지 않은 까닭입니다. 그 논의인즉 옛 이름이 널리 알려진 신하의 정론正論으로부터 나왔는데, 중간에 노숙老宿[120]의 조심스럽고 삼가하는 말은 대개 국조(國朝: 국가 조정, 즉 국가)가 오래오래 영원함과 지극히 중대한 일이었기 때문입니다.

제왕가帝王家의 중대한 전례典禮에 어찌 이런 논의가 전혀 없을 수 있겠습니까? 예부터 성대한 행사에 명유名儒 현신賢臣이 서로 같거나 다른 견해를 가지는 것은 능히 있을 수 있는 일이니, 정자程子가 맹황후孟皇后의 복위에 대하여 찬성과 반대의 의견을 가짐이 또한 이것입니다.

하·은·주 삼대三代에서와 같이 여러 사람의 의견이 다 같은 것은 단지 이것이 대경대법(大經大法: 공명정대한 원리와 법칙)에 의

註119) 경대부卿大夫·대부大夫·사士의 총칭
註120) 나이가 많아 식견과 덕성이 높은 사람

심할만한 일이 없었을 따름이요 이와 같이 비상非常한 행사는 가만히 생각컨대, 오직 성상聖上의 특별한 결단에 달려있을 뿐이오니 삼가 주상의 처분을 바라옵니다."라고 하였다.

삼가현령三嘉縣鈴 이도익(李道翼: 1692~1762)이 논의하기를 "중종 대 신씨愼氏가 폐출당함이 애당초 훈신勳臣의 협청脅請[121)]에 말미암았으니 실로 천고千古의 깊은 원한이요 아직도 나라 사람의 불쌍히 여기는 마음을 간절하게 합니다. 이는 유신儒臣의 상소가 진렬(陳列: 나란히 줄 지음)함에 인하여 성심(聖心: 임금의 생각이나 뜻)이 감흥을 일으키시고 사륜(絲綸: 임금의 말씀)이 간측(懇惻: 간절하고 측은함)하여 백관百官의 의견을 거두는 행사가 있게 되었습니다. 다만 생각하건데 송나라 인종仁宗 때에 황후 곽씨皇后郭氏[122)]를 폐함에 특별히 보신(輔臣: 보필하는 신하) 여이간呂夷簡[123)]이 진청(陳請: 진술하여 간절히 청함)함으로 인하여 인종이 돌

註121) 위협적이고 강요에 의한 요청

註122) 황후 곽씨는 북송 인종仁宗의 첫 번째 황후이다. 황후로 책봉된 뒤 인종의 미움을 사서 폐위된 뒤 인종의 뉘우침으로 복위시키고자 하였으나 복위되지 못하고 사망하였다. 인종은 슬퍼하였고 황후로 복위시켰지만, 시호를 내리지도 않았고 종묘에 배향하지도 않았다.

註123) 여이간(呂夷簡, 978~1044)은 북송 인종 때 명재상으로 왕조의 안정에 크게 기여했다.
대대로 관료를 역임한 집안에서 태어났다. 부친 여몽령은 광록사승과 대리사승을 지냈다. 백부 여몽정은 태조와 태종 밑에서 3번이나 재상을 역임한 거물이었다. 진종이 아들 가운데 중용할만한 인물을 추천하라고 하자 조카 여이간이 재상의 역량을 갖고 있다고 답했다고 한다.
진종이 죽고 어린 인종이 즉위하자 유태후가 섭정에 나섰다. 권력

이켜 회오(悔悟: 후회하고 각성함)하는 뜻이 있었는데도, 정자程子와 주자와 같은 대현大賢이 일찍이 마땅히 추복追復하자는 논의를 했다는 사실을 듣지 못했고, 원우황후元祐皇后가 수렴청정垂簾聽政[124] 할 때 철종哲宗의 폐후廢后 맹씨孟氏의 지위를 추복하라는 조지(詔旨: 황제의 명령)가 있었으나 동의하는 자가 '휘종徽宗[125]이 맹씨와는 형수와 시숙간이니 시숙이 형수를 복위하는 예가 없다.'고 하니, 정이程頤가 이르기를 '논자論者의 말이 또한 이치가 없지 않다.'고 하였습니다. 이 몇 가지 일을 돌아 보건데, 비록 이번 추복하는 절차에 원거援據[126]하기에는 합당치 못하나 그 사체事體가 지극히 중대하여 경솔히 논의할 수 없는 점에 대해서는 또한 미루어 짐작할 만합니다.

이 일이 혹 단종端宗의 추복과 사체가 다름을 염려하오니, 김정과 박상 등이 중종 대에 청복(請復: 복위를 청함)한 것은 진실로 지당하지만, 이제 200여 년이 지난 뒤에 종묘에 추배追配[127]하는 예를 문득 논의함은 진실로 그 점이 과연 신중한 도리에 합

욕이 강했던 유태후가 전횡하지 못하도록 막으면서 나이가 어린 황제를 보필하는 중책을 맡게 되었다. 중요국사에는 유태후와 언쟁도 불사하였다고 한다. 사후 문정文靖이라는 시호를 하사했다.

註124) 미성년의 어린 황제가 즉위하였을 때 황실의 가장 어른인 태황대비太皇大妃 혹은 황후대비皇后大妃가 발을 치고 왕과 함께 정치에 참여하는 정치제도이자 운영방식이다.

註125) 휘종(1082~1135) 북송 제8대왕: 재위 1100~1125, 예술의 후원자이자 화가·서예가로 유명하다.

註126) 다른 사람의 견해를 끌어들여 증거로 삼음

註127) 서거한 지 수년간 시간이 흐른 추후에 배향

당할지 모르겠습니다. 이는 한미寒微[128)]한 소신小臣으로서 감히 논의할만한 바가 아닌데도, 천박한 소견이 이와 같아 감히 하순下詢하심에 스스로 숨기지 못하였사오니 삼가 주상의 결단을 바라옵니다."라고 하였다.

5) 동일재외유신수의同日在外儒臣收議[129)]

호군護軍 심육(沈錥: 1685~1753)이 논하기를 "이 일이 선현先賢 김정과 박상의 상소로부터 시작되었습니다. 그런데 그 당시(장경왕후가 승하한 1515년) 용사지신用事之臣[130)]이 이를 사특한 논의라고 하여 (사특한 논의를 일으켰다는 그 자체만으로) 이로써 죄를 얻었습니다. 그리하여 후세에 공의公議[131)]의 울분을 볼 수가 있었습니다.

다만 이 일이 지극히 중대하여 열성조列聖朝[132)]에 이르러서도 거행하지 못하고, 전후前後 논의를 드린 신하들도 일찍이 (복위 문제를 거론하는 자체가) 매우 중요하여 감히 함부로 복위를 청하지 못한 것은 의미가 있습니다. 그렇지만 이 전례典禮에 어두운데 어찌 감히 외람되이 말씀드리겠습니까? 성덕盛德[133)]한 (추복

註128) 사정이나 형편이 구차하고 신분이 변변하지 못함

註129) 1739년 3월 15일에 중요한 의사결정에 있어서 재야에 있는 유신들에게 자문을 구해 그것을 종합한 유신들의 견해.

註130) 권세를 마음대로 부리던 신하

註131) 사헌부와 사간원이 지배층의 여론을 수렴한 내용

註132) 임금의 선조 또는 여러 대의 임금, 즉 열성어조 列聖御朝의 준말

註133) 덕망이 높으신 영조

하려는 뜻의) 행사가 오로지 거룩한 결단에 달려있을 뿐이옵니다."라고 하였다.

찬선贊善 어유봉(魚有鳳: 1672~1744)이 논의하기를 "이는 열성조列聖朝의 수 백 년 궐전闕典이고, 신인神人이 함께 슬퍼하며 억울하게 여기는 바입니다. 우리 숙종 무인년(戊寅年: 1698)에 이르러 처음 추복追復하자는 의논이 나왔는데, 조정 논의가 한결같지가 않아서 비록 단연斷然히 거행하지는 못했습니다. 그러나 이제 성지(聖旨: 왕의 교지, 즉 숙종의 교지) 중에 애석하게 여기신 하교下教로 본다면 그 당시 성의(聖意: 중종의 뜻)의 소재所在를 애석하게 헤아릴 수 있고, 천리天理와 인정人情에 헤아려 보아도 다시 거듭되는 논의는 용납할 것 없으니 오직 성상(聖上: 왕, 즉 영조)께서 널리 고하여 선처하시기에 달려 있사옵니다."라고 하였다.

6) 3월 25일 재외유신수의三月 二十五日 在外儒臣收議[134)]

진선(進善: 세자시강원世子侍講院의 관직) 윤동원(尹東源: 1685~1741)이 논의하기를 "신비愼妃의 복위에 대한 절차는 바로 신臣의 조부祖父 문성공文成公 증(拯: 윤증尹拯)이 일찍이 중종 대에 기묘사화가 발생한데 대하여 개탄한 바에서 드디어 잠들어 버린 사실이기에 신이 어찌 감히 선신(先臣: 돌아가신 조부, 즉 윤증)의 뜻으로

註134) 1739년 3월 15일 중요한 문제를 결정하기 위해 재야의 관료나 선비, 즉 유신들에게 자문을 구해 얻은 종합적 견해

하순下詢하심에 앙대(仰對: 우러러 마주 대함)하지 않겠습니까?

그 당시 선신先臣이 조정의 수의(收議: 여러 신하들 의견을 종합함)에 이르시길 '200년 원통하고 억울한 기운을 지금에 와서 풀 수가 있게 되었으니 밝으신 열성조(列聖朝: 선대 왕조)의 영령께서 위에 계시고 성상(聖上: 숙종)의 일념一念이 위로 천지에 통하시기 때문에 성덕盛德의 비상非常한 행사가 오로지 주상의 결단에 달려 있습니다.'라고 운운云云 하시는 등 그 당시 논의가 한 결같지가 않아 일이 마침내 행해지지 않았습니다.

이에 아뢰길 '송나라에는 맹후孟后의 일이 있고, 명나라에는 선종宣宗 호황후胡皇后의 일이 있으니, 근거할 (역사적 전례가) 없다고 해서는 안 되고, 정자程子가 맹후孟后의 일에 대하여 처음 논자論者의 말에 의심하였으나 소백온邵伯溫[135]의 말을 듣고는 기뻐하였은즉, 이 의리를 얻어서 말하는 사람의 입을 막을 수가 있겠습니까?'라고 하고, '하물며 명나라에서 이미 거행한 전례典禮는 더욱이 『춘추春秋』의 의리를 따르는 것이니, 어째서 복위할 수 없겠습니까?'라고 운운云云 하였습니다.

신臣이 감히 국가의 지극히 중대한 전례典禮를 망령되이 논의할 수는 없습니다. 그러나 이 일인즉 (선대) 조정에서 전해져 내려오면서 지켜온 논의이기 때문에 이제 성상(聖上, 즉 영조)께서

註135) 소백온(邵伯溫, 1057~1134) 중국 송나라 휘종徽宗 때의 문신·학자. 소옹邵雍의 아들로, 정이程頤에게 수학하고, 『역변혹易辨惑』·『견문록見聞錄』 등을 저술하였다.

(신臣 등에게) 질의하신 것으로 인하여 감히 들은 바를 대략 아뢰어 성명聖明[136] 께서 채택採擇을 하시는 데에 도움을 드릴까 합니다."라고 하였다.

전 승지承旨 양득중(梁得中: 1665~1742)이 논의하기를 "하순下詢하신 신비愼妃에 관한 일은 200년 동안 하늘에 사무치는 원통하고 억울한 일로서 참으로 이는 온 국가 신민臣民이 함께 마음 아파하는 점입니다. 밝으신 열성조列聖朝의 영령께서 위에 계시고 성상의 일념이 위로 하늘에 통하시어 금일의 특별한 교지는 성덕聖德의 비상한 행사이오니 무릇 신민臣民의 처지에 있는 자는 누구인들 칭송하고 축하하지 않겠습니까? 신臣이 감히 유신儒臣이 의견을 드리는 대열에 나설 수는 없지만 다만 여인지정輿人之情[137] 만을 말씀드릴 뿐이옵니다."라고 하였다.

전 사헌부 장령掌令 윤봉구(尹鳳九: 1683~1767)가 논의하기를 "이 일이 일찍이 숙종 대에 복위를 청하는 논의가 있었는데, 대개 신비愼妃께서 죄도 없이 폐척廢斥을 당하셨던 사실은 참으로 온 나라 사람이 지금까지도 함께 마음 아파하는 점입니다. 그리고 금일 성명(聖明: 본조 왕, 즉 영조)의 특교(特教: 임금이 특별히 내리는 명)에도 선조先祖를 추모하는 효성이 지극하신 것을 볼 수가 있으니 조야朝野의 신민臣民이 누구인들 흠앙(欽仰: 흠모하여 우러러

註136) 영명성철英明聖哲하여 알지 못하는 것이 없다는 뜻으로, 봉건시대 왕을 칭송하던 말. 당시 임금 즉, 본조本朝의 영조를 가리킨다.

註137) 어떤 사실에 대한 평범한 사람들의 일반적인 반응

봄)하지 않겠습니까?

다만 그 당시 신臣의 선사(先師: 돌아가신 스승) 권상하(權尙夏: 1641~1721)가 이미 논의를 드렸는데, (권상하의 논의 중에서) 바로 자사子思[138]의 훈계를 인용한 것이 실로 천고千古의 정론定論인지라 신臣으로 하여금 예에 따라 의견을 올리게 하더라도 어찌 (권상하가 자사의 훈계를 인용한 것, 즉) 이를 버리고 달리 다른 정의를 두겠습니까?"라고 하였다.

신(臣: 신후담)이 겸허한 자세로 살펴보건대, 복위할 당시 대신大臣의 차계箚啓[139] 및 중외(中外: 중앙과 지방) 수의(收議: 여러 관료들 논의를 종합한 견해)가 무릇 500여 편인데, 이제 27편을 채택하여 기록하였다. 신(臣: 신후담)이 삼가 생각컨대, 추복追復하는 행사가 진실로 성상의 특단(特斷: 특별한 결단)에서 나왔으나 여러 사람의 논의와도 어긋남이 없음도 인심人心의 동일함을 볼 수가 있다. 그리고 그 중에 하나 둘은 어렵고 신중하게 여긴 의논도 있었으나 근거할 바가 없지 않으므로 이제 아울러 존치하여 이로써 동이(同異: 동의하는 견해와 달리하는 견해)의 소치所致를 보여준다.

註138) 공자의 손자이자, 『중용』이 그 또는 그의 학파의 저술로 알려져 있다.

註139) 간단한 서식書式으로 올리는 상소문

3. 「총서總叙」와 「보유補遺」

1) 「복위시말 총서復位始末 總叙」[1]

1739년(영조 15) 기미己未 중종의 폐비신씨를 추복하고, 휘호徽號[2]는 공소순열恭昭順烈이요 시호諡號를 단경端敬이라 올리시고, 온릉溫陵에 봉하셨다. 후后는 바로 좌의정 익창군益昌君 수근守勤의 따님이시다. 익창군이 연산군 대에 정승지위에 계셨고, 그 누이는 연산군의 비가 되셨는데, 연산군은 음악무도淫虐無道[3]하였지마는 중종께서는 잠저에 계실 때 영문(令聞: 좋은 명예, 즉 명성)이 있으시어 중심(衆心: 많은 사람들의 마음)이 이에 귀속歸屬하였다.

박원종·성희안·류순정 등이 폐립廢立[4]을 음모하면서 (익창군 입장에서는) 자신의 딸인 진성대군晉城大君 빈嬪 신씨와 누이인 연산군비 두 분 중에서 어느 쪽이 지중至重한지, 즉 경중輕重으로

註1) 1739년 폐비 신씨愼氏를 왕후로 복위시키는 처음부터 끝까지 과정, 즉 그 전말顚末을 담은 종합적인 서술기록.

註2) 세상을 떠난 왕후에게 올리는 시호諡號의 하나이다. 왕후에게 올리는 시호에는 시호와 휘호 두 가지가 있다. 왕후 자字 앞에 붙는 두 자가 시호이며, 이 시호 앞에 놓이는 이름 넉 자가 휘호이다. 휘호는 왕비에게 추가하여 올리는 시호이며, 이럴 때에는 '추상휘호追上徽號'라고 하였다. 휘호는 보통 시호를 올릴 때 함께 정하였다. 휘호는 글자 뜻이 좋은 것을 골라 사용했다고 하지만, 시호와 마찬가지로 시법에 따르는 것이 일반적이었다.

註3) 음탕하고 잔악하며 도의가 없음

註4) 현 임금을 폐하고 새로 다른 임금을 맞아 세움

익창군에게 몇 차례 회유를 위한 시험을 하였다. 그러나 (그들의 위협과 회유에도 불구하고) 익창군은 죽음을 무릅쓰고 (그들의 회유 음모를) 따르지 않았다.

이에 박원종 등이 (1506년) 반정의 날에 익창군의 집으로 역사力士를 보내어 왕명의 부름이라 거짓 칭하고 끌어내어 죽였는데, 정덕(正德: 명나라 무종武宗의 연호) 병인(丙寅, 1506년) 9월 2일이었다. (익창군의) 두 아우 유수留守 수겸守謙과 판서 수영守英도 죽임을 당했다. 중종께서 이미 즉위하심에 후后를 책봉하여 정비正妃로 삼으시고 법가法駕를 갖추어 궁중宮中에 맞아 들여 군신群臣의 하례를 받으셨다.

그러자 박원종 등이 유자광柳子光과 함께 모의하기를 '그 아버지를 죽이고 딸을 세우는 것은 불가하다.'고 하고, 백관을 거느리고 아뢰기를 "신씨愼氏가 만약 왕비의 지위에 있게 되면 인심이 위태로워 종사宗社[5]에 관련됨이 있으므로 청하옵건대 (사사로이) 은혜로운 정을 끊으시고 (궁궐) 밖으로 내 보내시옵소서."라고 하였다.

주상께서 이르시길 "조강지처를 어찌 그럴 수가 있으리요!"라고 하시니, 박원종 등이 다시 아뢰기를 "신臣 등도 이미 사료(思料: 헤아려 생각함)하여 보았습니다. 그러나 종사宗社의 큰 계획에 어쩔 수가 없지 않겠습니까? 청컨대 빨리 (신비를 궁궐 밖으로 내보시는) 결단을 내리시어 (반정을 받아들이심에) 의심이 없도록

註5) 종묘사직의 준말로 조정이나 국가

하시옵소서."라고 강청하였다.

주상께서 이르시길 "종사宗社가 지극히 중대하니 어찌 사사로운 정을 꾀하겠는가! 마땅히 여러 사람의 의견을 따르겠다."고 하시고, 그날(1506년 9월 9일) 저녁 신씨愼氏를 하성위河城尉 정현조鄭顯祖[6]의 집으로 내보내어 (짧은 기간에 왕후라는 위치에서 폐비신세로 전락하게 됨에 따라) 그곳에서 거주하시게 하셨다.

그 뒤 1515년(중종 10) 을해乙亥에 장경왕후께서 승하하자 순창군수淳昌郡守 김정金淨과 담양부사潭陽府事 박상朴祥이 함께 봉사封事[7]를 올려 신비愼妃의 복위를 청하여 이르기를 "반정 초기에 박원종·류순정·성희안 등이 이미 신수근을 제거하고는 '신비는 그의 소생이니 그 아버지를 죽이고 그 조정에 섬에 훗날의 우환이 염려스럽다'고 하여 자신들 안전을 사사로이 도모하고자 폐출하려는 꾀를 함부로 내었으니 이는 참으로 까닭도 명분도 없는 일입니다.

신씨愼氏는 전하께서 잠저潛邸에 계신 첫 해로부터 훌륭히 길일吉日을 택하여 좋은 배필을 이루셨고, 자전慈殿[8]에게 의식을

註6) 세조의 사위이자, 영의정 정인지鄭麟趾의 아들이다.

註7) 은밀하게 밀봉密封하여 올리던 상소문

註8) 대비大妃·자성慈聖·동조東朝라고도 하였다. 특히, 대비는 조선시대 선왕先王의 왕비이다. 부군父君이었던 선왕이 사망하고 후사왕後嗣王이 즉위한 뒤 왕대비王大妃로 존숭되며, 현왕現王이 사망하고 다시 후사왕이 즉위하면 대왕대비大王大妃로 존숭되었다. 대비는 선왕의 정비正妃라는 관계에서 존숭된다. 대체로 현왕의 어머니가 대비가 되지만 반드시 그렇지는 않다. 이때 대비, 즉 자전은 중종의 어머니이자 신비의 시어머니로 정현왕후貞顯王后를 지칭한다.

갖추고 뵈었으니 시어머니와 며느리 사이의 의리가 이미 정해진 것입니다. 전하(殿下: 중종)께서 (왕위 즉위라는) 대통大統을 계승하심에 왕후지위에 바로 앉아 신민臣民의 하례를 받고 종묘와 사직의 주인에 응하셨습니다. 그러므로 전하에게는 요적褕翟[9]의 존귀함이 이미 성립이 되었고, 조종祖宗과 신기神祇[10]에게는 제향祭享을 받을 사람으로 바램이 있었으며, 온 나라 사람들에 대하여는 국모國母로서 분한分限[11]이 이미 명백해졌던 것입니다.

그리고 신비는 자전慈殿[12]에게 (중종 잠저 시절부터) 거슬린 행실이 없었고, 집안에 내쫓길 만한 허물도 없었으며, 신인神人에게 원망을 들을 만한 일도 없었는데, 전하께서 강신(强臣: 세력이 강한 훈신)에게 제압을 당하여 그 배필의 귀중함을 능히 보전하지 못하셨으니 어찌 통심(痛心: 원통한 마음)하지 않겠습니까? 저들 박원종 등의 무리가 명분의 정대正大함이 천지에 절연截然[13]하여 범할 수 없는 것과 같음을 어찌 몰랐겠습니까?

다만 일신 안전을 꾀하는 것이 더욱 컸던 까닭에 과감하게 함부로 거리낌도 없이 사태가 위급하고 일에 초배草昧[14]함을 틈

註9) 꿩의 것으로 꾸민 왕후王后의 옷. 즉 왕비라는 위치를 말한다.
註10) 하늘과 땅의 신
註11) 국법의 규정에 따라 주어지는 특별한 지위 한계
註12) 왕의 친모 또는 왕의 어머니 지위에 있는 왕후를 말한다. 여기서는 중종의 어머니이자 신비의 시어머니로 정현왕후貞顯王后를 지칭한다.
註13) 맺고 끊음이 칼로 자르듯이 확실하고 분명함
註14) 처음으로 전개하는 일이라 처리에 서툴고 어두움

타 전하께서 그들의 소행을 어길 수가 없을 것이라 여겨 군부(君父: 임금, 즉 중종)를 협청(脅請: 위협하야 강청함)하고 국모를 축출하니, 이런 일을 차마 할진대 이러한 마음을 미루어 본다면 비록 직필直筆[15]의 역사가 동호董狐[16]와 조대가曹大家[17]가 있다 할지라도 어찌 꺼릴 바가 있겠습니까? 인신人臣을 특별하게 논란論難하는 것도 없이 반드시 죽였으니 『춘추春秋』의 의리는 바로 이런 무리 때문에 세워진 것입니다.

만약 신씨愼氏가 죄인의 소생으로 지존(至尊: 왕이나 임금)의 배필이 되어 종조宗祧[18]를 주관할 수가 없다고 하여 이로써 핑계한다면 수근守勤의 죄는 본래 종사宗社에 관련된 것이 아니었으므로 어찌해서 신비愼妃에게까지 연루連累가 된다는 것입니까? 설사 종사宗社에 죄를 지어 죽임을 당했다고 할지라도 신비愼妃는 미리 (그 사건에 대해) 들어본 사실도 없은즉, (딸이라는 사실 하나로 그걸) 허물로 여겨 그 화禍가 신비愼妃에게 미칠 바는 아닙니다.

註15) 어떠한 강압이나 협박 및 방해 등에 구애됨이 없이 있는 사실 그대로 사필史筆함

註16) 동호는 춘추전국시대 진晉나라 영공靈公 때 '사史'를 기록하던 태사太史이다. 그는 권력을 두려워하지 않고 사실을 있는 그대로 직필直筆하였는데, 그의 그러한 역사기록 자세를 '동호지필董狐之筆' [동호의 붓]이라고 하였다.

註17) 후한後漢 화제和帝 때의 여인. 이름은 반소班昭, 자는 혜희惠姬. 반포班彪의 딸이자 반고班固와 반초班超의 여동생으로, 14세에 조세숙에게 시집을 갔던 관계로 조대가曹大家로 불리었다. 반고가 편찬을 마치지 못한 『한서漢書』의 미완성 부분을 보충하여 완성시켰다고 한다.

註18) 종묘 또는 조정, 즉 국가를 의미한다.

옛적 심온沈溫[19])이 헌릉獻陵[20])에게 죄를 지었으나 소헌왕후昭憲王后[21])의 옥도玉度[22])에는 흠이 없게 하였으므로 지난 궤범軌範[23])에서 훤히 증거할 수가 있습니다. 하물며 수근이 종사宗社에 관련된 죄를 짓지 않았으므로 주나라 제도에 친족과 의논하는 전범典範으로 비록 용서하여 온전히 할지라도 가당하거늘, 이제 이미 죄를 더하고 또 신비愼妃에게 반드시 연루시켜서 폐출한 것은 (자신들) 일신一身을 아끼고 군주를 업신여긴 까닭에 불과합니다.

아아! 이미 지나간 일은 그만두거니와 어찌 마침내 정당하게 복위할 수가 없겠습니까? 전하께서 심기心機[24])를 일전一轉하시기에 달려있을 뿐입니다. 이제 내정內政[25])이 주인을 잃었으니 마땅히 이때를 기회로 확연히 결단하시어 신씨愼氏를 왕후지위에 바르게 복위한다면 천지의 마음이 흠향할 것이고, 조종祖宗의 영령이 허락할 것이며, 신민臣民의 소망이 부응할 것입니다. 이 일만이 이미 땅에 떨어진 대의명분을 보존하고, 이미 어그러진 옛 은정恩情을 온전히 할 것이므로, 이는 바로 대의大義와

註19) 영의정이자 세종의 국구, 즉 장인

註20) 태종의 능호, 즉 태종

註21) 심온의 딸로 태종의 며느리요 세종비

註22) 임금의 몸가짐이나 태도

註23) 국가적인 의례나 행사를 치른 뒤 관련 기록을 정리한 보고서 또는 백서

註24) 마음을 움직이는 기틀 또는 동기

註25) 겉으로 드러내지 않게 내부적으로 하는 정치, 즉 왕비 자리

정리(正理: 올바른 이치)에 합당하여 통연洞然,[26]히 의심할 것이 없습니다."라고 상소하였다.

주상(主上: 중종)께서는 그 상소를 승정원에 내리시며 이르시길 "이는 대사大事이니 어찌 소신小臣의 말만 듣고 거행할 수 있겠는가? 이 상소를 승정원에 머물러 두게 하는 것이 옳다."고 하시자, 대사헌 권민수(權敏手: 1466~1517)와 대사간 이행(李荇: 1478~1534)이 가장 먼저 이를 배격하여 김정과 박상이 함께 죄를 얻었는데, 이조판서 안당(安瑭: 1461~1521)과 정언正言 조광조趙光祖가 두 사람[김정과 박상]의 사면赦免을 거듭 청하였으나 실효를 거두지 못하였다.

1557년(명종 12)) 정사丁巳에 신비愼妃가 승하하시자 주상(主上: 명종)께서 장생전長生殿[27]의 재궁梓宮[28]을 내리시고 1등의 예식禮式으로 장사의례를 치르게 하셨다. 조석朝夕의 진상進上[29] 및

註26) 막힘없이 탁 트이어 밝고 환함

註27) 조선시대 공신들 초상을 봉안하거나 관곽을 보관하였던 관청이다. 태조 대에는 태조의 어진과 공신 초상을 함께 봉안하다가 태종 대에 공신 초상만 봉안하였다. 세종 대부터 관곽보관 관서로서 성격이 변화하였다. 관곽 제공의 대상은 인조 이전에는 왕과 왕비, 세자와 세자빈, 그리고 대군으로 한정되었다가 이후 범위가 점점 확대되어 기존 귀후서歸厚署 기능도 흡수하게 되었다.

註28) 왕이나 왕후의 관棺

註29) 진상은 원래 지방의 토산물을 임금에게 바치던 일이었으나 일반적으로 아래 위치에서 위의 위치에로 바치는 것을 말하였다. 그 명목은 크게 물선物膳·방물方物·제향천신祭享薦新·약재藥材·응자鷹子 등과 별례진상別例進上으로 나누어졌다. 진상 물자에는 짐승류·어류·조류·채소류·과실류·기구류를 비롯하여 모피·약재류, 그리고 기타 장식품 등이 포함되었다. 여기서는 아침저녁 식사를

시녀侍女의 봉급俸給은 3년 동안 계속 지급하고, 제례祭禮는 신비愼妃가 스스로 원함에 따라 왕명을 받들어 신비의 조카 감찰監察 신사원(愼思遠: 1520~?)에게 전하였다. 이에 사원思遠이 아들이 없어 제사를 그의 외손外孫에게 전하였는데 궁핍하여 능히 제사를 받들지 못하였다.

(신비 신주를 모시지 못할 정도로 궁핍한 처지에 있던 때에) 1672년(현종 13) 임자壬子에 이조참의 이단하(李端夏: 1625~1689)의 상소로 인하여 그 제사를 익창군益昌君의 5대손 현령 신희(愼熹: 1615~1679)의 집으로 옮기도록 명하셨다. 1698년(숙종 24) 무인戊寅에 전前 현감 신규申奎가 상소를 올려 신비愼妃의 추복追復을 청하면서 아뢰기를 "엎드려 생각컨대, 중종께서 정청廷請에서 대답하시길 '조강지처를 어찌 그럴 수가 있으리요?"라고 하셨습니다. 그렇다면 중종께서 신비를 아끼어 차마 폐비시키지 못하신 뜻을 알 수가 있사온데, 다만 훈신勳臣[30]들의 강청(強請: 강압적 요청)에 못 이겨 은정(恩情: 은혜로운 사사의 정)을 끊고 폐출에 이르게 되었습니다.

김정金淨과 박상朴祥은 군자君子였습니다. 장경왕후章敬王后[31]께

중심으로 일상생활 필수품도 포함된 것으로 이해된다.

註30) 반정을 일으킨 류순정, 박원종, 성희안 등을 가리킨다.

註31) 조선 제11대 중종의 왕비 · 계비繼妃. 본관은 파평坡平. 영돈녕부사 윤여필尹汝弼의 딸이다. 1491년(성종 22) 7월에 호현방好賢坊 사제私第에서 태어나 이모인 월산대군月山大君의 부인에 의하여 양육되었다. 1506년에 궁궐에 들어가 처음 숙의淑儀가 되고 1507년 중종 원비 단경왕후의 손위遜位로 왕비에 책봉되었다. 1515년 2월 세자

서 승하하신 당시에 상소로 원종(元宗: 박원종) 등의 군부(君父: 왕, 즉 중종)를 협청(脅請: 위협하여 강청強請함)한 죄를 논하고, 신씨愼氏가 무고하게 폐척 당한 연유를 간곡히 진술하여 위호位號[32]를 청복請復[33]하였습니다. 그러나 당시 논의가 모순되고 막히어 행해지지 않았으니, 신臣은 여러 가지로 애통하게 여깁니다. 공자께서 이르시길 '효자孝子는 어버이의 뜻을 잘 계승한다.'고 하였으니, 당시 신씨를 폐척하는 것이 이미 중종의 뜻이 아닐진데, 위호位號를 추복追復하는 것이 어찌 중종의 뜻을 계승하는 일이 아니겠습니까."라고 하였다.

이에 주상(主上: 왕, 즉 숙종)께서 조정 신하에게 의논하셨는데, 영중추부사領中樞府事 남구만(南九萬: 1629~1711)이 "조종祖宗[34]의 배필配匹이라는 중대한 일을 품승稟承[35]할 곳이 없고, 본인 스스로 진퇴(進退: 나아가고 물러남)를 처리하는 것은 예법에 미안한

(世子: 인종)를 낳은 뒤 산후병으로 엿새 만에 경복궁 별전別殿에서 사망하였다. 휘호徽號는 숙신명혜淑愼明惠이고, 1547년(명종 2) 선소의숙宣昭懿淑이라 추상되었으며, 1남1녀를 두었다. 시호는 선소의숙장경왕후宣昭懿淑章敬王后, 능호는 희릉禧陵으로, 경기도 고양시 원당읍 원당리에 있다.

註32) 작위爵位와 명호名號를 아울러 이르는 말. 유교국가인 조선시대 왕, 왕비 및 내외명부 등 왕실 인사의 위치의 순서, 즉 차서次序를 의미한다.

註33) 신비의 위호, 즉 왕비 자리의 회복을 요청함

註34) 조종祖宗은 묘호廟號인 조祖와 종宗을 통칭하는 말로서, 임금의 선조先祖를 의미한다. 즉, 남구만이 숙종에게 올린 상소이므로 숙종에게는 중종이 선대 임금이다.

註35) 윗사람이나 나이가 많은 장자長者에게 여쭈어 그 해답을 얻거나 명을 받는 것

점이 있습니다."라고 하고, 여러 의견도 '만약 복위하여 종묘에 들인다면 지위가 장경왕후 오른편이 될 것이니, 이 또한 불편한 점이 있습니다.'고 하였다.

이에 주상(主上: 숙종)께서 '점차 존봉尊奉[36]을 더하는 방법을 의논하라'고 거듭 명하시어 판중추부사判中樞府事 최석정(崔錫鼎: 1646~1715)의 말에 따라 별묘別廟를 세우고, 이듬해 1699년(숙종 25) 기묘己卯에 신주神主를 받들어 통덕랑通德郎 신휘오(愼徽五: 1660~1716)의 집으로부터 옮겨 모셨다. 이에 이르러 주상(主上: 임금, 즉 숙종)께서 특별히 전교傳敎[37]를 내리시길 "신비사愼妃事[38]에 대하여 지난해에 문의하였으나 신원伸冤[39]할 도리를 얻지 못했다. 지금 생각하니 내 마음에 슬픈 감회가 일어난다. 묘우廟宇[40]는 사체(事體: 일 또는 사건의 본질)가 자별自別[41]한데도 다만 수복守僕[42]으로 수직하도록 하였다고 하니, 이제부터는 중관中官[43]으로 수직

註36) 귀히 여기면서 항상 정성스럽게 몸에 간직하고 높이 받듦

註37) 왕이 신하나 해당 관서에 내리는 교지敎旨, 즉 명령서이다.

註38) 신비愼妃가 왕비 자리에서 쫓겨나 사저에서 지내다가 사망한 그 전말에 대한 일

註39) 억울하게 죄를 뒤집어쓰고 지내온 한을 풀어줌

註40) 묘당廟堂·사우祠宇를 아우르는 말이다. 조상이나 훌륭한 신인神人들의 신주·위판·영정·소상 등을 모신 사당·묘당·사우·가묘家廟 등이 있다. 제왕의 조상을 제향하는 종묘宗廟·태묘太廟 제도에서 비롯되었다.

註41) 본래부터 남다르고 특별하다는 의미

註42) 조선시대 묘廟·사祀·능陵·원園·전殿·향교鄕校·서원書院 등에서 제사와 관련된 일을 비롯하여 청소, 잡일 등을 맡았던 구실아치

註43) 조선 후기에 왕실의 조달이나 제사를 담당한 각 궁宮에서 직제상 최상위에 있었던 직책이다. 차지次知·중사中使·차지중관次知中官

하도록 하라"고 하셨다.

여러 날짜가 지나서 유생儒生 김태남金台南[44]이 상소하여 신규(申奎: 1659~1707)[45]의 청請을 거듭하고, 또 아뢰기를 "신규의 상소에 단종의 일을 아울러 말하였는데, 그 당시 조정논의가 단종복위로 더욱 난처하다고 여겼지만, 주상(主上: 숙종)께서 단연히 거행하신 까닭은 더욱 난처한 문제에 있어서 어려운 일을 먼저 하고 쉬운 일은 뒤로 미뤄, 차제(次第: 차례, 즉 순서)로 행하실 의사가 어찌 아니었겠습니까?'라고 상소하였다.

이에 주상(主上: 임금, 즉 영조)께서 비답批答[46]을 내려 가상히 여기시고 인하여 입시入侍한 여러 신하에게 하순下詢[47]하시니 모두 말하기를 '신비愼妃께서 폐출 당하신 일은 지극히 원통하니 복위하는 것이 마땅합니다.'라고 하였다. 주상께서 고故 유

· 차지내관次知內官이라고도 한다.

註44) 1739년 3월에 상소함

註45) 조선 후기에, 함양군수·영해부사·진주목사 등을 역임한 문신이다. 1698년에 죽음을 각오하고 소疏를 올려 세조에 의하여 죽은 노산군魯山君을 복위시킬 것과, 중종반정 때 역적 딸이라는 이유로 폐출당한 중종비 신씨愼氏를 복위시킬 것을 주장하여, 노산군에게는 단종이라는 존호가 올려졌고 묘소는 장릉莊陵으로 추봉되었으나 신비愼妃의 복위는 받아들여지지 않았다. 그 뒤 1739년(영조 15) 김태남金台南의 상소에 의하여 신비가 단경왕후端敬王后로 복위되고, 묘소가 온릉溫陵으로 추봉되자, 이듬해 단경왕후의 복위에 관한 지난날의 공로로 좌승지에 추증되었다.

註46) 조선시대 신하가 왕에게 올린 상소上疏)·차자箚子 등에 대해 국왕이 내린 답서

註47) 윗사람이 아랫사람에게 의견을 물음, 즉 임금이 신하에게 의견을 묻는 것을 말한다.

신儒臣[48] 이희조(李喜朝: 1655~1724)와 이세필(李世弼: 1642~1718)이 '복위하는 것이 마땅하다'고 여김을 들으시고, 희조喜朝의 아들 양신亮臣과 세필世弼의 손자 종성宗城을 불러 물으셨다.

양신亮臣이 아뢰기를 "신臣의 부친께서 선조(先朝, 숙종) 말년에 『동현주의東賢奏議』[49]를 올렸는데 그 가운데 신비愼妃의 복위에 대한 논의가 실려 있습니다."라고 하고, 또한 종성宗城이 아뢰기를 "신臣의 조부께서 일찍이 말씀하시길 김정金淨과 박상朴祥의 상소에 중종께서 비답을 내리시길 '소신小臣[50]의 말만 듣고 따를 수는 없다'고 하시고, 그 상소를 승정원에 보류하도록 명하셨으니, '(중종께서) 처음에는 그들 상소를 물리칠 의사는 아니셨고, 만약 대신大臣들이 (나서서 그들 상소를 잘 살펴보겠다고 중종에게) 논의를 제시하였다면 중종께서는 들어 주셨을 지도 모를 일이라고 운운云云' 하였습니다."라고 하였다

주상(主上: 임금, 즉 영조)께서도 자전慈殿[51]께 들어가서 고告하

註48) 홍문관弘文館 관원의 총칭이다. 홍문관원은 학술적 기능뿐만 아니라 왕의 자문에 응하는 정치적인 기능을 겸하였기 때문에 학문과 인격을 갖춰야 하였으며, 가문에도 결격사유가 없어야 했다. 홍문관원은 홍문록弘文錄을 통해 선발되었다.

註49) 1719년(숙종 45) 이희조李喜朝 가 14~17세기의 선현先賢 9명이 올린 도학적道學的 경세론經世論에 관련된 상소 및 차자箚子를 유현儒賢별로 분류하여 숙종에게 진상進上한 주의류奏議類 산문散文을 뽑아서 엮은 책이다.

註50) 신하가 임금을 상대하여 자신을 낮추어 이르는 겸칭이다. 그러나 여기서는 대신大臣과는 무게감에 떨어지는 상대적으로 낮은 벼슬의 신하를 일컫는다.

註51) 숙종의 계비로 인원왕후仁元王后를 말한다. 그녀는 연잉군(뒤에 영

셨을 때 자전께서 하교(下敎: 대비가 영을 내림)하시기를 '신규申奎가 상소로써 아뢸 때에 선조(先朝: 선왕, 즉 숙종)께서 복위시키고자 하셨으나 대신大臣의 논의가 한결같지가 않아서 거행하지 못했는데, 항상 이 일을 처리하지 못하신 것으로써 한탄하셨다.'라고 하셨습니다.

주상(主上, 영조)께서 신(臣, 이종성)과 여러 신하들에게 말씀하시고 인하여 하교下敎에 이르시길 "신비愼妃께서 손위(遜位: 왕비자리에서 물러남)하신 것은 그 일이 윗사람에게 있지 않고 아랫사람에게 있으니, 만약 바삐 욕의縟儀를 거행하지 않으면 아아! 적의翟衣[52]를 어느 때에 회복할 것이며 백세(百世: 오랜 세월)의 건곤乾坤[53]이 어느 시기에 밝아질 것인가! 지난 번 신규申奎가 청복(請復: 신비복위를 청함)함에 성고(聖考: 승하한 부왕, 즉 숙종)께서 단종만을 복위하시고 신비愼妃에 대해서는 단지 점차 존봉尊奉[54]을 가加하라 명命하신 부분은 그 당시 논의가 한결같지 않아 지극히 중대한 일을 능히 병행并行할 수 없었던 까닭이다.

그 뒤 애석하게 여기신 하교下敎가 있었으니 이로써 헤아려 보면 성의(聖意: 숙종의 뜻)에 다름이 없음을 알 수가 있으나 선현先賢의 상소를 승정원에 보류하도록 한 중종의 하교를 성고聖考께

조)을 자신의 아들로 입양한 뒤 연잉군은 세제가 되고, 이후 왕위에 등극하였다.

註52) 왕후가 입는 정복正服, 즉 왕비를 가리킴

註53) 태양과 달과 같이 밝게 빛나는 왕비라는 그 지위를 말함

註54) 직첩을 높여 거기에 걸맞게 받들어 봉향奉香하는 일

진달陳達[55]한 사람이 없었으며, 위차位次[56]를 정하기 어려운 점도 여러 신하의 의논이 한결같지가 않았던 때문이었다. (거기에다가) 더욱 애통한 것은 유신儒臣이 엮은 책자冊字의 글을 예람睿覽[57]할 수가 없었던 점이다.

아! 거친 무덤의 풀은 몇 해를 지냈던가? 처량한 묘우廟宇[58]를 엄수閹竪[59]로 하여금 수직토록 하였으니 (깊이) 생각해보니 나도 모르게 마음 아프다. 이제 나의 이 마음은 조종祖宗의 영령께서 나의 효성을 인도하신 결과가 아니고 무엇이겠는가?"라고 하시고, 즉시 대신大臣과 유신儒臣에게 문의하시고, 재명일(再明日: 다음다음 날)에 백관百官에게 문의하시니, 대신과 유신과 백관이 모두 의견을 개진開進[60]하였다.

주상(主上: 임금, 즉 영조)께서 하교하시길 "500인의 헌의獻議[61]에 삼가현령三嘉縣令 한 사람 밖에 다른 반대의견이 없고, 대신과 유신의 헌의에도 일치하지 않음이 없으니 인정人情이 같음을 볼 수가 있다."고 하시고, 또한 "재외(在外: 현직관료 외, 즉 재야在野)의 유신에게 의논하라."고 명하셨는데, 모두 다른 견해가 없었다.

註55) 여러 방면으로 말을 벌여 알도록 전하여 줌

註56) 자리와 순서, 즉 신비가 원비로서 복위와 함께 종묘에 배향 될 때 왕비, 즉 계비로서 장경왕후와의 신주를 모시는 의례 방법

註57) 왕이나 왕세자가 책자 등을 열람하는 것

註58) 신주를 모시는 묘당廟堂과 사우祠宇

註59) 내시內侍나 환관.

註60) 어떤 사실을 밝히거나 주장을 펴기 위해 의견이나 내용을 드러내어 말하거나 글로 씀

註61) 임금의 물음에 의견을 개진한 자신이 직접 쓴 글

주상께서 즉시 예조에 명하시어 복위에 대한 의식과 절차를 거행하도록 하시고, (1739년) 3월 26일 임신壬申에 몸소 묘廟[62]에서 알례謁禮[63]를 행하셨으며, (3월) 28일 갑술甲戌에 경덕궁慶德宮 위선당為善堂에 신주神主를 옮겨 모셨다. 그리고 (1739년) 5월 1일 정축丁丑에 신주를 고쳐 세우고, (1739년 5월) 6일 임오壬午에 태묘(太廟: 종묘)에 부제祔祭[64]하셨는데, 위차位次는 장경왕후章敬王后의 오른편에 두게 되었다. 이에 반교문頒教文[65]으로 대사大赦[66]를 선포하시었다.

이 선포[67]는 (중종반정 당시인) 병인년(丙寅年, 1506)에 신비愼妃께서 폐척을 당하심으로부터 거의 233년이나 되었다. 봉릉封陵은 (1739년) 4월 26일에 역사役事를 시작하여 (1739년) 5월 28일에 준공 보고를 하였고, (1739년) 8월 19일 계사癸巳에 주상께서 몸소 능소(陵所: 신비 능, 즉 온릉)에서 제사를 받드셨다.

주상께서 처음 (신비의) 복위를 논의하실 때 신비愼妃의 생졸

註62) 신비愼妃의 신주를 궁궐에 모셔오기 이전의 사제私第에서 있었던 사묘祠廟

註63) 참여하여 배례拜禮를 행함

註64) 새로운 신주를 종묘에 이미 모셔진 그 조선祖先, 즉 조상의 신주 곁에 모실 때 지내는 제사

註65) 국가에 어떤 경사慶事가 있을 때 온 나라에 알리던 교서教書, 즉 임금의 명령서의 하나.

註66) 국가에 어떤 경사가 있을 때 죄수들에게 은전恩典을 베푸는 일, 즉 대사면大赦免.

註67) 단경왕후 복위에 따른 휘호徽號와 시호諡號 및 위호位號를 내린 일과 종묘에 신주를 원비元妃의 위차, 즉 장경왕후 오른편에 모신 것 등등

년生卒年과 사적事蹟에 대해 상세하지가 않아 전 현감 신구중愼龜重을 불러 물으셨는데, 구중龜重은 그의 조부 희熹와 부친 휘오徽五 때부터 신비愼妃의 제사를 모신 사람이다. 구중龜重이 대답하여 아뢰기를 "신비愼妃의 생신生辰은 1월 14일이시고, 기신忌辰[68]은 12월 5일이신데, 그 생년과 졸년은 잘 모르겠습니다.

그러나 양사언(楊士彦: 1517~1584)[69]의 『봉래집蓬萊集』을 살펴보건데, 신비愼妃의 만사輓詞[70]에 대한 주註에 '비妃의 향년享年이 71세'라 하였으니, 이제 생졸生卒가운데 그 하나를 알게 된다면 (그 사실에) 미루어 함께 알 수가 있을 것입니다. 그 폐척을 당하심인즉, 입궁入宮 후 3일三日에 있었음이 박상朴祥의 행장行狀에 보입니다.

註68) 돌아가신 날 사망한 자를 추모하며 지내는 제사, 즉 기제라고도 한다.

註69) 조선 전기에 대동승, 삼등, 함흥 등 8고을의 수령을 역임한 문신. 본관은 청주. 자는 응빙應聘, 호는 봉래蓬萊·완구完邱·창해滄海·해객海客이다. 주부인 양희수楊希洙의 아들이다. 형 양사준楊士俊, 아우 양사기楊士奇와 함께 글에 뛰어나 중국의 삼소(三蘇: 소식·소순·소철)에 견주어졌다. 자연을 즐겨 회양군수로 있을 때는 금강산에 자주 가서 경치를 감상했다. 40년간 관직생활 중 전혀 부정이 없었고 유족에게 재산을 남기지 않았다.
한시는 작위적이지 않고 표현이 자연스러워, 더 이상 고칠 데가 없이 뛰어나다는 평을 들었다. 가사歌辭로는 「미인별곡美人別曲」과 을묘왜란 때 군軍을 따라 전쟁에 나갔다가 지은 「남정가南征歌」가 전한다. 이밖에 시조 "태산이 높다 하되 하늘 아래 뫼이로다 / 오르고 또 오르면 못 오를 리 없건마는 / 사람이 제 아니 오르고 뫼만 높다 하더라."는 지금도 널리 애송되고 있다.

註70) 죽은 사람을 애도하는 글을 지칭하는 용어이다. 만장輓章이라고도 한다.

반정反正 시에 공신功臣 등이 먼저 갑사甲士[71]를 보내어 사제私第를 호위하자 중종께서 (갑사들이 주위를 호위하고 있는) 그 까닭을 깨닫지 못하셔서 성심聖心이 놀랍고 두려워 장차 말을 못할 어려운 일이 있으려 하였습니다. 그런데, (그때 마침) 신비愼妃께서 (중종의) 옷자락을 잡고 만류하며 이르시길 '마땅히 말[馬]머리가 향하는 곳을 보십시오. 만약 말의 머리가 (사제私第) 안으로 향하고 있다면 이는 우리를 해치려는 것이고, 만약 (사제) 밖을 향하고 있다면 이는 우리를 호위하려는 것이니 (정황을 정확히) 파악하고 난 뒤에 처신하시는 것도 늦지 않사옵니다.'라고 하고, 사람을 시켜 (그 상황을) 파악하여 알려주도록 하였는데, 말의 머리가 과연 밖으로 향하고 있는지라 중종께서 이에 진정하실 수가 있었다고 합니다.

(신비께서) 폐출되신 뒤에 중종께서 일찍이 능행陵幸[72]으로 인하여 지나다 신비愼妃의 사제私第에 들리시니 신비가 만나 뵙기를 사양하면서 이르기를 '첩(妾, 신비愼妃 자신)이 내쫓김을 당한 사실은 종묘가 알고 있고, 백관百官과 온 백성들이 알고 있으므로 종묘에 고하고 신민臣民에 두루 알리지 않고서는 지금은 감히 사사로이 (첩을) 볼 수는 없습니다.'고 하셨는데, 이는 가첩家牒[73]

註71) 조선시대 오위제五衛制의 의흥위義興衛에 소속된 군인으로 중앙군의 기간병基幹兵 위치를 차지하였다.

註72) 임금, 즉 중종이 어떤 능에 친히 행차하던 일

註73) 한 가계의 혈통적 근원 내지 내력을 직계조상을 중심으로 밝힌 서적. 넓게는 족보의 한 형태로서 가승家乘·세계世系·가계家系·내

에 전해 오는 내용입니다."라고 하였다.

여러 신하가 또 각각 (자신들이) 들은 대로 대답하였는데, 승지 권혁(權爀: 1694~1759)이 아뢰기를 "이양신(李亮臣: 1689~1739)이 근래 집안의 소설小說을 보았는데, (그는) '반정反正 이튿날 폐출한 사실이 있었다."고 하고, 승지 조영국(趙榮國: 1698~1760)이 아뢰기를 "이조참판 홍현보(洪鉉輔: 1680~1740)의 말에 '중종께서 일찍이 거둥하시는데, 신비愼妃의 사제私第를 지나시다가 (중종께서) 들어가 보려고 하시니, 대신大臣과 삼사三司가 어가御駕[74] 앞에서 힘써 간하여 이에 그만두시고, 그 뒤 거둥하실 때는 아래 신하들 몰래 뜻하지 않게 지나다 들리셨는데, 그 때 신비愼妃께서 천안(天顔: 임금의 얼굴)을 바라보고자 길가 옆집에 나가 계시어 중종께서 보지 못하고 돌아오셨다고 합니다."라고 하였다.

우의정 송인명(宋寅明: 1689~1746)이 아뢰기를 "항간(巷間: 항간, 즉 일반 백성들 사이)에 들어볼만한 사실들이 많은데, 상암(裳巖 : 치마 바위)이란 설화說話가 바로 (그중에 대표적인) 것입니다"라고 하고, 병조판서 조상경(趙尙絅: 1681~1746)이 아뢰기를 "신비愼妃가 손위遜位한 뒤 거처가 바로 대궐을 바라보는 곳이어서 중종께서 항상 슬픈 감회를 가지시고 홍상(紅裳: 붉은 치마)을 바위 위에 걸어두도록 하여 바라보시니, 이것이 '상암裳巖'이란 이름이 있게 된 연유입니다."라고 하였으며, 이양신이 아뢰기를 "중종

외보內外譜 등의 명칭으로도 쓰였다.

註74) 임금이 타고 다니는 말이 끄는 수레

께서 일찍이 어승마(御乘馬: 임금이 타는 말)를 보내니 신비愼妃께서 몸소 죽을 끓여 말[馬]에게 먹였다고 합니다."라고 하였다.

주상께서 또 별겸춘추別兼春秋 이성중(李成中: 1706~1760)에게 명하여 강도(江都: 강화도)[75]에 가서 실록을 상고하도록 하시니, (실록을 상고한 뒤에) 돌아와 아뢰기를 "실록(實錄, 『명종실록』)에는 '명종 정사년丁巳年[76]에 신씨愼氏가 돌아가셨다.'고 기록되어 있는데, 만약 향년享年 71세로 추정해서 미루어 계상해 본다면 생년은 당연히 정미년丁未年[77]이 됩니다.

연산조(燕山朝: 연산군 때)에 중종께서 출합出閤[78]하셨다고 기록되어 있으나 가례嘉禮[79]를 행하셨던 시기는 어느 해인지를 모르겠습니다. 신비愼妃의 출궁出宮을 세상에서 반정(反正: 중종반정) 다음날이라고들 하지만, 실록를 상고하여보니 '무인일戊寅日[80]

註75) 강화도의 정족산사고鼎足山史庫에 보관된 실록을 가리킴

註76) 명종 12년이 정사년丁巳年으로 서기년은 1557년이 된다.

註77) 단경왕후 졸년은 『명종실록』에 기록되어 있고, 양사언의 『봉래집』에 만사挽詞 주註에 향년 71세라고 기록된 내용을 가지고 당대 나이 계상방식으로 추정하면 1487년이 생년이 되는 셈이다. 이해가 성종 18년(1487) 정미년丁未年이 되는 것이다.

註78) 대군이나 왕자가 성장, 장성하게 되면 사궁私宮을 짓고 사는 것

註79) 가례는 오례五禮, 즉 길례吉禮·가례嘉禮·빈례賓禮·군례軍禮·흉례凶禮 가운데 하나로, 백성과 기쁨을 함께 나누는 의례를 말한다. 여기에는 왕비·왕세자·왕세자빈의 책봉冊封, 왕세자와 왕세손의 관례冠禮, 국왕과 왕세자의 혼례, 왕실 가족에게 존호를 올리거나 축하 잔치를 여는 등의 행사가 포함되었다. 그러나 협의의 가례는 왕실가족의 혼례를 가리키며, 이를 위해 가례도감嘉禮都監이 설치되었고, 혼례가 끝난 다음에는 가례도감의궤嘉禮都監儀軌가 작성되었다.

에 (중종)반정反正하고, 을유일乙酉日[81]에 (신비愼妃가) 출궁出宮하셨다.'고 기록되어 있습니다.

그러나 반정 후에 (신비가) 입궁한 사실은 기록되어 있지 않으니, 이는 사관史官이 소홀히 한 것입니다. (신비의) 기신(忌辰: 제삿날, 즉 사망한 날)은 실록에 (1557년 12월) 7일이라 기록[82]되어 있으므로 사가私家에서 (1557년 12월) 5일로 전해오는 설說은 잘못된 것입니다. 그 졸년卒年을 기록한 아래에 '중종께서 신비愼妃의 죄가 아닌데도 폐척한 까닭에 그리워서 잊지 못하셨다.'고 적시하고 있고, 또한 이르기를 '신비愼氏께서는 중종의 원비元妃이시거늘 그가 돌아가심에 당하여 예관禮官이 (장례절차에 걸맞게) 예법禮法으로 치르지도 못하였다.'고 하니, 이 내용은 사관史官의 기록입니다."라고 하였다.

신臣 후담後聃이 (앞의 사실들을 모두) 삼가 살펴보건대, '신臣의 부친 구중龜重과 여러 신하가 대답한 내용에 혹 이동(異同: 같거나 다름)이 있다. 그러니 이는 모두 오래된 전문(傳聞: 전하여 들음)에서 나와 알 수가 없고, 실록에 실린 것도 소략하여 근거하기가 어렵기 때문'에 성상聖上의 순고詢考[83]하신 뜻에 맞지 않음이 있을 수가 있다.

註80) 1506년 9월 2일 무인戊寅

註81) 1506년 9월 9일 을유乙酉

註82) 「폐비신씨 졸기卒記」, 『명종실록』 권23, 명종 12년(1557) 12월 7일 병술조

註83) 물어보고 자세히 살핌

그래서 이에 신臣 후담이 언젠가 다시 들은 것을 가지고 추기追記하여 말하자면 신臣이 일찍이 듣게 된 한 소설小說에 '신비愼妃가 회현동會賢洞 집에서 탄생하셨다.'고는 한다. 그러나 익창군(益昌君, 신수근) 당시에 회현동에 살았다는 사실을 많이 듣지를 못했으므로 의문이 되고, 어떤 이가 이르기를 '신비愼妃께서는 (신비의) 외가에서 탄생하셨다.'라고 하나 이러한 설도 확실한 근거는 없다.

가례嘉禮는 어느 해에 치러졌는지 모르겠지만, 그러나 지금 살펴보건대 신비愼妃의 조부이신 장성공章成公 승선承善의 묘지墓誌[84]가 임술년(壬戌年: 1502) 가을에 이루어졌는데, 묘지墓誌 가운데 신비愼妃가 진성대군(晋城大君: 뒤에 중종)의 배필이 된 내용이 이미 실려 있으므로 가례嘉禮는 (장성공의) 묘지墓誌(를 작성한) 시기보다 앞서 있었음은 분명하다.

더욱이 김정金淨의 상소에 이르기를 "신씨愼氏가 전하께서 잠저潛邸[85]에 계신 첫해부터 아름답게 길일吉日을 가리어 좋은 배

註84) 묘지는 죽은 사람의 이름과 생몰년·행적·신분·무덤의 방향 등을 기록한 능이나 묘소에 관한 글이다. 일반적으로는 돌 위에 새기지만 벽돌, 청자나 백자에 쓰여진 것이나 무덤 벽면에 묵서墨書하거나 새긴 명문 등 다양한 형태로 나타난다.

註85) 국왕이 즉위하기 전에 거주하던 사저私邸. 때로는 왕이 즉위하기 이전의 신분을 지칭하기도 한다. 이는 『주역』의 "잠룡(潛龍 : 덕을 닦으며 숨어 사는 성인 혹은 영웅)은 쓰지 말라."는 말에서 유래하였다. 조선의 태조·중종·인조·선조·철종·고종 등 왕족이나 왕자가 아니었던 자로서 혁명·반정·추대 등의 방법으로 왕이 되었거나, 세조·효종·영조 등 당초 왕세자에 책봉되지 않은 왕자로

필을 이루었다."고 하니, 이른 바 잠저에 계신 첫해란 대개 출합出閤[86)]하신 해를 가리키지만, 중종의 출합이 확실히 어느 해인지 알지 못하는데, 혹 임술년(壬戌年: 1502)이라 말하지만 당부(當否: 맞는지 여부)를 가릴 수가 없다. (신비께서) 출궁하신 날은 실록에는 반정 후 8일[87)]인데, 세간에서는 반정 이틀날이라 하는 설과는 (궁궐에 머문) 기간이 서로 다르므로 실록을 따르는 것이 당연할 것이다.

그리고 입궁入宮한 사실은 비록 실록에는 실려 있지 않으나, 마침 박상朴祥의 행장行狀에는 '신씨를 왕비로 책봉하고 법가法駕[88)]를 갖추어 궁중에 맞아들여 군신(群臣: 많은 신하)의 하례를 받았다.'고 기록하고 있다. 그러므로 이 내용은 국사國史의 빠진 부분을 보충할 만하다. 이 행장行狀에는 또한 '3일을 지내고 폐척당하였다.'고 기록하고 있다.

그런데, 만약 반정한 그날에 (신비를 궁궐로) 맞아들였다면 (궁궐에 계신) 일수日數가 당연히 이와 같지는 않을 것이다. (그렇다면) 어쩌면 이 때에 신비愼妃께서 익창군益昌君의 환란[89)]을 만나 성

서 궁궐에서 나가 살다가 뒤에 왕이 되어 입궐한 자들의 즉위 전 사저를 지칭하였다.

註86) 조선시대 왕자나 왕녀가 가례嘉禮 후 궁궐 밖 살림집으로 나가는 일.

註87) 신후담은 1506년 9월 2일부터 1506년 9월 9일까지 9월 2일과 9일을 각각 하루로 계상하여 8일 동안이라고 한 것으로 해석된다.

註88) 의장儀仗 이외에 왕의 행차나 왕이 탄 가마를 가리키고, 또한 왕비 및 대비大妃의 가마를 상징하기도 하였다. 여기서는 왕비의 가마를 가리킨다.

註89) 신수근이 반정 세력에게 죽임을 당한 일.

복成服[90])하기 전에는 왕비책봉과 길례吉禮를 행하지 못하여 잠시 밖에 머물러 계셔서 그렇게 되었던 것인지는 모르겠다.[91])

그렇다면 이제 실록의 을유일(乙酉日: 1506년 9월 9일)에 출궁하였다는 기록을 근거하여 미루어 본다면 입궁한 날은 마땅히 계미일(癸未日: 1506년 9월 7일)이 되니, 반정일(1506년 9월 2일)과는 6일 차이가 납니다. 신비愼妃께서 손위遜位하면서 건춘문建春門[92]) 으로 나가셨으니, 숙종께서 지은 시에 "건춘문으로 밤에 나가니 나라사람이 원통히 여긴다."고 하심이 이것이다.

(1506년 중종반정으로 신비께서 출궁하신 뒤에) 우거寓居하시게 된 하성위河城尉 정현조(鄭顯祖: 1440~1504)[93])의 집은 죽전동竹前洞에

註90) 초상이 났을 때 상복을 처음 입는 일.

註91) 반정을 반대해 죽임을 당한 신수근의 장례가 황망한 상황에서 정한 날짜대로 제대로 치러질 수 가 있었을까는 하는 의문을 가질 수 있다. 그리고 반정 후 급박하게 전개되는 국가 중차대한 공적 왕위즉위식은 반정 후 그날에 행해졌다고 실록은 기록하고 있다. 한편, 신후담이 신수근 장례, 즉 흉례凶禮를 치르기 위해 왕비책봉 의례참여는 잠시 미뤘을 것으로 추측해본 측면은 박상의 행장에 근거한 것이다. 그렇지만, 당시 신비가 국가 공적 중차대한 왕위 즉위식 및 왕비책봉 의례참여 보다 당시 정황상 사적측면이 강한 부친 장례, 즉 흉례참여를 먼저 자의적으로 처신할 수는 없는 여건이었을 것이라는 추정도 해볼 수도 있다. 한편으로는 살아있는 사람 보다 사자死者를 우선시해야 한다는 유교윤리도 간과할 수는 없다.

註92) 조선시대 경복궁의 동쪽에 있던 궁궐문.

註93) 조선 세조의 부마인 왕족. 공신. 본관은 하동河東이고, 영의정 정인지鄭麟趾의 아들이다. 1455년(세조 1) 세조 딸 의숙공주懿淑公主와 혼인하여 하성위河城尉에 봉해졌고, 1466년 의빈부의빈儀賓府儀賓이 되었으며, 1467년 10월 하성군河城君으로 개봉되었다. 이듬해

있었으니, (그곳은) 지금의 영희전永禧殿[94]인데, (항간에 여러 설로 전해오고 있는) 상암[裳巖, 치마바위]이 그 가운데 있다고 하였다.

그 뒤 반정공신 등이 중종께서 바라보고 감회를 품고계실까 두려운 나머지 다른 집으로 옮기셨으니, 양사언의 문집에 '타락봉駝駱峰[95] 아래 허사아許士牙[96]의 집 위에 거주하셨다.'고 하

별시문과에 을과로 급제하였는데, 부마로서 과거에 응시한 것은 그가 처음이다.

註94) 남별전南別殿이 바뀐 이름이다. 조선왕실 어진(御眞, 임금 초상화)을 모시던 진전眞殿으로, 도성 내 죽전동竹前洞[서울 중구 저동 62-1번지, 즉 2025년 현재 중부경찰서와 영락교회 일대]에 위치하였던 건물로 추정된다. 원래 세조의 잠저潛邸였는데 세조 장녀 의숙공주(懿淑公主, 1441~1477)가 시집가고 나서 거처하도록 하였고, 의숙공주와 하성위河城尉 정현조鄭顯祖 사후에는 다시 왕실에서 중종비 단경왕후端敬王后가 폐출되어 출궁 뒤 잠시 거처하는 공간으로 사용하였다.

이후 봉자전奉慈殿 → 남별전 → 숭은전崇恩殿 → 다시 남별전 → 영희전永禧殿 등으로 차례로 바뀌면서 그 규모가 꾸준히 확장되어 운영되다가, 1900년(광무 4) 경모궁(景慕宮, 2025년 현재 서울 종로구 대학로 103번지 서울대학교 의과대학 내)으로 자리를 옮기고, 기존 영희전 자리에는 의소묘懿昭廟와 문희묘文禧廟가 옮겨오게 되었다.『南別殿重建廳義軌』. 한편, 영희전은 조선시대 행정구역 기준으로 남부南部 훈도방勳陶坊에 있었다고 한다. 2025년 현재 명동성당 동쪽에 있었는데, 도로명 주소로는 중구 수표로 27 지역이다.『디지털위키백과』

註95) 조선왕조실록에는 한 번 나오는데, "대신大臣과 비국備局의 제신諸臣을 인견引見하였다. 훈련대장訓鍊大將 이기하李基夏와 어영대장 윤취상尹就商이 도성都城의 둘레를 그림으로 그려 올렸는데, 임금이 각각 의견을 진달하게 하였다. 이기하가 지도를 펼쳐 한 봉우리를 가리키면서 말하기를, "이것은 구준봉狗蹲峯인데, 바로 도성의 후장後帳으로 큰 번폐藩蔽가 됩니다. 계곡이 깊고 봉우리가 높아서 적병이 돌격하여 올 수가 없으니, 마땅히 외성外城을 더 축조

였으나 그 곳이 상세하지 않고, 혹자는 말하기를 '지금 시전궁터[匙廛宮基]라 말하는 곳이 바로 이곳이다.'라고들 한다. 1515년(중종 10) 을해복위乙亥復位를 청한 상소[97]는 단지 의리가 정당할 뿐만이 아니라 참으로 종사宗社를 위하는 심려(深慮: 깊은 마음)에서 나왔으니, 장경왕후께서 승하하신 것은 인종仁宗의 탄생 후 겨우 7일 만이었다.

김정金淨과 박정朴祥이 서로 상의하기를 '원자元子[98]를 보호할 도리는 오로지 신씨愼氏를 복위하여 세우는 데에 있다.'고 여기고, 이러한 견해를 가지고 상소를 올렸으니 그 말이 안로安璐[99]의 『기묘록己卯錄』[100]에 보인다. 그런즉 신비愼妃의 인자하고 성

築造하여 혹 3, 4개의 돈대墩臺를 설치해서 방수防守하는 곳을 만드소서." 하고,
또한 말하기를 "이것은 낙타봉駱駝峯으로 도성의 규봉窺峯입니다. 그리고 목멱산木覓山의 한 줄기가 동쪽으로 한강漢江까지 뻗쳐서 성중城中을 굽어 내려다보고 있습니다. 이 두 곳에는 당연히 돈대를 설치해야 됩니다…" 『숙종실록』 숙종 20년(1694) 2월 15일 을유조乙酉條. 여기서 주목할 내용은 규봉이라는 견해를 표시한 것, 즉 도성 너머로 '엿보는 봉우리'라는 뜻이다. 이 봉우리 어딘가 바위에 붉은 치마를 걸어두고 경복궁을 바라볼 수 있는 위치를 추측해볼 수도 있다.

註96) 허강許橿(1520~1592). 조선 중기 학자. 본관은 양천陽川. 자는 사아士牙이고, 호는 송호(松湖)이다. 좌찬성 허자許磁의 아들이고, 관설헌觀雪軒 허후許厚와 미수眉叟 허목許穆의 조부이다. 정작鄭碏 · 이지함李之菡 · 양사언楊士彦 등과 교유하였다.

註97) 김정과 박상의 상소를 가리킴

註98) 국왕과 왕비 사이에 탄생한 맏아들

註99) 기묘명현 안당(安瑭 : 1460~1521)의 손자로, 선조 대 학자이다.

註100) 여기서 『기묘록己卯錄』은 안로의 『기묘록보유己卯錄補遺』를 말한다.

스런 덕이 평소 나라사람에게 신망을 얻었음을 또한 상상할 만하다.

이 때 원종元宗 등이 비록 죽었으나 생존해 있는 무리가 (여전히) 조정의 중요한 지위에 많이 있어서 소인小人들이 그들의 뜻을 추종하여 청복請復을 막았다고 한다. 기일(忌日: 제삿날, 즉 사망한 날)은 실록과 『가첩家牒』의 기록이 서로 다른데 조가朝家에서는 실록을 따랐으나 그 당초에 본가本家에서 제사를 모셨으니 기일에 대하여는 '완전히 착오였다.'고 해선 부당한 듯하다.

어찌 제사를 받드는 것에 여러 차례 그 사람을 바꾸고 또 한편 병화(兵火: 전쟁)를 겪었지만 그 전해오는 것을 잃을 수가 있겠는가? 혹 말하기를 '실록에 (신비께서) 별세하신 날을 기록한 것은 단지 부음訃音이 들리던 날을 따랐다.'고 하나 어떻게 신비愼妃께서 돌아가신 것은 실로 5일인데도 부음이 7일에 있다 하여 실록에 7일로 기록했겠는가? 오래된 먼 일이라서 잘 알 수가 없다.

능묘는 양주楊州 서산西山 후회동水回洞 해좌亥坐[101] 언덕에 있

『기묘록』은 본래 김육의 저술로 기묘사화己卯士禍 때 화를 당한 김정국金正國의 『기묘당적己卯黨籍』과 기묘팔현己卯八賢의 한 사람인 안당安瑭의 손자 안로安璐가 저술한 『기묘록보유』를 바탕으로 이루어졌다. 『기묘당적』은 기묘사화 때 화를 당한 인물 94인의 생년·급제·최종 관직을 소략하게 수록하였고, 그 미비점을 보완한 것이 『기묘록보유』이다. 『기묘록보유』에는 개인별 시호·용모·특재·관력·친척·시편 등이 자세하게 기록되어 있다.

註101) 24방위 중에 뒤쪽을 해亥로 하여 대체로 북북서 방향을 뜻한다.

는데, 익창군(益昌君: 신수근)의 묘와는 서쪽으로 5리가 되는 곳에 있고, 신비愼妃의 아우 군수 홍조弘祚의 묘와는 같은 국내(局內: 선산先山 지역 내)에 있으니 대체로 후后의 유교(遺敎: 유서)를 받들어 여기에 장사를 모신 것이다. 표석表石[102]을 두어 제목하기를 '廢妃愼氏之墓폐비신씨지묘'라고 새겨져 있는데, 세월이 오래되니 돌[石]의 결이 갈라지고 글자가 문드러져 겨우 식별할 수 있을 정도이고, 뒷면에는 새긴 글자가 없다고 한다.

신(臣: 신후담)이 엎드려 생각하건데, 후비后妃의 존귀함은 인주(人主: 왕, 즉 임금)와 함께 종사宗社를 받들고 만민의 부모가 되는 것이니 경솔하게 폐립廢立[103]할 수가 없음은 명백한 의리이다. 혹여 무고하게 폐척을 당하신 것은 송나라의 곽씨郭氏[104]·

註102) 묘표墓表라고도 한다. 죽은 사람의 관직, 이름이나 호號를 앞 면에 새기고 뒷 면에는 사적事蹟)을 서술하여 새기는데, 후면에 새긴 글을 음기陰記라고 하며, 일반적으로 묘소 앞에 세운다.

註103) 임금을 폐립시키고 새로운 임금을 세움

註104) 황후 곽씨(皇后郭氏)는 북송 인종(仁宗의 첫 번 째 황후이다. 곽씨는 장씨와 함께 입궁하였는데 당시 인종이 장씨를 마음에 들어하여 황후로 세우고자 하였지만, 어머니 장헌명숙황후가 반대로 곽씨가 황후로 책봉되었다. 그 뒤 범중엄 등이 곽황후 폐위를 반대하는데도 불구하고 인종은 조서를 내려 황후 곽씨를 폐위하였다. 폐위된 곽씨는 정비靜妃로 격하되었으며 '청오淸悟'라는 도사 이름을 하사받았다. 거처는 도교사원 장락궁으로 옮겨졌다.
그 뒤 황후 조씨와 사이가 나빠진 인종은 다시 곽씨를 그리워하였고, 사자를 보내 동정을 살폈을 때 곽씨는 병을 앓고 있었다. 그는 인종에게 '저를 다시 맞이하고 싶으시면 백관이 모인 자리에서 (황후로) 책립하여 달라"고 하였다. 그러나 이미 새로운 황후가 있었으므로 불가능한 일이었다. 그가 병을 앓자 인종은 전의를 보내 진찰하게 하였으나 갑작스럽게 사망하였다. 인종은 슬퍼하였

맹씨孟氏[105] 두 황후皇后와 명나라의 호황후胡皇后와 같은 경우가 있으니 고금(古今: 옛날부터 지금까지)이 (이를) 모두 원통하게 여기는 것이다.

그런데, 이는 오히려 인주人主의 돌아봄이 해이하여 참소讒訴[106]와 무고誣告[107]가 그 틈을 탔을 따름이다. 어찌 우리 단경왕후께서 어질고 아름다움으로 성조(聖祖: 선대 왕조, 즉 중종)의 배필이 되어 금슬琴瑟이 좋았으나 강신強臣에게 폐척 당하여 능히 그 은정恩情을 보전하지 못함과 같겠는가? 이는 충신忠臣 지사志士가 애통하고 억울하게 여겨 지금까지도 그치지 않는 까닭이다.

아아! 이제 수 백 년이 지난 뒤에 성심(聖心: 영조의 마음)이 감동하시어 신충(宸衷: 임금의 뜻)을 쾌히 결단하고, 능히 욕의縟儀[108]를 거행하며, 성조(聖祖: 영조이전 조선의 왕조)의 본 뜻을 계술하고, 영고(寧考: 부왕, 즉 숙종)의 유의(遺意: 유언)를 완성하시니

고, 황후로 복위시켰지만, 시호를 내리지는 않았고, 종묘에 배향하지도 않았다.

註105) 북송 철종哲宗의 첫 번째 황후이다. 일반적으로 원우황후元祐皇后 맹씨孟氏 또는 맹황후라고도 한다. 한 사람으로서도, 한 나라 국모로서도 한 번 겪기도 힘든 황후 폐위를 두 번이나 겪고 두 번이나 다시 복위한 독특한 이력을 가지고 있다. 그는 유일하게 당시 북송의 수도 개봉에 있던 황실 사람 중 '정강의 변' 당시 금나라로 압송되지 않았던 것으로 유명하다. 더불어 국가 최고위기 속에서 송나라의 구심점이 된 인물이기도 하다.

註106) 죄가 없는 사람을 헐뜯어서 죄가 있는 것처럼 꾸며 윗사람에게 고하여 바치다.

註107) 허위 사실을 고발하여 피해자를 처벌받게 하는 행위

註108) 장례, 제례 등 번거로운 절차나 의식儀式

참으로 우리 성상(聖上: 영조)에게 하늘이 낸 효성이 아니시면 어찌 여기까지 이를 수가 있겠는가?

당시 사적(事蹟: 일의 자취)이 이미 민몰湮沒[109]하기에 이르렀는데도 두루 신료臣僚에게 물으시고 널리 패기稗記[110]를 상고하여 우리 성후(聖后: 성스런 왕후, 즉 단경왕후)의 성덕(盛德: 뛰어난 덕)과 의열懿烈[111]을 오히려 그 하나 둘을 나타냄이 있도록 하시니, 또한 우리 성상(聖上: 임금, 즉 영조)의 정성스런 효도의 결과가 아님이 없다. 아아! 지극하여라. 신(臣: 신후담)이 듣건데, 온릉溫陵을 능으로 봉封하여 제사를 베풀던 날에 소낙비가 쏟아지자 백성들이 '원한을 씻는 비라고 하였다.'고 하니, 이는 정릉貞陵[112]의 일과 서로 비슷한지라 또한 기이奇異한 일이다.

신(臣: 신후담)이 삼가 살펴보건대 신씨愼氏의 관향貫鄕[113]은 거창이니, 그 선조는 본래 송나라의 개봉부開封府 사람이다. 상조

註109) 자취나 흔적이 아주 없어지다.

註110) 항간에 떠도는 일화逸話나 잡사雜史 같은 기록

註111) 성스럽고 떳떳한 아름다운 공업功業

註112) 조선 태조의 계비繼妃, 즉 신덕왕후神德王后의 능호로, 신덕왕후를 가리킴

註113) 성姓의 출자지出自地 또는 시조 거주지를 통해 혈통관계와 신분을 나타내는 관습제도. 본관本貫·본적本籍·관적貫籍·성관姓貫·본本이라고도 한다. 어느 시대를 막론하고 사람의 생활은 각기 혈연과 지연으로 서로 얽혀 있게 된다. 성이 바로 부계父系의 혈통을 나타내면서 시간선상의 끊임없는 연속성을 보여준다면, 본관은 어느 한 시대에 정착하였던 조상의 거주지를 나타내므로 공간상의 의미가 크다고 하겠다. 즉, 성은 공동 조상을 나타내는 부계의 핏줄을 뜻하고, 본관은 지명으로 표기된 점에서 알 수 있듯이 성과는 다른 차원에서 성립된 것임을 짐작할 수 있다.

(上祖: 선대 시조) 휘諱[114] 수修가 고려 문종 조에 배로 바다를 건너와서 우리나라[고려]에 들어와 과거에 입격하여 관직이 수사도守司徒[115]에 이르러 치사致士[116]하였고, 시호는 공헌恭獻으로 학식이 있기로 역사에서 일컬어졌다. 그의 아들 휘 안지安之는 병조상서兵部尙書로 성품과 도량이 관홍(寬弘: 너그럽고 큼)하고 정사政事에 청렴 공평하기로 역사에서 일컬어졌다.

그 뒤 휘 익翼이란 분은 태자太子의 태보太保[117]이고, 휘 세공世功은 태자의 소보少保이며, 부자父子가 계속 덕망으로 이름이 났고,

---

註114) 살아있는 사람의 이름인 명名에 대비해 공경의 차원에서 죽은 사람의 생전 이름을 피하는 행위 또는 생전의 이름을 가리키는 일반용어. 이것이 언제부터 시작되었는가는 확실하지 않지만, 『예기禮記』에는 '졸곡卒哭을 지낸 뒤에 비로소 휘한다.'든가, 두 글자로 된 이름은 한 글자만 휘한다든가, 조정에서는 사사로운 휘는 하지 않는다는 등 죽은 자에 대한 기휘忌諱, 즉 휘를 피하는 것에 대해 자세하게 설명을 하였다.
살아있는 사람에 대한 휘, 즉 생휘生諱의 풍습은 진秦 때부터 시작되었는데, 진시황의 이름 '정政'은 '정正'으로 결필缺筆되었다. 휘를 하는 방법으로는 다른 글자로 바꿔쓰는 것[대자代字], 글자를 고쳐 쓰는 것[개자改字], 그 글자를 빼고 쓰는 것[결자缺字]), 그 글자에서 획을 더는 것[결획缺劃] 등의 방법이 쓰였으며, 이것 때문에 관명官名·지명地名·물명物名 등이 고쳐지거나 폐기되는 일이 자주 있었다. 우리나라도 자기의 죽은 부모나 조상, 역대의 임금의 이름, 우리나라 선현은 물론 중국 고대 공자 등을 비롯한 역대 선현을 휘하였다.

註115) 고려시대 정1품 관직

註116) 나이가 많아 벼슬에서 명예롭게 물러나는 것을 말한다. 일반적으로 70이 되면 벼슬을 그만두고 물러났는데, 이때 궤장机杖을 하사받기도 하였다.

註117) 고려시대 왕태자 스승의 하나, 즉 태보太傅 다음의 직이다.

소보少保의 아들 휘 집평執平은 신호위대장군神虎衛大將軍으로 고려 고종 대에 동북면도병마사로 몽고적蒙古賊을 막다가 변방에서 전사하셨는데, 그에 관한 기사가 고려 역사에 자세히 기록되어 있다.

그 뒤 여러 대에 걸쳐 현달한 관직에 오른 분이 나오셨고, 휘 인도仁道에 이르러 마침내 조선 조정에서 관직을 역임하셨는데, 그는 한성부윤이 되고 호조판서에 추증追贈[118]되었다. 인도의 아들이 휘 이충以衷인데, 그는 판이주현사判利州縣事를 지내고 우찬성右贊成에 추증되었으며, 시호諡號는 양렬襄烈인데, 이 분이 신비愼妃의 고조高祖가 되신다.

(그 다음 신비) 증조의 휘는 전詮인데, (이분은) 문과에 급제하여 관직이 황해감사黃海監司에 이르렀고, 영의정 거창부원군居昌府院君에 추증되었으며, 시호는 양간襄簡이시다. 조부는 장성공(章成公, 휘는 승선承善)이시니, 세조 대에 친시문과親試文科[119]에 장원하여

註118) 어떤 인물이 죽은 뒤에 생존했을 때 공적이나 활동을 평가하여 국가에서 품계나 관직을 올려주는 제도이다. 조선시대는 종친, 문무관, 공신 및 그 조상에게 삼대추증三代追贈 제도를 시행했으며, 왕비나 세자의 장인에게도 특별히 높은 관직을 추증했다. 추증은 원래 '추은봉증追恩封贈'에서 유래된 말로, 추증된 관직 앞에는 '贈증'자를 붙여 생전의 관직과 구별했다. 이 외에 이미 추증된 관직을 다시 올려주는 가증加贈, 생전 관직을 올려주는 증직贈職 제도가 있었다.

註119) 왕이 직접 시험관이 되어 실시한 시험이라는 의미에서 친시라 하였다. 조선시대 태종대부터 선조대까지 총 18회가 시행되었다. 비정기적으로 시행되었으며 정해진 인원은 없었다. 친시는 왕이 성균관에 가서 유생을 상대로 하거나 작헌례酌獻禮를 행한 뒤에 시행하

세조·예종·성종 삼대를 섬겨 관직이 영의정에 이르셨고, 부원군府院君[120]에 훈봉勳封[121]되셨다.

(신비의) 부父는 익창군益昌君인데, 본래 재지才智로 조정에 나아가 대배大拜[122]에 이르렀는데, 병인년(丙寅年, 1506)에 사사되셨으니 앞에서 기술한 바와 같고, 그의 복관(復官: 관직을 회복함)이 인종仁宗 말년에 있었고, 성상(聖上: 임금, 즉 영조)에 이르러 그의 시장諡狀[123]을 보시고, 1506년 당시 일을 가상히 여겨 특별히 포장褒獎[124]하라 명을 내려 이르시길 '섬기는 바에 두 마음을 두지 않았으니[125] 아! 간절하다. 수근守勤의 마음이여! 견고하도다 수근의 뜻이여!'라고 하셨다.

신비께서 복위하시게 되자 은혜로운 공功을 미루어 (신수근을)

거나 명나라 황제의 등극을 경축하는 등의 명목으로 시행되었다.

註120) 조선시대 임금의 장인 또는 친공신親功臣에게 주던 작호爵號이다. 고려시대에도 충렬왕 이후의 작호에 부원군의 명칭이 보이는데, 이 칭호도 조선시대처럼 임금의 장인이나 공신의 칭호로 쓰여진 듯하다. 조선시대는 대체로 왕비의 아버지, 즉 임금의 장인인 국구國舅나 정1품 공신들에게 주는 작위이다.

註121) 관료들에게 작爵을 봉封하거나 관직을 하사함

註122) 조선시대 영의정·좌의정·우의정 등 삼정승을 의정議政이라 하였는데, 대배는 의정의 벼슬을 내려주는 것을 말한다.

註123) 임금에게 시호諡號를 내리도록 건의할 때 생존 시 그의 행적을 적은 글.

註124) 나라에 공이 있는 인물에게 공로를 치하하고 표창表彰을 내림

註125) 신수근은 자신의 누이가 연사군 비妃이고, 그의 딸이 중종이 등극하기 이전 진성대군의 빈이었다. 그런데, 중종반정 당시 박원종 등이 그의 누이와 딸 중에서 누구를 택할 것인가로 반정에 참여할 것을 회유하였다고 한다. 이러한 회유에 반대하며 목숨을 바쳐 한 임금에게 충성하는 절의를 지킨 그의 절의정신을 칭송한 것이다.

영의정 익창부원군益昌府院君으로 추증하고, 신도信度라는 시호가 내려졌다. 비(妣: 돌아가신 어머니, 즉 신비의 모母)는 정경부인貞敬夫人 안동권씨安東權氏인데, 좌의정 남擥의 따님이시고, 영가부부인永嘉府夫人에 추증되었다. 그리고 계비繼妣는 정경부인 청주한씨清州韓氏로, 병사兵使 충인忠仁의 따님이시며, 청원부부인淸原府夫人에 추증되었는데, 신비는 바로 한씨韓氏의 소생이시다.

(우리) 신씨愼氏는 선세先世로부터 대대로 행의行義를 돈독히 하였고, 양간공襄簡公에 이르러 백형(伯兄: 맏형, 즉 전詮의 맏형) 기幾와 함께 문학文學으로 이름을 떨쳤는데, 장성공章成公도 문장과 덕망으로 당세 명신名臣이 되셨으니, 내행內行[126]이 더욱 순수하고 독실하며 효성과 우애가 남달랐다. (장성공의) 부인 중모현주中牟縣主는 곧 임영대군臨瀛大君[127]의 따님으로 덕성이 부드럽고 은혜로워 남편을 섬김에 어김이 없어 내외가 화목하셨다.

신도공信度公과 권씨·한씨 두 부인이 이를 계승하여 그 법도를 바꾸지 않았으니 성종 초기에 장성공 따님이 간택揀擇[128]되어 연산군의 비가 되셨고, 신비愼妃도 간택되어 왕실가문에 들

註126) 어머니나 아내 등 부녀자의 행실

註127) 조선시대 세종의 4남으로, 어머니는 소헌왕후이다. 예종 때 정승 구성군 이준의 아버지였고, 영의정 신승선의 장인이며, 연산군 부인 폐비신씨는 그의 외증손녀였다. 그리고 단경왕후 친정아버지 신수근은 그의 외손자였다.

註128) 조선시대 왕실에서 혼인을 치르기 위해 여러 사람의 혼인후보자들을 궐내에 모아놓고 왕 이하 왕족 및 궁인들이 나아가 직접 보고 적격자를 뽑던 행사.

어가셨으니, 임금의 뜻이 대개 그 가법家法[129]의 아름다움을 취한 것이었다.

연산비燕山妃도 착한 덕성을 갖추어 연산군의 황패(荒悖: 거칠고 패역함)한 날을 당하여 매양 법도로써 간하시다가 여러 차례 비리非理를 만났으니, 일찍이 탄식하여 이르기를 '여러 궁인(宮人: 궁중에 있는 여러 여관女官)이 정사를 어지럽혔는데 나는 본받지 않겠다.'고 하시고, 매양 내수사內需司[130]를 경계한 까닭에 본궁本宮의 액례掖隷[131]가 감히 횡포하지 못했는데, 그 이야기가 야사野史에 보인다.

신臣 후담後聃이 삼가 생각하건데, 신의 증조와 조부로부터 2세二世에 걸쳐 신비愼妃의 제사를 집에서 모셔왔는데, 성상(聖上: 임금, 즉 영조)께서 복위를 논의하실 당시에 신비의 사적事蹟을 알고자 신臣의 부친이 (전하, 즉 영조의) 부름을 받아 입대入對[132]하고 별묘別廟[133]를 참배할 때에 주상께서 특별히 신臣의 부친에게 명하시어 전내殿內[134]에 모시고 들어가서 주독主櫝[135]을

註129) 왕실 가문의 법도

註130) 조선시대 왕실재정의 관리를 위해 설치되었던 관서. 이조吏曹 소속 정5품 아문衙門으로 왕실의 쌀·베·잡화 및 노비 등에 관한 사무를 관장하였다.

註131) 조선시대 왕과 왕족의 명령 전달, 알현 안내, 문방구 관리 등을 관장하던 액정서掖庭署에 소속된 하급관리.

註132) 궐내에 들어가 임금의 자문에 응하는 것

註133) 일반 사당과는 달리 특별하게 지은 사당

註134) 전각殿閣이나 궁전宮殿 등의 안.

註135) 주독은 신주神主를 모셔두는 궤櫃로, 사당의 감실에 모셔둔다.

열고 거두도록 하셨다.

경덕궁에 옮겨 모실 때 신臣의 부친께서 신련神輦[136]을 모시다가 주상(主上: 영조)께서 지영祗迎[137]하실 즈음에 옥체(玉涕: 임금의 눈물)가 뚝뚝 떨어지는 것을 보고 많은 신하들이 탄식하지 않음이 없었다. 온릉溫陵을 봉封함에 신의 부친이 또 방중方中[138]의 역사役事를 함께 감독하고, 그 뒤 주상을 따라 종묘에 참배하다가 주상께서 단경왕후의 감실龕室[139]에 이르시어 새로 조성한 책보冊寶[140] 봉심奉審[141]함을 (영조께서) 친히 보시었고, 또한 주상을 따라 온릉을 참배함에 관세위盥洗位[142]를 갖추어 주상께서

註136) 신위神位를 모시고 메는 가마.

註137) 임금이 능행陵幸에서 돌아올 때 백관이 공경하여 맞이하는 일

註138) 능중陵中 이라고도 한다. 능 봉분을 중심으로 하는 능의 주변전체 경계를 설행設行하는 넓이라고 추측된다. 세종 때 민의생과 정인지 등이 무덤의 광중壙中을 파는 법에 대해 상소하기를 "『문헌통고文獻通考』에 '산릉山陵을 경영하는 용지用地가 7경頃인데, 방중方中의 용지가 1경頃으로, 그 깊이는 13장丈이라.'고 하였다."(『세종실록』 세종 23년 8월 20일 갑신조 1번째 기사 및 『단종실록』 단종 즉위년 8월 1일 신유조 5번째 기사).

註139) 신주神主·영정影幀·성상聖像 등과 같이 성스러운 대상을 표상하는 상징물을 받들어 모셔두는 장欌이다.

註140) 옥책玉冊과 금보金寶로, 전자는 왕실(또는 황실)에서 책봉·존호·시호·휘호 등을 올리거나 죽음을 애도하기 위해 옥간玉簡에 글을 새겨 엮은 문서이고, 후자는 제왕의 인장으로서 옥으로 제작한 것을 옥새, 금으로 제작한 것을 금보 혹은 금인金印이라 하였다. 그러나 금보도 옥새로 통칭되는 경우가 많았다.

註141) 왕의 명령을 받들어 왕실의 묘우나 능침을 살피고 점검하는 일을 지칭하는 말로 유교의식의 하나이다.

註142) 조선시대 국가제례 때 제사절차를 직접 수행하고 진행하는 제관祭官 가운데 하나로, 헌관이 손 씻는 것을 도와주는 역할을 담당하였다.

무릇 행사를 숭상하는 절차에 지성으로 예를 극진히 행하심을 친히 참관하였다.

또한 (부친, 신구중이) 일찍이 겸춘추兼春秋로 사관史館[143]에 입직(入直: 숙직)하다가 복위를 논의할 당시 전후前後의 성교(聖教: 영조의 명)를 봉열(奉閱: 받들어 읽음)하고, 주상의 정성을 다 하심이 이와 같음을 알아 모든 것을 신臣 구중에게 말씀하시니, 신臣 구중이 구구區區[144]한 감탄을 누를 수가 없는지라 가만히 생각해보니, 신비愼妃의 뛰어나신 덕과 주상(主上: 영조) 조상을 받드시는 효성을 후세에 전하지 않을 수가 없었던 것이다.

한편, 신臣 (후담)의 선세先世가 일찍이 신비愼妃의 제사를 받들어 모시고, 신臣의 부친[愼龜重]이 또 이때를 당하여 임금의 기유記有[145]를 입어 함께 욕의縟儀[146]의 완성을 보게 되었은즉, 그 의의가 마땅히 타인과는 다른지라[147] 신臣 (후담)이 생각을 해서 구구하게 이와 같이 차례대로 서술하여 이로써 패관稗官[148]이 참고할 것에 대비하였다.

主上 己未 秋八月 辛丑주상 기미 추8월 신축[149]에 진사 신臣 신후담

註143) 조선시대 사초를 작성하고 시정기時政記를 찬술하던 기관.

註144) 어떤 일에 대하여 설명이나 해석이 다양함.

註145) 잊지 않고 기억하고 있음

註146) 번거로운 절차를 거치는 전례典禮나 의례儀禮 및 의식儀式 등을 말한다.

註147) 직계 선조의 일이므로 어떠한 다른 사람들과도 특별한 인식을 가지고 있다는 심사를 말함

註148) 임금이 민간의 풍속, 정사를 살피기 위해 이야기를 기록시키던 벼슬아치

은 엎드려 절하며 삼가 글을 쓴다.

[細註: 신(臣: 신후담)이 상편上篇[150]에 이미 (신비愼妃) 복위하는 그 과정의 시말始末을 실었고, 여기에도 간략히 가려서 뽑아 총서總叙[151]를 만들어 상고하여 보기에 편리하도록 하였다. 그러나 그 가운데서도 상편上篇에 보이지 않는 내용도 있으므로 대개 서로 참조하여 보아야 비로소 한 권의 책을 갖춘다고 하겠다.]

註149) 주상(임금, 즉 영조) 1739년 가을 8월 27일(신축)

註150) 『온릉지』 상편上篇

註151) 종합하여 전체 줄거리 맥락을 가지고 서술함

4. 「보유補遺」[1]

신비愼妃께서 이미 정위正位[2]하시면서 (훈공신勳功臣: 성희안·류순정) 박원종 등의 하례賀禮 올림을 받지 않음으로써 (박)원종元宗이 두려운 나머지 폐척廢斥 모의를 하자 승지 김영간(金永幹: 1468~1534)이 (신비 폐척에 대한) 그 불가함을 적극 반대, 주장하다가 마침내 관직에서 쫓겨나 귀양을 가기에 이르렀다고 한다.

신비愼妃께서 손위遜位[3]하신 뒤 중종께서 일찍이 미행微行[4]하여 신비가 거처하는 집의 문밖에 이르시니, 문이 잠겨 열리지 않아 마침내 돌아오셨다고 한다. 신비의 신주神主를 처음에는 외손 원주이씨原州李氏 성姓을 가진 자의 집에서 받들어 모셨는데, 가정형편이 (너무) 궁핍하여 받드는 곳[祠堂]이 비바람도 가리지를 못했다고 한다.

(원주이씨 성을 가진 자의 집이) 마침 고故 상신相臣[5] 이단하(李端夏: 1625~1689의)의 집과 서로 가까웠는데, 단하端夏가 이러한 정황을 알아듣고서 마음이 아파 조정朝廷에 아뢰어 신비의 직계손에게 이봉移奉[6]하게 하였다고 한다. 1699년 기묘己卯 이전에는 (신후담의) 조부 휘오徽五의 집에서 제사를 모셔왔는데, 바로

註1) 『온릉지』 내용을 보완補完하는 「보유편補遺編」

註2) 바른 자리, 즉 왕비의 자리에 임함

註3) 왕비 자리에서 물러남

註4) 왕이 자신의 신분을 감추고 은밀한 복장으로 궁궐 밖을 다님

註5) 의정부의 최고관직 영의정, 좌·우의정 등 삼정승을 일컫는다.

註6) 신주神主 등에 제례를 받드는 묘사廟祀나 사당을 옮겨서 받들어 모심

지금 서부 반송방 거동西部 盤松坊 車洞[7]이 그곳이다.

조부께서 제사를 엄숙히 받들고 해마다 봄과 가을에 성묘하여 정성으로 묘소를 가꾸어 이와 같이 받들기를 20여 년이었다. 한편, 신비愼妃가 손위遜位한 이후에 전개된 전후前後의 역사적 사실을 수집하여 기록한 뒤 집안에 보관하게 되었다.

1739년(영조 15) 기미복위己未復位 시에 신(臣: 신후담)의 부친 구중龜重이 주상(主上: 임금, 즉 영조)의 부름을 받아 실로 조부[愼徽五]께서 기록한 내용에 의거하여 앙대仰對[8]를 하였고, 신臣 후담이 지금에 이르러 다시 (조부께서) 그에 관해 기록해 놓으신 역사적 사실에 근거하여 『온릉지溫陵志』를 편찬하기에 이르렀다.

기미년(己未年, 1739) 온릉을 봉封함에 (온릉을 설행設行하는) 작업의 시삭에서부터 준공할 때까지 날씨가 청명하여 이 일을 추진하는 기한을 넘기지 않았다. 그런데, 봉축封築[9]을 마치자 곧바로 때를 맞추어 비가 내려 사초莎草[10]가 무성하게 되자 사람들이 모두 이르기를 '성상(聖上: 임금, 즉 영조)의 효성에 감동한 것이다.'라고들 하였다.

(당시를 회상한) 봉릉당상封陵堂上 조최수(趙最壽: 16780~1739)의 시에

註7) 당시 돈의문과 소의문 사이의 동洞. 서소문동 서북쪽 전 배재고교 자리와 이화여고 부지 일부에 해당하는 지역으로 추정된다.

註8) 임금께 우러러 질문에 답변을 함

註9) 능을 조성하려고 흙을 쌓아 올림

註10) 묘소의 손질의 하나로 능에 떼를 입히는 일

"(황후 복위의) 능陵을 봉축封築하니
비가 때맞추어 아름답게 내리고
위에 계신 (신비愼妃의) 영령英靈께서
(기쁜 마음으로) 환하게도 임하셨도다."

라는 한 구절은 바로 이러한 그때 상황을 표현한 것이다.

온릉에서 몇 리가 되는 곳 길가에 바위 하나가 있는데 (그것을) 전릉우展陵隅[11]라고 이름 한다. 그 명칭이 오래된듯한데 어디에서 그 의미를 취하였는지 알지를 못했는데, 이때에 이르러 전하께서 온릉에 전알展謁[12]하셨을 때에 '길이 여기[전릉우]에서 시작된다.'고 하시므로 사람들이 '전릉우展陵隅에 대한 예언이 징험되었다.'라고들 하였다. 능陵의 수구水口[13]에 일사一砂[14]가 있는데 매우 단정하고 좋으니 술객術客 [15]이 이르기를 '이 곳의 이름은 어산사御傘砂[16]로서, 바로 나라 임금이 오셔서 임臨할

註11) 임금이 능陵에 행차하여 배례拜禮를 표시하는 의식인 전알展謁을 행할 때, 즉 전알하러 가는 길 모퉁이를 '전릉우'라고 하지 않았을까라는 추측이다.

註12) 임금이 궁궐·종묘·능침 등에 참배함

註13) 풍수지리에서 말하는 득得이 흘러간 곳

註14) '사砂'는 풍수에서 혈穴을 감싸는 산봉우리 등을 말한다. 여기서는 하나의 언덕이나 줄기의 갈래를 말한다.

註15) 풍수風水 등에 정통한 사람, 술가術家라고도 한다.

註16) '어산御傘'은 신하들이 임금에게 우산을 받치고 있는 형국形局으로, '어산사'의 고유 명칭은 신하들이 임금에게 우산을 받치고 있는 형국의 산봉우리를 의미하는 것으로 해석이 된다.

곳이라고 하였다.'고 한다.

신비愼妃의 선산先山이 거창居昌의 구산龜山[17]에 있는데, 술객術客[18]이 일찍이 이르기를 '마땅히 성녀聖女가 출생할 곳이다.'라고 하였는데, 대체로 (술객의 예언이) 신비愼妃에 이르러 징험이 되었다. 익창군(益昌君: 신수근)의 묘 아래에 작은 암자菴子[19]가 있는데 '신비원당愼妃願堂'이라 칭한다. 대개 신비愼妃께서 생존해 계실 때에 익창군의 분산墳山[20]을 보호하기 위해서 세웠다고 한다.

(순창군수) 김정金淨과 (담양부사) 박상朴祥이 을해년(乙亥年, 1515)에 상소를 올릴 때 (전라도) 순창군淳昌郡 북쪽 복천사福泉寺[21]에 모여 의논하였다고 한다. 그런데, (당시) 무안현감務安縣監 류옥(柳沃: 1487~1519)[22]도 (이들 상소에) 참여하였으므로 후세 사람

註17) 신비 선산이 있는 구산을 중심으로 2025년 현재 경남 거창군 거창읍 동변리 구산마을에 시조로부터 14세조까지 묘소와 제단이 조성된 구산재龜山齋가 있다. 구산은 마을 남쪽에 있는데, '거북이가 앉아있는 형국이라 하여 구산이라 이름하였다.'고 한다. 거창신씨의 종산이며, 우리나라 8명산 중 하나라고 하는 한편, 위천면 수승대 일원의 구연서원도 있다. 『디지털거창문화대전』(한국학중앙연구원,2018)

註18) 풍수· 음양陰陽·복서卜筮·점성술占星術 등에 정통한 사람.

註19) 절[불교] 중에 큰 절[寺]에 딸려있는 규모가 작은 절을 가리킨다. 혹은 초가집을 암자라기도 한다.

註20) 묘소가 있는 산

註21) 전북 순창군에 있는 불교사찰이다. 복천사(福川寺 또는 福泉寺)는 뒤에 강천사로 바뀌었는데, 산세가 용이 꼬리를 치며 승천할 형국이라 하여 용천사龍泉寺라 하였다고 한다. 강천사라는 이름은 선조 때 학자 귀봉 송익필이 이곳에 유숙하며 "숙宿 강천사剛泉寺"라는 제목으로 시를 지었는데, 이때부터 강천사로 불리었다고 한다.『디지털순창문화대전』(한국학중앙연구원, 2014)

들이 그들이 앉아있던 곳을 '삼인대三印臺'[23]라고 이름 하였다. (그들이 올린) 상소 가운데 류옥의 이름이 빠진 것은 그의 부모가 늙고 형제가 없었던 처지라서 김정과 박상이 '그 이름을 넣지 못하도록 하였다.'고 한다. 그리고 '복천福泉'은 지금[1741년 현재] '강천剛泉'이라 칭한다고 한다.

1739년(영조 15) 기미己未에 온릉을 복위한 뒤에 주상(主上: 임금, 즉 영조)께서 김정과 박상이 정론正論[24]을 처음 일으킨 사실

註22) 조선 중기 문신. 본관은 문화. 자는 계언啓彦, 호는 석헌石軒, 시호는 정간靖簡이다. 담양 창평 출신으로 유곡리에서 태어나 중종 14년(1519) 기묘사화가 일어나던 해 33세를 일기로 죽었다. 1805년 이조판서에 추증되었고, 순창의 화산서원花山書院에 제향되었다.

註23) 전라도 순창군 팔덕면 강천사剛泉寺에 있는 조선 전기 왕비 신씨의 복위관련 건축물. 사적지. 1973년 전라북도 유형문화유산으로 지정되었다. 1506년(연산군 12) 중종반정 이후 폐위된 왕비 신씨愼氏의 복위를 위하여 세 사람이 관인官印을 걸고 상소를 올리기로 결의한 곳이다. 삼인대비三印臺碑도 세워졌는데, 이 비는 1744년(영조 20)에 세웠다. 연산군의 학정이 극에 이르자 박원종·성희안·류순정 등이 주동이 되어 연산군을 폐출하고 성종 둘째 왕자 진성대군을 추대하여 왕위에 오르게 한 중종반정이 있었다.
이 때 반정공신들은 중종의 비 신씨를 왕비에서 폐위시킬 것을 강요하였다. 이에 중종은 신씨를 폐출하고 장경왕후章敬王后를 맞이하였다. 그러나 1515년(중종 10) 계비 장경왕후가 별세하자 당시 담양부사 박상朴祥, 순창군수 김정金淨, 무안현감 류옥柳沃 등 세 사람이 비밀리에 이곳 강천사 계곡에 모여 폐비 신씨를 왕비로 복위시키자는 소를 올리기로 결의하였다. 이때 이들이 소나무 가지에 관인官印을 걸어 놓고 맹세한 곳이 여기라 하여 '삼인대'라 부르게 되었으며, 뒤에 삼인대비도 세우게 된 것이다. 『디지털순창문화대전』(한국학중앙연구원, 2014)

註24) 정당하고 이치에 합당한 의견이나 주장. 여기서는 바른 주장을 펴서 사실을 그대로 전한다는 의미를 담고 있다고 해석된다.

을 생각하여 특별히 치제致祭[25]를 명하시고, 고故 유신儒臣 이세필(李世弼: 1642~1718)과 이희조(李喜朝: 1655~1724)도 일찍이 추복追復하자는 논의를 펼쳤는데, 주상께서 그 유설遺說[26]을 보시고 (그들 주장을) 가상히 여겨 또한 치제致祭를 명하셨다.

어떤 한 문헌기록에 이르기를 '신비愼妃께서 폐출당한 뒤에 궁궐을 나와 성城 밖에 거주하셨는데, 연조문延詔門[27]에서 거리가 멀지 않아 중종께서 자주 그곳에서 칙사勅使[28]를 보낼 때 어승마御乘馬[29]를 신비愼妃께서 거처하는 곳으로 보내어 먹이도록 하셨다."고 한다.

(한편) 세상 풍속에서 혹자가 말하기를 '남산南山[30] 아래에 임

註25) 임금이 사망한 신비愼妃를 위해 관원을 보내 제사를 지내게 하는 것 또는 그 제사.

註26) 빠지거나 누락된 사실을 후세를 위해 남긴 글이나 논설論說

註27) 조선시대 중국과의 외교관계에서 명나라와 청나라 사신이 한양에 들어올 때 의례적으로 지나가던 문으로 조선과 중국의 외교적 관계를 상징하던 건물이다. 세종 때 돈화문 밖 서북쪽에 모화관慕華館을 지으면서 건물 앞에 홍살문을 세워 연조문延詔門이라 했다가 1537년(중종 32) 명나라 사신 설정총薛廷寵의 권유로 영은문迎恩門으로 명칭을 바꾸었다. 영은문은 본래 서울 서대문구 현저동에 있었지만, 이곳에는 현재[2025년] 서대문형무소와 독립문이 위치하고 있다.

註28) 황명皇命이나 왕명을 받고 임무를 수행하는 사신

註29) 임금이 타시던 말

註30) 조선건국 후 한성부, 즉 한양의 영역은 도성을 연결하는 동쪽은 낙타산, 서쪽은 인왕산, 남쪽은 남산(또는 목멱산), 북쪽은 백악산으로 둘러쌓였다. 그 외에 인구가 늘어나면서 성밖 10리, 즉 성저십리가 한성부의 범위가 공식화되었다. 여기서 남산은 바로 목멱산을 가리킨다.

원군林原君 표杓'[31]의 집이 바로 신비愼妃가 옛날에 거처하시던 장소다.'라고 하였는데, 신臣 (후담)이 고로古老[32]에게 (일찍이 물어) 들어본 바에 의하면 '신비愼妃가 아니라 (그곳에 살았던 분은) 바로 연산비燕山妃 처소였다.'고 하였다.

기미년(己未年, 1739)에 황단皇壇[33]에 제사지내던 당시 주상(主上: 영조)께서 문득 신비愼妃에 대한 일을 느끼시고 중관中官[34]에게 명하여 별묘別廟를 지키도록 하셨다. 그것은 아마 주상께서 신규(申奎: 1659~1708)가 1698년(숙종 24) 무인상소戊寅上疏[35]에 황단皇壇의 일에 대하여도 함께 논의한 것으로 생각하신 까닭에 이에 그 당시 생각이 나서 명하셨던 것이다.

그런데, 신규의 상소에는 사실 황단皇壇의 일은 논하지 않았

註31) 조선 후기의 왕족. 선조의 9남 경창군의 증손이다. 1654(효종 5)에 태어났다. 1682년(숙종 8)에 임원군林原君으로 봉해졌다. 1700년(숙종 26)에는 동평군 이항, 진평군 이택과 함께 왕실족보인 『선원보략璿源譜略』 속편을 하나로 간행하고 누락된 부분을 기록할 것을 숙종에게 청하자 숙종이 이를 받아들여 그를 선원보략교정청제조璿源譜略校正廳提調로 임명하였다. 그러나 그는 얼마 뒤 『선원보략』에 잘못된 부분이 많아 자신이 그 일을 감당하기 어렵다고 여러 번 사직을 청했다고 한다. 1724년(경종 4)에 사망했다. 묘소는 경기도 남양주시 진건면 송능리(2025년 현재)에 있다.

註32) 경험이 많아 고사古事를 두루 알고 있는 노인

註33) 천지에 제사를 지내던 단壇. 환구단圜丘壇이라고 한다.

註34) 궁궐 내부에서 잡무를 맡던 말단관리

註35) 1698년(숙종 24)에 죽음을 각오하고 소疏를 올려 세조에 의해 죽임을 당한 노산군魯山君을 복위시킬 것과, 중종반정 때 역적의 딸이라는 이유로 폐출당한 중종의 비妃 신씨愼氏를 복위시킬 것을 주장하여, 노산군에게는 단종이라는 존호가 올려졌고, 묘소는 장릉莊陵으로 추봉되었으나 신비愼妃의 복위는 받아들여지지 않았다.

으므로 주상(主上: 영조)의 마음속에 아울러 논하였다고 생각하게 되신 것은 아마도 신명神明이 인도하여 성심(聖心: 임금, 즉 영조 마음)이 감발感發[36]하신 단서가 되었으리라. (신비복위를 결단코 해내려 복잡한 상황에 처한 영조에게) 수일이 지나서 '김태남金台南의 상소'[37]가 올라왔다.

신臣 (후담)의 집에 보관되어 오던 오래된 문서를 열람하다가 문권文卷 2장二丈을 얻게 되었는데, 그 하나가 바로 신臣의 8대조비(八代祖妣: 8대조모) (단경왕후 친모인) 청원부부인淸原府夫人 한씨韓氏께서 자녀에게 가사家舍[38]를 분급分給한 문권文卷[39]이었다. 첫머리에 쓰기를 "正德 十五年 庚辰 五月 二十一日 子息 七男妹[정덕 15년(1520) 경진庚辰(중종 20) 5월 21일 자식 7남매]에게 각각 가사(家舍: 주거지, 즉 집)를 준다.'고 하고, 그 아래에 일곱 자녀를 기술記述하고 있는데, 넷째가 (바로) 우리 단경왕후이시다.

註36) 감정이 발휘되어 드러남

註37) 1739년(영조 15) 영조가 신씨복위愼氏復位에 관한 일을 대신大臣에게 물은 지 며칠 뒤, 유생 김태남金台南의 찬성 상소가 있자 비로소 신씨의 복위가 이루어지게 되었다.

註38) 좁은 의미로는 사람이 사는 집을 의미한다. 그러나 여기서는 넓은 의미로 살림살이하는 집으로 주택법규로, 가옥 전체규모와 건물 종류 및 구조부재의 크기, 장식과 색채 등 세부 장치에 이르기까지 신분에 따라 허용범위를 제한한 재산규모를 담고 있다.

註39) 조선시대 재주財主가 살아있을 때에 토지·노비 등의 재산을 자녀들에게 나누어 준 문서, 즉 문기文記라고도 한다. 분급문기分給文記의 구성은 문기를 작성한 연월일과 분급 대상자, 분급하는 사유와 당부하는 말, 자녀별로 나누어주는 몫[衿], 재주·증인·필집筆執의 이름과 수결[手決, 서명] 등으로 되어 있다.

왕후의 자매 두 사람에게는 '여서(女婿: 사위)는 누구[某人]' 혹은 ' 딸[女子]은 누구[某人]의 처妻'라 칭하였는데, 단경왕후에게만은 단지 '딸[女子]'이라고만 칭하며 기술하고 있다. '딸[女子]' 아래에 한 글자가 있는데, 그 '하반下半이 결락缺落: '[40] 되었고, 단지 상반上半[41] 만을 보면 집[家]글자와 비슷하다. 집[家]글자字 아래에 다섯 내지 여섯 글자가 떨어져 나갔고, (떨어져 나간) 다섯 내지 여섯 글자 아래에도 절반쯤 떨어져 나간 글자가 있는데, 나누다[分] 글자와 비슷하다.

나누다[分] 글자 아래에 글자가 있는데, 거기에 쓰여 있는 글자는 '家翁生時西部盤石坊伏洪嗣愼處買得代地良中造成家舍許與為有如乎在亦他(十)가옹생시서부반석방복홍사신처매득대지량중조성가사허여위유여호재역타(십)'[42] 이고, 타[他]자 아래에 십 자[十字]가 결락되었다. 십十자 아래에 글자가 있는데, 그 글자는 "不得事乎等乙用良同家舍還放賣南部薰陶坊伏李師準處買得家舍換給부득사호등을호양동가사환방매남부훈도방복이사준처매득가사환급[43]'이다. 신(臣: 신후담)이 살펴본 바에 의하면, 여기에서 실린 글자가 많이 결락되어 자세히 알 수는 없지만, 대략 보면 '반석盤石'과 '훈도薰陶' 두 곳의 가사家舍를 왕

註40) 둘로 나누어지거나 분리된 것 중 아래쪽 또는 뒤쪽이나 후반

註41) 둘로 나누어지거나 분리된 것 중 윗 쪽 또는 앞쪽이나 전반

註42) 시아버지께서 살아계실 때 한성부 서부西部 반석동에 있는 홍사신의 좋은 땅을 사서 집을 지을 적당한 곳에 집을 지어 살도록 하신 것도 다른 사람들과 마찬가지였다.

註43) 뜻밖에도 본가를 팔아서 그 돈으로 훈도방에 있는 이사준의 집을 구입하였다.

후에게 맡겼었다고 여겨진다.

양중良中은 (이두吏讀로), 즉 아긔(~에, ~에서)이고, 위유여호재爲有如乎在는 즉, ᄒᆞ잇다온견(하였던 것)이며, 호등을용량乎等乙用良은 온들ㅂ스어(인 것으로로써, ~인 것이기에)이다. (이러한) 글자 표현은 곧 방언[方言: 사투리]이므로 어조語助를 위하여 사용한 것으로 이해된다. '복伏'은 '재在'라는 뜻과 같고, '동同'은 '본本'이라 뜻과 같으며, '대代'라는 것은 '기基'이니, 모두 방언이다. 반석방盤石坊은 서부西部 성城 밖에 있으니, 소설小說에서 말하기를 '신비愼妃께서 손위遜位[44]하신 뒤에 성 밖에 거처하셨다는데, (그 곳이) 연조문延詔門에서 멀지 않은 거리에 있었던 까닭에 중종께서 연조문에서 칙사勅使를 보낼 때마다 어승마御乘馬[45]를 그곳에 보내셨다.'고 한다.

이른 바 (신비愼妃께서) 성 밖에 거처하셨다고 하는 것은 어쩌면 반석방盤石坊에 거처하신 때를 지적함이겠는가? 소설小說에도 말하기를 '신비愼妃가 호현방好賢坊 사제私第에서 탄생하셨다.'고 하나 어디에 근거를 두었는지 자세하지가 않다. 이제 이 문헌을 살펴 보건데, 왕후의 맏오빠 홍보弘輔가 호현방好賢坊에 있는 집으로 분가分家를 한 적이 있으시다. 그 당시에 오랜 옛날부터 호현방의 집을 소유하여 왔었는데, 소설에서 전하는 내용은 전혀 근거가 없는 것도 아니다.

註44) 왕비의 자리에서 물러남
註45) 임금이 타시던 말

권말卷末에 '재주모財主母[46]는 정경부인貞敬夫人 한씨韓氏'라고 기록하고 있고, '氏씨' 글자의 정면正面에 도서(圖書: 인印, 즉 도장)를 찍었다. 그 아래 네 아들과 두 사위의 관직 · 신분 · 성명을 열거하고 일반적 규식規式과 같이 도장을 찍었는데 필체는 홍보弘輔의 글씨이다. 그리고 1권一卷은 왕후의 여러 형제가 재산을 분배한 것인데, 책 폭의 상 · 하上 · 下가 (낡아서) 떨어졌으며, 오직 단경왕후 및 신(臣: 신후담)의 7대조 홍필弘弼을 기재記載한 곳만 다행히 보존되었으나 글자가 분명하지 않은 곳이 많다.

단경왕후는 '愼氏衿신씨금'이라 기재하였는데, (이러한 기재방식은) 대체로 사대부 집안의 분권分卷에 부인婦人을 기재할 때에는 일반적으로 '○○의 처 ○씨[某人妻 某氏]라고 칭하였다. 그렇지만 (사대부 집안에서 기재하는 방식과는 달리) 여기에서는 이러한 일반적 예를 따르지는 않은 까닭에 보통 '愼氏신씨'라고만 칭하고 있다.

신(臣: 신후담)이 듣건데 원주에 '이씨李氏 성姓을 가진 사람'이 있었는데, (그는) 바로 단경왕후 동생 홍조弘祚의 외손外孫이다. 그 집에 한 고권(古卷: 오래된 문헌이나 책)이 전해오는데, 바로 왕후께서 친정 조카 어떤 사람[某人]에게 주신 것으로 왕후께서 스스로 신씨愼氏라 칭하고 다른 칭호를 사용한 것은 없다. 그렇다면 이 책에 '愼氏신씨'라고만 기재한 것도 왕후께서 스스로를 칭한 것을 따른 것인가? '衿금'이라는 용어는 국가풍속에 보통 재산분배를 일컬어 '衿금'이라 하였으므로, '금은 옷이 나눠지는

註46) 재산권을 소유한 신비의 어머니

곳'이라 하여 그 의미를 취한 것이다.[47)]

그 아래 두 글자를 낮추어 '己未年新기미신년(1499)'이라는 네 글자를 쓰고, '新신' 자 아래에 십수자[十數字, 여러 글자]는 분명치 않아 식별할 수가 없다. 그러나 신(臣: 신후담)의 7대조 이름 아래 기재한 '丙寅年(細註: 신臣 7대조가 재취再娶하신 해이다.) 新奴婢秩병인신노비질[48)]'로 비교한다면 '己未年新기미신년' 네 글자 아래에도 반드시 '奴婢秩노비질' 세 글자가 있어야 하므로[49)] 국가풍속이 자녀 혼례 때에 일반적 예제에 따라 장획(臧獲: 奴婢)을 주고

註47) 유산은 조상으로부터 전해내려 오는 것으로서 조업祖業이라고도 한다. 가족 공산제도共産制度가 아니기 때문에 아버지의 재산과 어머니의 재산은 명확히 단독소유의 재산으로 관념되어 있어, 이것이 전해 내려오는 조업과 합하여 다시 자녀에게 이어져 내려가는 재산으로서의 조업의 구성부분이 되었다. 그러므로 유산의 구성부분은 조업과 아버지의 재산, 그리고 어머니의 재산이며, 이것을 통틀어서 조업이라고 할 수 있다.
그러나 상속되어야 할 유산은 반드시 그 소유자별로 표시되고, 부모 또는 부처夫妻를 기준으로 해서 생각하였다. 유산을 우리의 고유한 용어로는 '금衿' 또는 '깃'이라 표현했다. 즉 옷깃은 옷의 가장 중심이 되는 중요한 부분이며, '부모의 옷깃을 나눠 가진다.'는 어떤 관습 또는 관념에서 나온 말로 추측된다. 상속이라는 특별한 용어는 없는데, 부모 쪽에서는 '나누어 준다.[분급分給 또는 분여分與, 혹은 여與]'라고 표현하고, 자녀 쪽에서는 '나누어 가진다.[분집分執]' '깃을 나눈다.[분금分衿]' 또는 '깃을 얻는다.[금득衿得]'라고 표현하여 상속받은 몫을 '깃분[금분衿分]이라고 하였다. 박병호, 「조선시대의 상속」(『한국의 법』, 세종대왕기념사업회, 1974)

註48) 1506년 새로이 상속된 노비의 수

註49) 신후담은 '기미신년己未年新'의 아래에 '노비질奴婢秩'이란 자가 이어진 '기미신년노비질己未新奴婢秩'이 타당하고, 또한 세 글자가 결락된 것이라고 해석하였다.

'新奴婢신노비'라고 칭하는지라, 이 '新奴婢신노비'로 기미년己未年과 연관시켜 보니 왕후의 가례嘉禮가 (바로) 이 해에 있었음을 알 수가 있다. 왕후께서 정미년(丁未年: 1487)에 탄생하셨으니 이 해에 이르러서는 13세이시다.

지난 해[1739년] 복위할 당시 주상(主上: 영조)께서 왕후의 가례가 어느 해 있었는지 알고자 하셨을 때는 상고할 만한 근거가 없었는데, 이제 이러한 사실을 얻어 증거로 삼을 수 있게 되었으니 다행스럽다. 더욱이 복위한 해가 '기미(己未, 1739)'인데 가례를 올린 해와 서로 맞아 떨어지니[相合][50], 이러한 사실도 기이한 일이다! 분명하지 않은 십 수 자十數字 아래에 노비이름을 모두 열거하고, 그 아래 '庚申年親得秩奴婢경신년친득질노비[51]'를 열거하고 있다.

그리고 그 아래에 '○卯年親得秩奴婢若干口○묘년친득질노비약간구[52]'를 열거하였으나 '卯묘' 글자 위[上]의 글자가 분명치 않아 어떤 간干의 묘[某卯]가 되는지 모르겠다. '若干口약간구'의 아래에 폭이

註50) 가례를 올린 해가 기미년, 즉 1499년이고 영조 대 단경왕후로 복위된 해가 기미년, 즉 1739년 기미년으로 공교롭게도 무려 240년 만에 '기미'라는 같은 간지에 이뤄지게 된 사실을 뜻한다.

註51) 이 사실이 신비의 내용이라면 신비 생존 시의 경신년은 1500년밖에 없다. 따라서 '1500년 신비 개인에게 딸린 노비'를 뜻한다.

註52) 신비 생존 시 간지에서 '-묘'가 들어간 연도는 몇 차례 되기 때문에 정확한 연대는 추정할 수도 없다. 다만, 을묘년(1495), 정묘년(1507), 기묘년(1519), 신묘년(1531), 계묘년(1543), 을묘년(1555) 중에서 하나로 추측할 수 있다. 따라서 이 연도 중 하나인 '토끼해에 신비愼妃 개인에게 딸린 노비 약간명'을 뜻한다.

떨어져 다시 알 수가 없고, 권후(卷後: 책 뒤편) 폭을 이은 곳에 인장印章 도서圖書 · 서압署押[53])이 수촌手寸[54])과 함께 보존되어 있다.

신(臣: 신후담)이 삼가 생각하건데, 성후(聖后: 왕후, 즉 단경왕후)께서 손위遜位하신 뒤에 본가(本家: 친정집))로 돌아가서 생활하시면서 그 유적(遺蹟: 남은 자취 또는 흔적)이 후세에 전해진 것은 오직 여기 보존된 것만 남아 있으므로 없어져서는 안 될 것이다. 더욱이 이제 위호位號를 추복追復함에 주상의 효성과 사모하심이 무궁하여 당시 사적事蹟을 알고자 하여 온 나라에 문의하셨으나 그 자세한 사실을 얻지 못하셨다. 그런데, 이 책에 실린 사실이 혹여 조금이라도 도움이 되어 후일에 증빙할 자료가 될 수가 있다면 어찌 (기록하여) 드러내 전하지 않겠는가? 신(臣: 신후담)이 생각을 해서 그 대략을 이와 같이 서술하는 것이다.

왕후는 7남매인데, 첫째는 안협현감安峽縣監 신공섭申公涉의 처이시고, 둘째는 장례원사평掌隷院司評 홍보弘輔이시며, 셋째는 전생서봉사典牲署奉事 홍필弘弼이시고, 넷째가 바로 왕후이시며, 다섯째는 충의위忠義衛 조세충趙世忠의 처이시고, 여섯째는 양근군수楊根郡守 홍조弘祚이시며, (마지막) 일곱째는 어모장군禦侮將軍 홍우弘祐이시다.

왕후께서 종가(宗家: 왕실가문)에서 (친정 가문으로) 돌아오심에

註53) 도장 대신에 성명이나 직함 아래 수결手決을 둠. 수압手押, 싸인 등을 일컫는다.

註54) 노비의 수결手決

(형제 사이의) 우우友于[55]의 차례에 따라 함께 분권分卷에 열거하였는데, 신(臣:신후담)이 생각을 해서 형제의 차례를 이와 같이 또한 열거한 것은 왕후께서 친족에게 돈독히 하신 유의遺意[56]를 따르고자 함이다. 성후(聖后: 왕후)의 사실에 대하여 상고할 만한 것은 모두 앞에서 찾아진다.

그러나 혹여 잡출雜出[57]하여 차서次序[58]가 없었던 관계로 이에 감히 그 처음과 끝의 대략을 모아 여기에 기록하기를 단경왕후께서는 정미丁未(1487)(細註: 실록에 정사丁巳에 졸하시고 『봉래집蓬萊集』에는 71세로 수壽했다는 설說로 참고하여 정하였다.) 1월 14일(細註: 가첩家牒에 따른다)에 회현방會賢坊 사제私第에서 탄생하시고(細註: 소설小說에 보이기는 하지만 옳고 그른 것은 상세하지 않다), 기미년(己未年: 1499)에 중종의 배필이 되시었다(細註: 집에 보관해온 고권古劵에 따른다).

병인년(丙寅年: 1506) 9월 초7일에 왕비에 책봉되어(細註: 실록에는 9일에 출궁하셨다고 기록되어 있고, 『눌재집訥齋集』에는 왕비책봉이 3일로 기록되어 있어서 폐비가 된 설說로 참고하여 정한다.), 초9일에 궁궐 밖으로 나오셨다(細註: 실록에 따른다). 정사(丁巳: 1557) 12월 초7일(細註: 실록에 따른다)에 타락봉駝駱峰 아래 이궁離宮[59]에서

註55) 형제 사이의 우애友愛나 우의가 좋은 것
註56) 평소 마음에 새겨 두어 조심스레 관심을 가고 있었던 뜻을 남겨 둠
註57) 여러 가지 잡다한 기록이나 자료에서 나온 것
註58) 일정한 절차방식에 따른 질서나 순서
註59) 임금이 궁성 밖에서 임시로 거처하던 곳

승하하시니 향년 71세로(細細: 『봉래집蓬萊集』에 따른다), 혹자는 초 5일에 승하했다고도 한다.

존호尊號를 올린 옥책玉冊[60]은 청옥青玉이 10첩十貼인데, 첩마다[每貼] 5간[五簡]이고, 휘호徽號[61]를 올린 옥책은 청옥이 8첩으로 첩마다 5간이며, 금보金寶[62]에 귀유龜紐[63] 하니, 그 전각篆刻[64]에 '恭昭順烈端敬王后之寶공소순렬단경왕후지보'라 새겨져 있다. 삼가 의궤儀軌[65]의 기록에 의거하여 여기에 실어 이로써 아름다운 옛 자취를 갖추고자 한다.

신유(辛酉: 1741) 5월 19일 약방(藥房: 내의원內醫院)에서 입진入診[66] 할 때 영의정 김재로(金在魯: 1682~1759)가 아뢰기를 "신臣이 종묘의 일에 관하여 진달陳達[67]한 적이 있습니다. 신주神主를 꺼낸 뒤에 독대櫝臺[68]와 독개櫝盖[69]를 반드시 주신主身[70]의 뒤에 배열

註60) 왕실(또는 황실)에서 책봉·존호·시호·휘호 등을 올리거나 죽음을 애도하기 위해 옥간玉簡에 글을 새겨 엮은 문서이다.

註61) 왕비가 세상을 떠난 뒤에 시호諡號와 함께 올리는 존호尊號

註62) 제왕의 인장으로서 옥으로 제작한 것을 옥새, 금으로 제작한 것을 금보金寶 혹은 금인金印이라 하였으나, 금보도 옥새로 통칭되는 경우가 많았다.

註63) 인장印章 손잡이 부분에 거북 모양으로 새김

註64) 전자篆字를 새김

註65) 조선시대에 왕실이나 국가에 큰 행사가 있을 때 후세에 참고할 수 있도록 일체의 관련 사실을 그림과 문자로 기록한 책을 지칭하는 용어이다.

註66) 임금이 진찰을 받음

註67) 왕에게 자신의 견해나 주장을 소疎로써 펼침

註68) 신주神主를 모신 나무그릇을 안치한 대臺.

註69) 신주를 넣는 함의 뚜껑.

하여야 단경왕후의 위位를 신탑神榻[71] 위에 4위四位를 아울러 모실 수가 있는데, 신탑의 넓이가 좁아 팔독八櫝[72]을 배열하기 어렵기 때문에 일찍이 친향親享[73] 시에 갑자기 품정禀定[74]하여 당실當室의 독개櫝蓋[75]를 신장神欌[76] 안에 다시 두었으므로 (이것이) 보기에는 매우 미안합니다.

본서(本署: 종묘서宗廟署)의 관원이 매양 변통變通할 방법을 강구하는 것이 합당하므로 만약 신장神欌 아래 왼쪽과 오른 쪽 앞면 판板을 두른 곳에서 그 앞면을 치우고 중간에 평판(平板: 평평한 판)을 설치하여 개독蓋櫝을 둔다면 좋을 듯한데, 이 의견이 어떨지 모르겠습니다. 신臣의 뜻으로는 뚜껑을 합하여 위판位板[77]의 뒤에 둔다면 단지 4독(四櫝: 내 개의 독)의 넓이만을 차지할 것이므로 마땅할 듯합니다. 그러나 그렇게 하면 또 처음 독櫝을 열지 않는 것과 같기 때문에 혹여 미안하지 않을까 염려가 되옵니다."라고 하였다.

註70) 신주神主는 '죽은 사람의 혼령이 깃들어 머문다.'고 인식되는 나무패를 말한다. 이 나무패는 신체神體라고 불린다. 신주는 밤나무로 만들며 주신主身과 받침대[부趺]로 구성되어 있다. 주신은 앞부분의 전신과 뒷부분의 후신으로 이루어져 있으며, 두 조각의 나무판을 합쳐서 받침대에 끼우는 형태이다.

註71) 신실神室내 신주를 내어 모시는 장소로 둥근 모양이다

註72) 신주를 모셔두는 여덟 개의 궤

註73) 임금이 친히 제사를 지냄

註74) 여쭈어 의논하여 결정함

註75) 위패함 덮개

註76) 신위를 넣어두는 장롱 또는 의장

註77) 직사각형 나무판의 앞면에 고인의 관작이나 시호를 써넣은 것

주상께서 이르시길 "신장神欌 아래 판板을 설치하여 어찌 예전에 없던 법도를 처음으로 지어 낼 수가 있겠는가? 뚜껑을 합하여 뒤에 두는 것이 비록 처음 독櫝을 열지 않는 것과 같지만, 그것 또한 어찌 거리낌이 있겠는가? 지금부터 이대로 하는 것이 좋겠다."고 하셨다.

같은 해 6월 초1일 대신과 비변사 당상관이 인견引見[78]에 입시入侍한 때에 영의정 김재로가 아뢰기를 "신臣이 지난 번 종묘 중종실中宗室 신탑神榻 사위四位의 주독主櫝[79]에 대하여 뚜껑을 모아 두고자하는 뜻으로 앙달仰達하였는데, 주상께서 윤허하셨으나 이미 내놓은 거조擧條[80]에 종묘관宗廟官[81]이 이의를 제기하기를 '뚜껑을 합하였다가 다시 여는데 그 시간이 반드시 지체가 됩니다. 이는 다른 실室의 신탑神榻과 다르므로 대략 변통變通한다면 배열하여 둘 수가 있다'고 하였습니다."고 하니, 주상께서 이르시길 "과인 역시 그렇게 할 뜻을 이해하고 있었으나 매우 구차할 것 같다."고 하셨다.

그러자 재로在魯가 아뢰기를 "신탑을 변통할 방법은 오직 동쪽에서 서쪽으로의 넓이를 조금 더하여 4위四位의 독개櫝蓋와 독대櫝臺[82]를 넣도록 하려는데 있습니다. 다만 그와 같이 한다면

註78) 임금이 예식을 갖추어 세 정승을 불러서 보는 것

註79) 신주를 넣어 두는 상자인 독櫝은 검은 칠을 하는데, 이를 일반적으로 주독主櫝이라고도 한다. 주독을 덮는 덮개를 독개櫝蓋라고 하는데, 후면 아래쪽은 비어 있게 한다.

註80) 임금에게 아뢰는 조항條項

註81) 조선시대 왕과 왕비의 신위를 모신 사당인 종묘를 관리하는 관원

기둥과 너무 가까워서 사람이 출입하기가 어렵습니다. 만약 또 남쪽으로부터 북쪽으로 길이를 조금 줄인다면 기둥과 신탑 사이를 충분히 돌아다니며 출입할 수가 있다고 합니다.

그러므로 그 길이를 조금 줄이는 것이 다른 실室과 비록 조금은 다른 듯하지만 (그렇게 하는 변통이) 특별하게 문제가 될 것은 없사옵니다. 이러한 문제는 앞으로 전알展謁[83]하실 때 주상께서 친히 살펴보시고 결정을 내려주시는 것이 좋을 듯하옵니다."라고 하니, 주상께서 이르시길 "그때 가서 (그러한) 안건案件을 올려주는 것이 좋겠다."고 하셨다.

7월 초7일 종묘의 전알展謁을 마치시고 뒤따라 전내殿內를 살펴보시는데 제6실에 이르자 주상께서 이르시길 "묘사廟司[84]는 나와서 도제조를 입시入侍하도록 분부하라."고 하시자, 묘사廟司 신구중愼龜重이 앞으로 나아가 섰다. 주상께서 이르시길 "신탑에 대한 일을 묻고자 한다. 묘사廟司는 이 일을 아는가?"라고 물으시자, 구중龜重이 아뢰기를 "지난 번 제조提調가 전달한 것에 의하면 '신주神主를 꺼낸 뒤에 뚜껑을 합할 것으로 정했다.'고 하였으므로 이는 진실로 무방합니다.

다만 열성위列聖位[85]와 동일하게 될 수 없는 처지인지라 마침

註82) 신주를 모신 나무그릇을 안치한 대

註83) 왕실에서 궁묘나 종묘에 제향하는 의식

註84) 종묘에 제례 때 제례 하루 전 날에 그 소속 관원을 데리고 종묘 안팎의 청소를 담당하던 관리

註85) 여러 대의 왕들의 신위神位

내 신탑을 동서東西로 더 넓히어서 독대櫝臺와 독개櫝盖를 배열하여 두는 것만 같지 못합니다. 그런 까닭으로 신臣 (구중)이 동관同官[86]과 상의하여 척량尺量을 시도하고, 또한 이 문제를 제조提調에게 말하였으나 지난 번 하교下敎에 안건을 전알展謁하실 때에 (안건을) 올리시라는 명이 있었던 까닭에 신탑의 길이와 너비의 견양見樣[87]과 독대櫝臺와 독개櫝盖의 견본見本을 아울러 대령하였습니다."라고 하였다.

주상께서 이르시길 "동관同官은 누구인가?" 하시자, 아뢰기를 "홍윤보洪允輔입니다."라고 하였다. 주상께서 이르길 "홍윤보도 들어오도록 하라."고 하시자, 홍윤보가 들어왔다. 주상께서 구중龜重과 윤보允輔에게 명하시어 함께 신탑의 견본을 가지고 신탑에 비교하도록 명하셨다. 그리고 일독一櫝의 견본 절반으로 신탑의 곁에 가로질러 윤보允輔로 하여금 주독主櫝의 견본을 고정시키도록 하고, 구중龜重에게 독양櫝樣의 곁을 따라 출입하도록 하여 막힘이 없는가를 시험하라고 하셨다.

왜냐하면 대개 신탑의 넓이가 일곱 개의 독櫝을 넣을 수 있는데, 만약에 그 양쪽에 반독半櫝의 넓이를 더한다면 그 본래 넓이와 합하여 여덟 개의 독櫝을 넣을 수가 있기 때문이다. 구중龜重이 아뢰기를 "신탑에 이제 비록 한 개 독櫝의 너비만큼 더해도 양쪽 곁으로 출입에는 방해가 되지 않습니다. 다만 벽선壁扇과

註86) 같은 관청과 같은 지위에 있는 관원
註87) 척량尺量 도구로써 재어서 만들어 정한 견본見本

신탑의 사이가 매우 좁아 돌아서기가 어려우므로 이제 만약 신탑의 남북으로 약 2촌寸 쯤 줄인다면 문제될 것이 없습니다. 대체로 열성위列聖位 신탑의 길이와 너비는 반드시 한결같지는 않습니다. 대개 편의에 따라 만드는 것이니, 남북으로 2촌을 줄이게 되면 매우 짧은 듯하지만, 영녕전永寧殿의 신탑은 이보다 짧은 것도 있습니다."라고 하였다.

주상께서 구중龜重에게 견본을 가져 오도록 하여 제7실 이하 객실各室의 신탑 및 영녕전의 신탑과 비교를 해보니 과연 그의 말과 같았다. 도제조 김재로金在魯가 들어와서 아뢰기를 "그 동서 길이로 넓히고 남북 길이를 줄이면 장애가 없이 출입할 수가 있습니다. 더욱이 남북 길이에 2촌을 줄이더라도 오히려 영녕전의 신탑 보다 길다고 하면 그렇게 결정하는 것이 마땅한듯합니다."라고 하였다.

주상께서 영녕전 밖으로 나가 앉으시어 사관史官에게 전교傳敎[88]를 쓰도록 명하셨다. 전교에 이르시길 "제6실의 신탑神榻에 길이는 독대판櫝臺板 하나를 더하고, 넓이는 2촌二寸을 줄여서 미리 새롭게 조성하였다가 가을에 봉심奉審[89]과 중수重修[90]를 한꺼번에 거행하도록 하라. 이 실[차실此室]에 4위四位를 봉안奉安한 까닭에 이와 같은 증감이 있음으로써 본서本署에 장부帳簿를 준비

註88) 국왕의 말씀이나 명령을 담아 전하는 문서

註89) 왕명을 받들어 왕실의 묘우廟宇나 능침陵寢을 살피고 점검하는 일을 지칭하는 용어. 유교의식儒敎儀式이다.

註90) 낡고 헌 것을 손질하고 수리하여 고치는 것

해 두어서 그 길이와 너비를 기록하도록 하라."고 하셨다.

신(臣: 신후담)이 삼가 살피건대, 신탑의 길이와 너비에 대하여 복위復位 초부터 논의가 한결같지가 않았는데, 주상께서 반복하여 (그 전체를) 헤아리신 뒤 확신을 얻으셔서 지금에 이르러 비로소 결정을 내리셨다. 이러한 과정이 비록 의식과 절차 사이 일이기는 하지만 전하께서 종묘를 엄숙히 받들고 일마다 그 예의를 다하시는 정성을 여기에서 다시 볼 수가 있다.

종묘에 전알展謁하고 친히 살피시는 그 때 신(臣:신후담)의 부친[신구중]이 마침 묘사廟司가 되었기에 그 자세한 곡절曲折[91]을 상세하게 아는지라 신(臣: 신후담)이 삼가 신臣의 부친[신구중]에게 들은 것을 여기에 기록한다. 그리고 성교聖教[92]에 이른바 길이[長]는 동서를 가리키는 것이고, 너비[廣]는 남북을 가리키는 것이니, 대체로 나무 모양을 위주로 말하는 것이요 방위方位로 말하는 것은 아니다.

1739년(영조 15) 기미己未에 (신비께서) 복위한 뒤에 주상께서 왕후의 부친인 익창군(益昌君: 신수근)의 충절忠節을 추념追念[93]하여 포상褒賞[94]의 특전特典[95]이 일반적 예제를 뛰어넘은 것이 많았으므로, 신(臣: 신후담)이 별도로 『소은록昭恩錄』을 지어 기록하였다.

註91) 일의 진행과정에서 복잡한 사정이나 여러 가지 어려움
註92) 왕이나 대왕대비의 하교下教를 높여 부르는 말
註93) 훌륭한 인물의 업적을 기념함
註94) 잘한 일을 찬탄하고 장려하여 상을 내림
註95) 특별히 베푸는 은혜나 혜택, 특별한 의식

3)「온릉지 총례溫陵志 總例」[96]

『온릉지』를 지은 것은 온릉의 복위를 기록하고, 성상(聖上: 임금, 즉 영조)의 효성을 밝히기 위함이다. 효도는 추원追遠[97]보다 큼이 없고, 추원은 그 민울愍鬱[98]한 것을 밝히고 아름다운 덕을 숭상함보다 큰 것이 없다. 온릉의 원통함이 오래되었는데, 지금에 이르러 구위舊位[99]를 빛나게 회복하고 휘호徽號[100]를 널리 떨치시니, 민울함이 밝혀지고 아름다운 덕이 높여지게 되었다. 그러한 까닭에 온릉을 복위한 것은 바로 성상聖上의 대효大孝[101]이시다.

전傳에 이르기를 '효성과 우애의 지극함은 신명神明에 통하고 사해(四海: 사방, 즉 세상)에 빛난다.'고 하니, 어찌 믿음직한 말이 아니겠는가? 성상聖上의 한결 같으신 효성이 방촌方寸[102] 가운

註96) 온릉에 대해 종합적으로 다룬 예시例示 글

註97) '신종추원愼終追遠'이란 데서 연유한 것으로 '신종'은 상사喪事에는 슬픔을 다하고, '추원'은 제사祭祀에는 공경恭敬을 다 한다는 의미로, 특히, '부모님 장례를 극진히 모시고 제사를 정성스레 올린다.'는 뜻을 담고 있다고 하겠다.

註98) 몹시 안타깝고 서러우며 가슴이 답답함

註99) 지나간 자리, 즉 왕비의 지위를 말함

註100) 세상을 떠난 왕후에게 시호諡號와 함께 올리는 존호尊號

註101) 세상에 더할 나위없는 지극한 효도. 특히, 순임금 효도를 일컬을 때 사용되기도 한다.

註102) 여기서는 마음을 뜻한다. 방촌은 사방四方 한 치의 넓이'를 뜻하기도 하고, '마음이 한 치 사방의 심장에 깃들인다.'는 뜻을 담고도 있다. 그러므로 이 어휘유래는 자세치 않으나 '방촌이란(方寸已亂: 마음이 이미 혼란스러워짐)이라는 뜻으로, 『삼국지연의』에 유비劉備를 보좌하던 서서(徐庶 : 173~?)의 일화에서 유래되었다는 견해도

데 한결같고, 구중九重[103]에 계실 즈음에 정신이 깊고 아득하시어 200년 지내온 일을 홀연히 느끼시고 급히 측달惻怛[104]한 하교下敎를 내리시니, 이는 아마도 천지신명이 은연중에 인도하신 것이지 사람의 힘으로는 그 사이에 작용할 수 있는 것은 아니었다.

이미 유생儒生의 상소와 대신大臣[105]의 차자箚子[106]와 중앙과 지방의 수많은 신료臣僚[107]들의 논의가 진달進達[108]되어, 여러 의견이 한결같아 욕의縟儀[109]를 도와 성취시키니, 이는 천리天理와 인심이 동일하여 자연스러운 결과로 이루어진 것이다.

아! 우리 성상(聖上: 임금, 즉 영조) 효성이 신인(神人: 신과 인간)에게 사무친 것이리라. 조종조祖宗朝[110] 이래 나라 사람이 너무

있다.

註103) 임금이 계신 대궐을 의미한다. 구중이란 아홉 겹이란 뜻인데, 꼭 숫자로 아홉 겹은 아니고, 여러 겹의 대문을 통과해야 들어갈 수 있는 깊은 궁궐을 일컫는다.

註104) 불쌍히 여기고 슬퍼함

註105) 정1품·종1품의 지위에서 실제 그 직위를 역임한 전직·현직 관직자를 말한다.

註106) 국왕에게 올리는 간단한 서식의 상소문. 1473년(성종 4) 그 뒤 언론을 직책으로 하는 사간원과 홍문관에서 많이 사용하였다. 서거정은 "상소보다는 그 서식이 간단하면서도 말하고자 하는 것은 모두 표현할 수 있는 이점이 있다."고 하였다.

註107) 국왕 아래에 있는 문관·무관의 모든 신하.

註108) 관하管下, 관할하는 범위의 공문 서류를 상급기관으로 올려 보냄

註109) 여러 가지 복잡하고 번거로운 예절이나 예법

註110) 조종祖宗은 묘호廟號인 조祖와 종宗을 아우르는 말로서, 왕의 선조를 의미하는데, 조종조는 선왕들의 조정朝廷 또는 조정朝庭을 의미한다. 열성조列聖朝·열조列朝라고도 한다.

도 원통하고 억울하게 여겨 (신비를) 복위하는 것이 마땅하다고 하여 함께 일컫는 일에 오직 오릉五陵[111]을 말하니, 중종께서는 소릉昭陵[112]을, 현종께서는 정릉貞陵[113]을 복위시키시고, 숙종께서는 장릉莊陵[114]과 사릉思陵[115]을 복위시키셨으며, 우리 성상(聖上: 영조)에 이르러 온릉을 복위시키시니, 전성前聖[116]과 후성後聖[117]이 그 법도는 하나이시다.

그러나 온릉을 복위함에 이르러 원통하고 억울함이 모두 풀려 국가에 다시 궐전闕典[118]이 없게 되었다. 아! 참으로 지극한 일이다. 『중용』에 순임금과 문왕文王 · 무왕武王의 덕을 서술하면서 '종묘에 제사하고 자손을 기르시니, 녹(祿: 관리에게 주던 봉급)을 받아 보우(保佑: 보호하고 도움)하기를 하늘로부터 거듭 펴시었다.'고 하니, 대체로 효에 근본하지 않음이 없다. 우리 조종祖宗으로부터 오직 효성으로 종묘를 받들어 무강無疆[119]한 역사를 누리셨다.

지금 온릉을 복위하는 것도 우리 성상聖上께서 지난 날 경사

註111) 추복한 왕릉과 왕후릉인 소릉 · 정릉 · 장릉 · 사릉 · 온릉 등을 일컫는 것으로 해석된다.

註112) 문종비 현덕왕후顯德王后의 능묘陵墓인데, 즉 현덕왕후를 일컫는다.

註113) 조선 태조의 계비繼妃 신덕왕후神德王后의 능묘陵墓이다. 즉 신덕왕후를 일컫는다.

註114) 조선 6대왕 단종의 능묘이다. 즉, 단종을 일컫는다.

註115) 단종비 정순왕후定順王后의 능묘다. 즉, 정순왕후를 일컫는다.

註116) 선대 임금, 여기서는 중종 · 현종 · 숙종을 일컫는다.

註117) 여기서는 후대 임금, 즉 영조를 일컫는다.

註118) 빠진 부분이 있는 의식儀式이나 불충분한 제도와 문물.

註119) 아무런 문제나 탈이 없이 오래 오래.

스러운 일을 비승丕承[120)]하시어 경명景命[121)]의 터전을 거듭 받으심이라! 종묘와 사직을 높이 받들면 자손이 효성스럽고 경순(敬順: 공경하고 순종하다)함은 진실로 자연스러운 인과응보이다. 그렇다면 성자신손聖子神孫[122)]이 오래도록 이어 내려온 효성도 온릉 복위로써 가히 예견할 수가 있다.

천고千古[123)]의 원한을 풀고 광세曠世[124)]의 의전儀典[125)]을 거행하여 조상의 업적을 넓히고 후손의 복과 덕을 인도하게 되었으므로 이것 보다 더 큰 경사스러운 일은 없을 것이다. 지극한 덕을 칭송하여 그 아름다움을 널리 천양闡揚[126)]하는 것은 신민臣民의 평범한 정으로 기뻐해 마지않을 일인데, 하물며 신臣이 영광스럽게 온릉의 본친本親[127)]이 되는지라 구구한 감축感祝[128)]이 타인보다 갑절이나 된다.

신(臣: 신후담)이 이로 인하여 삼가 생각컨대, 조부祖父 휘오徽五께서 일찍이 성후(聖后: 왕후, 즉 단경왕후)의 제사를 받드시다가 숙종 기묘년(己卯年: 1698)에 이르러 별사別祠[129)]로 옮겨 모셨으

註120) 임금이 왕업을 크게 이어받음
註121) 하늘의 명령을 크게 반듦, 즉 임금의 명령을 일컫는다.
註122) 성스런 자녀와 신령스런 손자라는 뜻으로 왕실의 자손을 의미한다.
註123) 오랜 세월
註124) 세상의 더할 나위 없거나 보기가 드묾
註125) 예를 갖추어 베푸는 각종 행사 등에서 행해지는 예법. 엄격한 제도를 갖춘 조직단위, 국가 또는 국제 사이의 공식적 관계에 적용할 때 적용된다.
註126) 밝혀서 널리 알리거나 퍼뜨림
註127) 본가의 어버이, 즉 친정 본가를 일컬음
註128) 경사스러운 일을 함께 감사하고 축하함

니, 조부께서 왕후의 손위遜位부터 입사立祠에 이르기까지 사실을 수집하고 기록하여 집안에 보관하셔온 것을 부친 구중龜重께서 신(臣: 신후담)에게 이 사실을 전해 주셨다.

이에 신(臣: 신후담)이 나아가 상세히 고찰해보니, 다만 성후聖后의 사실을 볼 수 있을 뿐만이 아니라, 또한 열조列祖께서 측은하게 여기신 지극한 뜻과 성고(聖考: 왕의 부, 즉 숙종)께서 존봉尊奉[130]하신 뛰어난 덕이 모두 여기에 드러났으므로 조부께서 찬록纂錄[131]하신 것은 까닭이 있다 하겠다. 더욱이 이제 복위라는 큰 경사가 성상(聖上: 영조)의 특단(特斷: 특별한 결단)에서 나온 선대업적을 빛냄이 있기에 혼자만 매연昧然[132]한 채로 기록으로 서술, 편찬하지 않을 수가 있겠는가?

신(臣: 신후담)이 삼가 조부[愼徽五]께서 남겨놓으신 기록에 의해 (단경왕후) 복위에 관한 사실을 더 추가하여서 싣고, 조부[愼徽五]께서 기록한 내용 중에서 혹시 미비한 부분들은 또 다시 수집하여 보충해서 한 권의 책을 완성하였는데, (바로) 10목十目 2편二篇으로 구성하여 『溫陵志온릉지』라고 이름을 지었다.

그 마침[終]을 기술하는 자는 그 처음[始]을 생각해야 하므로 왕후의 손위遜位[133]가 병인년(丙寅年: 1506)에 있었는데 (왕비 자

註129) 특별히 마련한 사당
註130) 정성을 다해 추존하여 받들어 모심
註131) 자료를 모아서 기록함
註132) 어두운 모양으로 알지를 못함
註133) 왕비의 자리를 비워 물려줌

리에서 물러나신 것은 당시 훈신들 위압적 강청強請에 의한 비정상적 상황이라는) 시세時勢에 핍박당한 것이지 사실은 중종의 본뜻은 아니었다. 이에 「병인손위丙寅遜位」[134]를 찬술撰述[135]하였고, 요화瑤華[136]가 원한에 갇힘에 충신이 울분을 지니게 되었으니, (그것이 바로) 양현兩賢[137]의 상소로 만세의 귀감이 되었다. 이에 「을해청복乙亥請復」[138]을 찬술하게 된 것이다.

(신비가 왕비 자리에서) 한 번 내쫓김을 당하자 (끝내) 복위를 하지 못하고 여가閭家[139]에서 승하하시자 재궁梓宮[140]을 하사하신 것은 성상(聖上: 임금, 즉 명종)께서 (폐비신씨의 왕후로서 원래 위치를) 돌아보신 것이다. 이에 「정사승하丁巳昇遐」[141]를 찬술하였고, 제사를 일찍이 지낼 곳이 없어서 외손에게 기탁寄託[142]을 하였는데, 현종대왕께서 명하시이 본가로 돌아오게 되었다. 이에 「임자이사壬子移祀」[143]를 찬술하게 되었다.

註134) 병인년, 즉 1506년에 왕비의 지위에서 물러남

註135) 선정 또는 선택하여 기술함

註136) 아름다운 옥[瑤]과 같이 꽃이 피다[華]의 뜻으로, 북송 4대 황제 인종의 황후 폐후곽씨廢后郭氏의 궁전이름이기도 하였다. 여기서는 폐비 신씨인 왕후를 가리킨다.

註137) 1515년 중종의 구언상소求言上疏에 답으로 응지상소應旨上疏한 박상朴祥과 김정金淨인데, 이 두 인물을 가리킨다.

註138) 을해년(1515)에 폐비신씨의 복위, 즉 왕후의 위치를 회복시킬 것을 순창군수 김정과 담양부사 박상이 중종에게 청한 상소문

註139) 일반 민간인 집이나 가정, 즉 궁궐 왕실을 벗어난 지역

註140) 황제 또는 왕, 황후나 왕후의 관棺

註141) 폐비신씨의 신세로 정사년(1557)에 승하하심

註142) 어떤 일, 즉 신주神主를 사당에서 모셔 제례를 받들 것을 부탁하여 맡겨 두는 것

대의大議[144]가 거듭함에 중론衆論이 혹 나뉘더니, 성심(聖心: 임금 마음, 즉 숙종의 뜻)이 절충折衷하시어 별묘別廟[145]에 모시게 되었다. 이에 「기묘입사己卯立祀」[146]를 찬술하였다.

하늘이 전하의 마음을 인도하시어 지난 일을 추모하여 느끼시고, 신인神人이 돕고 상의하여 이에 대의大議를 결정한지라, 욕의縟儀를 영화롭게 거행하고 휘호徽號[147]와 시호諡號를 빛나게 올리니, 백세百世 뒤에 길이 원한을 풀게 되었다. 조강지처糟糠之妻[148]의 성교聖教[149]와 애석하게 여기신 유지遺旨[150]를 이에 계술繼述[151]하게 되었으니, 모두 성상(聖上: 임금, 즉 영조)의 효성이라 이에 「기미복위己未復位」[152]를 찬술하였고, 태묘(太廟: 종묘)에 올리는 예

註143) 1672년(현종 13) 임자壬子에 신주를 모시는 사우祠宇를 옮김

註144) 정청庭請에 참여한 대신 이하 여러 신하들이 자신들 견해를 표방하여 논의함

註145) 왕과 왕비의 신위를 종묘의 정전正殿이 아닌 종묘의 또 다른 사당, 즉 영녕전永寧殿.

註146) 1699년에 조정에서 묘사廟祀를 세움

註147) 왕후가 승하하고 시호와 별도로 받는 존호尊號이다. 왕후가 종묘에 부묘祔廟될 때 사왕嗣王이 돌아가신 왕후를 위해 올리는 이름으로, 효를 성왕聖王의 첫 번째 덕목이라 여겼던 조선에서 왕이 효성을 드러낼 수 있는 효과적 의례였다.

註148) 몹시 가난하고 미천할 때에 고생을 함께 겪어 온 아내. 여기서는 왕후가 되기 이전 어려웠던 부부로서의 정의情義.

註149) 임금의 하교下教, 임금이 내리는 명命.

註150) 죽은 자가 살아 있을 때 가지고 있었던 생각. 즉 여기서는 중종이 신비愼妃에게 가지셨던 생각을 말한다.

註151) 선왕先王의 뜻과 공업功業을 잘 계승하여 발전시켜 나감.

註152) 폐비 신씨를 그의 사후인 1739년[己未]에 단경왕후라는 시호를 내리면서 중종의 원비元妃라는 위치로 추존하여 회복시킴

식禮式을 정중히 거행함에 축문祝文으로 고告함이 매우 성대盛大하였다. 이에 「책축제문冊祝諸文」[153]을 찬술하였으며, 순모詢謀[154]에 어긋남이 없어 수많은 사람들이 서로 기뻐하였다. 이에 「차의제문箚議諸文」[155]을 찬술하였던 것이다.

처음[始]과 끝[終]을 두루 열람하여 중요한 사실에 관한 개략概略을 정리하고자 하여 이에 「총서總叙」를 찬술하였고, 유문遺聞[156]을 더듬어 찾아내어 사실대로 기록하여 이에 「보유補遺」[157]편을 찬술하였다. 신(臣: 신후담)이 이 책을 만드는데, 조부(祖父: 신휘오愼徽五)께서 남기신 기록에 근거한 것 외에 원사遠事[158]는 실록에서 (찾아내어) 증거로 삼고, 근사近事[159]는 일기日記에서 자세히 고찰하였으며, 선첩璿牒[160]의 엄격한 사실적 내용과 옥서玉書[161]의 비밀적 부분과 예조의 베껴 쓴 사례와 도감都監의 의궤儀軌[162]와

註153) 제례 때 축문祝文을 얹어 놓은 널조각, 즉 축판祝板의 여러 글

註154) 여러 사람에게 문의하고 상의함

註155) 왕에게 올리는 간단한 상소, 즉 차자箚子 등 여러 의견의 논의를 모은 글

註156) 일사유문逸事遺聞, 즉 세상에 드러나지 않았거나 알려지지 않은 사실.

註157) 빠진 부분을 보태 채움, 즉 남은 흔적을 고스란히 추가하여 원래의 글에다 보충하는 것을 의미

註158) 신후담 당대로부터 기간이 오래 지나간 일

註159) 신후담 당대로부터 기간이 오래되지 않은 일

註160) 첩이란 관청에서 쓰던 서식이 간단한 문서인데, 여기서는 첩 형식의 왕실족보를 말한다.

註161) 궁중에서 엄중하게 오고간 편지 글

註162) 임시관청, 즉 도감을 설치해 국가적 의례 등과 같은 국가나 왕실의 중요한 행사를 치른 일체의 과정을 날짜순으로 기록한 등록謄錄을 만들었다가 뒷날에 참고하기 위해 관련된 사실을 그림이나

선세先世의 유문遺聞과 집안에 보관된 고지古紙[163])와 간혹 속언俗諺[164])에 전해오거나 야사野史[165])에 실린 내용 등을 모두 채집採輯[166])하여 사실實事을 대략 갖추고 조목條目에 따라 살핌이 있으니, 찬술한 의의를 대강 나타내었음이요 보유편補遺編에서는 들은 그대로 따라 기록한 것은 선후의 차서次序[167])로서 하지 않았으며, 위와 같이 총례總例를 찬술하여 이에 대지大指[168])를 들추었다.

主上十七年 辛酉仲春庚戌주상17년신유중춘경술[169])에 진사 신후담은 머리를 숙여 절하고 삼가 기록한다.

壬戌 六月 二十八日임술 6월 28일[170]) 내의원內醫院에서 임금, 즉 영조를 진찰하러 들어갈 때에 부제조 이익정(李益炡: 1699~1782)이 아뢰기를 "단경왕후께서 가례嘉禮[171])를 올리신 해를 알고자 당

문자로 기록한 책.

註163) 글로 남겨진 잡다한 옛날 문서

註164) 예부터 사람들의 입에서 입으로 전해 내려오는 짧은 문장의 비유적인 말로, 경험을 통해 얻게 된 삶의 지혜와 교훈, 경계해야 할 일 등에 대한 내용을 담고 있는 말이다.

註165) 국가나 조정이 입장을 대변할 의도에 따라 관에서 주도하여 편찬한 정사正史와 대립되는 개념으로, 재야인사나 조정의 관료에 상관없이 개인적 관심에 따라 편찬한 사서史書.

註166) 널리 찾아서 얻거나 고찰해내어 편집함

註167) 차례와 질서, 즉 순서나 차례를 뜻함

註168) 대강의 뜻. 대의大意, 대지大旨라고도 한다.

註169) 영조 17년 신유(辛酉, 1741) 중춘(仲春, 2월) 경술庚戌(15일), 즉 1741년 2월 15일

註170) 1742년(임술壬戌) 6월 28일

註171) 오례(五禮: 길례吉禮 · 가례嘉禮 · 빈례賓禮 · 군례軍禮 · 흉례凶禮)의 하

초에 이성중(李成中: 1706~1760)이 별겸춘추別兼春秋[172]로 강화도에 가서 조선왕조실록을 자세히 고찰하였습니다. 그러나 실록에 실린 (가례에 관한) 내용은 없어서 『선원보략璿源譜略』[173]에는 입록入錄[174]을 하지 못했는데, 지난 번 신臣이 마침 신구중愼龜重을 만났습니다.

그는 그의 아들 진사 후담後聃이 편집한 『온릉지』 2권을 보여주었는데, (그 『온릉지』를 살펴본 바에 의하면) 그 찬집撰輯[175]한 것이 매우 자세하였습니다. (단경왕후가) 가례嘉禮를 기미년(己未年: 1499)에 거행한 사실을 기록하고 있는데, (어떤) 문적文蹟[176]에 실린 기록에서 자세히 고찰해내어 (가례를 거행한 사실)을 명백하게 밝히고 있습니다.

(신후담이 찬집한 것에 의하면) 중종께서 무신년(戊申年: 1488)에 탄생하시어 기미년(己未年: 1499)에 12세가 되고, 왕후는 정미년(丁未年: 1487)에 탄생하시어 기미년(己未年: 1499)에 13세가 됩니

나로 경사스러운 예식 또는 왕실 가족의 혼례를 지칭하는 용어로서 백성들과 기쁨을 나누는 의례를 말한다. 여기에는 왕비·왕세자·왕세자빈의 책봉冊封, 왕세자·왕세손의 관례冠禮, 국왕과 왕세자의 혼례, 왕실가족에게 존호를 올리거나 축하연을 여는 등의 행사가 포함된다.

註172) 춘추관, 즉 조정의 각 기관에서 보고된 문서를 연월일순으로 정리한 시정時政의 일을 맡은 춘추관의 수찬관修撰官 이하 관직을 아울러 맡은 관원

註173) 조선왕조 왕실의 족보

註174) 어떤 인물이나 사실에 관한 내용을 기록으로 등록하는 것

註175) 자료를 모아 분류를 하고 일정한 기준에 따라 순서를 정해서 엮음.

註176) 일반적으로 널리 통용되고 있는 참고할 만한 문헌이나 도서圖書

다. 그 연령年齡을 미루어 보건데 가례를 이해에 거행하신 것은 의심이 없고, 더욱이 이와 같이 근거할 만한 글이 있으므로 『선원보략』에 올려 기록하는 것이 마땅하옵니다.

가례嘉禮를 이미 기미년에 거행하였는데, 200년 뒤에 추복追復을 거행하는 것 또한 기미년(己未年: 1739)에 있게 되었으니, (가례와 추복한 해가 모두 간지로 기미년인 것은) 참으로 기이奇異한 일입니다."고 하였다. 주상께서 이르시길 "지난 날 좌의정이 진달陳達한 적이 있는데, (진달한 내용 중에) 그것을 들어본 적이 있는 듯하다. 당초 가례를 올린 해를 과연 『선원보략璿源譜略』에 올려 기록하지 못했으므로 앞으로 『선원보략』을 다시 보완하거나 고칠 때 이러한 사실을 제출된 거조(擧條: 왕에게 아뢰는 조항條項)로 종부시宗簿寺[177]에 분부하라."고 명하셨다.

이익정(李益炡: 1699~1782)도 아뢰기를 "단경왕후를 추복追復[178]한 뒤의 사실事實을 즉시 『열성지장列聖誌狀』[179]에 올려 기록하는 것이 옳은 데도 오히려 거행하지 않은 것은 커다란 궐전闕典[180]입니다. 사릉思陵[181]과 장릉莊陵[182]의 예에 의거하여 대체로 관

註177) 조선시대 왕실 계보인 『선원보첩璿源譜牒』의 편찬과 종실宗室의 잘못을 규탄하는 임무를 관장하기 위하여 설치하였던 관서

註178) 어쩔 수 없이 손위遜位 형식을 취했거나 강압에 의해 빼앗겼던 지위와 그 이름을 그 사람이 사망한 뒤에 다시 회복시켜주는 것을 뜻한다.

註179) 조선시대 왕실 인물들에 대한 공식기록들을 모아 엮은 인명록, 즉 『열성지장통기列聖誌狀通紀』를 말한다.

註180) 빠진 부분이 있는 의식儀式이나 보완해야할 부분이 있는 제도나 문물

계된 사실을 『열성지장』 가운데 보충하는 것이 마땅합니다.”라고 하였다. 주상께서 이르시길 “이는 참으로 당연히 거행할 일이므로 즉시 예문관藝文館[183]으로 하여금 첨부하도록 하라.”고 명하셨다.

『온릉지溫陵志』 「하편下篇」 끝[終]

註181) 조선 단종비 정순왕후定順王后의 능이다. 단종과 함께 폐위된 정순왕후는 해주정씨 선산에 묘소로 조성되었다가 1698년 복위 뒤 왕릉의 모습으로 봉릉되었다. 여기서는 이러한 과정을 포함한 사실을 담고 있다.

註182) 1458년(세조 3) 단종복위운동이 탄로되어 영월에서 단종이 사사賜死되자, 영월호장 엄흥도嚴興道가 관을 갖추어 장사지낸 뒤 숨겨져 왔다. 중종 이후 조정에서 단종에 대한 제사와 묘 영조營造에 대한 논의가 일어나더니 선조 때 김성일金誠一·정철鄭澈 등의 장계로 영역塋域을 수축하고 돌을 세워 표를 하였다. 1681년(숙종 7) 대군大君으로 추봉하였고, 1698년 추복追復하여 묘호를 단종이라 하여 종묘에 부묘附廟하고 왕으로 봉하여 장릉이라 하였다. 여기서는 이러한 과정을 포함한 사실을 담고 있다.

註183) 조선시대에 국왕의 말이나 명령을 담은 문서작성을 담당하기 위해 설치한 관서.

溫陵志 • 영인본

7일의 왕비 **단경왕후**

2025년 10월 30일 초판 1쇄 발행

저 자 신후담
역 주 강병수
감 수 김문식
편 집 조혜민
펴낸이 김병환
펴낸곳 학자원
주 소 서울시 강동구 천호대로 1121 일성하이츠오피스텔
전 화 02) 6403-1000
팩 스 02) 6338-1001
E-mail hakjaone@daum.net
등 록 2011년 3월 24일 제2011-14호

ISBN 979-11-6247-385-6 (93810)
값 50,000원

편찬위원 신용수
하빈학연구소 이사장

역주자 강병수
동국대 대학원 사학과 석사, 문학박사학위 받음
한국학중앙연구원 백과사전연구실장
한국학중앙연구원 정책실장
동국대, 호서대 겸임교수
(주요연구) 18세기 성호학파 및 조선후기 실학

감수위원 김문식
서울대 국사학과 졸업, 동대학원 문학박사학위 받음
단국대학교 교수
동양학연구원 원장
조선시대사학회장, 성호학회회장, 실학학회회장, 한국고정번역학회 회장
(주요연구) 조선시대 사상가와 경학사상, 국왕교육 및 왕실문화 등 다수

교열위원 신양재
서울대 학사졸업, 동대학원 문학박사학위 받음
서울대, 동국대 외래교수
(주요연구) 전통사회 아동기 사회과학과정 등

기획위원 신홍범
거창신씨대종회 사무국장

溫陵志

温陵志序

温陵志志温陵事也　陵之墓而未　陵也雖婦孺之無所知莫不寃懸痛傷歷數百年如一日其旣　陵也則又靡不懽欣抃躍恨昔之未擧而慶今之快覩若是者何哉天理之在人心不以古今而有間焉耳矣夫天下之變故雖多端其揆之也惟其義而已矣所謂義者卽乎人心之所安如斯而已矣斯其爲天理而不以古今而有間焉者也始之寃懸痛傷歷數百年如一日者斯義也今之懽欣抃躍恨昔之未擧而慶今之快覩者亦斯義也人心之所安也天理之不以古今而有間焉者也規廢規復各有其人其爲臭爲芳亦人心之所同然而非可强而使之者也　上所以卽乎人心之所安而揆之以義理定古今不决之疑者苟非　聖學之高明又惡能及是猗歟盛哉　温陵之考曰左議政益昌府院

君守勤遇禍於擧義之初 上旣奬其忠節又 贈以美謚 溫陵在天之靈於是乎庶無遺憾矣益昌之八世孫後聃悉取古今事蹟凡係 溫陵事者爲是編又以復 陵時大小文字附其後其事該矣間求余爲弁卷之文余嘗撰益昌公謚狀備知其時事首末故不辭而爲之書如此所以闡天理而明夫人心之所同然以告世之惑者云辛酉五月全義李德壽謹序

溫陵志目錄

丙寅遜位

中宗實錄曰丙寅九月戊寅 上即位乙酉領議政柳洵右議政金壽童等率柳子光朴元宗柳順汀成希顔金勘李蓀權鈞韓斯文宋軼朴楗鄭眉壽申浚及六曹參判以上啓曰擧議先除愼守勤者欲以成大事也今者守勤之女入侍大內人心危疑有關宗社請割恩出外 傳曰所啓甚當然糟糠之妻何以爲之再啓曰臣等亦已料之然於宗社大計何請夬決無疑 傳曰宗社至重何計私情當從羣議即夕 愼妃出寓河城尉鄭顯祖家 又曰反正初愼妃正位中宮受百官賀功臣朴元宗力請廢黜戊寅立祠反已未復位時史官往江都考出實錄 橋亭尹衢所撰朴訥齋祥行狀曰正德丙寅秋知中樞朴元宗前參判成希顔吏曹判書柳順汀等共廢燕山迎

立　中廟中廟潛邸夫人　愼氏即左議政愼守勤女也守勤之
妹又爲燕山妃先是朴元宗等密試反正之意於愼守勤守勤曰
廢妹夫立女婿吾不能元宗以擧事之日遣力士于守勤家詐稱
命召引出殺之　中廟既即位母封　夫人愼氏爲后具法駕迎
入宮中受羣臣賀居三日元宗希顔順汀與武靈君柳子光共議
曰既誅愼守勤其女不宜主壼廢出私第

臣謹按廢后之事古或有之然未有脅君父廢國母如丙寅事
者此古贊臣金淨有董曹之作者也　中廟迫於事勢不得不
從而糟糠　聖教有足以明配匹之重而存天下之防嗚呼至
哉臣謹按　愼妃之受封册具法駕其見於朴祥行狀者如此
而實錄全無所載宜若可疑然史氏疎略不特此也并與　妃
之入宮而沒之只因洵等啓辭中入侍之云而見之綱之不存

曰將焉附然正位受賀之文固與祥狀符合若果未封后則所正者何位所受者何賀今或言　妃未正位而廢今無可復之義者非特有違於當時事實揆諸義理亦爲大悖我　聖上有教曰　中廟入承大統之日　愼妃固已在坤位矣　聖意蓋以爲妃是　中廟正配則　中廟御極之日　妃即一國之母不必待入宮正位而後其位始正也至哉　聖人之言義理洞然誠非常慮所及也臣又據實錄　中廟反正在戊寅日而妃出宮在乙酉日若於反正日　妃即迎入則其去出宮當爲八日而朴祥行狀乃云三日者何也或曰反正初　妃以先議政公喪姑留於外過成服後始爲迎入故其間日數如此未詳是否

乙亥請復

中廟實錄曰十年乙亥三月　章敬王后尹氏　昇遐八月潭陽府使朴祥淳昌郡守金凈同上封事請復故妃愼氏　上下其疏于政院而　傳曰此大事也豈可聽小臣之言而爲之乎雖下該曺亦難施行留此疏於政院可也大司憲權敏手大司諫李荇執義許遲司諫金乃文掌令金瑛持平蔡忱文瓘獻納柳墩正言表憑啓曰朴祥金凈上疏敢發邪議至爲駭愕請拿致詔獄推其所以其疏不可留中速示大臣使下人洞知　上意可也史臣曰三勳推戴之功雖大背發　中閒之罪萬世難逃若起三勳於九原示此疏而問之亦必縮頸慙恧之不暇臺諫皆無識者只信權敏手李荇之言靡然從之惜哉　傳曰予亦親見上疏以爲國家大事輕率議之予意亦欲推問其由因求言而上疏故置之不用而已不必推治玆以命留政院耳今聞臺臣所啓果是矣依所啓推之又卽召政府堂上示之領議政柳洵左議政鄭光弼右議政金應箕左參贊張順孫

右參贊南袞啓曰國家大事已定多年而今發狂妄之議至爲非矣罪之當然雖拿致豈有他意必以疏中之意置對耳大抵求言之後所陳雖極狂悖拿來推之似爲過矣　上不允以備忘記推朴祥等曰爾等之言若正則當以臺諫侍從不爲難言於此　坤位有缺三勳已逝見其勢乘其間以爲必欲復愼氏窺覘　上意搖動群心是何意耶義禁府朴祥等供招啓曰朴祥等因求言之教妄謂盡言不諱似無他情但乘間陳疏情由不爲承服刑訊何知　傳曰其勿刑推只以欲復愼氏妄生邪議遲晩取招事判付可也徒配朴祥于南原金淨于報恩朝講領事鄭光弼特進官高荊山成夢井知事申用漑說經任權力陳朴祥等不可罪之意
上不從副提學盧勤思等請原朴祥等之罪四啓不允十一月正言趙光祖啓曰近者朴祥金淨當求言而進言雖若過當不用而

已何復罪之臺諫乃復爲非而請罪至拿致禁府爲臺諫者能開言路然後可謂能盡職也反自毁言路先失其職臣今爲正言豈敢與失職臺諫同事乎不可相容請罷兩司復開言路 傳曰言路通塞言之當然矣然朴祥金淨遽論下人所不得言之事故臺諫請罪也今若盡遞則似過矣豈以此不相容乎○金冲庵淨本集請復故妃愼氏疏曰伏以帝王繼天立極之道莫不以正始爲本是故造端凝始者出乎正則大綱大源井井然光明動盪于上而達之于萬事萬化者如影之隨形如響之應聲無往而不一于正矣反乎是而求化之成譬猶涸其源而望流之淸不亦難矣哉易曰有天地然後有父子有父子然後有君臣有君臣然後有上下有上下然後禮義有所錯詩大序曰周南召南正始之道王化之基夫易首乾坤詩始關雎配匹之際人倫之始萬化之原而綱

紀之首王道之大端也魯哀公問於孔子曰冕而親迎不已重乎孔子愀然作色而對曰合二姓之好繼先聖之後以爲天地宗廟社稷之主君何爲已重乎齊桓公葵丘之會初命曰無以妾爲妻夫聖人之愀然作色豈不以哀公慢天地宗廟社稷之主蔑裂其禮而爲之寒心乎桓公霸者耳猶能知配匹之重不欲舛逆其分焉是皆誠以造端凝始之道王者之所不可不愼也昔周家之創始也大王王季文王咸有聖德能隆齊家之道式禮不紊世得賢妃以正人倫之本以淑王化之源故周人之詩曰古公亶父來朝走馬率西水滸至于岐下爰及姜女聿來胥宇言大王當狄難遑遑而篤思不遺造基王迹也又曰思齊太妊文王之母思媚周姜京室之婦言王季有此莊敬之德配能盡婦道于周姜不失爲周室之婦而毓慶源於子孫也又曰文定厥祥親迎于渭造舟爲梁

不顯其光又曰惠于宗公人罔時怨神罔時恫刑于寡妻至于兄弟以御于家邦言文王隆重昏禮得窈窕之妃為宗廟神祇之主上以嗣聖妊之徽下以儀法于閨門而流先於邦國也夫周家之所以正始端本者粹白而罔有瑕謬濃厚而罔有澆薄如是故其王化始于床第之間洋洋流動乎朝廷之上沛然覃被于四方如天地之化本乎陰陽橐籥乎星辰寒暑流行磅礴乎山川鳥獸草木當是時也夫夫婦婦父父子子君君臣臣亡有寸邪毫累鼓干其間以至天地位萬物育芻虞麟趾休祥畢應綿歷于八百何莫非關雎鵲巢之化也及其衰也內教崩弛有無故廢亡正后者而卒召戎狄之禍有升妾為嫡叅亂禮分者而竟速爭奪之亂其他如唐高宗廢王皇后而終見宗祀覆滅子孫勦絕宋哲宗廢孟皇后而本源顛錯陰邪釀孽馴致靖康之變况又有以妾為夫人瀆

滅其常禮者其禍豈小哉魏文帝將立郭貴嬪爲后中郎棧潛爭之唐明皇將立武惠妃爲后而御史潘好禮爭之夫古來治亂興亡之跡瞭然可驗如此誠欲重帝王之匹正風化之本其可尚乎臣等伏見 故妃愼氏被斥在外殆一紀于兹 臣等未詳厥初之由不知有何大故擧何大名爲此非常駭愕之事乎夫王者承統纘緖先正夫婦之道以侔乎天地內以治陰敎外以理陽德齊主乎宗廟神祇夫配匹之際其重大如此苟非不順於親獲罪於宗廟社稷則雖有微愆細忒決無割絕之義矧無名無故而廢斥其何以承宗祧享天心乎昔漢光武以怨懟而廢郭后宋仁宗以妬忌而亦廢郭后而當時與後世猶譏刺不置以爲明君之大累今 愼氏未聞有可廢之故而殿下之廢之果何名耶當靖國之初朴元宗柳順汀成希顔等旣除愼守勤則以爲妃乃其出也殺其

父而立其朝慮有他日之患由爲自全之私舞出廢黜之謀玆固
無故而又無名也　愼氏自　殿下龍潛之初載嘉協貞卜以成
好逑備儀已見於慈殿姑婦之義已定及　殿下入承大統正位
中壼受臣民之賀膺宗社之主於　殿下榆翟之尊已立於　祖
宗神祇蘋藻之奉有望於國人母后之分已明　慈殿無違忤之
譴第禍無可去之愆神人無恫怨之尤　殿下受制於强臣不能
保其伉儷之重豈不痛心哉古語云貧賤之交不可忘糟糠之妻
不下堂　愼氏備酒醬奉灑掃於代邸凡幾年矣死生契濶義相
孚也昏朝風雨備同嘗也一朝貴躋九五富有千乘則棄之如遺
崇卑殘境若升雲天而入九淵之下以至尊之配琴瑟之友遣絶
玉殿而下混閭閻氣像蕭索聞者隕淚過者咨嗟其與太王當狄
亂遑遑而篤恩不違者異矣禮曰子甚宜其妻父母不說出子不

宜其妻父母曰是善事我子行夫婦之禮焉沒身不衰以是觀之廢黜之義一聽於父母明矣今也非出於　慈殿之命而輕替京室之婦其與王季異矣易曰夫婦之道不可以不久也傳曰夫婦終身不變者也其所以久而不變者守巹酳之禮重萬世之始不敢遷易也今也不念始者文定之配不顧黼黻蘋藻之主播棄若塊以墜內刑其與文王異矣夫治國平天下之道本諸家一正家而天下定矣自古亂亡之作靡不原於家法之不正李　朝家法未可謂一出於正也　太祖以創業垂範之聖惑於嬖寵欲紊嫡庶之分逮于　宣陵以黷黷之故踵仁宗之弊執立本一差其流波至燕山而遂盪綱常淪斁　宗廟社稷幾乎墟矣其禍慘矣　殿下得大横之吉順輿兆之屬拔艱禠而旋于坦夷剔荒穢而登于清郁此正三靈拭望顒然庶幾其更始之日宜端一家之本爲

天地生民之極丕建萬世之宏基光昭韡韡如揭日月而中乎天斯其會也奄奄然不能自振人倫王化之源自上先汨以是而欲望治化之成猶緣木而求魚多見其惑也嗚呼豈獨 殿下之過也彼當初挾權用事之臣其罪可勝誅耶彼元宗等亦豈不知名分之大如天地之截然不可犯也惟其謀身之狡計勝故肆然無顧忌乘草昧疑危之際謂 殿下惟其所爲而莫之違拂切制君父如弄諸股掌之間放逐 國母有同抛雛是可忍也孰不可忍也推其心則雖至董曺亦何所憚哉人臣無將將而必誅春秋之義正爲此輩設也若以 愼氏罪人之出不可以配至尊而主宗祧以是諉焉則夫守勤之罪固非關於宗社何足以累于 妃就使得罪于 宗社而受誅 妃無預聞之故則又非所以爲尤而及之也昔漢昭帝時上官氏謀逆族誅而上官后以不預聞得不

廢我　朝沈温被罪于獻陵而昭憲王后王度不玷徃執觴然可
徵況守勤非關國之罪則以周官議親之典雖宥而全之可也今
旣加罪而又必以累　妃而廢黜之此不過愛身而無君故也不
特此耳　殿下以王室之冑入纘大統名旣正言旣順無愧於三
代之繼世而元宗等謀國不臧立　殿下於衰世之域何則燕山
之無道極矣三綱泯滅無復人理神祇厭之祖宗絶之親戚叛之
人心去之獨夫于己移之位將爲異姓之刺手幸賴冥冥之陰佑
四方之謳歌三寳允屬于　殿下故　殿下得以至是夫纘統繼
世天地古今之大事也固當明白正大無有纖毫之幽隱如太陽
麗空萬物快觀其可苟哉反正之初宜擧大妃之命悉數燕山見
絶于天地　祖宗臣民之罪暴于廟社然後上告諸　天子而請
命焉昭升大位夫如是則纘統繼世之道明白正大無有幽隱曰

方萬世仰之如太陽之麗空豈不偉歟哉奈何元宗等闇於大義以 殿下承統之光明正大而姑借禪代之文以欺 天朝惜哉 殿下受制於強臣家敎乖舛人倫之本王化之源正始之道未能先植而弘賜之以何者而推致中和位育之功克宅天心乎萬化隨而日駁風敎自然頹墜乖氣拂鬱陰陽易序日月薄蝕水泉沸騰花實冬毀繁霜夏隕以至雨暘風雹星孛虹蜺昆虫之妖間見荐仍頃者後庭之班綴悼未幾 章敬王后遽爾上賓壼儀憏闃意者天其所以警 殿下者深矣傳曰和氣致祥乖氣致異昔庶女抱冤飛霜擊燕彼窮閻一女之賤眇焉微末若無預乎天而其冤結之氣猶足以感召飛霜之變若夫以至尊之配尸天地廟社神人上帝所寘顧者而無故廢斥落莫一室永結幽鬱如是而傷天地之和氣來荐仍之諸沴者不足怪也 聖念其亦有及於

此耶嗚呼旣往之失則已矣豈遂不可得以復正乎在 殿下一轉移之機耳今内政缺主宜因此時廓然決斷復正 愼氏于坤后之位則天地之心所享也 祖宗之靈所允也臣民之望所副也 殿下將此位欲屬之誰乎存大分於旣墜全舊恩於已睽此正合於大義正理洞然無疑矣假有或者護以已廢妄生異論不過附於前日主議之臣有所觀望則復亂 殿下之家法也彼元宗等雖曰有大功於王室當其時天命人心咸屬於 殿下雖非此輩神器將誰歸乎適乘天人之會效其力而負恃其功肆然不忌刼制君父放逐 國母犯天下古今之大義實萬世之罪人也功不可以掩之當其跋扈之時 殿下確然不聽廢后之請考按脅制之狀明正典刑可也旣不能然使之榮富自若足以償其功矣今雖已死宜明正其罪追奪官爵曉喩中外使當世與萬世灼

然知大分之截然不可犯也伏願 殿下於此數事質諸義理處
之制之無所滯難則可以一灑已往之謬然則人倫之本王化之
源正始之道澄澈光大如天地晦塞而復開霽呈豁 殿下又能
精一謹獨自誠意正心上推去充諸政理則周家麟趾騶虞之化
從此而成王業過八百可至萬世而無窮矣臣等以踈遠之臣不
避越位之責敢冒瀆冕聰誠以玆數事分義所關至重且大不可
緘于心而不一聞于 君后也臣等竊抱憤鬱久矣而前此不能
申吐者正以 章敬王后當壼若復 愼氏難爲 章敬地耳今
則 章敬上賓壼位復缺正反正之機會又當求言之秋此臣等
所以汲汲覼縷陳也方今天譴不弛政教不純庶事本方伏願
殿下懋惟祇敬克享天心臣等區區鬱念尚多有難悉獻伏惟
殿下垂察焉

已卯錄曰乙亥 章敬王后之薨也金凈朴祥相與議曰 章敬
賓天元子在襁褓而朴昭儀寵傾後宮且有子若遵 成廟朝廢
妃與 慈順大妃皆以後宮陞主坤位之例册爲正妃則誰爲元
子地莫若復立 愼氏伸無辜廢處之冤明無以妾爲妻之義全
舊恩而防側位之窺也乃合辭抗疏卽是年八月也大司諫李荇
倡言 章敬旣誕元子而昇遐若復立 愼氏倘有王子之慶而
論嘉禮之先後則 愼氏居先置元子何地指爲邪議大司憲權
敏手從而和之合請拿推六曹堂上議政府弘文館專數收議皆
以爲不可罪惟臺諫力請旣致詔獄事將叵測左相鄭光弼率朝
廷救解止徒配是月二十六日吏曹判書安瑭啓曰朴祥金凈承
求言之 教竭誠盡言今以一二人之言反加嚴 譴此實杜言
路沮士氣貽萬世之譏也大臣六卿侍從之臣擧請勿罪則國是

在此而臺諫獨非之可謂公論乎李荇權敏手等欲駁瑭指爲誤
國爲物論所沮而止九月初四日應教李彦浩因夜對力詆祥淨
且曰見一舉子對策詆臺諫之罪祥淨考官取之甚不是也承旨
申常進曰舉子對策各言其志若嫌於異己而不取之則非取士
之道也十一月二十八日趙光祖初拜正言啓曰　愼氏復立之
議金淨朴祥至於上疏亦是正論而其時議者欲置大罪此事小
人之所藉口而士林之禍根潛伏於此因請罷諸諫官反覆不已
上議于大臣盡遞兩司當時廷議互相是非竟媒己卯禍云
臣謹按丙寅廢妃迫於強臣非　聖祖本心至於乙亥祥淨之
疏出而　命下其疏於政院格於李荇等邪議而寢之則其不
可復亦非　聖祖本心臣謹據國史詳載前後事實使百世之
下知　聖祖本心如此抑復　妃之議惟祥淨此疏爲首唱且

其議論正大文章宏偉有不可泯滅者而國史不載故 臣謹據
金淨本集具錄全文此疏只見金淨集不見朴祥集蓋淨之所
制也 臣竊聞先輩之言則我東名碩莫盛於己卯而至於文章
推淨爲首云己卯錄載當時論議首末頗詳有可補國史之遺
者故亦採記以備參考

丁巳陟遐

明宗實錄曰十二年丁巳十二月丙戌 中廟廢妃愼氏卒 上
命賜長生殿梓宮以一等禮禮葬三時供上侍女廩料限三年仍
給 史臣曰愼氏 中廟元妃 中廟以廢非其罪眷戀不忘及其卒禮官不能舉行如儀

臣謹按實錄記 愼妃忌辰如此是月朔日爲庚辰則丙戌當
爲七日當初奉祀於私家以五日爲忌至己未復位考見實錄
定以七日

壬子移祀

顯宗十三年壬子吏曹參議李端夏上疏曰 中宗大王廢妃愼氏生爲 國母廢非其罪而沒又祀事托傳於其甥外孫之外孫緣主祀者窮餓祠祭墓祭并致廢闕反不及馬醫夏畦之鬼誠可痛傷特命禮官議于大臣如曰旣爲廢人即同凡庶不可爲永世不遷之主則埋安其主可也如以此爲未安則其祠廢祭奠自官給之復置墓戶俾爲守護之地可也事下禮曹禮曹啓曰廢妃愼氏之沒也爲之禮葬又使其甥思遠主喪奉祀者出於朝家之命云則實非偶然而思遠無子其傳祀今至於思遠之外外孫窮不能奉祭聞者莫不傷痛今以其不能供祭之故遽爲埋安有所不忍祀奠一任廢闕而虛奉其主於不當奉之家尤爲未安議者或以爲愼守勤之直孫猶有存者歸之本家以遵班祔之禮可也云

而代數有限亦不可久或以為墓下埋安官給一年一祭俾不絶香火亦或一道云　仁朝廟繼置守護事經亂以後本曹無可考文書今又依前定給使之禁火禁伐恐不可易并議大臣處之何如事下大臣領議政鄭太和右議政金壽恒議曰　廢妃愼氏之廢非其罪雖有搢紳間公言位號既貶之後則祠墓祭奠之節自
朝家定式指揮有所難便而當初禮葬使其甥奉祭既出朝命云則到今一任其祀奠之廢闕亦涉愍惻且愼家直孫猶有存者則不宜因奉其主於不當奉之家依該曹覆啓　神主則歸之本宗自官量給祭需以合從厚之道至於墓下守護無論　仁祖朝繼置與否古昔帝王於異代名臣之墓亦置守塚則定給若干墓户俾禁樵牧恐無不可　上從之命移其祀于愼守勤五代孫前縣令愼熹家而官置墓户三人

臣竊聞 愼妃之祀 明宗朝因 妃自願奉 傳敎傳于
妃姪愼思遠思遠傳其外孫沈姓人沈姓人又傳其外孫李姓
人至是自李姓人家移奉于臣曾祖縣令臣憙之家是時朝家
雖有班附之命而臣曾祖以混奉於家廟爲未安別搆一祠以
奉之云思遠乃 妃之姪而禮曹啓謂之甥誤也

己卯立祠

肅廟二十四年戊寅九月二十日前縣監申奎上疏請追復 魯
山及 愼妃位號其論 愼妃事曰臣於 中廟廢妃 愼氏之
事尤有戚戚而痛心焉燕山淫虐社稷綴旒惟我 中宗大王外
迫羣臣之推戴內承 母后之托命龍飛潛邸入承大統 夫人
愼氏禮配多年壼範無闕正位坤極名正義順旣已齊狄褕之尊
受臣民之賀 廟社有主國人係望而元勳朴元宗等只爲身謀

不顧大義托以宗社之計倡爲廷請之議脅持君父終至於廢斥
而後已遂使大聖人更張之初未盡端本之化可勝惜哉伏睹
中廟之答廷請也有曰糟糠之妻何以爲之然則 中廟之眷戀
不忍捨之意已可見矣而獨迫勳臣之强請斷恩割情而爲之廢
焉元宗等擅脅之罪安得逃於正義之士乎 臣且伏見伊時廷請
之啓曰擧議時先除愼守勤者欲以成大事也今者守勤之女入
侍大內若定坤位人心危疑有關 宗社噫是脅持之語也當初
守勤之殺既非出於必不得已而又以是爲勒廢 愼氏藉口之
資臣未知 愼氏所坐何名當廢何義抑未知所謂人心危疑者
指何端也有關 宗社者慮何事也昔漢昭帝時上官安謀叛族
誅而上官后以不與聞得不廢我 朝沈溫被罪于 太宗大王
而 昭憲王后母儀如初逌執可徵況守勤非關係 宗社之罪

則何足以累于 慎氏也勳臣爲此恐動之言者不過旣殺守勤則 慎氏其出也殺國母之父而立其朝深懷怵惕之心慮他日之患舞出無名無義之說刼脅放斥無所忌憚曲爲全軀固寵之計不知自陷於無君而得罪於萬世矣配匹之際人所難言假令閭閻卑賤之人猶不可迫令離絶以間其情況脅君父而廢其妃是子焉而脅其父以出其母何其悖哉 臣以爲 慎氏之目必不瞑於地下而其魄亦必不朽矣金淨朴祥君子人也 章敬王后上賓之初疏論元宗等脅君之罪極陳 慎氏無故見廢之由請復位號其言森嚴直截至今讀之凛凛猶有生氣 殿下試取此疏循覽上下則可以詳見其時之事矣惜乎有如此光明正大之論而當時之議矛盾扞格不行臣竊痛之孔子曰孝子善繼人之志當初 慎氏之廢旣非 中廟之志則追復位號豈非繼

中廟之志者爭事既當為時或有待其不可以久遠而有所持難者決矣臣愚以為　慎氏追復之舉今不可緩也今日之距　中廟百數十有餘年矣至於　慎氏見廢之事人情未嘗不拂欝咨嗟如闕進日人情若此神理天心從可知矣　殿下如以　祖宗朝來還之典有所遲回則臣亦有說焉　貞陵之廢二百有餘年而　顯廟復之　昭陵之廢五十有餘年而　中廟復之其他士類之橫罹冤酷如趙光祖金淨輩何恨而亦莫不申白於既往之後褒贈於累朝之餘於此益見繼述之善美而重光於前烈也未聞以事係　先朝之故知其可改而猶為置之也今臣所論二事乃是　殿下家法而曲禮之不可不舉名義之不可不復者也

上下批曰茲事至重且大可不博訪而審處焉因命問議于百官議者多以奎言為是獨領府事南九萬判府事崔錫鼎有難慎之

意在外儒臣權尚夏亦然南九萬議曰孟子曰得乎天子爲諸侯得乎諸侯爲大夫是故春秋於魯君之無王命而立者皆不書即位此以卑者必得尊者之命然後可以定其位也以此推之妻之於夫亦然當初 愼氏之黜雖曰非 中廟本意然且以 中廟之命出之矣 中廟當子之日若金凈朴祥之陳疏請復誠可謂得義理之正然 中廟未嘗有廢分而禮陟在天今已百有餘年矣在我後王乃於 祖宗配匹之重無所禀承以意追退俾之增齊體於於禰之地加並享於二后之右是豈禮經有廢莫舉之意乎春秋於先公夫人雖大故之所當絶者不敢貶號皆書以小君此乃臣子於君親之尊不敢自擅其與奪之義也以有大故而不敢擅奪者推之其有大寃而不敢擅申者亦可知矣若 貞陵昭陵之復則有別焉蓋二陵當 太祖文宗時未嘗有廢黜之命生

居尊位沒有尊號而　陵廟之不修乃在於繼序之後故後之復
位名正言順無可疑矣烏可與今日所論比而同之也三代以後
帝王家法多以宋朝爲法仁宗郭后之廢由於呂夷簡閻文應表
裏搆成實是千古之寃痛當其時孔道輔范仲淹等以死爭之此
誠臣鄙之所當然然自英神以後名臣大儒之論未聞有以郭后
復位事言之者豈不以易世之後無可稟命之所故耶哲宗孟皇
后亦因章惇讒搆而廢至徽宗朝向太后以哲宗平日追悔之意
使之復位此乃以姑而復婦非以叔而復嫂也厥後再廢及靖康
之亂宋之遺臣迎立禁中此則是搶攘中事非可援例者以此言
之今日之復　愼氏稽之於古將何以爲據乎崔錫鼎議曰　愼
妃被黜於勳臣之脅請國人憐之至今然而追復位號久未有聞
豈不以禮經有其廢莫敢擧之義至嚴且重之故歟臣之愚意追

復位號雖不敢輕議而今其神主久在閭家同爲匹庶之賤終有所未安如令禮官建祠四時差官行祭則庶可慰臣民之抑鬱亦無害於禮經之大義權尚夏議曰　愼妃以　中宗元妃無罪見廢在當時則金淨等請復之疏實爲正當之論而然旣終於廢斥則此　先王之廢妃也勿論當時廢置之當否人心抑鬱之如何其在子孫臣民之道以　先王廢妃追配於　太廟恐或有違於子思所訓之常禮　上以朝議不齊不得追復乃下備忘記曰愼妃之事今之議者多以追復不合於禮而引古爲喩是固然矣

　貞昭二陵追復曲折與此有異予亦知之矣躋祔　太廟位居

章敬王后之右是又難便之一端矣如沈溫之故事　中廟非不洞知而再啓卽　允先正之疏正復位之善機會而伊時下政院之　敎未有開納之意抑未知別有不可復之故耶宋郭皇后

廢爲淨妃越明年遣使存問頻致悔恨又明年追復后號以禮斂葬而其廢其復皆係仁宗朝事向太后以哲宗平日悔恨之意特復廢后孟氏之位而今日之事大有所不然天意所在未敢忖度而強躋淸廟於殆近二百年之後果何所據耶頃見百僚之議或以 魯山之事尤爲難處而以予言之則其所以難處者恐在此而不在彼也反復以思終涉重難何以則能不悖於禮合於尊奉之道少慰抑鬱之人心耶咨爾大臣六卿判尹三司宜各陳所蘊

實聽大臣六卿判尹三司同日獻議左議政尹趾善引明朝事申追復之議曰明朝 宣宗皇帝廢皇后胡氏末年有追悔之語而終未復位至 英宗朝亟舉追復之禮此或可據而爲証至於位次之難便果如 聖教而若追加位號則旣是元妃當在 章敬王后之右矣其餘多言達祠事如崔錫鼎初議副應教金鎭圭等

以建祠爲非曰 愼氏之至今不追上位號者以其無 中廟之
遺旨非先儒之正論也位號既不可追上則無位號而建祠者考
諸歷代無有可據且既建祠則當有祠號既行祭則當有祝辭未
知將何以稱其祠而爲祝辭耶復位既係非禮則建祠行祭亦恐
未安領議政柳尚運右議政李世白啓曰臣等之意則 愼妃之
不可追復位號陞祔 淸廟誠如 聖敎此外稍加尊奉之道少
慰抑鬱之人心者實出於 聖上愍惻之意辭旨藹然孰不欽仰
但念尊奉之道惟在於爲建祠廟遣官致祭而位號既不可追上
則建祠之後何以稱號而行祭之時亦何以爲祝辭云者諸臣獻
議中此言不無意見如欲義起別立名號則妃之一字實有逼尊
之嫌捨此則求諸古今無可恰當可稱之號建祠致祭雖非大段
禮制而至於祠號祝辭則誠有窒碍難處者矣若然則無寧就

先朝壬子年間議大臣定奪更爲酌定四節日墓所及忌辰之需從優磨錬以給塋墳别爲封植守墓加定名數以爲永世不替之地似合於參酌輕重之意而第其神主在於愼家私廟云此則誠爲未安今若就其家自官造給别祠使之移奉俾令愼家子孫因行奉祀亦或不悖於情文而事係祕禮非臣等所可臆斷惟在

聖明熟講而處之　上曰令儒臣禮官更爲愽考經史中可據之事稟處十月二十九日引見時校理李喜莢所啓館僚及禮官今方齊會玉堂實未得可據之事臣等前日收議中衛思后事有所仰達而但衛后則旣是宣帝祖母且有謚號與此不同自上有考諸經史之　教而今若論追復與否則或可以引經據義而稍加尊奉之道則求諸經史實無可倣而行者　上曰徧覽收議則判府事崔錫鼎所議中祕立别廟一欵似當領議政柳尚運曰臣

等獻議時慮有難便之端只陳優厚之道固知不槪於 聖心今以義起之事言之則草卒 世子如順懷昭顯廟令內官守直自奉常寺備送祭物等事或可爲例 上曰已於備忘中言之而聖祖當日之意旣未敢忖度猝然追復實涉重難而只就先朝已定之事而行之則有非稍加尊奉之意故使之更考以稟矣此是義起之事則雖不恰類取其儀節之可以倣行者而行之似無所妨內官守直奉常寺備送祭物依順懷昭顯廟例而祠號難便似可無祝文告辭矣右議政李世白曰若別爲立祠無祝以祭以至永世不替則雖無別立名號豈不爲稍加尊奉之道乎第未知神主稱號曾前所書如何而聞闇則皆以 愼妃爲稱 神主舊制若如此則當有改題之擧此爲難處矣承旨金宇抗曰小臣淺見則移奉 神主櫝無所據且使內官主祀守直非有光於尊奉

之道未知何如　上曰自朝家立祠行祭則事體與私家奉祀有異且永世不遷則此爲稍加尊奉之意矣李喜茂曰若以此爲之則無可考之事矣　上曰爲重其事有考出之命而古史實無可據之例矣此是義起之事別立祠宇永世不替此外無他道矣以此出擧行條件可也柳尙運曰似聞愼家所奉　神主以廢妃愼氏神主爲題云若去廢字則妃字不當加廢字亦非可用之字而今迄二百年之後改題爲難欲改題亦無稱號矣　上曰自朝家立祠而別奉則廢字似不可仍存矣尙運曰若去廢字則妃字不可書也此已難處雖在節目間亦與順懷墓有間墓所守直之戶宜減於順懷墓順懷墓閣則以丁字閣稱之此則不可謂丁字閣如此之類似非一二矣　上曰順懷昭顯墓閣稱丁字閣此則不當稱丁字閣而以廢妃題主則何以處之耶尙運曰神主所題之

字若非私家所自書而祖宗朝或有講定之事則到今仍奉或不妨於義起耶　上曰問于愼家後議大臣定奪可也禮曹啓辭問于愼家則以爲　神主果以　廢妃愼氏　神主爲題當初似有稟定朝家之事而別無文書可以憑據前頭　神主所題名號及祠墓祭酌之節議于大臣乎　傳曰依爲之右議政李世白議　神主舊題當初之稟定　朝家雖不可知到今二百年之後無他的當稱號刮磨改題終有所難便廢字雖似未安旣非到今新加之字旣有廢字則妃字亦無所嫌仍以舊題奉於新祠似或近於義起而終不悖於事理否耶至於祠墓祭酌之節　聖教旣令做而行之則其不可一以順懷昭顯廟節目爲例自可知矣此在該曹裁處稟行而已無容別議判府事崔錫鼎議　愼氏神主題以廢妃未知稟定於　朝家與否而以事理推之如此重大之事極

家必不敢擅自爲之第臣之淺見旣不得復號入廟則當以潛邸
時名號某郡府夫人書之其所奉祀可名爲祠不可謂之廟如此
則無配尊之嫌而合於稍加尊奉之道祭時祝號亦無妨碍難處
之端祠墓儀文比順懷昭顯似當有降殺之節領議政柳尚運議
今之非是之論以爲大義旣絕何義之可起云而臣意則不然大
義未絕何義之敢起義絕之中亦有不可絕之義則難處之後惟
當義起而處之某郡夫人旣非廢黜後所封之號而只書姓貫亦
與別立祠之義不相稱則無恰當可稱之號而到今改題無寧仍
其舊題以存據實直書之義至於祠墓儀文則順懷昭顯兩廟之
制可用者用之可省者省之豐約之節令禮官一一稟裁務得其
中似合事宜　傳曰依領右相議施行　上於立祠命下之後特
製絕句二首以示海昌都尉吳泰周其一曰昔在元妃配至尊違

春夜出國人寃惻怛邪無追復意奈茲不識 聖心存其二曰爲
創新祠祭 愼氏千秋不替太常祀義起本由尊奉心傍人何必
證經史禮曹判書崔奎瑞帥地官擇定祠基於壯義洞昭顯廟北
墻外明年己卯祠成以其年十二月二十七日午時奉 愼妃神
主自通德郎愼徽五家移安祠宇移奉告祭則自本家設行奉安
祭則自該司設行移奉時彩轝擔軍具巾服上下馬隊引路軍前
導烏杖忠贊衛五雙内侍一員陪進本家及祠宇排設等事并令
該司進排奉傳敎施行 祠宇行春秋仲月初丁祭 墓所行寒
食及忌辰祭祭物令奉常寺專掌舉行獨難解自司甕院供之
祠宇次知内官一人守直守僕二人軍士四名 墓所守墓軍十
五名保人十五名香炭軍三名
臣謹按己卯立祠實出於 聖考懸惻之至意伏讀 御製惻

怛邦無追復意之句則其時實有追復之意至於 遺教有曰猝然追復實涉重難者亦言其不可猝復非謂終不可復也此其啓 聖上繼述之美而成今日之曠舉也歟移奉時舉行諸節及祠墓儀式皆奉 傳教例從優厚此是儀節間事未必載國史故臣謹據臣祖徽五所記而附見於此

己未復位

上之十五年己未三月十一日儒生金台南上疏曰嗚呼 中廟朝廢妃愼氏之冤今至數百年而人情未嘗不拂鬱咨嗟如隔晨事蓋其當初廢位不過一時羣議之所迫而非 中廟之本意此固國乘之所昭載野史之所詳記而金淨朴祥其時名賢也當章敬王后上賓之初疏論朴元宗脅君之罪極陳 愼妃無故見廢之冤請復位號 殿下試取而循覽則可察其光明正大之論

矣及至戊寅秋縣監臣申奎上疏於 肅廟朝曰 中宗大王入承大統夫人 愼氏壼範無闕正位坤極旣已膺翟褕之尊受臣民之賀而朴元宗等只爲身謀脅持君父終至廢斥可勝痛哉 中廟答廷請之批有曰糟糠之妻何以爲之然則 中廟眷戀不忍捨之意已可見矣而獨迫於勳臣之强請斷恩割情不得已也云云 肅廟覽此疏卽詢于 筵席旋又下備忘曰申奎之疏展讀未半傷感之懷自切于中仍命大小臣僚各陳所蘊判府事臣崔錫鼎以爲 愼妃被黜出於勳臣之脅請國人憐之至今又曰配體至尊廢黜不以其罪領敦寧臣尹趾完以爲此卽百世不易之正論而惟其至重至大又是列聖之所未行者故人不敢發諸口矣幸今慷慨之言出於疏逖之臣 聖明不以人微而忽之惕然感動有此廣詢之擧嗚呼 列聖未行之闕典有待於今日者

實惟天意夫豈人謀命講鄭文亟舉縟儀左議政臣尹趾善以爲
愼妃事以 明朝宣宗皇帝事觀之廢皇后胡氏晚年有追悔
之語而終未復位至 英宗朝亟舉追復之禮此可據而爲證右
叅贊臣尹拯以爲此實國家莫重莫大之事二百年寃鬱之氣得
伸於今日於昭 列聖陟降在上而 上一念上通天地盛德非
常之擧實在 聖斷盖申奎之疏旣極明白懇切諸大臣之議亦
皆諄勤導達至於山林之論尤爲惻怛感發其餘三司獻議亦皆
僉同 聖考之意亦未嘗不傷感慼憐而只以位次之難便未免
正論之中寢豈不可惜哉夫 愼妃之位在於前而 章敬王后
之位在於後則追復之後位居其右義正禮順理之當然者且
端廟位次之難便其時亦以爲言而終不以此爲拘則何獨於此
事而以此爲拘哉事有關於大體之必可行者則固不可碍掣於

此等節目間小事而終不得行之也嗚呼糟糠之妻何以爲之八
字 聖教百載昭垂 中廟本意灼然可見則惟此一言足爲
愼妃復位之一左契而申奎疏中所謂當初 愼妃之廢旣非
中廟之志則追復位號豈非所以繼 中廟之志云者可謂深得
中廟當日之志者矣其時有以今過百年之後無以禀承爲言
而此則有大不然 明朝宣宗胡皇后之追復在於 英宗朝我
朝 貞昭二陵之追復在於 中廟 顯廟之時 端廟姜嬪之
復位亦在 肅廟朝而未嘗有禀承而舉行則獨於 愼妃復位
乃以禀承無所有此持難之議者實是公議之所拂欝也其時進
議又多以 端廟復位尤爲難處而 肅廟所以斷然行之者旣
在於尤難處則此豈非先難後易而自可以次第行之之意乎臣
固知 聖考所以建廟享祀者旣盡尊奉之道而惟其復位一節

之持難而未卽行者蓋其微意豈不以旣擧　端廟之復位則莫
大之典不可一時並行而有待於後日俾爲　後嗣王繼志之美
者耶夫如是則以我　殿下繼述之心豈不思所以爀然自斷夬
擧徽章以卒前聖未卒之事以致神人胥悅之休哉　臣生長廟宇
之側瞻望　遺祠每切激慨之忱剖肝封章今已三年于玆而喉
司阻搪終不登徹卽伏聞本廟守隷之言則因　筵中特教有中
官守直之命此實天啓　聖衷得伸幽寃之日也　臣自聞此報倍
激忻頌之誠玆進年前未徹之疏伏願　聖明特賜採納亟命有
司速擧復位之禮以副臣民之望是日戌時熙政堂入侍　上曰
頃者中官守直　下教之後金台南齋此疏矣雖稱爲廟而只有
守僕以至微至賤之人主管守直祭享之事殆不如匹庶之祭以
此常有耿耿之心矣政院日記中申奎之疏在於何日耶承旨趙

榮國考出申奎疏及伊時百官獻議上之　上曰更鼓已深百官
獻議大畧覽過猶可知其梗槪矣其中有部叅奉之議曰　光廟
尊上王之志　中廟糟糠之敎云者其言儘好矣其時慶恩爲掌
苑別提獻議以爲當復而鄭載崙吳泰周亦以復位爲是矣　聖
意以其事體重大未果擧行今台南所陳乃　列朝未遑之事其
論列雖非渠揣度之言而予之持難者亦以此也頃者大臣以爲
未及陞　王妃乃追崇非復位云而申奎疏云正位坤極受臣民
之賀異於大臣之言矣承旨權爀曰李亮臣近見小說以爲反正
翌日有廢黜之擧云矣此事至冤極痛國人至今傳說而事體重
大故當時収議亦不一矣榮國曰以爲未陞坤位矣爀曰雖未及
備禮旣受羣臣之賀則便是陞坤位也　上曰予雖不敢此擬而
辛丑年予入東宮則　中宮已在嬪位　景廟有以某承統之命

則 中宮已在坤位 中廟入承大統之日 愼妃固已在於坤
位矣榮國曰 聖敎縷縷誠爲至當丙寅年事國人至今冤鬱豈
可無此論非但申奎其前亦出於遣說矣但其事體異於 貞陵
昭陵之事不在當時事體異矣仍及故相臣南九萬獻議語未竟
上曰其議持難思有深見榮國曰典禮嚴重義理精微非臣等
淺見所可仰對 殿下深思廣詢而處之宜矣 上曰此非詢一
承旨一儒臣可決之事也戊寅獻議之或可或否皆是矣金台南
之䟽有歉於申奎之䟽申奎之䟽甚善作矣榮國曰奎䟽激切矣
上曰在廟復位亦以爲已在祧遷難於復位云者亦是矣申奎
之䟽陳二事而 聖意獨持難於此事稍加尊奉之道何以爲之
乎此乃不祧之廟無朝鮮然後方無此廟而禮節䟽略猶不及於
愼懷墓所以令中官守直者也 下敎持難 聖意猶在本事及

儀節問事將何以爲之乎爀曰 先朝以 聖意所在未敢忖度爲教誠爲至當戊寅前則奉安私廟戊寅後始有别廟禮節宜乎疏漏矣榮國曰自 上因 先朝 下教有此持難誠爲至當矣此後大臣入侍第二件事 下詢裁斷何如 上曰承宣意在於第二件事耶爀曰非臣等所見所可決者矣修撰李性孝曰 下教之意雖在本事而此莫重莫大之變禮不可輕易斷定 先朝只立别廟復位一節不爲舉行實有愼重之意 下教第二件事問于大臣務令合禮此亦繼述 先朝遺意 上曰 莊陵復位易於此事誠如 先朝下教而以在下之道言之則 莊陵復位予以爲重難而若此事則儀節間固多持難處而至於復位則事體易於 莊陵復位矣糟糠之教 上王之尊可以仰認 二朝之聖意而此二字之教 中廟心事可以仰揣而 下教以 中

廟非不知沈温之究爲敎矣榮國曰 先朝遺 敎旣如此其在
遵先之道就第二件事務盡尊奉之道似宜矣性孝曰頃者伏聞
令中官守直之 敎竊不勝欽仰之忱矣 先朝以前亦無別廟
先朝旣立別廟 殿下又令中官守直此所以繼述遺意臣常
欽歎矣 上曰 別廟之前奉安何處乎爀曰奉安私廟而未知
何人主祀矣 上曰愼家子孫有之乎榮國曰有愼相子孫矣
上曰愼妃別廟儀節極爲踈略至於守直祭享等事只委守僕故
頃日 進中以中官守直事特爲分付而猶有未盡者今觀日記
中 先朝下敎及諸臣收議余亦有商量之事而至於儀節間事
亦不無可問者再明日次對爲之時原任大臣同爲入侍事分付
可也命榮國書金台南䟽批下之批曰噫所陳之事豈特國人之
共抑欝即予心之尤爲痛傷處也以寒微京儒慷慨抗章其心可

尚但夬揮 聖斷追復 莊陵之日即於此事猶有難處之教
聖意所在可以仰揣不敢輕議者非比其時甲乙之議意亦有在
也而至於儀節間事亦不無可問者此則當下詢而處之矣
十三日 上御熙政堂時原任大臣同爲引見 上曰卿等見其
時獻議否右議政宋寅明曰臣見之矣判府事徐命均曰其時獻
議略有異同今雖 下詢不出於此矣 上曰予以本事大略
下教卿等聽之可也戊寅則以二事并擧爲難且所重在 莊陵
復位故此事未免中寢初意則欲如申奎所論矣第以不知當初
聖意之所在特爲持難當初廷請之 勉從中間坤位之不復
皆以勳臣之故也事勢不得不然卿以未及正位中宮爲言而諸
議以爲已受國母之賀而翌日出宮云矣雖或未及正位中宮以
糟糠二字觀之可知其齊體 至尊位當在 章敬王后之右蓋

果復位則異於　莊廟之祔後殿矣雖在　章敬王后之右余意章敬王后之靈亦必悅豫矣　先朝以爲莊陵事　初雖難而儀節舉行則易　愼妃事初雖易而儀節舉行爲難至以諸臣以莊廟爲難而余則以此事爲難　下教矣　聖考臨御時若又有台南之疏則未知將何以處乎若　聖意持難只在愼重則今此復位豈非繼述之道乎文之服事武之取商其事不同而不害其爲繼述矣卿等以祔廟持難則以別廟事博考文獻通考可也別廟則旣無拘礙之端而不失繼述之道矣命均曰復位尊號而爲別廟乎　上曰然矣以祔廟持難故也卿等出去勿爲草草議定予不但以卿等所言爲定又將廣詢百僚矣召問卿等有二事儀節稍加及復尊號而更思之別廟又是一事也命均曰旣復位尊崇則豈可於祔廟一節獨爲持難乎　上曰義理不難而奉入

爲難矣命均曰戊寅年　先朝持難之意亦以此也寅明曰李喜
朝李世弼皆以追復爲宜而李宗城亦然矣　上曰李亮臣以爲
當復矣李宗城亦然乎余則欲繼述　先朝有此追復之議如李
宗城李亮臣亦遵其祖先之意矣第一件追復第二件別廟第三
件稍加儀節事考出其可爲證據者陳達可也判府事金興慶曰
明胡皇后事可以取證矣兵曹判書趙尙絅曰當初所以持難者
以位次此亦節目間事若復位而立別廟事體如何無不入太廟
之義矣　上曰兵判之言是矣予旣已　下敎豈可變異其事乎
卿等若以爲此亦繼述則余當從之別廟後豈無陞祔之道乎雖
以漸卦觀之亦無猝成之事矣入侍諸臣以爲可然後當廣議矣
提學及儒臣進來兩款事考文獻通考及他書得其可據者入達
可也提學朴師洙承　敎出去諸臣小退復入命均曰依　下敎

出考冊子更伏見　爾廟下教備忘則非以爲義不可也只出於
一時持難之意不可以此爲異同而不爲擧行矣今此追復實是
天理人情所當然之事而　聖意若以居然行之爲難則別廟事
右相可以詳達矣寅明曰事若當爲則不必以　先朝未行有所
持難俄見金浄朴祥疏　批則以此大事也不可以小宮之言從
之爲　教而其疏命留政院以此觀之若朝廷大官言之則欲從
之也非於金朴之言邁邁防塞也　上曰留院之事予未知之矣
寅明曰雖以疏　批及留院事觀之　聖意可以曉然其在天理
人情復位入廟誠爲得宜矣然二百年未行之事不可輕易擧行
依明朝胡皇后故事奉安別殿似宜矣而唐宋間廢后皆立別殿
臣等所見皆欲以此擧行而此大事也特詢羣議待其歸一然後
從之如何　上曰諸臣陳達可也尚絅曰此二百年持難之事則

誠爲重大而第既復位之後則陞祔 太廟實爲正當道理矣司直尹容曰不可以些少節目有所拘礙唐宋間贈后立廟異於此事矣命均曰明朝故事可以援例矣師洙曰 先朝儒贒尹拯以莊廟慎妃復位事並宜舉行爲言東平尉謹飭自守而於此事每爲慼慨矣 上曰似聞申奎之疏東平勸之云此人豈以不可爲之事教人爲之乎容曰以 先朝下教見之無決不可爲之事矣 上曰金台南過於仰揣矣謀之雖深斷之欲速懇懷嬪復位亦極重難而 先朝斷然行之矣命均曰此亦禮節間有礙故然矣 上曰故儒臣李喜朝以爲當復云其子當知之矣李亮臣曰臣父於 先朝末年曾獻東贒奏議其中載復 妃之議小臣忘其猥越敢請省察出於區區之微悃今承 下教識小臣之千載一時也當初若有過失以致遜處則後嗣豈可追複而不然則追

復之禮不可已也 上曰此冊 景廟代理時所獻也當時 聖
考固重其書名而未知其畫爲 下覽矣家禮源流書 睿命取來
而偶進序卷以致有丙申之事此冊若如此入 覽則此事似當
即爲舉行此予侍湯時親見故尚今記有之矣諸大臣所達皆持
難於復位之事以爲不可遽然而旣知其必可復則似若有待於
今矣位次則無可疑此非持難之事矣尚絅曰今若追復則可解
數百年寃鬱 上曰兵判尹容李亮臣之意一般矣容曰臣叔父
故相臣趾完戊寅獻議固以二事爲至重而力贊縟儀之亟舉矣
亮臣曰自 上斷自宸衷亟舉縟儀則可以爲祈天永命之本矣
尚絅曰亮臣嘗欲疏陳此事矣師洙曰聞復 昭陵之日有雨時
人以爲洗寃雨天人感應之理有如是矣 上曰卿等盡達所聞
可也寅明曰閭巷間多有可聞者如裳巖之說是也尚絅曰 慎

妃遜位後所居正直禁中望見之處 中廟常懷悽感俾擧紅裳以望焉此裳巖之所由名也亮臣曰自 上送御乘馬則 愼妃親自煑粥以飼其馬云矣師洙曰戊戌愍懷嬪復位時亦有雨云矣 上曰此近傅會而今日雨亦似異常矣訓將具聖任曰雖是歷朝未行之事而追復之擧旣光明正大則何可拘於小節而不爲乎執義金廷潤曰自有此議之後人心聳動晝夜顒望豈有異議乎 上曰下敎二件事陳達可也廷潤曰復位之後惟當入廟矣正言朴致文曰此事一如李亮臣之議宜矣李性孝曰此乃當然之事豈有異議而莫重變禮不可遽然行之故未免甲乙之論以戊寅獻議觀之亦有經權權者十分詳審合於義理然後方可行之今此大臣之所達就其大體則臣無異見而竊見先輩之論如故相臣南九萬故判書臣金鎭圭意見獨異小臣誠恐闇寡識

而區區之意亦在於守經也　上曰復位經也節目權也儒臣五
易二字而言之矣性孝曰如南金之論臣以爲經矣　上曰甲乙
則可矣經權則似不然矣命均曰性孝以其歷朝未行之事故以
爲經常矣　上曰李宗城進來宗城進伏　上曰　先朝以並擧
二事重難故未果爲之如金台南之言盖　莊陵復位　聖意必
欲擧行故此事不得并行而今見日記　聖意持難有一二節矣
聖教以爲帝王家事異於匹庶且　聖意未嘗以爲不可行今
著追復亦可謂繼述之道耶若立別廟則猶勝於私廟儀節而又
無祔廟持難之事矣聞卿祖有所論著云卿意亦何如宗城曰此
宗廟莫大之禮而無他干碍於禮節間事戊寅獻議時臣祖雖
非從宦之人而私著文字亦嘗議及於此事其議以爲世間至冤
極痛未有如此事者此非　中廟本意而至今未復實爲　昭代

闕典未嘗不三致意焉 上曰 聖教以 中廟聖意未可知以此持難矣宗城曰臣祖父文字與人答問者也或問金淨朴祥之上疏也 聖心若不變於糟糠下教之時則何不復位耶云則答以疏 批以爲不可以小官之言從之其疏命留政院初非擇作之意若使大臣言之安知 聖祖之不從耶其所以得罪者由於李荇之論雖不從两先正之言未見 聖心之有變矣當時處分專由於權奸之恐動終不保糟糠之配如朴元宗輩實爲覆載難容之罪而爵秩自如配享廟廷 王后 王度無玷而終爲權勳所廢黜天下豈有如此之事乎云而歷舉必可復之義論著成書矣

上曰別廟何如戊寅以復位入廟持難故欲以其次儀節舉行而今雖未即入廟旣已追崇之後豈無入廟之日乎兵判及李亮臣以爲當入廟云矣宗城曰伏聞 聖教與大臣所達則以位宰

章敬之右持難而　端廟復位位次亦在　世祖之上矣　上曰　端廟奉入永寧殿故事勢順便矣宗城曰其時事勢適以祧位奉入永寧殿誠爲順便而若是不祧之位則豈不可入　太廟乎　端廟復位則　世祖必有蹴踖不安之云者誠如南九萬所言而猶且追復至於此事則雖位在　章敬之右何嫌何疑乎上曰　端宗復位上下俱難而入廟則順便此則不然矣亮臣曰別廟半上落下必無以爲是當者不得入廟然後方可爲別廟矣上曰此事異於胡皇后亮臣儘有所見矣寅明曰胡皇后之廢亦非　宣宗本意　上曰胡皇后見黜由於讒間矣興慶曰其時孫皇后生子故楊溥以十二事有讒毁之言楊士奇力諫不從其勢將不可停止然後請使胡后讓位矣　宣宗末年以爲此是少年時事常有追悔之言　英宗天順年間追復胡后矣師洙曰宋

太宗太平興國元年禮官會議載於文獻通考今方持入 下覽

宜矣太宗潛邸時有前後室及其登極後追贈前配爲皇后至真

宗朝問入太廟當否矣唐制贈皇后及皇太子皆立別廟生不登

極尊之位死不可入宗廟矣 上曰太宗爲臣時喪其前配耶

惠陵亦爲嬪宮陞遐而祔于 太廟矣命均興慶寅明曰此事用

胡后典禮宜矣師洙曰李世弼亦以爲當用胡后之典禮矣命均

曰李世弼以爲當用胡后典禮云者意在追復非指別廟事也命

均進故奉朝賀崔奎瑞在禮曹時獻議 上令承旨進讀一遍尚

絅曰卽今尊奉似用此收議矣師洙曰 下敎以爲入 廟若於

心不安則當別廟享之而旣復位則當入 廟二者之間當卽決

定不可待將來矣 上曰別廟之後亦宜無可議之事乎故都尉

鄭載崙敎申奎陳疏此人平生謹愼必的知其事理之當然而爲

此事矣且見慶懇獻議則以為禮非從天而降從地而出云云以掌苑別提已著國舅氣像矣昔者漢武以為高廟神靈教我予亦欲於夢中拜　中廟矣今者中官之來以為問于守僕則祭享諸節無異匹庶云均是子孫而代遠之後感動或淺而今聞此言不覺感愴于心矣朝鮮不亡則此當為不祧之廟矣　靖陵事予後生故因吳命新陳達而始知之矣　中廟世代雖遠傷痛在心而配體又如此予為　中廟子孫豈有入　廟之顏因感激垂涕曰每想糟糠二字不覺痛心子孫私情已極感傷而雖以義理言之如故相臣申琓以三勳之事只以為謀身之計者可謂太忠厚李宗城所達及申奎追罪功臣之說誠然矣為人臣者寧有請廢國母者乎此等義理不明則後世為國母者豈不難乎昔年　下教非以復位不可也只出持難之意台南若少先陳疏則安知不為

聽從耶然 綸音及 御製皆有持難之意故追崇別廟出於折
中之意矣今以其次二事當問之而事體至重至大待闕門會百
官收議可也諸臣皆曰明日則太急矣 上曰每明日爲之在外
儒臣並宜問議而禮官明日發去可也卽今諸臣皆守家庭之訓
予亦以 先朝之事有所持難而更思之當初旣無不可追復之
敎且留疏政院事未有陳達者故 聖敎持難似由於此矣申奎
何許人也師洙曰乃交河人善爲文官晋牧矣 上曰台南何人
乎亮臣曰故掌令金斗南之從弟也 上曰諸臣小退復入可也
將觀日記而 下敎日記中戊寅收議入之諸臣小退復入 上
曰諺云老人無聰多忘予以年老無聰矣別廟事予於半夜偶然
思之 陟降之靈似啓予心事係重大故有收議之命收議後決
欲追復矣欲爲下敎而此不可不告 太后故頃以中官許直事

告達　慈殿則　下教以爲好矣俄者又以不知　聖考本意故
欲爲别廟之意告達則更有　下教以爲　先朝嘗以此　下教
其時在旁不知其事仍即請問則　聖教以爲當時欲爲復位以
大臣議不齊不得舉行云矣今承　慈殿所傳之　教台南疏陳
之語果不誣矣糟糠二字之　教可以仰體　中廟本意而　聖
考又以恨未追復爲　教今則别廟事拔去問議可也中宫下
御筆親教　上曰承旨讀之　傳曰噫雖羣下於其祖先若有寃
欝之事必也上達而申之爲在上其先有欝而莫申者乎噫痛矣
愼妃遜位之事其事不在於上在於下若不亟舉縟儀嗚呼翟
衣何時可復百世乾坤何時輝乎但迄今未遑者卽兹事莫重莫
大故也昔年申奎之請　聖考只復　莊陵只命稍加尊奉者因
其時甲乙之參差至重至大之事不能並行可以仰體其後末年

有　愼妃復位大臣議不齊事重不能並擧嗟惜之　教以此仰
體且可以見持難之　教無他　聖意而先正之章留院之　教
其無陳達之人位次之持難亦由諸臣甲乙之議尤可痛者儒臣
册子之文不得　睿覽也噫荒蕪基草閱幾年凄凉　廟宇直閣
豎思之及此不覺痛心今予此心亦豈非　陟降之靈孝思開導
之致乎卽問于大臣儒臣再明日百官問議楙讀一遍迄命均曰
凡事皆有待於時今日之事豈非　陟降之靈啓發　聖心特擧
曠典耶　上曰注書持　下教出去卽速分付可也楙曰謄出分
付何如　上曰承旨欲得之矣寅明曰遣臣以此事爲祈天永命
之本誠有此理矣尚絅曰千古之至冤極痛豈有如　愼妃事乎
天啓　聖衷斷然行之東國有無限好事矣性孝曰　肅廟朝修
擧曠典殆無餘憾而此事獨不擧行故自　上以十分審愼之意

有所持難矣今因 慈教仰悉 禰廟本意百官收議只出審愼之意必無異同之論設令有甲乙之議亦非異事區區竊見俄已陳達而更加十分審愼是臣之望也 上曰儒臣之言亦是矣今此會議亦是商量之意也

十四日熙政堂召對入侍前縣監愼龜重付軍職來待事 下敎龜重郞愼妃本親也時在交河未及上來 上問愼龜重有子乎承旨趙榮國曰其子後聃爲小科云矣 上曰其家在何處榮國曰在於交河而後聃或上來云矣 上曰龜重付軍職姑置之後聃使之來待之意注書出去分付可也南德老出去入來曰後聃亦往交河云矣奉朝賀李台佐劄子入啓並進其父故參判世弼冊子論追復一條（劄子及冊子見下） 上問榮國曰見奉朝賀所獻冊子乎知進獻之意乎或意在下款語乎（下款論別廟事） 榮國曰未必然矣

李宗城雖口達而未必詳盡故有此獻矣 上命榮國書劄子批下之批曰 愼妃復位卽天理人情之所同也凡順人情則合天理 中廟糟糠之批三復嗚呼留院之 教 聖祖之心可以仰揣惜乎其時大官之泯默也 聖考昔年之 教盖因諸臣之持難而惜乎其時無人導達不盡之餘意也况末年以不能並行有嗟惜之 教此可以仰揣戊寅持難之批無他 聖意也盖事重故也 聖祖旣有悲惻之 教 聖考其有追惜之意帝王之道繼述而已想昔年悲惻之 聖心遵 聖考追惜之微意具擧縟儀豈特允協於羣心抑亦慰悅於 陟降今者此命盖由此也而今覽所陳冊子先卿之心可謂勤矣其於問答中義理非特此事極詳極切特付翰院以示尙意其末端所議先卿本意意在復位若初 下教者而其 下教中別廟事更爲思之雖切於追復之

由予之所思大不然者何其事不可復則不可議旣曰可復則當爲正大明朝胡皇后在孫皇后之上求之禮經少無妨礙之端而其時諸臣不能周量其有此意其旣知也當宜從經況漢唐別廟尤不可法也我　朝三百年所無之事豈可創行於今日乎玆事不過前席　下敎而止者若綸之　敎不可不整並付秘閣以爲末世之義理榮國曰伏見　聖敎誠爲洞然矣　上曰李喜朝所輯東賢奏議末卷令注書持入可也　上御覽後　下敎曰所言微矣榮國曰今此盛擧議定後多有新聞吏參洪鉉輔以爲中廟嘗擧動過　愼妃私第欲臨幸大臣三司駕前力諫乃止其後擧動不使羣臣知之不意歷臨而其時　愼妃適觀光於他所中廟不得相見而還云　上曰若在於文字則非虛語矣欲見愼龜重者有意存焉　愼妃春秋渠或知之耶榮國曰渠雖不知

中廟以戊申歲誕降則　愼妃年歲想一般矣反正時　愼妃之
功大矣擧義之議　中廟初不預知擧義諸臣結陣闕內來迎
中廟軍兵急圍私第　聖心驚動將有難言之事矣　愼妃以爲
馬首向外則是迎我也向內則是害我也見馬首所向可知吉凶
使人視之馬首果向外故　中廟得以鎭定云　上曰所住私第
儒臣或知之乎性孝曰初無文籍有似俗談世代寢久無以知之
矣　上曰愼龜重亦不知耶今此追復之後想或有知之者矣誕
降之地誕降之歲某郡府夫人亦或有知之者乎榮國曰旣定追
復當考實錄矣　上曰考實錄可以知之乎性爲王妃受册實然
後可載於實錄矣榮國曰此大事也當載實錄矣　上曰愼龜重
鄕居者耶性孝曰曾居西小門外矣　上曰此所謂三門外也性
孝曰愼龜重方請愼守勤之[illegible][illegible]狀乃李德壽所撰而今在于[illegible]

奏 上曰注書出去持來德老出去持謚狀入來榮國曰 仁宗半年之治實我東堯舜之君也方其大漸時特命復先正臣趙光祖官至於慎守勤復官亦是至難之事矣 上曰見此復官之事則尤有可知者矣榮國曰有貪財好權之誚云而為所事盡節則誠難矣 上曰若果貪財則豈無保身之計乎當觀其末梢所成就矣性孝曰三兄弟皆死矣 上曰若無道上見害之事為其所事必死守節矣處於難處之境乃能推盤而起靜言思之可知其心事矣性孝曰有以妹女輕重問之而不聽之矣榮國曰推慱之事志節堅確此人情之所難矣是日禮曹以原任大臣收議入啓收議見下

十五日宣政殿入侍 上曰愼龜重進來龜重進伏 上曰京畿耶速來矣常居鄉耶龜重曰年來寓居交河矣 上曰年幾何曰

五十八歲矣 上曰於愼守勤爲幾代孫乎曰七代孫矣 上曰宗孫誰乎曰小臣五寸姪後成也 上曰予欲見汝者有意 愼妃實錄似不詳載矣誕降於何處春秋幾何其或知之乎龜重曰世代寢遠家乘不備戊寅年 朝家有所下問而只達忌日其餘不能仰對矣 上曰初封府夫人嘉禮時儀節或有之乎出居私第之後便同私家豈載實錄乎龜重曰居翟褘三日遜處私第至明宗朝卒逝而用一等禮葬云矣考諸楊士彦文集則作 愼妃挽詞七言律一首而其下注以享年七十一歲矣方其臨終時自 上問以後事則請以第三娚弘祚之子思遠奉祀矣思遠無子傳其女婿沈悌謙沈悌謙傳其孫婿李姓人李姓人窮敗不能行祭 神主奉安於舊下矣 顯廟壬子年故相臣李端夏達白以爲今此奉祀之人於 愼妃有同路人不宜奉祭 愼妃神主

請還歸本宗自　上允許矣申奎疏後有立廟之事矣　上曰本
立廟時奉安於何處耶龜重曰臣　祖父時奉來而祖父沒後宗家
無男丁故臣父仍爲奉祀矣　上曰自汝家奉來此廟耶曰然矣
上曰聞奉祀事尤爲悲愴矣中間殆近於絶祀矣享年七十一
云者是耶楊士彦何如人耶承旨南泰溫曰號蓬萊以善書名世
矣　上曰若知作挽詞之年推而上之可知誕降之歲矣龜重曰
其挽詞今方持入矣　上曰上之龜重曰寫本未精當口達矣
上曰依爲之龜重口讀挽詞一遍詩曰婉德早歸雙殿日六宮鍾
鼓一時聞崑岡倏忽生炎火桂樹風霜薄草萊春憶上陽花泣露
夢回長信漏添哀丹心化作瑤臺月應向西陵夜夜來　上曰其
文集有之乎注書出去問于玉堂持入可也南德老出去　上曰
墓所在西山云乃先山耶龜重曰在先山十里許此是禮葬之墓

而其後本家亦多繼葬者矣 上曰此則有 思陵前例矣其所
繼葬於 愼妃爲誰龜重曰 愼妃兄弟之子孫矣 上曰予方
愴然于心而謚狀適到于此際故有所 下敎矣今見汝尤不勝
感愴之懷矣龜重曰臣之先祖以肺腑之臣當昏亂之朝方其功
臣之來探也非不知義擧之不可無非不知肯從則享無限富貴
不從則身陷大禍而確然不動盡節於所事仍以累及於 王妃
至於廢黜 仁宗末年雖曰復官其後無所發揚今至二百餘年
一向泯沒矣今者追復之典逈出千古不但邦慶之無疆矣先祖
之事亦隨而得伸小臣私情之感祝亦何可勝達乎德老入達曰
玉堂無蓬萊文集矣龜重曰丙寅反正時功臣等先遣甲士衛私
第 中廟初不曉其意驚恐至欲引決 愼妃止之曰當觀馬首
所向馬首若向內則是害我也若向外則是衛我也使人視之馬

舊果向外 中廟得以鎭定云廢黜後 中廟嘗因 陵幸親臨私第而 愼妃辭以若欲見妾必上告 宗廟下諭臣民不然則不敢私見 上曰此乃前日所聞而與昨承旨所達異矣方其來迎時使觀馬首所向之說與昨日所聞一般矣龜重辭出諸臣小退復入 上曰 愼妃出居竹前洞河城尉家卽今之永禧殿云泰溫曰 中廟潛邸在墨寺洞卽林原君杓之家也未知豪巖果在於此乎記注官禹洪迪曰在於南山下云 上曰龜重以爲享年七十一歲者是矣而出宮時則以爲約二十歲而未能詳知矣泰溫曰楊士彥文集龜重之子嘗見之今當探問云矣 上曰糟糠之妻何以爲之之 教此是實錄非如野史之得諸傳聞矣泰溫曰 愼妃出宮在丙寅年而 章敬冊封在丁卯年其間久曠壼位似有意矣 上曰俄者召見龜重意有所在而聞其久無職

名云其在事體宜有收用之典分付該曹卽爲復職可也愼守勤之奴救主同死其忠義之節誠可奇偉而其子孫旣不知則如復户等事有難施之矣是日百官會殿庭獻議(獻議見下) 傳曰今者大庭之情揆蓋所以重事體而五百餘人之獻議三嘉一令之外無他乙議大臣儒臣獻議亦無參差可見人情之所同今之不舉者但在外問議之未及齊到只循儀一節而已噫迄二百年冥冥莫俾之事其將復也則爲嗣王者怵然于心愴然于懷者當如何哉雖非復位旣建其祠則一番展禮在所不已況將復位乎祠宇展禮吉日卽令日官擇入日字若在於議前禮當依 大院君廟若在議後則當行謁禮亦令儀曹依此舉行又 傳曰凡事其若有感回者其不舉之典舉一並二者曾前在下者亦有是習是則予嘗非之而初不知之事且可行亦何嫌哉予意昧 國朝故事於愼

守勤事莫詳本事昨覧謚狀始乎洞然噫義理漸晦人心漸勝於此之時若不表章何以正君君臣臣之道乎守勤之事摠而言之蓋曰不知天命而聖人罕言命此亦俗世之言噫苦哉守勤之心確哉守勤之志不憶勲戚所事不貳推愽慷慨不顧其身曾不講席諭乎觀其猶經聖人之心可見不聞則已既知之後若不襃奬是豈遵聖筆之意示恒日之志乎若擧縟儀自有其贈而因其循泯其事可乎何以則可以襃奬勸世乎其令該曹議于大臣稟處

是日 近畿儒臣收議亦入來

十七日 熙政堂引見右相宋寅明曰莫重莫大之典禮 日前有問議之擧而別無大段異議此可見羣情胥悅公議僉同曠典將擧神人交慶小臣亦不勝喜幸之心矣 上曰卿等可以斟酌矣在外儒臣之議姑未知其如何而事旣無成縟儀之擧將在不遠以

是多幸寅明曰日前有　祠宇展拜擇日之命久遠之事今將追
擧　聖心感慕固宜如此未復之前展拜　祠宇允協於天理人
情而第念雖依　大院君廟例禮節旣多妨碍視學又在再明
聖體連日勞動不暇有傷損之慮耶　祠宇擧動不必一時爲急
矣　上曰復位後謁　廟乃是應行之事未復之前其必展拜然
後可慰神人之望矣寅明曰以故相臣愼守勤事臣等有獻議矣
見其謚狀則宜有褒奬而古多有如此之人如朴承宗致死所事
則同矣　上曰第一義予已　下敎矣此有二件事盡言極諫如
龍逢之死可也若無可爲則潔身而退亦宜然而皆不得爲之矣
觀其末稍樹立誠難矣寅明曰臣議請依究死例而外議或不然
　上曰今番下敎有深意爲人臣者當如此若以爲非則是無君
也孔子曰殷有三仁所行各異而同謂之仁麟經曰莫我小君文

姜紂與文姜何如人也人臣之道必如此可也予固遵獜經之義
矣户判俞拓基曰愼守勤爲其時相臣不能保其君矣　上曰予
固言第一義矣若曰爲相而使燕山至此云則古來如此之人亦
多矣且其坐地異於他人矣寅明曰禮曹涓吉在於四月有更待
下教擧行之教矣　上曰更待下教指復位後矣禮節則無可
議者矣
二十二日大臣備局堂上請對入侍時別兼李成中曰小臣頃往
江都考出實錄矣　上曰無他可聞之事乎成中曰實錄於　明
廟丁巳書廢妃　愼氏卒旣曰享年七十一歲則以實錄書卒之
年推而上之可知誕降之年而燕山朝雖有出閤之文嘉禮則未
知在何年矣　愼妃出宮世以爲在反正後一日而考諸實錄則
戊寅日反正乙酉日出宮矣忌辰實錄以爲初七日則私家傳以

爲五日者誤矣其書卒之下以爲 中廟以廢非其罪眷戀不忘
云矣又曰 愼氏 中廟元妃及其卒禮官不能舉行如儀此則
史官所書也且丁卯有黜 妃愼氏所令內官視厨人之敎矣
上曰黜字異於廢矣其文字有意矣成中曰及正後不書入宮之
事史官踈漏矣以爲正位中宮受百官賀而功臣朴元宗力請廢
黜 中廟初則堅拒不從云矣寅明曰金淨朴祥之疏忠肝義膽
激烈感慨誠是名疏自 上亦曾 下覽耶 上曰未及覽之矣
成中曰以此疏是非相爭遂基己卯之禍云矣
二十五日在外儒臣收議並入來 傳曰 中廟昔年懇惻之
批 聖心無他可以仰軆其位可復也 聖考晩年追惜之 敎
靳允無他可以仰軆其位可復也人情所順可合天理嗚呼小子
之心豈非 陟降高穹開導之由乎噫仰遵 聖旨上荅天心之

道其可緩乎其令禮官復位儀節卽爲擧行承旨沈星鎭以禮曹
言啓曰 愼妃復位事命下矣 謚號徽號 陵號必先爲議定
然後其他應行節目卽以次第擧行矣議定吉日令日官推擇則
今三月二十八日爲吉云同日大臣及政府堂上六曹參判以上
館閣堂上命招會議何如 傳曰允榮國以禮曹言啓曰 復位
祔廟都監及封陵都監提調以下堂上郎廳一依戊寅年例差出
擧行何如 傳曰依爲之旣已復位則展謁豈可小緩不卜日以
二十六日擧行是日藥房請對時 傳曰旣復坤位則奉安闕中
已有 莊陵復位之例其令該曹擇日擧行奉安處所定於慶德
宮爲善堂而題主後當卽奉安于光明殿奉安與議謚日相値則
先奉安次議謚事分付是日吏曹別單封 陵提調郎廳 啓下
都提調右議政宋寅明行副司直尹惠敎知敦寧府事朴文秀禮

曹叅判朴師正郎廳前正李錫杓前應教宋徵啓兵曹佐郎愼龜
重成均典籍洪尙朝戶曹佐郎金遠祚儀賓都事沈鎬司宰主簿
李洽刑曹佐郎許槃其後尹惠教進知中樞府事趙最壽代之朴
文秀進左叅贊尹陽來代之洪尙朝沈鎬李洽進副司果金東鉉
辛致復趙階代之其後啓出監造官七鄭愼儉洪鏡輔尹東涵俞
彦徽朴師漢李墰李匡元分差官三宋翼贊柳聖模鄭彭壽京郎
廳一李長夏監役官一趙明健以　本陵叅奉爲之
二十六日　祠宇擧動時　傳于南泰溫曰或有下問事愼龜重
使之冠帶待令侍衛宗班中首班宗臣奉審時同爲入侍事分付
大駕至　祠宇　殿下具冕服百官四品以上朝服五品以下
黑團領　殿下入就內庭百官中門外行四拜訖　殿下入詣
祠宇內奉審宗臣密昌君樴兵曹佐郎愼龜重及承旨史官內侍

各一員從入　上詣神位前親執主板使龜重開櫝奉審訖
上問龜重曰主面所題自私家奉安時如此耶對曰然矣政院
以禮曹言啓曰移奉日字以今三月二十八日擧行事申思喆旣
承　傳敎移奉吉時令日官推擇則同日辰時爲吉云以此日時
擧行而移奉處所令該曹急速修理　神輦亦卽修補並令復位
都監看檢之意亦爲知委何如　傳曰依爲之題主後當奉安於
資政殿依此擧行奉安日先詣慶德宮興化門外祗迎奉安後當
奉審而先行望　廟禮而予則興政堂下轎乘轎協陽門外下輦
乘輦是日吏曹別單　祔廟提調郎廳啓下都提調右議政宋寅
明提調禮曹判書申思喆工曹判書尹淳刑曹判書趙顯命戶曹
判書俞拓基郎廳前應敎黃梓前副應敎洪鳳祚戶曹佐郎李匡
會義禁府都事徐宗翕禮曹正郎金益憲工曹佐郎李龜齡司僕

主簿申綱漢城主簿金弘得其後尹淳通吏曹參判洪鉉輔代之
黃梓洪鳳祚通修撰南泰良校理李鼎輔代之徐宗翕金益憲李
龜齡申綱通前都事李德懋前縣監金時敎前察訪李彦綸刑曹
正郞洪應恒代之李彦綸洪應恒又通忠勳都事沈沆工曹佐郞
李垙代之其後啓出監造官六員兪炷中申晙金漢禎趙集命兪
直基趙鴻遠監役官二李匡度姜再恒是日都提調宋寅明請對
入侍時　愼妃陵寢都提調進去奉審事　楊前　下敎
二十七日熙政堂入侍　上曰復位後　神主上一字當洗去而
埋安耶若不洗去則誠甚未安矣趙榮國曰旣已復位則宜棲
神於新主竊恐上一字洗去之　敎或失於不沒其實之意也
上曰厥一字非國家之書乃私家之書洗去亦何妨耶奉審時一
見其上字不覺愀然感愴之心矣榮國曰旣當改題則洗之恐涉

褻慢右相宋寅明曰小臣之意亦與承宣所達無異矣有此字故有此擧不知洗去之爲可也 上曰存其上字而奉于新輦事極未安柰何寅明曰新主旣成則故主便是有若無矣且上一字只是虛字也 上曰虛字之說殊好然則改書爲當耶寅明曰改書與洗去具未安矣是日 上下備忘記曰獻官單子例於前期啓下而今日則受香日也日已晚矣尚不 啓下其涉稽緩今聞以堂下塡差云雖是前例其是該曹之不能致察復位之後豈可比於他廟廢官而且祝文旣稱孝曾孫國王則名位旣定亦豈可以小祀獻官擧行乎若無前例尤亦該曹之矇然堂上堂下尚今稽緩爲先稽緩該曹堂上從重推考而該掌承旨亦爲推考告由獻官以近侍進去

二十八日都承旨趙錫命承 命詣 祠宇行告由祭（祝文見下）奉出

神主納于　神輦內侍舉行都監堂上郎廳各一員進往　祠
宇檢飭諸事後陪行禮曹兵曹都摠府堂上郎廳承旨史官各一
員俱以黑團領陪進前後部射隊及細仗內侍別監禁軍吉服侍
衛如儀　殿下具翼蟬冠袞龍袍先至慶德宮興化門外俟　神
輦至出次祗迎百官俱以黑團領祗迎訖　殿下隨詣爲善堂入
幄次　神主奉安後　殿下改俱冕服百官四品以上朝服五品
以下黑團領行展謁禮如常室內奉審時只承旨史官內侍各一
員從入仍行奉安祭(祝文見下)承旨史官諸執事並祭服將事是日大
臣及諸臣承　命招會于慶德宮賓廳議謚謚號　端敬守禮執
義曰端夙夜儆戒曰敬儆號恭昭順烈不懈爲德曰恭明德有勞
曰昭和比乎理曰順秉德遵業曰烈陵號　溫陵是日都監別單
謚冊製述官領府事李宜顯預差判府事徐命均書寫官工曹判

書尹淳預差洛豐君楙實篆文書寫官吏曹叅判洪鉉輔預差加平郡守趙命臣題主官前叅議李匡世預差前承旨李重庚啓下

二十九日右議政宋寅明判府事金興慶戶判俞拓基請對入侍時寅明啓曰今此　端敬王后復位諡冊文製述官書寫官已依戊寅年例啓下而玉冊則戊寅謄錄所無故不爲磨鍊矣今聞戶判之言自前追崇時皆有玉冊文戊寅　恩陵時則以前有玉冊故不復爲之而今番則當初未受玉冊矣位號無可憑似是不可已之事矣拓基曰考見　列聖志狀則　端宗朝所成　定順王后玉冊文載錄故戊寅年復位時無玉冊似由於此而　仁敬王后追崇時玉冊諡冊皆有之以此見之則今番亦不可無玉冊矣寅明曰今番與　恩陵時異玉冊恐不可無矣　上曰依爲之

三十日禮曹[illegible]曰造主依戊寅年例令奉常寺稟于都監舉行何

如 傳曰允同日造主廳奉 傳教定于崇政殿奉常寺奉事洪
啓沃監造以明日始役
四月初一日都提調宋寅明自 陵所馳 啓曰臣寅明與堂上
尹惠教馳進 溫陵奉審後塋域形勢一一周察 陵所坐向氿
鐵看審則乃是子入首亥坐巳向穴頭乃是長乳龍虎案對均正
穴處不爲高峻象設運排之際工役不甚重大穴左右薄削穴後
稍低似當有補土之役 陵上尺量則圍徑十九尺高七尺前有
表石曰廢 妃愼氏之墓而字樣漫漶僅可識別後面則無刻字
石物則石人一雙望柱一雙床石一座長明燈一座體制皆甚薄
劣有非園陵制度不合仍用自墓庭至祭廳一百九十尺自祭廳
階前至內案三百六十尺自穴前至內案其間至狹中有細溪
丁字閣紅箭門排設之際似甚苟簡勢將因地形磨鍊青龍內[illegible]

翼砂有古塚三蟬翼外又有一微砂而亦有古塚一皆是無主微砂外一岡環爲內案而　陵上相見處有成家五塚皆有子孫外圍局自　陵上望見處有古塚五白虎邊蟬翼砂有愼家塚三內砂外又有一微砂又有愼家塚二其外又有一長砂有愼家塚十皆是　王妃同生娚以下子孫世葬而　王妃手上塚墓不在局內內案外中案自　陵上相對處有成家塚二水口邊　陵上望見處有李家塚三步數雖稍遠而或是正對或是相望　陵所主案局內廳舍坐地塚墓步數並爲圖形懸注以上龍虎內砂及正對處塚墓似當平夷而其餘各塚不甚逼近又無忌碍亦恐不無區別之道至於石物則並宜撤去後日登對時擬陳淺見以俟栽處緣由爲先馳啓事入　啓是日禮曹啓辭　溫陵封　陵始役斬草破土吉日今四月十六日辰時　祭廳毁撤同日同時

丁字閣開基吉日十八日卯時定礎五月初一日卯時立柱上樑
初九日辰時推擇事入啓依允
初二日都監別單玉冊文製述官右叅贊李德壽預差工曹判書
尹淳書寫官前大司成尹得和預差左承旨任珽 啓下
初三日禮曹啓曰 傳曰 溫陵叅奉旣已差出 廟前有入
直之節前例相考以 啓事命下矣取考戊寅謄錄則 莊陵
思陵叅奉差出後因進中定奪 廟前卽爲進往守直矣今亦
依此例分付何如 傳曰今日入謝卽令守直
初四日都提調宋寅明請對入侍時 宗廟第六室中宗室神欌及
椅子改造事定奪第六室神欌等改排之由來五月初三日預告
祭當爲兼行祝文中以此添入撰出第六室移安同日辰時爲吉
云以此擧行而還安及還安祭則事畢後隨時設行事 啓下

溫陵工役依初一日所 啓稟達依允封 陵圓徑尺數及石物
並依 恩陵例磨鍊事 啓下
十四日封 陵都提調以下皆肅拜將以明日出往 陵所以再
明日始役
十五日禮曹啓曰 傳曰更以思之不爲 陵役卽在於六月節
後而五月無拘忌之事上 謚後封 陵事理當然封 陵日字
勿拘五月節更爲擇入事 命下矣卽令日官更爲推擇則來五
月二十日卯時爲吉云敢稟 傳曰以此日擧行
十七日藥房入診時 傳曰初一日題 主時二十九日先預事
旣已下教而於奉 冊寶有掣肘之端依初該曹磨鍊當日動駕
題 主奠奉安奠其當親行而先詣終夜旣有辛卯戊寅前例於
情於禮豈可其朝躬詣初四日先詣慶德宮翌朝親行告動駕祭

仍爲隨往 太廟依例行祀之意分付儀曹依此擧行
十八日都提調宋寅明提調申思喆請對入侍時 上曰上 諡
改題主後舊主卽當奉往埋安耶申思喆曰卽日奉安似必窘急
上曰旣已改題之後則虞主兩處奉安事甚未安矣申時改題
後暫爲奉審仍卽奉往則似不必犯夜矣埋安之節雖夜深亦可
爲之耶寅明曰埋安之所使相地官擇定方位預爲掘坎則雖於
其日內亦可奉安坎中而奉安之後掩土被莎等役待明日爲之
亦似無妨矣 上曰其日則雖不別爲擇吉似通吉矣思喆曰其
日乃題主日則必爲通吉矣 上曰雖値夜深亥時以前則爲當
日矣埋安之節亦於其日內擧行可也寅明曰 思陵時雖不爲
誌石以精鍊石書刻 陵上圓徑及追封年月具蓋石埋安於魂
遊石之下今亦依此刻埋乎 上曰依爲之寅明曰都監堂上尹

陽來善書使之書刻埋安好矣 上曰依爲之思喆曰 温陵端
午節祀既已上 謚改題主之後則不可廢闕大臣之意亦如此
丁字閣雖未及造成權設布帳過行似爲合宜矣 上曰然矣依
此擧行可也
二十二日校正廳堂上請對入侍容昌君檍曰校正廳有稟定事
矣嘉禮歲月無明白文蹟何以爲之乎 上曰雖爲稟達將何以
爲之乎檍曰前例未詳者亦闕之矣 上曰譜略果有如此處乎
檍曰然矣一冊張字本書出持入 睿覽何如 上曰上之檍授
中官上之檍曰宜書初封府夫人而無明白文蹟實錄亦無之矣
上曰當有邑號矣以初封府夫人書之可也洛昌君樘曰當離
二字書之乎 上曰以郡號未詳懸注可也檍曰冊封年月日及
處所當書之而亦無可據文蹟矣 上曰雖云受羣臣之賀而未

及冊封矣樘曰此則無以書之當空之矣　上曰以　中廟卽位日入闕中書之禮判申思喆曰先正臣金淨朴祥陳疏以爲正位中壼以此書之似宜矣　上曰此好矣依爲之檝曰遜字書之乎

上曰然矣檝曰誕降日字實錄無之矣　上曰實錄無可考今從本家所告書之可也樘曰正月十四日下當懸注矣　上曰懸注可也檝曰忌辰本家以爲五日實錄以爲七日當從實錄乎

上曰右相以爲當問于禮官而禮官亦何以知之乎或以爲卒逝單子未卽入達以七日入達故誤認七日爲忌辰其言巧矣樘曰遜位日字無明白可據世傳初九日而未分明矣　上曰實錄無之乎樘曰然矣檝曰若未考得則當以未詳懸注矣長溪君棣曰或以散出於雜記者推之則爲初九日而未必真的故不爲載錄之意懸注可也檝曰　端敬王后旣是元妃則　章敬王后上書

書繼字乎 上曰然矣是年修璿源系譜記 温陵遜位事曰九月日遜于私第註日子未詳明年庚申稟 旨改書以九月九日乙酉而去其注得於實錄也

二十六日都監堂上郎廳捧册官捧寶官等具朝服捧玉册謚册金寶各置於彩輿陪詣 闕下趂未時内入承旨傳捧以入 御覽後仍爲權安于内别殿玉册則李德壽撰尹得和書謚册則李宜顯撰尹淳書寶篆則趙命臣書也新造龕室寶樻册樻祭器床卓等物亦自都監陪進 宗廟

二十八日 神主造成都監及禮曹堂上與奉常寺提調眼同奉審其日午時權安于宗政殿

五月初一日將詣于 宗廟大臣以下諸執事官待開門詣闕卯時册寶内出大臣以下朝服行禮如儀捧册寶陪詣 宗廟行祭

如儀還捧册寶詣爲善堂門外權安于幄次禮曹佐郎守之午時大臣以下仍以朝服捧册寶入詣爲善堂宣致詞行禮如儀是日上駕如慶德宮承旨李春躋梁廷虎李益炡李世璡申晩金廷潤假注書南鶴宗南德老呂善應記注官禹洪迪記事官洪曙入侍　上曰卽今是何時到彼可以及時行望　殿禮乎益炡曰望殿禮乃午時可無不及之慮矣　上曰册寶陪進之行今到何處問于祔　廟都監書吏可也　駕到洞口內　上曰册寶陪進之行方到何處耶益炡曰當初分付都監書吏册寶過把子前轎然後使之來告故似無傳語之事矣　駕到把子前轎益炡入達曰册寶已爲奉安云矣　駕到慶德宮入自興化門東夾到廣達門外　上曰當卽行望　殿禮分付可也　上改御冕服步行出自資政殿西夾門詣爲善堂板位　上曰日前闕宮闈令守直此

處至於結裹等事宮闈令皆奉行云故心以爲惟矣題 主前凡
事都監當奉行而題 主後宮闈令當守直以此定式可也晩曰
此後以此定式乎 上曰今亦當此擧行矣禮儀使申思喆入侍
上行四拜禮仍自東階詣 神位前奉審春躋益炡鶴宗從之
上曰今此 諡寶事體至重而今觀祭物薄略乾燥祭燭亦甚
小事之寒心莫此爲甚當該進排官事過後從重勘處未時奉新
造主自崇政殿移安于爲善堂都監及禮曹堂上卽廳奉常寺提
調以下俱黑團領排進 上曰今觀新造主奉安 神榻殊欠淨
潔其在事體極爲未安大臣外都監堂上並從重推考事過後當
該郎廳令該府從重勘處 上曰青紵巾 宗廟則置于 主身
上而今置櫝上無爲矣 上步行入資政殿西夾門有頃還出詣
板位行四拜禮 上曰頃者以儒臣填差大祝事有所申飭而今

此出納主大祝亦不以儒臣塡差事甚未安該曹當該堂上推考
可也　上升自東階立堂上　上曰下立宜矣下立階上　上曰
無儒臣豈可乎此浴主大祝誰也春躋曰李光運也新造主奉安
東邊床上後　上升堂上益炡曰卽今未及題主浴主大祝奉行
題主後則宮闈令當奉安矣　上曰移安舊主若在題主奠前則
今當卽爲移安若在題主奠後則舊主當姑爲奉安於新主坐後
矣史官出去問于都提調可也善應出去入達曰題主後奠則移
安云矣申時題主官李匡世入來西向立奉書主面　上見其手
戰笑曰致敬之地心動而然耶難矣匡世題主訖　上曰不足處
令寫字官補畫可也匡世曰前例不足處光漆前寫字官補畫矣
上曰前此屢見題主而今番初見熟矣手戰而字畫猶如此矣
益炡曰寫字官入來矣　上曰奉字端字補畫可也端字畫肯令

均之乎匡世曰有大小畫皆令均之宜矣寫字官楷畫訖　上曰欲奉審新主陷中栗木待令乎奉齋下來分付　上曰神榻易以新者耶益炡曰崇政殿遺主所也所設移來矣　上曰新主奉安舊主奉安於坐後宜矣宮闈令奉安新主於　神榻又奉安舊主於坐後　上曰舊主誰奉往乎宜有大祝宮闈令輩矣注書出問可也善應出去入達曰奉常寺官員奉出而載轝後禮官當奉安云矣

上曰奉常寺官員使之入來此誰也廷虎曰洪啓汶也　上曰宮闈令奉安於此處然後奉常寺官員奉出宜矣而奉常寺官員盥洗乎益炡曰盥洗可矣　上曰栗木入之　上令內官奉舊主拔跌方　上曰予獨見陷中宜矣益炡曰戊寅年則都監堂上奉見而謄上矣　上曰　王后神主或有可諱矣諸承旨皆下立階上　上奉審陷中訖諸承旨皆入侍　上曰陷中亦無神主二字

只書姓氏矣舊櫝內所入綿子使之入之並櫝子及補實綿子皆埋安乎問于禮判可也善應出去　上曰舊主今日內得達　陵所難矣益炡曰埋安在亥時可以得達矣　上曰無封標之事乎益炡曰似無之矣善應入達曰綿子等物出之而埋安云矣　上曰櫝子若並埋安則綿子何必出之乎洪啓沃奉舊主出去　上降自東階入小次有頃　上出次就板位行四拜禮升自東階益炡世璉入侍　上就盥洗位尊所　上曰酌獻禮單酌而此置三酌矣　上獻酌訖降復位行四拜禮　上出御章德門外幕次思喆益炡入侍　上曰鼓吹入來此處矣排設處奉置　神輦可也　神輦奉入後鼓吹方入矣撤膳後虞主奉出宜矣益炡曰酉時當奉安而今已為酉時自此處入時刻矣　上曰惟肯徽廟入來臺下可也禮房進來　神輦前面向何處耶號曰向南矣　上曰

兵房進來此處狹窄雲寶釼外侍衛出之金商門外可也益炡曰
都監堂上使之入來何如　上曰使之入來內有諠譁禮房入見
可也　上出幕次就板位　上曰此有攝通禮乎春躋曰已爲入
來云矣都監堂上宋寅明趙顯命俞拓基洪鉉輔入來　上曰今
始奉安乎　神轝耶下珠簾然後捲帷帳可矣旣上　謚之後宜
有青紅蓋資政殿無之乎侍衛工判尹淳曰旣奉安乎　神轝則
宜皆有之矣　上曰外則有忠贊衛內則有宮闈令紫衣別監何
爲耶淳曰乃　神轝侍衛也　上曰已奉安乎　神轝耶已晩矣
益炡曰已奉安乎　神轝矣　上曰侍衛於闕內皆在後乎曾爲
內侍衛在　駕後矣外則在　駕前耶五衛將同在　駕後可也
神轝出章德門外　上降板位秪令內侍啓　神轝　上奉審
神轝詣升板位　神轝將發　上鞠躬仍步行隨　神轝出光

順門久立 上曰 神輦近處多雜人諠譁事體至為未安侍衛
兵曹當該堂郎推考各別申飭可也 上御玉橋陪 神輦至崇
政殿入自東夾門 上曰予先進詣後侍衛上入可也禮房進來
都監堂上使之入來奉安宜矣 上隨 神輦上資政殿 上曰
此不可多人 神輦侍衛及史官一員出外可也此有望 殿禮
予益炡曰有之矣 上曰百官預備可也 神位奉安訖 上曰
神帳垂之可也 上降復位就東階下行四拜禮訖入小次小頃
上出次詣板位行四拜禮盥洗升自東階詣 神位前行酌獻
禮益炡酌酒延虎奉香延潤奉爐曉奉爵世璉奠爵 上降復位
行四拜禮是日請謚上 謚時奉冊寶官右議政宋寅明大祝司
成蔡膺福鄭光運讀謚冊官副司果閔墡讀玉冊官副司果鄭基
安讀寶官副司果林象元奉謚冊官禮曹正郎宋時涵禮曹佐郎

徐𤩰奉玉冊官典籍邊是重典籍安廷輔奉寶官文復亨尹東夏擧冊案者四擧寶案者二擧讀冊空案者四擧讀寶空案者二執事忠贊衛十二人題主時奉主宮闈令朴敏采是日奉舊主出往

陵所 神輦及前導細仗指路考喧部將內侍別監禁軍吉服侍衛如儀禮曹堂上郎廳以黑團領陪進戌時達 陵所設祭告由亥時埋安于曲墻內壬方六尺六寸地穴深六尺用土圭尺長廣依 神主櫃子外樣

初三日以 端敬王后祔 廟事預告 宗廟

初四日 上幸慶德宮齋宿

初五日辰時 端敬王后告動駕親祭 上就資政殿東階下拜位行四拜禮升自東階就 神位前梁廷虎奉香金廷潤奉爐申晛進爵李世璡奠爵大祝吳遂采讀祭文訖 上降復位行四拜

禮 上入幄次禮判申思喆右承旨李益炡入侍 上曰奉安時
有三色燭籠而以天明不燃燭 神道向幽今番則燃燭事禮判
出去舉行可也今番予在幄次奉觀 升輦後當由崇政殿東夾
門祗迎後仍隨 駕禮房知悉舉行 上曰一刻至則侍衛上來
可也予則當爲冕服矣益炡曰然矣 上曰一刻入後卽當上殿
各差備從容整齊務令濟濟毋或諠譁事分付可也 上曰兵房
入侍晩入侍 上曰神道尙靜今此動 駕時政院各房書吏各
一人入之大臣錄事外只入一人屛去雜人事自兵曹申飭可也
宗廟祔謁禮時予當在 廟門外若更有諠譁則當從重申飭
矣 上出幄次升自東階詣殿上 上曰香爐上刻 愼廟二字
雖出給奉常寺將用於何處耶問于大臣可也南德老出去 傳
教右相宋寅明曰豈用他處乎以當瘞之矣德老入達 上曰靑

紅蓋在前在後問于大臣可也德老出去 傳教寅明曰以此處
奉置次序當在 神輦前而冊寶當在其後矣德老入達 上曰
神榻廟司當與中官奉出矣廟司誰也李春躋曰直長李弘齡
也 上曰今則 神輦奉入宜矣春躋曰 神輦預為奉入正時
到後卽為奉安宜矣益炡曰殿内物件内侍奉出臺上其下則各
差備奉出宜矣 上曰廟司加開殿户一扇可也弘齡聞之巳時
守僕呼正時 上曰攝通禮輦行申一淸進來 上曰 神輦奉
安于神門外幄次後冊寶奉安事都監知之乎今此縟席神門外
奉安時用之乎春躋曰然矣 上曰殿内所置物件雖是闕中易
致闕失守直可也春躋曰使本 祠守守僕守直矣内侍奉 神
輦入殿内奉安 神位内侍奉出 神輦 上步隨出資政門東
夾至崇政殿階上奉 神位奉安于 神輦 上先出崇政門外

就板位西向立 神輦具儀仗作樂出自崇政門 上曰通謁可
也 上鞠躬祇迎 上曰內殿侍衛都摠府兵曹在後而武兼何
其在後耶班次圖入之有後射隊乎益炡曰然矣 上曰後射隊
既發後予當行矣益炡曰暫入小次何如 上曰 神輦後廂既
發後予之前廂立之耶兵判尚絅曰前廂後 神輦其後都監堂
上其後 大駕其後後廂也 上曰禮房進來武兼當爲 駕前
侍衛矣益炡曰俄者以侍衛事命入班次圖而都監書吏以爲一
本頃已入啓一本時在都監未及持來而闕武兼侍衛不入班次
圖云矣 上曰祔 廟儀節都監尚有不知之事班次圖過今日
後將何處用之耶其在事體殊極稽忽都監都廳郎廳從重推考
可也 上曰武兼前陪時恐有錯雜之患從容爲之事分付可也
傳語數來 神輦徐徐奉行之意分付 大駕行鼓亦傳止都

監書吏傳召之時自多諠譁使政院書吏往問可也 上曰 神
輦徐徐奉行之意旣已申飭而結束色每每催促勿爲催促之意
分付可也益炡曰班次圖今始入之而武兼無磨鍊之事矣 神
輦到 宗廟門前 上曰 神輦奉入 廟門時承旨在前申飭
儀仗鼓吹不緊者屛退 上曰軍中雖無齋戒而昨夜兵曹巡檢
郞廳決棍軍兵聲徹御内事極駭然從重推考可也 廟門内若
或如此則當汰去分付禁喧郞廳可也各司下人如有濫入 廟
門者當記過矣宣傳官分付都監毋論上司並令記過齋戒罷後
從當決棍標信傳授可也 上曰 神輦方住玉轎小遲可也
神輦奉行偏於西邊稍移使正宜矣 神輦入 宗廟門 上就
門前降步輦御玉轎 上曰下輦處排設避正路可也 駕入
宗廟門 上降玉轎步行齋房都提調金興慶曰連日勞動之餘

日氣甚熱請御玉輪　上曰此去齋室不遠有何難乎　上曰推
考房進來　神位奉安幄次之時　神輦侍衛承旨不爲侍衛極
爲非矣推考可也　神輦奉安幄次不垂簾帳捲簾差備令該府
處之可也　上曰入齋殿後卽行望　廟禮事分付可也　上入
幕次有頃出幕次步行詣前殿就板位行四拜禮升自東階入殿
內奉審訖　上曰廟司捲第六室簾帳廟司金禠與中官捲簾
上曰何以依前排設耶戶判以爲告由祭離一位祔　廟時仍爲
奉安爲宜云矣今何以如此耶　上曰守僕召來祔謁禮升　主
前奉安於神欌耶神榻耶守僕對曰祔　廟　神主奉安於神榻
矣　上曰奉安神榻時預離第二位可也第六室外廟官皆閉戶
可也禠曰四位主櫝及櫝蓋列於神榻則爲八以此較之神榻則
其一不足　上出廟門　上曰分付都監櫝樣入之　上曰　玉

御要輦 神輦奉安處所風露可慮使張油遮日可也 上步詣
後殿廟門外就板位行望 廟禮入廟門升自東階奉審訖降階
出廟門 上曰吏參留侍 神輦都提調以下使之入侍 上御
宗廟幕次大臣以下都監堂上宗廟令金鑓引見 上曰俄者
以 神輦幄次不垂簾帳事有捲簾差備拿處之教矣今聞初無
差備云此乃侍衛中官不善指揮之致當該中官從重推考可也
上曰户判進來今此第六室神位奉安事卿不言之耶俞拓基
曰其時臣則以所見陳達而已事當自政院出擧條分付於 宗
廟署然後方可舉行而非都監所可知矣 上曰事極稽緩其時
當該承旨推考可也鑓持櫝樣入來 上曰禮房進來神榻樣以
一櫝樣摺以為八以觀幾許之不足可也益炡曰以樣較之神榻
無一櫝盖開置之所矣 上曰櫝盖奉置櫝傍禮文乎閭巷間何

以爲之乎寅明曰櫝盖旣不得奉置櫝傍則出主時櫝盖則仍奉
于神櫥似宜矣此在閭閻士夫家亦無一定之規櫝傍若無置盖
處則或置交椅之下或於交椅下設層而置之矣　上曰只於當
室奉安櫝盖于神櫥乎抑各室皆依此爲之乎原任之意何如與
慶曰櫝盖雖奉安于神櫥實無拘礙於禮節申思喆曰臣在外時
與諸堂上相議皆以爲神榻與神櫥甚近櫝盖奉安於神櫥爲宜
云矣　上曰以神榻之狹窄奉安櫝盖於神櫥不爲苟且之歸耶
若奉安於神櫥則各室亦當依此爲之耶與慶曰以此盡改各室
之制似未安矣趙顯命曰此非大段有拘於禮節者且因其地形
亦是禮意今此變通似爲得宜而豈可因此盡改各室之制乎鎚
曰神榻南北若可數寸之長則出主後櫝盖可以奉置于櫝後矣
顯命曰若然則神榻祭床之間亦似辟容矣　上曰頃者尹判以

竹爲樣有所量度想必知之矣拓基曰神榻兩便各加寸許則奉安時雖無不足之患而大祝宮闈令實無容身出入之地神榻似不可加廣矣 上曰然則祭享時當室四位櫝蓋并奉安于神櫝可也興慶曰伏聞自 上將經夜於幄次云連日勞動之餘又爲處冷豈無傷損之慮乎入休齋殿以安 聖體宜矣 上曰予非固執也頃以祔 廟時外設幄次事稟達故其時思之 神位露處於外而予乃突然入休齋室於心不安今聞前例設幄次於外云禮者所以合乎人情其言是矣予爲世子時初經祔 廟其後丙午壬子年連經祔 廟不記其齋殿幄次矣政院日記若有入處齋殿之例則予當從之矣興慶曰日氣甚熱失汗過多風露外襲豈不可悶 聖教誠是而宜思慎攝之道矣拓基曰其時雖留幄次而連日勞動之餘失汗必多決不可經夜於此處雖有前例

亦豈無變通之道乎寅明曰臣等猶處樹陰間而幕次在於烈陽
中反不如羣下之所在矣　上曰予只知今日是告動駕祭矣夜
聞諸執事起寢呼唱始覺其爲端午而旣知端午之後因不就寢
矣大禮稠疊豈盡過行此後又有勞身處旱災此劇自深雲漢之
歎矣寅明曰若有此事則尤當盡愼攝之道矣　上曰若有此事
則當野次矣爲百姓尚如此爲　祖先豈可不一日露處乎雖有
前例齋殿處高不可入居世子齋室頗低小予當留次矣拓基曰
五禮儀樹　廟禮有導　殿下入齋之文無導入幄次之文矣
上曰齋殿有冒帳使捲之而見其帳則似曾入處矣政院日記考
見可也益炡曰儀注行望　廟禮畢導入齋殿矣寅明曰所謂幄
次爲奉安奉審而設矣拓基曰大享及殿謁無幄次此幕次爲奉
審而設也　上曰今聞所達禮文可謂微妙矣不可遽然入齋室

行望 廟禮後當就齋室此權也春躋曰考之日記皆入處齋殿
庚子年亦然矣 上曰戊寅年前例亦如此云當思量爲之矣寅
明曰卽今夕陽尤難矣 上曰當依所達爲之矣諸臣以此退出
初六日奉 端敬王后神主祔于 太廟 上親祭如儀獨 神
主祔謁時自第一室至第六室開龕室如常第七室以下不開龕
室不開門祔謁畢奉 神主安于座乃開七室以下龕室遂行事
諸官差備者亞獻官判府事金在魯終獻官右議政宋寅明薦俎
官判書俞拓基進幣瓚爵官判書尹惠教奠幣瓚爵官副司果任
璉禮儀使判書申思喆堂上執禮副司直韓顯蓍堂下執禮修撰
南泰良 各室大祝林象元吳遂采李命坤金尚耉金尚迪宋教
明申思觀申懋尹敬周權一衡趙明履李宗延承旨六李春躋以
知申李益炡以禮房檢察諸事申晚金廷潤并史官成有烈注書

李思觀侍 神輦梁廷虎李世璡并史官洪曙禹洪迪注書南鶴
宗南德老侍 殿下典祠官趙世皇廟司金禶通禮申逝徐鳳翼
祝史蔡躋福內官則宮闈令安厚徵此外有書寫忠義陪香官贊
儀引儀合六人內官 神輦侍衛祭侍及各物差備合二十餘人
二十日都提調宋寅明等自 陵所馳啓曰當日臣等領率郎屬
及工匠軍人等晨詣 陵上待卯時籌土改封莎草蓋覆申時畢
役而祠后土及安 陵祭封 陵一時設行封 陵制度段前面
高十尺後面高六尺五寸左右高各九尺圓徑二十五尺周回八
十二尺依 思陵例 温陵亥坐巳向圓徑二十五尺高九尺崇
禎紀元後一百十二年己未五月二十日追封舊墓三十六字刻
石具蓋埋安于魂遊石下礴石左邊二尺許緣由馳 啓事入
啓

二十七日 陵内各所畢役明日封 陵諸官復命
八月十九日 上謁 温陵親祭禮畢命右相宋寅明入侍 上
曰養木茂茂以加矣二百年後始舉闕禮而不意 陵形天作之如
此也雖以凡眼看之主峰奇哉寅明指案山曰彼山奇哉 上曰
治陵之役極善爲之矣寅明曰其時畢役後旋有好雨故莎草如
是茂盛矣 上曰白虎邊有往來之路此路終可填築自此以後
各別養木事分付陵官可也 上乘玉轎於紅箭門外招兩陵官
下教曰勿謂展謁更不易凡守護養木等事惕念舉行焉
臣謹按 温陵復位實出於我 聖上至德大孝而其遴簡商
確中外詢咨旣盡審慎之道至於舉行諸節裁斷自 上又皆
極其崇奉之誠皆可爲後世法 臣故特記之詳焉其猶未盡記
者別爲 復位始末揔叙以附下篇

溫陵志上篇終

温陵志下篇

册祝諸文

玉册文 左參贊臣李德壽製

維歲次己未五月丙午朔日 國王臣 諱 謹再拜稽首上言撫瑤華之迹邈幽宬久翳稽彤史而儀備闕典載修在禮卽宜揆情亦得恭惟 端敬王后毓德名族作嬪懿藩承大寶以纂圖刑家贊治陟中壼而儷極居正體坤不幸異論之闖生以致離宮之遜處猗芝蘭之當路旣見國舅之芟夷慼糟糠之下堂無賴 聖敎之悽惋（猗芝蘭之以下一作樂闋鍾鼓豈 聖祖求釰之初心義缺糟糠實鄰銜書惟之餘禍也）除一二臣外公議之泯默至今閱數百年餘國人之憐悲未已肆予東天誘而衷塔翔物理否久則泰回蔫毖荒郊幾傷舊壠之物色肅穆清廟載煥新祔之儀文想 先后陟降之靈是豫是悅惟 寧考繼述之

志乃今乃成悅褘翟之重輝叶神人之交慶謹遣臣議政府右議政宋寅明奉玉冊上 徽號曰恭昭順烈仰冀昭鑑俯賜垂歆謹肹蠁之如臨幽贊洪祚揭徽烈之未沫申錫繁禧謹言

謚冊文 領府事臣李宜顯製

維歲次己未五月丙午朔日 國王臣諱 謹再拜稽首上言彝章十載舉肇新復號之儀盛烈彌彰鼓緩易名之典情文無憾神人胥欽恭惟 端敬王后睿姿日昭德性天啓勤紘綖之事不替令猷毓鍾鼎之門愈執謙軌逮羣情咸戴乎聖德而大慮寔裨於倉皇黃裳儼臨方見民庶之顒仰王度靡玷寧容家族之連延乃因謬議之橫生終致陰化之遽欿瑤華夐隔悽愴金枝之詞桂魄長淪掩抑黃道之彩有二臂封奏無奈齊起之臺言然先正駁爭允爲後來之公案嗟幽冤其莫洩歷久載而猶陻念眇躬纘承無疆惟

先志繼述爲美誦 聖祖悲惻之教思揚至懷推 寧考慨惜之心仰體遺旨宜亟表揭準事理而何疑於昭降監信天道之必復爰修縟禮敢竭微衷斯可謂畢闡夫前光亦似乎有待於今日粲假淸廟式序倫於元妃肅薦精禋膚薦誠於寶冊端爲檢身之本禮義同慈敬是立德之基警戒拂懈極崇賁於上謚增激感於中情謹遣臣議政府右議政宋寅明奉玉冊上尊謚曰 端敬尚冀英靈俯諒忱悃光膺顯號流芳徽於千齡幽贊洪圖申景貺於百代嗚呼哀哉

神主移奉時 別廟告由祭祝文 己未三月二十八日行 知製教臣李重協製

中廟改玉坤德配極遷遜黃裳 聖批懇惻忍言往事實非 聖意糟糠之 教仰誦瀰噫訟章留院宣拂倏日公議不泯神人共欝 寧考追思欲舉遺文爲建別祠秪奉苾芬復位體重有所未

遑深示嗟蠹先旨可忘陟降洋洋啓小子衷史牒旣徵百僚僉同
人彝攸叙天理亦順聿修縟禮亟先瞻展靈雨凄浥如有冥感幽
惘怏昭幸無餘憾權移 神位慶德法宮 謚冊將加禮宜尊崇
歷二百禩愴想如昨申告厥由庶垂歆格

爲善堂奉安祭祝文（同日行知製敎臣李重協製）

曠禮斯擧 神位移安坤儀復朗天運必環噲噲宮闈載其肅嚴
於戲不忘翟褘如臨尊 謚祔 廟且待涓卜虔告事由仰冀鑒
格

復位後 宗廟告由祭祝文（三月三十日行知製敎臣李重庚製）

位號追加幽鬱始伸敬告厥由愴慕維新

永寧殿告由祭祝文（同日行知製敎臣李重庚製）

坤位追復 徽稱始進虔告如儀吉辰斯趂

奉安所朔祭祝文（四月初一日行知製敎臣李重庚製）

縟儀纔擧朔朝奄屆感慕維新祗修常禮

請謚時 宗廟告由祭祝文（五月初一日行知製敎臣任珽製）

丙寅遜處百年幽鬱壼位旣復壹惠宜鄭追惟懿範謚以 端敬涓辰祗告感慕彌永

永寧殿告由祭祝文（同日行知製敎臣任珽製）

祖宗陟降黙啓菲衷 溫陵肇封 徽號宜崇曰端曰敬允稱名謚載涓吉辰祗告以事

神主改題後 親祭祝文（同日行藝文提學臣朴師洙製）

寶冊旣上木主載易舍舊憑新儼若降陟躬眡改題爾薦泂酌萬世永寧錫我百福

資政殿 奉安後 親祭祝文（同日行藝文提學臣朴師洙製）

工訖改主櫝成題面躬薦泂酌祗奉故殿

舊主埋安時 本陵告由祭祝文 同日行知製教臣任埏製

徽號載新舊主宜埋敬告厥由益增愴懷

祔太廟時 宗廟預告祭祝文 五月初三日行知製教臣任埏製

於顯六室祔儀將舉攺檥與椅告事以預

永寧殿預告祭祝文 同日行知製教臣任埏製

中廟元妃禮當隮祔穀朝于蠲先告厥故

資政殿預告祭祝文 同日行知製教臣任埏製

陞祔于廟涓有其吉茲申預告愴慕罙切

資政殿端午祭祝文 五月初五日行知製教臣任埏製

纔修縟儀載值端陽蠲玆祀典感時增傷

溫陵端午祭祝文 同日行知製教臣任埏製

象設方修令節斯届祀儀肇備感慕尤倍

資政殿告　動駕　親祭祝文 同日行藝文提學臣朴師洙製

縟禮旣成祔期且届有侐閟宮肅遷神御物采咸備儀節必親庶鑒誠意歆此苾芬

祔　太廟　親祭祝文 五月初六日行藝文提學臣朴師洙製

中廟初潛有嬪似姜業贊乾龍位失坤裳金枝一闋宛咽千古厥故維何廷議之誤今二百年國人猶悲於予小子永言思惟惟聖盡倫寔重糟糠仰揆斯　教本意章章亦粤　寧考追復是軫雖卒未遑厥有遺恨繄玆縟儀匪予敢擅惟兩聖志是述是闡位正元后尊配　世室神理允愜情文罔缺日吉辰良載虔祔禮於昭列祖庶同欣豫躬詣告成肅薦苾薌陟降右享錫福無疆

永寧殿攝行祭祝文 同日行知製教臣任珽製

有侐寢廟昭穆維序 溫陵追復祔儀斯舉爰遣相臣攝將祀事洋洋在上降鑒是冀

七祀祭祝文 同日行知製敎臣任珽製

端敬王妃禮隆隮廟羣祀維秩用申虔告

溫陵親祭時 宗廟告由祭祝文 八月十八日行知製敎臣李鳳翼製

瞻望 溫陵感舊深極位號旣復展拜宜亟戒駕有日心焉倍慽玆先替告祇薦泂酌

溫陵親祭祝文 八月十九日行藝文提學臣林師洙製

有菀其山有睪其原天閟玉衣今二百年神理攸鬱靡往不伸蓁翳之久象設維新殖殖陛𨹟肅肅松栢履玆霜露睠言疇昔思齊聖妃德配 中廟功隆扶日光缺升眺瑶華鑠窕翠羽茹恨夫豈聖意寔掣廷論事有至難非忽大倫糟糠之 敎迄今炳然粤

我 寧考追復是議誰直未遑蓋亦有待於乎小子其敢或忘維
茲縟禮式述 二聖位正元后尊媲 世室允㥀神人載藏儀物
爰洎 寢園靡不加隆隧路有嚴鑾朝改容躬來展敬迫此搖落
永念始終顧瞻愴惻蠲我芬苾爾薦洞酌於昭陟降庶垂歆格

頒教文 五月初六日藝文提學臣朴師洙製

王若曰畢修闕章 宗事靡憾纔訖祔禮大號斯颺肆神人之胥
欣宜區域之同慶粤我 中廟靖國之日乃有 聖妃遜位之冤
壼德罔愆實贊天地再造之烈廷議多謬遂缺日月並耀之輝當
其草昧之辰縱勉循於羣請觀乎糟糠之 教夫豈出於本心嗟
時事有未忍詳焉固人心所不能忘者兩臣之䟽請慷慨惜未見
行於當時百世之公議昭森誠若有待於後日 顯廟始置守塚
稍欲表崇 寧考特命建祠蓋亦義起惟事體至難而且重故典

禮宜舉而未遑予有感而永歎天實爲之陰啓厯孜前議雖不無
甲乙間相持之言仰承 慈音始可徵戊寅後追恨之 教夫然
後予志益決又從以輿論咸同遂復 元后之尊仍舉 太室之
祔倣魯人順祀之制位序秩然體漢宗故刱之恩情文備矣幽寃
積鬱之盡滌天道必伸神理物情之俱宜邦禮無憾象設儼 園
寢之崇飾徽烈並琬琰而齊光我享我將予小子夙夜靡懈迺作
迺述 前寧人志事有終闋休寔所曠前洪澤詎緩推下自本月
初六日昧爽以前除謀反大逆子孫謀殺毆罵祖父母父母妻妾
謀殺夫奴婢謀殺主謀故殺人魘魅蠱毒關係 國家綱常贓汚
強竊盜外雜犯死罪以下徒流付處安置充軍已至配所未至配
所已發覺未發覺已決正未決正咸宥除之敢以宥旨前事相告
言者以其罪罪之在官者各加一資積資者代加於戚 祖宗神

靈之所嘿啓縟禮斯成邦域臣民之所共欣渙號是布凡寬宥厥
有舊典而遠邇咸囿新休故玆教示想宜知悉

溫陵丁字閣上梁文 五月初九日辰時藝文提學臣朴師洙製

神幽究而舉縟儀可徵天理卽舊園而營新寢載備月遊華搆聳
覲玄封增修恭惟 端敬聖后寔我 恭僖元妃齊體初潛蓋旣
翊景運而回否儷尊宸極允宜叶陰化而承乾夫何遯私第之宂
乃在求故釼之日廷臣倡爲謬論終錐鈌翬翟之尊 聖人篤於
大倫初非忽糟糠之重宥與後苑謾傳金枝之悽詞楸隴西山遠
隔玉欄之春賞邈焉二百載之已閱尚爾千萬人之同悲前賢抗
請復之章惜未見行於當日 寧王遺未遑之恨亦若有待於後
承今曠曲不日乃修抑 宸衷自天有啓顯册揚徽而躋 清廟
壽頃拓荒而奠寢宮九級儼尊非復階庭之蕪沒百堵競作載見

輪奐之赫新慈黛悽碧之曾環今皆瑞綵上雨傍風之僅庇乃忽翬飛百靈撝呵若有陰相衆庶爭勸非特巧倕鞠矣樵豎登歌之塲賁然 王衣蔵閟之所 宣靖松栢雖隣莽蒼之遥望 禧孝阜丘尚喜烟雲之相接斯允愜於神理用善頌於修梁兒郎偉拋梁東昨夜新躋享閟宮顒覩碧山朱殿兀縟儀隨處極尊崇兒郎偉拋梁西東風靈雨宿雲低也知怳惚神遊地華北漢南路不迷兒郎偉拋梁南華岳青天氣勢參下列松杉園寢護旁開水石是清潭兒郎偉拋梁北兆域山川今改色一雨洗寃澗壑清更無餘恨泉塗積兒郎偉拋梁上青烏舊卜先壟傍精靈自應互環依猶馬斜陽謾衛伏兒郎偉拋梁下十里元堂連一野純孝聖人葬此中依俙風馬來相賀伏願上梁之後仙寢長鞏冥應孔昭香火四時歷千載而靡替本支百世綿億孫而永昌

臣謹按冊祝及頒教上梁等文皆關乎終典禮不可無記況
聖后遺德與 上崇事之誠有可以因此而見其大略者宜表
示於後故臣謹寫而錄之臣因竊伏念我
盛典而事係罕有的無前例有司之臣莫適考據節目之間或
不無闕遺如山陵方中例有誌文納退壙而今獨闕焉蓋爲年
久隧道不可輕啓此雖出於愼重之意而其在 先陵致隆之
道玄隧備禮之義終未免爲欠缺議者或以爲今此封陵一遵
莊思兩陵舊例兩陵旣無誌文追埋之事今不可刱行云而
兩陵未行未必不爲踈闕之典則到今據以爲例臣未知其
可也臣意於 陵旁近地別穿一小壙以納誌文則旣無啓隧
未安之端又無缺禮未盡之恨庶幾稱 上奉先之至意事雖
已過不可仍廢臣謂與 莊思兩陵並追行爲宜愚賤之言無

路上聞姑記於此云

劄議諸文

己未三月十四日大臣劄子

奉朝賀臣李台佐劄子曰臣昨伏見天啓 聖衷緬儀將舉命進遠恩俯詢以先臣之事繼伏見 備忘辭旨惻怛追述 聖考之遺志又舉先臣遺文中先正之章留院之 教一段惜不能導達於戊寅處分之日臨當奉讀時夜二鼓北望百稽涕泗橫集嗚呼 殿下今日之 教卽李贊所謂陛下此心天地鬼神實臨之者二南風化之原萬年祈永之圖卽基於此而先臣之平昔耿結慨然嗟傷於 聖朝之闕典者將見表伸於 當世而遭遇於 聖明九地之下亦必感泣在臣不肖當作何懷雖然先臣遺文旣不能抑壓 乙覽[illegible]

之日不敢以中行之私自阻於　紸纊之下謹將先臣文稿王朝禮一條別謄冊子具劄投進若得少垂俯察於立言之本意庶幾洞然有蓋當於　聖心者矣其所進其父故儒臣世弼文稿中答或人別紙曰愼氏事盛說引禮經嚴出母之義以證其不當復位非但盛意如此近來搢紳士友間亦多有主此論者矣然此有精義不可以一槩論也按儀禮出母條列書七去之科而曰母犯七去然則禮經所謂出母皆主犯罪而言也無論罪犯有無旣被父出則均爲出母而禮經所言皆主罪犯也無罪犯而出卽是非禮非禮之事禮豈有論乎然則禮經出母有罪而出也　愼氏見出無罪而出也況又非　聖祖之本心此與禮經出母曲折自不同復位之端蓋出於此其母犯七去其父據義廢出則爲其子孫者不敢追正事理然也至於　愼氏事有異於此者也　中廟反正

之後元宗諧勳預慮自己之禍福敢生廢黜之奸謀乃以人心危疑有關宗社欺罔 天聽費辭脅請至使受朝賀之國母終至廢黜而後已國人之悲憤痛疾今至二百年而如一日矣伏見糟糠之妻何以爲之之 教則其悶迫懇惻之意溢於 批辭之表聖心之不忍廢黜據此而昭然特以權奸之恐動脅請終始不已故乃有此處分耳伏想 聖祖出送時情境直令人心骨俱痛自古后妃之見廢何限而脅迫君父放逐國母求之前史未見其倫惟漢朝一事頗近之(只指脅請事言之) 此實自有天下國家以來所未聞之大變也由是見之濟邸正妃不忍廢黜者 聖祖本心上眷戀之至情也迫於權奸不保伉儷者 聖祖處事上牽制之過擧也後王後臣當體其眷戀之本心乎抑體其牽制之過擧乎淺見以爲禮所謂爲人子者嚴於出母之義雖行於身犯七去得罪其父

之出母不可行於被脅奸凶王度無玷之國母也今若曰勿論當
時事實之如何旣是 先王之廢妃必律之以嚴出母之義然後
方合於禮經云則是不幾膠柱而鼓瑟耶今之論者又以爲 中
廟於朴金兩贊正論不惟不爲允許又從以邪論罪之當初廢出
雖非 聖祖之本心及罪兩贊全無眷顧之意思 聖心之有變
於初於此可見後王何敢任意追正躋祔於 中廟乎其言似有
據其義似近於嚴雖然觀乎此是大事豈可聽小臣之言而爲之
乎之 教則可知大臣言之當有允從之理矣觀乎留此疏於政
院可也之 教則可知不許之中亦有冀待之意矣 聖心之有
變於初誠未敢的知也況權奸脅請之時以人心危疑有關宗社
爲廢黜之案當是時也 三勳雖曰已死廷請諸臣多在峻班則
聖心之遲疑於變改不能遽從外臣之請者亦不是異事也及至

兩司之臣乃倡難爲元子地之論擬以死罪力請究治大司諫李荇首倡邪
説以章敬旣誕元子而昇遐今若復立愼氏則論以次序愼氏居先倘有王子之慶則國本或搖難爲元子地云兩司靡然
從之指疏爲邪議擬以死罪力請拿推 然後治罪兩斃又有備忘此豈 聖祖留疏
政院之初意哉大抵脅廢國母圯天下之大分始於權奸爲身之
私計指爲邪議沮復位之正論由於兩司執論之悖理玆事首末
皆闡羣下實非 聖祖之本心也然而權奸則以覆載難容之罪
配食 太廟爵秩如舊 愼氏則以 聖祖元妃之尊爲羣下所
脅廢抱寃泉壤今此申奎復位論罪之疏庶可申二百年寃鬱之
氣而朝議不一又見廢却此豈國體事理之所安者耶雖以歷代
已行之典言之漢衛皇后見廢於武帝而宣帝即位追復后號晉
王皇后見廢於簡文帝而帝爲會稽王時生子道生爲世子永和四年母子俱失帝意俱幽廢憂死孝
武即位追尊位號唐王皇后見廢於玄宗而后久無子取霹靂木書天地字及帝諱佩

之事覺廢爲庶人未幾卒後宮思慕之帝亦追悔 代宗卽位追復后號明胡皇后見廢於宣宗而胡皇后以無子讓位宣宗賜號靜慈仙師退居別宮末年悔恨莫及 英宗卽位亦追復后號夫漢晉唐三后之追尊未知有何所據而明胡皇后則雖曰宣宗終有悔心在當時未及處分則亦不過爲先帝之廢后也然英宗必復位而後已者豈不以后之所坐初非可廢之罪先帝本心又不可不體之故耶況皇明故事自是李 朝時王之制只依皇明已行之例仰體 聖祖之本心追伸 愼氏之至寃何害於處變禮之道亦何悖於嚴出母之義耶蓋有罪之出母固不復論矣若夫無罪之出母旣出而或父有悔意其出也或非父本心則繼先志而追正亦人情天理之不可已矣何可徒嚴於出母之義自爲得正不思人子處變盡分之道乎今來敎曰當時事非 中宗之本意又曰 中宗旣已處分到今無復如之何矣若如來敎則後

王之所體者　中宗之過擧所不體者　中宗之本心此宣孝子
慈孫善繼志善補過之義哉於此更加反覆如何來說此擧誠爲
重大小臣輕論亦涉妄率云者又似未然蓋此論初發於位高之
人則其在事體誠無憾然　魯陵與愼氏之廢今近二百年之久
矣或嫌其諱義或慮其重大無一人發其論而正其事使窮天極
地之寃恨無可得伸之日則雖在位卑踈遠之類安得無慷慨叫
閽之擧耶昔宋后孟氏之見廢何布衣史政上章而請復位李朝
昭陵之不修南秋江孝溫陳疏而請復位（時秋江年十八）此亦以位卑
妄率斥之耶若事在可言則言之者爲正矣位高位卑何必深分
況此兩事乃是君臣夫婦間莫大之變禮急於伸舊主之寃而補
先王之過者豈以位卑自沮不言哉今以此等事體謂所係重大
使踈遠小臣一切不敢復言則天地間正氣或將消耳其爲世道

之害固非細矣此又不可不察也申奎爲人雖未知如何只據跡章而言之卽何布衣南秋江之流不當遽爾爲非也東平尉鄭載崙每以曾陵愼氏不得復位私自慨歎申奎卽其相親人勸而呈疏竟使曾陵得以復位大抵此事成於鄭公之主張也追記通典母非罪被出父亡後改葬議條晉王濬王沉與其叔征南將軍祖書曰亡母修婦道奉慈姑二十餘年不幸久寢篤疾會東郡公東郡公沉父初到官而李夫人亡李夫人沉祖母是時亡母所苦劇不任臨喪東郡公自痛遠不得嘗藥而婦宜親侍疾而不得臨終寄書責遣載病大歸大歸謂被遣還本也遂至殞亡東郡公後深悼恨之慈妣存無過行沒荷出名春秋之義原心定罪乞迎亡母之柩改葬墓田上當先姑慈愛之恩次釋先君既往之恨下蠲亡靈無負之耻博士薛諝議以爲春秋原心定罪仲尼稱父有爭子然則論罪不可以不原心爲子不可以不爭不義來書云尊親以不幸遘疾不任理喪禮

疾則飲酒食肉蓋急於性命而權正禮也夫厚養忘哀禮之所許況尊親嬰沉篤疾而被七出之罰乎向使曩時家有爭子明證本末直道而爭豈令慈母以非罪受不義哉考諸典禮稽之原情其昭告先靈（先靈東郡公）還安兆域使嚴父無違理之舉慈母雪沒代之耻不亦可乎況重與叔祖書述薛議其叔答許之況祭先考東郡君文云孝子況敢昭告烈考東郡君況亡母郭氏恪謹婦道齊孝之節克順于先姑天降氛氣鴈門夫人遘疾歷旬郭氏又遇毒疾弗獲嘗禱夫人不幸遂至殞沒烈考卒承大變憂慟荒迷未詳聽察謂郭供養有闕載病大歸尋便殞亡烈考深用悼恨潛及況仰惟烈考舊心鑑亡妣素行不過之議考禮度哀未及施行潛不幸夭沒況敢述潛意謀之通儒咨之邦族咸以爲亡妣宜時改葬轉受命于征南君（謂叔王昶）謹諮鄰迎郭靈柩以某月日安厝祇順烈考

之舊心全祖親之慈愛者也今按薛譜所議雖非程朱定論足可引而傍照追載全文以備參考宋徽宗初太后垂簾而復元祐后位號有論其不可者曰上於后嫂叔也叔無復嫂之禮程子謂邵伯溫曰元祐后之賢固也論者之言亦不爲無理伯溫曰子甚宜其妻父母不悅出子不宜其妻父母曰是善事我子行夫婦之禮焉太后於哲廟母也於元祐后姑也母之命姑之命何爲不可非上以叔復嫂也程子喜曰子之言得之矣按孟氏之見廢本由哲宗之自斷 愼氏之見廢只出權奸之脅請兩事曲折逈然不同使程子當今日之議則可以持疑孟氏之事乎抑別有道理而可以勘定者乎 文成公尹拯曰糟糠云云之 敎固見 聖心矣至於朴金兩賢䟽留政院及此是大事豈可聽小臣之言而爲之乎之 敎後人罕知之今提起以明 聖心之所在極有力甚幸甚幸 聖心之有變於初誠未可知也歷代廢后之復位號之事無論其他皇明事可據而遵行矣其時廷議之不及於此何耶豈有不同之曲折耶

同日大臣收議

領府事臣李宜顯議曰臣居常欽仰先正臣金淨等疏以爲萬世不可易之正論而至於後來追復與當時事似有差殊故戊寅獻議之日略陳迷見矣到今 聖心已定縟儀將行則事體自別何敢更容他議

奉朝賀臣李台佐議曰纔上一劄備陳欽頌之忱惟願少須臾無死獲覩縟儀之亟擧

判府事臣金在魯議曰竊伏念 愼妃之事其始之廢其後之未復皆非 中廟本意特見迫見掣於在下之議耳 禧陵賓天之後蹉失一機會而及夫 泰陵繼莅壼位則雖有忠臣志士如金淨朴祥者無由更以此進言遂成千古之幽鬱可勝痛哉雖然旣未復於 中廟之朝則追復於後嗣王之世者經傳無可據之文

此所以　先朝獻議未免參差而先臣亦首稱其至寃結之以未
知於禮意何如者也到今公議再發衆情難遏而　聖考末年遺
意又如此則追復一節豈有異議第上謚封　陵別立殿以奉自
有宣德胡皇后例固不悖於宗周之義而至於躋祔　太廟配體
聖祖以禮意則精微以情理則惻怛兩相疑眩實難折衷惟願
上博詢廣考而處之

三月十五日大臣啓辭

右議政臣宋寅明啓曰臣謹與宗親文武百官祗詣大庭以　慎
妃復位事會議依　傳敎二品以上收議七十一張爲先都合以
納而臣寅明區區愚見已悉於昨日筵中奏對之際惟恭俟觸儀
之亟舉而已

同日宗親文武百官大庭會議

密昌君臣櫶議曰伏以 愼妃復位事前後名臣碩輔之論已悉無餘而今日又有此 下詢之擧大小臣隣孰不欽仰 聖意而第伏念玆事至重且大決非臣淺陋之見所敢容議惟願 殿下愽考典禮廣採羣議使 國朝莫大之典務歸至當伏惟 上裁

洛昌君臣樘議曰伏以 愼妃事實是 國家莫大之闕典 先朝亦有愽詢之擧而因其時僉議之不同縟儀終未亟擧而神人之寃鬱久而益深今下 備忘誠出於追遠繼述之盛意惟願殿下斷自 宸衷使二百餘年幽鬱之氣得以快伸則益有光於聖孝伏惟 上裁

綾昌君臣橚議曰伏以今此 愼氏復位事事體至重且大臣不敢容議而二百年寃鬱之氣得伸於今日則神理人情庶可胥悅豈非有光於 聖德乎伏惟 上裁

長溪君臣棟議曰伏以 愼妃遜位之事擧國之人莫不頌寃
先朝耆宿之論亦多以復位爲允則今此追復之擧實是曠世之
盛典如臣蒙陋豈敢有異議於其間哉伏惟 上裁
洛豐君臣楙議曰今此 下詢之事實是擧一國之數百年抑鬱
者而且 先朝欲行未行之典則實有待於今日博採羣議亟復
位號允合於天理人情臣何有他議於其間哉伏惟 上裁
咸原府院君臣魚有龜議曰伏以今此 下詢之擧事體至重且
大以臣謭淺之見何敢輕議而第念當初冤鬱非但國人之至今
傷感日昨 聖教之開示至爲惻怛揆以天道宜有必復之理而
且伏念 肅廟朝戊寅之持難者雖由於朝議之參差而末年嗟
惜之 教 上有所承受布諭於絲綸之間則累百年闕典之亟
擧似若有待於今日其間禮節惟在廣詢博考而處之伏惟 上

裁
錦平尉臣朴弼成議曰今以 愼妃復位事有詢問之命甚盛舉
也臣於少時嘗聞諸長老之言當時之事人莫不悲且有先正已
定之論云如臣謏淺更何容議惟在 上博詢而審處務臻至當
之歸伏惟 上裁
月城尉臣金漢藎議曰伏以臣年弱識淺況於國朝故事尤素昧
昧莫重典禮其何敢容易論說以犯汰哉之誚而第於歷 詢之
下不敢不仰對矣當初遜位時庭請之 批可以仰揣 中廟之
聖意而前後儒臣諸臣之論亦可以知搢紳間不易之正議矣昔
年申奎之疏實是可爲之機而其時 聖考難於並行稍加尊奉
之道末年有嗟惜之 教則及今快舉縟儀實是合繼述之道而
此是 國家莫重莫大之事又是 列聖之所未遑何幸天啓

聖衷敷納草野之言將使二百年舉國之所共冤鬱者得伸於今
日事若有待惟當贊頌之不暇無容更議伏惟 上裁
錦城尉臣朴明源議曰臣伏念自前 朝廷論議在儀賓之列者
元無叅涉之事而第此 慎妃復位之論實出於國人所共誦則
臣何敢有他議伏惟 上裁
戶曹判書臣俞拓基議曰臣於頃者 筵中以此事 下詢之時
敢陳戊寅諸議叅差之端仍達區區愚迷之見矣到今 聖意既
定縟儀將舉之日如臣膚淺又何敢容議於其間哉惟在 上博
考審處務歸至當伏惟 上裁
禮曹判書臣申思喆議曰 慎妃復位之論其來久矣乙亥先正
之疏辭嚴義正可為百世之公議而戊寅追復之請足見一國含
生之至今傷慼則惟我 肅考惕然興懷遂 命建祠尊奉而特

以論議之甲乙雖不得克舉縟儀末年嗟惜之 教可以仰見
聖意之有存今此大庭之難議出於繼述之 聖孝則當時未遑
之典似若有待於今日在廷諸臣孰不欽仰贊歎而第念玆事至
重且大惟在 上博考而處之伏惟 上裁
兵曹判書臣趙尚絅工曹判書臣朴師洙判尹臣金聖應等議曰
今日之事 聖志先定 絲綸昭布庭詢之舉特出於重事體而
已臣等膚淺之見業已悉陳於前席而欽承 聖教則今無容更
議伏惟 上裁
副司直臣洪景輔議曰伏以 慎妃以 中廟潛邸配匹備禮齊
體 中廟承統之日卽一國之母也靖國勳臣輩罔念母事之義
徒懷自私之計過生疑懼脅迫請廢而其所以請廢者不過以慎
守勤之被害也設使守勤眞有關 宗社之大罪固不可累及於

閨闈而况守勤之死有可尚而無可罪者乎 中廟糟糠之教眷戀悲傷寶符於漢宣故釼之思而羣議所迫遂至遜位當日之事言之於邑及至 章敬昇遐之後金淨朴祥等抗疏請復名正義順而又不免闕而不伸此一國臣民之抑欝憐愍歷百年而如一日者也惟我 肅宗大王聖孝卓越闕典畢修而 莊廟復位之日並以茲事問議終有所難愼而只 命稍加尊奉者蓋由於朝議之不齊而已伊時甲乙之議曰位次之難便也曰稟承之無所也是則有不然者夫以元妃之尊乃有追復之舉則 章敬在天之靈亦必虛右而讓之位次先後初未見其難便也自古追復之典多在易世之後元祐孟后之復幸及於向太后在時而皇明胡后之復乃在於英宗之世則何嘗以稟承之有無爲拘耶今之所當問者只在於 愼妃之爲元妃與否 中廟本意之如何而

己稟 命之無所適增傷痛而非所持難於復位之議者也以我
聖考之明非不灼知此理而特以 宗廟事重難於並舉故有
待於後日而末年嗟惜之 教丁寧惻怛則尤豈非 上仰體而
繼述者乎乃者不待羣下之請先降藎傷之 教繼有此收議之
舉此殆祖宗陟降有以啓導我 聖心而皇明孝賢所謂陛下一
念天地鬼神實臨之者正爲今日道也議者或以爲位號則宜復
而當奉於別廟此則從前位次難便之見也苟使不復則已旣復
位號則奉之別廟又何義也在禮無僭在理無疑揆諸神道而無
不安質諸百世而無可諱則事體之重大非所可論年代之久遠
非所可拘唯願 上博採僉議斷然行之伏惟 上裁
大司諫臣李亮臣議曰惟我 愼妃復位當否旣已備陳於前席
而大抵 先朝末年先臣編進東賢奏議時於先正臣趙光祖論

非兩司之啓略附臣按以臣尤死罪不能無望爲辭其微意可見矣至於私室酬酢及與人書札則極言當復之義理明白痛快靡有餘蘊故臣於再昨年疏中不避僭妄仰請奏議之睿覽者此也何幸天啓 聖衷聿追 先志將見縟儀載擧曠典克修累百年幽欝之寃可伸於今日而我 中廟在天之靈亦必悅豫於陟降之際其有光於繼述之孝爲如何哉祈天永命之本實基於此瞻望 宸極只有欽仰頌祝而已伏惟 上裁

開城留守臣鄭羽良議曰臣聞人情之所甚寃之而不能忘者卽天理之所當伸而不容已者如今日 下詢之議是也自 聖祖丙寅至今日二百餘年之間志士仁人之念當日之事者猶至今抆涕傷心而爲之扼腕於權勳此固人情之所不期然而同然者而天理之不容不伸者也 莊陵之復在我 肅廟朝戊寅而此

事之發又在於 殿下今日是天以是啓我 聖衷昭釋其幽鬱
而我 祖考未遑之遺旨得行於 殿下之時也此所謂前聖後
聖同一揆也惟當博詢羣議斷然行之而已伏惟 上裁
北評事臣吳遂采議曰今以 愼妃復位當否進卿士廣 詢于
大庭此是國人所憫寃痛惻至二百年不衰者而其議則出自古
名臣正論中間老成審愼之言蓋以 國朝久遠至重至大之事
故也帝王家大禮何可全無此等議論哉自古曠典盛事名儒碩
輔之互有異同者所不能無而程子於孟后之復有然疑之說者
亦此也若三代之詢謀僉同只是大經大法無可疑之事耳似此
非常之舉竊以爲惟在 聖人特斷伏惟 上裁
三嘉縣令臣李道翼議曰 中廟朝 愼氏廢置初因勲臣之脅
請實爲千古之幽寃尚切國人之悲憐此所以因儒疏陳列 聖

心興感　絲綸懇惻至有百僚收議之舉而第伏念宋仁宗時皇
后郭氏之廢也特因輔臣呂夷簡之陳請仁宗旋有悔悟之意而
其後程朱大賢曾未聞有當追復之議元祐皇后垂簾時有旨復
哲宗廢后孟氏位議者以爲徽宗之於孟氏嫂叔也叔無復嫂之
禮程頤曰論者之言亦不爲無理顧茲數事雖未合援據於今茲
追復之節而其爲事體之至重且大不可輕議亦可推類而知之
矣茲事或恐與　莊廟追復事體差異金淨朴祥等之請復於
中廟朝則固爲至當而今於二百餘年之後遽議　宗廟追配之
禮誠未知其果合於愼重之道此非微末小臣所可敢議者而膚
淺之見如此不敢自隱於　詢蕘之下伏惟　上裁

同日在外儒臣收議

護軍臣沈錥議曰此事起自先正臣金淨朴祥之疏當時用事之

臣謂之邪論以此獲罪於後世則公議之憤鬱可見而但事係至重至大以至列 聖朝而未擧前後獻議之臣亦嘗鄭重而不敢遽請者意亦有在顧臣眇昧曲禮尤何敢猥有陳說盛德非常之擧亶在 聖斷而已

贊善臣魚有鳳議曰此是 列朝累百年闕典神人之所共悲鬱者也至我 肅廟戊寅始發追復之議而因廟議之參差雖未克斷然行之今以 聖旨中嗟惜之 教觀之則伊時 聖意所在可以仰揣而揆諸天理人情無容更議惟在我 上博攷而善處之

三月二十五日在外儒臣收議

進善臣尹東源議曰 愼妃復位一節卽臣祖父文成公臣拯所嘗慨然於己卯之旣發而遂寢者也臣何敢不以先臣之意仰對

於　詢問之下哉其時先臣权議有曰二百年寃鬱之氣將得伸於今日於昭　列聖陟降在上而　上一念上通天地感德非常之舉寔在　聖斷云云及其有甲乙之論而事竟不行則曰宋有孟后事皇明有宣宗胡后事不可謂無所據程子於孟后事初疑於論者之言及聞邵伯温之言而喜之則謂得此義可以塞言者之口也況皇明已行之典尤爲從周之義何爲而不可復耶云云臣不敢妄論國家莫重莫大之典禮而此事則自係家庭間傳守之論今因　詢問敢略誦所聞以備　聖明之採擇

前承旨臣梁得中議曰所詢　愼妃事二百年窮天之寃鬱實是舉國臣民之所共傷痛者也於昭　列聖陟降在上而　聖上一念上通於天今日　特教聖德非常之舉凡在臣民孰不頌祝乎臣不敢當儒臣獻議之列而但誦輿人之情而已

前掌令臣尹鳳九議曰此事曾在　肅廟朝有請復之論蓋　愼
妃之無罪見廢誠國人至今所共傷者也今日　聖明之特敎亦
可見孝思追慕痛𢡟之至意朝野臣民孰不欽仰而但其時臣先
師臣權尚夏已有𣪁議而其引子思所訓實千古定論致使臣隨
例進議亦豈捨此而別有他義哉

臣謹按　復位時大臣劉硌及中外收議凡五百餘篇今採二
十七篇錄之臣伏惟追復之擧固出　上特斷而詢謀無違亦
可見人心所同其中有一二難愼之議亦不無所據今並存之
以現同異之致焉

復位始末總敘

上之十五年己未追復　中宗廢妃愼氏上　徽號曰恭昭順烈
謚號曰端敬封　溫陵　后卽故左議政益昌君諱守勤之女也

益昌當燕山時居相位其妹爲燕山妃燕山淫虐無道而　中廟
在潛邸有令聞衆心屬焉朴元宗成希顔柳順汀等陰謀廢立以
女妹親疎之說試益昌矢死不從元宗等以靖國日遣力士於益
昌家詐稱命召引出殺之正德丙寅九月二日也二弟留守守謙
判書守英亦被殺　中廟旣正位册　后爲正妃具法駕迎入宮
中受羣臣賀元宗等與柳子光謀曰殺其父立其女不可帥百官
啓曰　愼氏若正壼位則人心危疑有關　宗社請割恩出外
上曰糟糠之妻何以爲之元宗等復啓曰臣等亦已料之然於宗
社大計何請夬決無疑　上曰　宗社至重何許私情當從羣議
卽夕　后出寓河城尉鄭顯祖家　中廟十年乙亥　章敬王后
尹氏昇遐淳昌郡守金淨潭陽府使朴祥同上封事請復　后曰
當靖國初朴元宗柳順汀成希顔等旣除愼守勤則以爲　妃乃

其出也殺其父而立其朝慮有他日之患曲爲自全之私舞出廢
黜之謀茲固無故而又無名也 愼氏自 殿下潛龍之初載嘉
協貞卜以成好逑備儀以見於 慈殿姑婦之義已定及 殿下
入承大統正位中壼受臣民之賀膺 廟社之主於 殿下褕翟
之尊已立於 祖宗神祇蘋蘩之奉有望於國人母后之分已明
慈殿無違忤之譴第禍無可去之愆神人無恫怨之謗 殿下
受制於強臣不能保其伉儷之重豈不痛心哉彼元宗等亦豈不
知名分之大如天地之截然不可犯也惟其謀身之計勝故肆然
無顧忌乘草昧危疑之際謂 殿下惟其所爲而莫之違劫制君
父放逐國母是可忍也推其心則雖董曹何所憚哉人臣無將將
而必誅春秋之義正爲此輩設也若以 愼氏罪人之出不可以
配 至尊而主宗祧以是護焉則夫守勤之罪固非關於 宗社

何足以累于妃就使得罪于 宗社而受誅 妃無預聞之故則
又非所以爲尤而及之也昔沈溫被罪于 獻陵而 昭憲王后
玉度無玷往軌皦然可徵況守勤非關國之罪以周官議親之典
雖宥而全之可也今旣加罪而又必以累 妃而廢黜之此不過
愛身而無君故也嗚呼旣往則已矣豈遂不可得以復正乎在
殿下一轉移之間耳今內政缺主宜因此時廓然決斷復正 愼
氏于坤后之位則天地之心所享也 祖宗之靈所允也臣民之
望所副也存大分於旣墜全舊恩於已睽此正合於大義正理洞
然無疑矣 上下其疏于政院曰此大事也豈可聽小臣之言而
爲之乎留此疏於政院可也大司憲權敏手大司諫李荇倡言排
之淨祥並得罪吏曹判書安瑭正言趙光祖復申淨祥議不能得
明宗十二年丁巳 后薨于私第 上賜長生殿梓宮葬以一

等禮朝夕供上及侍女廩料限三年仍給奉祀因 后自願奉承
傳傳于 后姪監察慎思遠思遠無子傳其外裔窮蘗不能奉祭
顯宗十三年壬子因吏曹參議李端夏䟽 命移其祀于益昌
五代孫縣令慎憙家 肅宗二十四年戊寅前縣監申奎上䟽請
追復 后曰伏覩 中廟之答廷請也有曰糟糠之妻何以爲之
然則 中廟之眷戀不忍舍之意已可見矣而獨迫於勳臣之强
請斷恩割情而爲之廢焉金淨朴祥君子人也當 章敬王后上
賓之初䟽論元宗等脅君之罪極陳 慎氏無故見廢之由請復
位號而時議矛盾扞格不行臣竊痛之孔子曰孝子善繼人之志
當時 慎氏之廢旣非 中廟之志則追復位號豈非所以繼
中廟之志乎 上議于朝臣領府事南九萬以爲祖宗配匹之重
無所稟承以意進退於禮有所未安諸議又有言若復位入廟則

位在　章敬王后之右亦爲非便　上復命議稍加尊奉之道用
判府事崔錫鼎言立别廟明年己卯奉　神主自通德郎愼徽五
家移安至是　上特下　傳教曰　愼妃事昔年問議而不得申
理至今思之予心興愴　廟宇事體自别而只以守僕守直云自
今令中官守直居數日儒生金台南上疏申申奎之請且曰奎疏
並言　端廟事伊時廷議以　端廟復位尤爲難處而　肅廟所
以斷然行之者旣在於尤難處則此豈非先難後易而自可以次
第行之之意乎　上賜批嘉奬因詢入侍諸臣皆言　愼妃之廢
至寃當復　上聞故儒臣李喜朝李世弼以爲當復　召問喜朝
子亮臣世弼孫宗城亮臣對曰臣父於先朝末年獻東賢奏議其
中載復　妃之議宗城對曰臣祖嘗言金朴之上疏也　批曰不
可以小臣言從之其疏命留政院初非揮斥之意若使大臣言之

安知 聖祖之不從耶云云 上又入告 慈殿慈殿下教申奎
陳疏時 先朝欲復位而以大臣議不齊不得舉行常以爲恨矣
上出而語羣臣因下教曰噫 愼妃遜位其事不在上而在下
若不亟舉縟儀嗚呼翟衣何時可復百世乾坤何時輝乎昔年申
奎之請 聖考只復 莊陵只命稍加尊奉者因其時甲乙參差
至重至大之事不能並行其後有嗟惜之教以此仰體可見 聖
意無他而先正之章留院之 教其無陳達之人位次之持難亦
由諸臣甲乙之議尤可痛者儒臣册子之文不得 睿覽也噫荒
蕪墓草閱幾年凄凉 廟宇直閣豎思之及此不覺痛心今予此
心豈非陟降孝思開導之致乎卽問于大臣儒臣再明日百官問
議大臣儒臣百官皆獻議 上下教曰五百人之獻議三嘉一令
之外無他乙議大臣儒臣獻議亦無參差可見人情之所同又命

議在外儒臣皆無異辭　上卽命禮曹舉行復位儀節以三月二十六日壬申　親行謁禮于別廟二十八日甲戌移奉　神主于慶德宮爲善堂五月一日丁丑改立主六日壬午祔于太廟位在章敬右頒教大赦於是距丙寅見廢凡二百三十四年矣封陵以四月十六日始役五月二十八日告竣八月十九日癸巳上親祭于　陵　上始議復位未詳　后生卒事蹟招問前縣監愼龜重龜重自其祖憲父徽五嘗奉　愼妃祀者也龜重對言愼妃生辰正月十四日忌辰十二月五日而未知其爲某年然按楊士彥蓬萊集　愼妃挽詞註言　妃享年七十一今於生卒得其一則可追而並知矣其見廢則在入宮後三日見朴祥行狀反正時功臣等先遣甲士衛私第　中廟不曉其故　聖心驚恐將有難言之事　愼妃執裾止之曰當觀馬首所向馬首若向內則

是害我也若向外則是衛我也知而後處之未晚也使人視之馬首果外向　中廟得以鎮定云廢黜後　中廟嘗因　陵幸歷臨其第　妃辭不見曰妾之出也　宗廟知之百官萬民知之今非告于　宗廟徧諭臣民則不敢私見云此家牒所傳者也諸臣又各以所聞爲對承旨權爀曰李亮臣近見小說以爲反正翌日有廢黜之擧云承旨趙榮國曰吏叅洪鉉輔以爲　中廟嘗行幸過　愼妃第欲入見大臣三司駕前力諫乃止其後行幸不使羣下知之不意歷入而其時　愼妃欲望見　天顔往在路旁舍　中廟不得見而還云右相宋寅明曰閭巷間多有可聞者如裳巖之說是也兵判趙尙絅曰　愼妃遜位後所居正直禁中望見之處　中廟常懷悽感俾擧紅裳於巖上以望焉此裳巖之所以名也李亮臣曰　中廟嘗送御乘馬　愼妃親自養芻以飼之云　上

又命別兼春秋李成中往考實錄於江都回啓曰實錄於 明廟

丁巳書 愼妃卒若以享年七十一推之則生年當爲丁未燕山

朝載 中廟出閤而嘉禮則未知在何年 愼妃出宮世以爲在

反正後一日而考諸實錄則戊寅日反正乙酉日出宮然反正後

不書入宮之事史官踈漏矣忌辰實錄以爲七日則私家傳以五

日者誤矣其書卒之下以爲 中廟以廢非其罪故眷戀不忘又

曰 愼氏 中廟元妃及其卒禮官擧行不能如儀此則史官所

書也 臣後聃謹按 臣父龜重與諸臣所對或有異同皆出於久遠

傳聞而不可知實錄所載亦踈略難據未有以稱 上詢考之意

臣後聃輒復以所聞者追記曰 臣嘗聞一小說以爲 后誕降于

會賢洞第然 臣未聞益昌之世嘗居會賢洞可疑或曰 后之外

家亦無的據嘉禮固不知在何年然今按 后祖章成公諱承善

墓誌作於壬戌秋而誌中已載 后配 晉邸則嘉禮固在其前且金淨疏云 愼氏自 殿下龍潛之初載嘉協貞卜以成好逑所謂龍潛初載蓋指出閤之年而未知 中廟出閤的在何年或曰壬戌未審是否出宮之日見於實錄者去反正八日與世傳翌日云者相左今當以實錄爲從 入宮之事實錄雖無所載然今按朴祥行狀言冊封爲妃具法駕迎入宮中受羣臣賀此可以補國史之漏矣行狀又言居三日見廢若於反正日迎入則日數不應如此豈是時 后遭益昌公難成服之前不得行冊封吉禮姑留於外而然耶然則今據實錄乙酉日出宮之文推之入宮之日當爲癸未去反正六日也 后之遜位也出自建春門 肅廟御製詩曰建春夜出國人寃是也其所寓河城尉家在竹前洞今爲 永禧殿裳巖在其中云其後功臣等患 中廟望見懷感桜

於他第楊士彥集以爲在馳駱峰下許士牙家上而未詳其地或
曰今所謂毀壓宮基者是也乙亥請復之䟽非特義理正當實出
於爲 宗社深慮 章敬之賓天也 仁廟誕生甫七日金朴二
人相議以爲保護元子之道惟在復立 愼氏乃上䟽其說見安
璐己卯錄然則 后之慈仁威德素孚於國人者亦可想矣是時
元宗等雖死餘黨多在當路小人希其意沮之云忌日見實錄者
與家牒相左 朝家以實錄爲從然其初本家奉祀其於忌日似
不當全然錯誤豈奉祀之屢易其人又經兵燹而失其傳耶或曰
實錄書卒只從 訃聞日豈 妃薨實在五日而 訃聞在七日
故實錄書以七日耶久遠事不可知云 陵在楊州西山水回洞
亥坐之原西距益昌墓五里許與 后弟郡守弘祚墓同局盖奉
后遺教冀此有表石題曰 廢妃愼氏之墓而年久石泐字漫

僅可以識別後面則無刻云臣伏以 后妃之尊人主所以共承
宗祧父母萬民其廢立之不可輕也明矣其或無故見廢如宋之
郭孟皇朝之胡后古今所共冤傷而此猶人主眷弛讒誣乘其間
耳豈有如我 端敬之賢懿得配 聖祖鍾鼓好合而乃爲強臣
所廢不能保其忌者哉此忠臣志士所以哀痛拂鬱至今未已者
也嗚呼今於數百年之後 聖心追感 宸衷夬斷克擧 縟儀
繼 聖祖之本志成 寧考之遺意苟非我 上出天之孝烏能
及此哉至如當時事蹟旣已湮沒而歷訪臣僚旁攷稗記使我
聖后盛德懿烈猶有以現其一二亦莫非我 聖上誠孝之攸致
也嗚呼至哉臣聞 溫陵封陵設祭之日驟雨如注民以爲洗冤
雨此與 貞陵事相似其亦異哉臣謹按愼氏系出居昌其先本
宋開封府人上祖諱修高麗文宗朝隨海舶東來登第官至守司

徒致仕謚恭獻史稱有學識其子諱安之兵部尚書史稱性度寬
弘爲政廉平其後有諱翼太子太保諱世功太子少保仍父子以
德名少保子諱執平神虎衛大將軍高宗朝以東北面都兵馬使
禦蒙冦死邊詳見麗史其後亦屢世達官至諱仁道始仕李朝
爲漢城府尹　贈户曹判書生諱以衷判利州縣事　贈右贊成
謚襄烈是爲　后高祖也曾祖諱詮登第官至黃海監司　贈領
議政居昌府院君謚襄簡祖章成公　世祖朝親試壯元歷事
世祖　睿成兩宗官至領議政勳封府院君考益昌君本以才諝
進至大拜死於丙寅見上其復官在　仁宗末年至　上覽其謚
狀嘉丙寅時事下　敎特褒曰不忝勳戚所事不貳苦哉守勤之
心確哉守勤之志及　后復位推恩　贈領議政益昌府院君謚
信度公妣貞敬夫人安東權氏左議政擥女　贈永嘉府夫人繼

妣貞敬夫人清州韓氏兵使忠仁女　贈清原府夫人　后卽韓
氏出也愼氏自先世世敦行義至襄簡公與伯兄錢並以文學著
名而章成公又以文章德望爲當世名臣內行尤純篤孝友過人
夫人中年縣主卽臨瀛大君女也德性柔惠事君子無違內外雍
如也信度公暨權韓二夫人承之不替其度　成廟初選章成公
女爲燕山君妃及　后亦以選入　上意盖取其家法之美云燕
山妃亦有淑德當君荒悖之日每陳規諫累遭非理嘗歎曰諸宮
人亂政余不效也每以戒內需司故本宮掖隸不敢橫暴其說見
野史臣後聃伏以自臣祖曾二世奉　后祀於家當　上議復位
欲知　后事蹟臣父被召入對別廟展謁時　上特命臣父陪入
殿內開欽　主櫝慶德宮移奉時臣父實陪神輦見　上祗迎之
際玉涕泫然羣臣無不嗟嘆　溫陵之封臣父又與董方中役其

後從 上謁 宗廟見 上至 端敬龕室奉審新造册寶又從上謁 溫陵備盥洗位見 上允於崇事之節至誠盡禮又嘗以兼春秋入直史館奉閱議復位時前後 聖教知 上所以盡心者如此具以語臣後聃臣後聃區區不勝感歎竊以 后之聖德與 上奉先之孝不可不傳示後世而臣之先世既嘗奉 后祀臣父又當此時被 聖上記有與睹縟儀之成則其義宜與他人有別臣故區區序次如右以備稗官之攷焉 上之十五年己未秋八月辛丑進士臣愼後聃拜手稽首謹書

臣於上篇既載復位始末此又抄節爲總叙以便考覽其中亦有未見上篇者盖相須而始備云

補遺

愼妃既正位不受元宗等陳賀元宗懼而謀廢承旨金永幹力言

不可竟至降謫云
妃遜位後　中廟嘗微行至其所居門外門鎖不開遂反駕云
妃之神主始奉於慎氏外裔原州李姓家其家窮獘所奉處不蔽
風雨適與故相李端夏之居相近端夏聞而傷之爲言于　朝移
奉於慎氏直孫
己卯以前奉祀於臣祖徵五之家卽今西部盤松坊車洞是也臣
祖嚴奉其祀歲春秋省謁　陵所盡誠禁護如是者二十餘年且
竊遜位以來前後事實爲一錄以藏於家己未復位時臣父龜重
被召問實據臣祖所錄仰對臣後聃今復據以撰　溫陵志
己未　溫陵之封也自始役至告竣日氣淸明役不愆期封築畢
卽有好雨渉草茂盛人皆謂　上誠孝所感封陵堂上趙最壽賦
詩有嘉應封陵兩昭臨在上靈之句卽記實也

溫陵數里許路旁有一巖名曰展陵隅其稱盖久而莫曉其取義至是 上展謁 溫陵路出於此人以爲展陵之讖驗矣陵之水口有一砂甚端好術家曰此名御傘砂卽人君來臨之應云

后之先山在居昌龜山術人嘗謂當出聖女盖至 后而驗云

益昌墓下有小庵子稱爲 愼妃願堂盖 后生時爲護益昌墳山營建云

金淨朴祥之上乙亥疏也會議于淳昌郡北福泉寺務安宰柳沃亦來參後人名其坐處爲三印臺疏中無柳沃名者舊傳淨祥以沃親老無凡第使不得書名福泉今稱剛泉云己未復 溫陵後 上念祥淨之首倡正論特命致祭故儒臣李世弼李喜朝嘗主追復之論 上覽其遺說嘉之亦命致祭

一書云 愼妃廢出後嘗居城外去延詔門不遠 中廟每於延

送勅時送御乘馬于其處飼之

世俗或言南山下林原君杓之家卽　溫陵舊居臣聞於古老則

非　溫陵乃燕山妃之所居云

己未　皇壇祭時　上忽感　愼妃事命中官守別廟蓋　上意

申奎戊寅疏並論皇壇事故因此起想有此　命而申奎疏實不

論皇壇事　上心之認以並論者此殆神明黙啓以爲感發之端

也居數日而金台南疏上

臣閱家篋古籍得文卷二丈其一卽臣八代祖妣淸原府夫人韓

氏子女家舍分給文卷也首書正德十五年庚辰五月二十一日

子息七男妹亦中家舍許與其下叙七子女其第四爲我　端敬

王后王后姊妹二人此稱女壻某人或女子某人妻惟　王后則

只稱女子女子下有一字缺其下半只以上半見之似是家字家

字下缺五六字五六字下又有半缺之字似是分字分字下有文
曰家翁生時西部盤石坊伏洪嗣慎處買得代地良中造成家舍
許與爲有如乎在亦他他字下缺十許字十許字下有文曰不得
事乎等乙用良同家舍還放賣南部薰陶坊伏李師準處買得家
舍換給臣按此所載多殘缺不可詳而槩見其以盤石薰陶兩處
家舍屬於 王后其曰良中曰爲有如乎在曰乎等乙用良卽方
言用爲語助者也伏猶言在同猶言本代者基也皆方言也盤石
坊在西部城外小說言 愼妃遜位後居城外去延詔門不遠故
中廟每於延送勅時送御乘馬于其處云所謂居城外者豈指
其居盤石坊時耶小說又言 妃誕降于好賢坊私第而未詳其
何據今按此卷 后之伯兄弘輔分得好賢坊家舍則伊時故有
好賢坊第小說所傳未必爲妄卷末書財主母貞敬夫人韓氏氏

字正面押以圖書其下列四子二婿官資姓名署押如例筆則弘
輔所書也又一卷卽　后與諸兄弟分析者也卷幅上下斷落惟
王后及臣七代祖弘弼所載處幸存而字多漫漶其載　王后
若曰愼氏衿凡士夫家分卷載婦人例稱某人妻某氏而於此不
得用此例故汎稱愼氏臣聞原州有李姓人卽　王后弟弘祚之
外裔也其家傳一古卷卽　王后以給其親姪某者而　王后自
稱愼氏無他稱謂然則此卷之書以愼氏而已者其亦從　后之
所自稱歟衿者國俗例稱財產分析爲衿取衿之爲衣分處也其
下低二字書己未年新四字新字下十數字漫漶不可識然以臣
七代祖名下所書丙子年（臣七代祖再娶之年）新奴婢秩云者例之則此於
己未年新四字之下亦必有奴婢秩三字國俗於子女新昏時例
給臧獲稱爲新奴婢此以新奴婢係於己未年可見　王后嘉禮

在於是年 后以丁未歲誕降至是而十三矣頃年復位時自
上欲知 后嘉禮之年而無可攷處今得此爲証幸矣抑復位之
年爲己未與嘉禮之年相合其亦異哉其漫漶十數字之下皆列
奴婢名其下則列庚申年親得秩奴婢其下列卯年親得秩奴婢
若干口而卯字上字漫不知爲某卯若干口之下幅落不復可知
卷後連幅處印章圖書署押手寸具存臣伏以 聖后遜位後歸
依本家其遺蹟之傳於後者惟有此存不可泯滅矧今追復位號
自 上孝慕無窮欲知當時事蹟詢訪徧國而終不能得其詳如
此卷所載者或可補其一二而爲異日憑據之資則又安可不著
也臣故叙其大略如此 王后七凡弟第一安峽縣監申公涉妻
第二掌隷院司評弘輔第三典牲署奉事弘弼第四卽 后第五
忠義衛趙世忠妻第六楊根郡守弘祚第七禦侮將軍弘祐 后

旣歸宗從友于之序共列於分卷 臣 故又列其兄弟倫次如右以
追 后敦親之遺意
聖后事實可攷者並見於上矣然或雜出無次玆敢撮其終始大
略而爲之記曰 后以丁未 以實錄丁巳書卒及蓬萊集壽七十一之說參考而定之 正月十
四日 從家牒 誕降于會賢坊私第 見於小說未審是否 已未配 晉邸 從家匣古卷
丙寅九月初七日冊封 王妃 以實錄書九日出宮及訥齋集冊封三日見廢之說參考而定之
初九日出宮 從實錄 丁巳十二月初七日 從實錄 昇遐于馳駱峯下離
宮壽七十一 從蓬萊集 或曰初五日昇遐 見家牒
上尊謚玉冊青玉十貼每貼五簡上徽號玉冊青玉八貼每貼五
簡金寶龜紐其篆曰 恭昭順烈端敬王后之寶謹據儀軌所錄
而載之以備琬琰古蹟
辛酉五月十九日藥房入診時領議政金在魯所啓 臣 以 宗廟

事有陳達矣出主後櫝臺與櫝蓋必列置於　主身之後而　端
敬王后復位　神榻上並安四位　神榻之廣窄狹有難容八櫝
之列置曾於　親享時倉卒稟定當室蓋櫝還置於　神欌之內
所見甚未安本署官員每以爲合有變通之道若於　神欌下左
右前面圍板處去其前面而設平板於中間以置蓋櫝則似好云
此則未知何如　臣意則合蓋而置諸位版之後則只當点四櫝之
廣似爲宜矣然此則又若初不開櫝者然恐或未安歟　上曰神
欌下設板何可刱出無前之規乎合蓋而置後雖似初不開櫝而
亦何嫌也今後依此爲之可也同年六月初一日大臣備局堂上
引見入侍時領議政金在魯所啓　臣頃以　宗廟　中宗室　神
榻四位櫝合蓋以置之意仰達自　上允許而出擧條　宗廟官
以爲合蓋復開其間必遲滯此異於他室　神榻略爲變通則可

容列置云矣 上曰予亦有此意而似甚苟艱矣在魯曰 神榻變通之道惟有稍加東西之廣俾容四位櫝盖櫝臺而但如是則與柱逼窄難容人出入若又稍減南北之長則柱與榻之間足可周旋出入云其長之稍減雖若與他室少異別無所妨此則前頭展謁時親審以決似好矣 上曰其時提稟可也七月初七日宗廟 展謁畢因爲殿內奉審至第六室 上曰廟司進來都提調入侍事分付廟司愼龜重進前立 上曰欲以 神榻事下詢此廟司知此事乎對曰頃因提調陳達定以出 主後合盖此因無妨而第與 列聖位不得爲泯然一色終不若加廣 神榻東西列置櫝臺與櫝盖爲好故臣與同官商議尺量磨鍊亦嘗以此言于提調而頃者 下教有 展謁時提稟之 命故神榻長廣見樣及櫝臺櫝盖見樣並待令矣 上曰同官誰也對曰洪允

輔也 上曰洪允輔亦使進來洪允輔入來 上命龜重與允輔共持 神榻見樣就較於 神榻又以一欑見樣之半横於 神榻之旁而使允輔按住欑樣龜重從欑樣之旁而出入驗其無礙蓋 神榻之廣容七欑若其兩旁各加半欑廣則合其本廣可容八欑故也龜重啓曰 神榻今雖加一欑之廣而兩旁固不礙出入但壁扇與 神榻之間甚狹難容周旋今若欌 神榻之南北約二寸許則無患矣大抵 列聖位 神榻長廣不必一同蓋亦隨宜爲之南北之欌二寸似若太短而至於 永寧殿 神榻則亦有短於此者矣 上使龜重持見樣較第七室以下各室 神榻及 永寧殿神榻則果如其言都提調金在魯入來啓曰廣其東西欌其南北可以不礙於出入而南北之欌二寸猶長於 永寧殿神榻則以此定之似宜矣 上出坐 永寧殿門外命史官

書 傳教曰第六室神榻長加櫝臺板一廣減二寸預爲新造秩
奉審修改一體舉行此室奉安 四位故有此增減此長廣置簿
於本署謄錄臣謹按 神榻長廣自復位初議論不一自 上反
復商確至是而始定此雖儀節間事而 上嚴奉 宗廟隨事盡
禮之誠亦可見其一端矣方 展謁 親審時臣父適待罪廟司
詳其委折臣謹以所聞於臣父者記於此抑 聖教所謂長指東
西廣指南北盖主木勢言不以方位言
己未 復位後 上追念 后父益昌君忠節褒尚之典多有出
常例者臣別撰昭 恩錄以記之

一 溫陵志總例

溫陵志之作志 溫陵之復而明 上之孝也孝莫大於追遠追
遠莫大於昭其懸爵崇其美懿 溫陵之寃久矣至於今日而光

復　舊位顯加　徽號慇鬱昭矣美懿崇矣故　溫陵之復　上
之大孝也傳曰孝弟之至通于神明光于四海豈不信然哉　上
一念之孝屬於方寸而　九重齋居之際精神沕穆忽然追感於
二百載之事亟下惻怛之　教此殆天地神明默啓之非容人力
於其間也旣而儒生之疏進大臣之劄進中外羣僚之議進不謀
同辭贊成　縟儀是又人心天理之所同不期然而然也噫我
聖上之孝徹於神人矣　祖宗朝以來國人共稱爲大慇鬱而當
復者乃惟曰　五陵也　中廟復　昭陵　顯廟復　貞陵　肅
廟復　莊陵思陵至我　上而復　溫陵前聖後聖其揆一也然
至　溫陵之復而慇鬱盡釋　國家無復闕典嗚呼至哉中庸叙
舜文王武王之德宗廟饗之子孫保之受祿保佑自天申之蓋莫
不本於孝自我　祖宗卽惟孝奉　宗廟以享無疆之歷今日

溫陵之復其亦我 上丕承前休申受景命之基歟崇事宗廟社稷則子孫順孝此乎敬自然之應然則 聖子神孫萬萬世通追來孝又可以 溫陵之復而卜之淺千古之寃舉曠世之儀弘前烈啓來禧慶未有大於此者歌頌至德播揚盛美臣民之情所不能已況臣忝爲 溫陵本親區區感祝有倍他人臣因竊伏念臣祖徽五嘗奉 聖后祀至 肅廟己卯移安 別祠臣祖褎后遜位至立祠事實爲一錄藏于家臣父龜重實傳以授臣臣卽而考之非特見 聖后事實抑 列朝懸念之至意 聖考尊奉之盛德具著焉臣祖之纂錄有以也況今 復位大慶出 聖上特斷有光 前烈而獨眛然無述可乎臣謹因臣祖遺錄加載復位事實至於臣祖所錄或有未備者又搜輯以補之勒成一部文字爲目十爲篇二是名 溫陵志 ・

述其終者原其始 翟衣之遜柔兆是紀迫於時勢實非 聖意
撰丙寅遜位
瑤華鎖冤忠臣憤菀兩賢之疏萬世傳讀撰乙亥請復
一點不復 薨于閭家 梓宮之賜 聖眷有加撰丁巳昇遐
蒸嘗靡所外裔是寄 顯廟有命歸于本氏撰壬子移祀
大議重發衆論或歧 聖心折衷 別廟是規撰己卯立祠
天啓 宸衷追感往事神人協謀爰斷大議光舉 縟儀昭升
徽諡百世之下永釋 冤鬱糟糠 聖教嗟惜 遺旨茲焉有述
烝哉 孝思撰己未復位
升祔禮重祝告孔殷撰冊祝諸文
詢謀無違衆志交忻撰劄議諸文
歷閱終始要略是舉撰總敘

搜訪遺聞隨得輒記撰補遺

臣爲此書據臣祖遺錄之外遠事徵於實錄近事攷於日記璿牒之嚴 王書之秘春官之謄例都監之儀軌以至先世遺聞家匪古紙或傳於謏俗或載於野史咸加採輯事實略備逐目有按槩見撰述之義補遺隨聞不以先後之次總例如右大指舉矣 上之十七年辛酉仲春庚戌進士臣慎後聃拜手稽首謹識

壬戌六月二十八日藥房入診時副提調李益炡所啓 端敬王后嘉禮之年當初李成中以別兼春秋往江華考出實錄而無載錄之事故未得入錄於璿源譜略矣向者臣適逢慎龜重則出示溫陵志二卷卽其子進士慎後聃所成也其所撰輯頗爲詳悉而 嘉禮之行於己未年明有考據載錄之文蹟矣 中廟誕降於戊申至己未爲十二歲 王妃誕降於丁未至己未爲十三歲

推其年歲 嘉禮之行於是年無疑而且有此可據之文則此當入錄 璿譜矣 嘉禮旣行於己未而二百年之後追復之擧又在己未誠爲奇異矣 上曰向日左相有所陳達似亦闡此矣當初 嘉禮之年果未入錄於 璿譜矣前頭譜略修改時入錄事出擧條分付宗簿寺可也又所啓 端敬王后追復後事實卽當入錄於 列聖誌狀中而尙未擧行夫是闕典依 思陵 莊陵例凡係事實追補於誌狀中宜矣 上曰此固當行之事卽令芸閣添付可也

溫陵志下篇 終